KB008735

공평한가?

그리고 법리는 무엇인가, 판결비평 2005~2014

이 도서의 국립중앙도서관 출판시도서목록(CIP)은 서지정보유통지원시스템 홈페이지
(http://seoji.nl.go.kr)와 국가자료공동목록시스템(http://www.nl.go.kr/kolisnet)에서
이용하실 수 있습니다.
(CIP제어번호: CIP2015003150)

공평한가?

그리고 법리는 무엇인가, 판결비평 2005~2014

참여연대 사법감시센터 지음

판결비평에 대하여

2002년 8월 '판결을 판결한다'라는 도전적 제목의 온라인 법정을 참여연대가 열었다. 이 온라인 법정은 한 번으로 끝났지만 이후 판결에 도전장을 내는 계기가 되었다.

2001년 1월 한 노동자가 온몸에 붕대를 감고 서울 광화문 앞에서 1인 시위를 했다. 그는 비정규직 노동자의 인권이 사망했다는 주장을 상징적으로 표현하려고 미라의 모습을 재현했다. 그런데 검찰은 그를 경범죄처벌법 위반으로 기소했고, 놀랍게도 재판을 맡은 서울중앙지방법원 신광렬 판사는 그에게 유죄를 선고했다. 벌금 3만 원에 그치긴 했지만 타인에게 불안감과 불쾌감을 주는 행동이었다는 것이다. 납득할 수 없었던 그 노동자는 대법원까지 갔지만 법원의 판결은 바뀌지 않았다.

불쾌감과 불안감을 주면 형사 처벌해야 하는가도 논란거리가 되겠지만 판사가 생각하는 것처럼 과연 미라 복장 1인 시위가 불쾌감과 불안감을 줄까? 21세기에 내려진 그 판결은 시민들의 생각과 가까울까?

그에 앞서 2000년 6월 서울고등법원 변동걸 부장판사는 삼성그룹 이건희 회장의 장남 이재용 씨가 취득한 삼성전자 전환사채의 발행을 무효로 해달라고 참여연대가 청구한 소송에서 삼성그룹의 손을 들어주었다. 문제는 논리였다. 판사는 삼성전자가 회사채를 발행하는 과정에서 이사회 결의도 거치지 않았고 사채 발행의 경영상 필요성도 없었다는 참여연대 주장을 받아들였다. 하지만 판사는 이미 발행된 것을 무효로 하면 주식시장에 혼란이 오니 '그냥 두자'고 판결했다. 수긍할 수 없었다.

판결문을 받은 참여연대는 이 판결문을 복사해서 전국의 모든 판사들에게 우편물로 보냈다. 판사가 법원 바깥으로 보내온 판결문을 다시 법원으로 되돌려 보낸 역설적인 행동이었다. 시민의 일원인 우리는 수긍하기 어려운데 판사들은 수긍하느냐고 따져 묻는 항의였다.

시민이 수긍할 수 없는 판결은 판결이 아니다. 민주공화국에서 입법권과 행정권이 주권의 일부인 것처럼 사법권도 시민의 것이기 때문이다. 판사는 시민을 대신해 판결을 할 책임을 부여받은 것일 뿐이다. '판사의 판결'은 '시민의 판결'이 되어야 하고 시민이 수긍할 수 있는 판결이 되어야 한다.

그러려면 판결은 시민들의 생각과 주장이 모이고 다시 퍼져나가는 광장으로 나와야 한다고 생각했다. 판결은 광장에서 시민들의 대화나 토론의 주제가 되어야 하고, 광장에서 나온 이야기들은 다시 법원으로 돌아가야 한다. 물론 대화와 토론의 주제는 판결의 결론, 즉 누가 이겼고 졌는지에 그쳐서는 안 된다. 시민이 수긍할 수 있어야 하는 것은 판사가 결론에 이르는 근거와 논리, 생각의 흐름이다.

판결문을 판사들에게 되돌려 보낸 일과 '판결을 판결한다'라는 온라인 법정에 이어 참여연대는 2005년 3월부터 '광장에 나온 판결'이라는 판결비평 프로젝트를 시작했다. 이 책에 실린 글은 그 프로젝트의 결과물 중 일부다. 프로젝트의 취지에 공감해 글을 써주신 분들에게 감사 드린다. 법정에서 선고되는 판결이 '시민의 판결'에 더 가까워지는 그 순간을 더 많이 경험하고 싶다.

2015년 1월

박근용 참여연대 협동사무처장

차례(66개 판결)

2014년

2013년

2012년

2006년

2005년

판결비평 출처

2014년

2013년

2012년

2011년

2010년

2009년

2008년

2007년

판결 설명

2014년

- 서울 동대문구청과 성동구청이 관할 구역의 이마트와 홈플러스 등 대형마트에 영업시간 제한을 둔 조례는 위법하다는 판결._38
- 고리 원자력발전소 인근 주민에게 발병한 갑상선암의 책임이 원전에 있다며 원전의 방사능과 갑상선암의 인과관계를 처음 인정한 판결._46
- 카지노를 운영하는 강원랜드가 이용자의 베팅 금액 제한 규정 위반을 묵인한 결과 이용자가 손실을 입게 되었더라도 손해배상 책임이 없다며 파기환송한 판결._48
- 내란음모와 내란선동 등 혐의로 기소된 이석기 통합진보당 의원의 항소심에서 RO의 존재를 인정하지 않음으로써 내란음모는 증거가 부족하다며 무죄로, 내란선동은 유죄로 인정해 감형한 판결._63
- RTV가 방영한 역사 다큐멘터리 〈백년전쟁〉은 합리적 근거 없는 증거로 진실을 왜곡했으므로 이에 대한 방송통신심의위원회의 중징계

2013년

기하고 광고주에 대한 업무방해 혐의는 공모공동정범 이론을 적용해 원심대로 유죄 선고한 판결. 184
- '삼성 X파일' 떡값 검사 명단을 폭로했다가 명예훼손과 통신비밀보호법 위반 혐의로 기소된 노회찬 의원의 재상고심에서 명예훼손은 무죄, 통신비밀보호법 위반 혐의는 유죄 선고한 원심을 확정한 대법원 판결. 191

2012년

- 전기통신기본법상 허위사실 유포죄 조항은 위헌이라는 결정. 201
- 경찰이 시민의 서울광장 통행을 저지한 행위는 위헌이라는 결정. 202
- 박경신 교수가 자신의 인터넷 블로그에 남성의 성기 사진을 올린 것은 사진 아래 정보통신 심의규정과 방송통신심의위원회의 다수의견에 대한 비판적 견해를 밝힌 전체적 맥락을 고려해볼 때 '하등의 사상적·학술적 가치를 지니지 않는 음란한 화상이나 영상'으로 볼 수 없다며 무죄 선고한 판결. 214
- 인터넷상 본인확인제라는 인터넷실명제는 위헌이라는 결정. 228
- 집시법 규정이 경찰의 해산 명령의 요건을 정하고 있지 않더라도 옥외 집회나 시위로 공공질서에 명백하고 현존하는 위험을 초래하는 경우에 한해 해산을 명할 수 있다고 봐야 하는데 미신고라는 사유만으로 해산 명령을 내리면 이는 집회의 사전신고제를 허가제처럼 운용하는 것이나 다름없어 집회의 자유를 침해한다며, 집회를 사전에 신고하지 않았다가 나중에 해산 명령에 불응한 혐의를 유죄로 인정한 원심을 깨고 돌려보낸 판결. 235

- 기성회비는 고등교육법상 '수업료와 기타 납부금'인 등록금에 해당하지 않은 것인데 국립대가 법적 근거 없이 회비를 받아 학생들에게 손해를 입혔으니 반환하라는 판결. _ 246

2011년

- 2007년 대선을 한 달가량 남겨둔 시점에서 정봉주 의원이 이명박 당시 한나라당 대통령 후보가 BBK 주가 조작 사건과 관련되었다는 의혹을 제기했다가 공직선거법 위반으로 기소된 사건에서 공표한 내용이 진실이라고 믿을 만한 상당한 이유가 없다며 유죄 선고한 원심을 확정한 판결. _ 254
- 공직선거법 93조 1항의 '그 밖에 이와 유사한 것'에 '정보 통신망을 이용해 인터넷 홈페이지 또는 그 게시판·대화방 등에 글이나 동영상 등 정보를 게시하거나 전자우편을 전송하는 방법'이 포함된다고 해석되는 한 헌법에 어긋난다는 한정위헌 결정. _ 261
- 〈PD수첩〉 제작진이 광우병 쇠고기 관련 보도를 해 명예훼손과 업무방해죄 혐의로 기소된 사건의 상고심에서 보도 내용 중 '다우너 소는 광우병에 걸린 소로 의심된다' '아레사 빈슨의 사인' '한국인은 인간광우병에 걸릴 확률이 더 높다' 3개 부분은 허위이지만 공적 사안을 다룬 언론 보도이므로 무죄로 판결한 원심 판결을 확정한 판결. _ 271
- MBC를 상대로 낸 정정·반론 보도 청구의 상고심에서 원심이 피고 패소 판결한 3개 보도 부분 중 '미국에서 인간광우병이 발생하면 우리 정부는 독자적 조치를 취할 수 없다' '미국산 쇠고기 수입 위생 조건을 합의할 때 우리 정부의 협상 태도는 부실했다' 2개 보도에 대한 정정 보도는 파기환송하고 '한국인이 인간광우병에 걸릴 확률이 더 높다'

2010년

- 교사들이 시국선언을 발표한 것은 공무원인 교원의 정치적 중립 의무를 위반한 행위로 국가공무원법에 위배한다는 판결. 350

2009년

- 야간 옥외 집회를 금지한 집시법 10조는 집회와 시위를 허가제로 운영할 수 없다는 헌법 21조 2항에 정면으로 위반되므로 위헌이지만 법 개정 시효인 2010년 6월 30일까지는 계속 적용하라는 헌법불합치 결정. 360
- 재개발사업 조합이 시한을 넘겨서도 건물을 내주지 않는 사업 구역의 임차인들을 상대로 낸 건물 명도 청구 소송에서 도시정비법 49조 6항은 재산권을 제한받는 이들에 대한 정당한 보상 규정이 없어 위헌 여지가 있다며 임차인들의 위헌법률심판 제청 신청을 받아들인 결정. 369

2008년

- 광우병 촛불 문화제에 대한 경찰의 대응에 항의하다 집시법 위반 혐의로 구속된 안진걸 광우병국민대책회의 조직팀장의 사건에서 집시법 10조가 집회 사전허가제라고 판단하고 이 법조항에 대한 위헌법률심판 제청 신청을 받아들인 결정. 381
- 에버랜드가 전환사채를 주주배정 방식으로 발행하면서 주식 가격을 헐값으로 책정함으로써 주주들이 대부분 포기한 주식을 사들인 특정한 제삼자에게 특혜를 주었고 결국 회사에게 손해를 입혔다는 사건에서 주주배정으로 발행하면서 저가로 책정했더라도 주주와 회사가

입은 손해는 없으므로 회사의 이사는 배임죄가 성립되지 않는다는 판결._392

2007년

- 집회에 참가하려고 상경하는 농민들을 저지한 경찰의 원천봉쇄에 대해 엇갈린 판단을 한 1심, 2심 판결._406
- 카드 회사 지점장이 여직원들에게 한 성희롱은 인정되지만 그를 해고한 것은 지나치다는 판결._416
- 수백억 원의 회사 자금을 횡령한 혐의 등으로 유죄가 인정된 정몽구 현대차그룹 회장에게 허술한 경제 논리를 들어 집행유예 선고한 판결._422
- 현대차의 파견 근로자는 위법한 파견이지만 파견법 6조 3항은 적법한 파견에만 적용되므로 현대차는 그들의 사용자가 아니라는 판결._431
- 상지대 정상화를 위해 파견된 임시이사들이 구 재단 측 이사들을 배제한 채 정이사를 선임한 이사회 결의는 무효라는 판결._443
- 중앙정부의 불허 지침에도 전공노의 총파업에 참가한 울산 북구청 공무원들을 북구청장이 징계하지 않고 승진시킨 것은 재량권을 벗어나 법령을 위반한 것이므로 상급자인 시장이 이를 취소한 것은 정당하다는 판결._455
- 경복궁 앞 집회는 심각한 교통 불편을 줄 우려가 있다며 집회 금지 통고한 경찰의 처분은 재량을 벗어난 것으로 볼 수 없다는 판결._464
- 현직 국회의원들이 정부를 상대로 한미 FTA 협정문 초안을 공개하라는 소송에서 공개할 경우 국익을 현저히 해할 우려가 있다며 기각한

2006년

- 안산시청 공무원이 부패방지위원회에 안산시장을 종합운동장 설계 비리에 관련해 부패 협의자로 신고한 뒤 동사무소로 좌천된 사건에서 인사권자가 인사상 불이익 조치를 취한 것은 인정하지만 사회 통념상 용인될 수 없는 정도는 아니라며 손해배상 책임은 인정하지 않은 판결. _ 540

2005년

- 법원 인근 100미터 이내에서 집회와 시위를 금지한 집시법 규정은 합헌이라는 결정. _ 552
- 삼성전자 주주 대표소송 상고심에서 삼성전자 전·현직 이사에게 190억 원을 회사에 배상하라고 명한 원심을 확정한 판결. _ 558
- 적법하게 신용카드를 발급받았고 적극적인 사기 의사가 없는 점을 고려해 카드빚을 연체한 신용불량자에게 무죄를 선고한 원심을 깨고 사기죄가 성립한다며 환송한 판결. _ 566
- 신세계 이마트가 이마트 노조를 상대로 낸 가처분 신청이 받아들여져 노조 활동이 광범위하게 금지되었는데 이후 노조가 낸 가처분 이의신청 재판에서 가처분 결정 내용을 대부분 취소한 판결. _ 577
- 미술 교사가 자신의 홈페이지에 알몸과 성기 노출 사진 등을 올렸다가 전기통신기본법을 위반한 혐의로 기소된 사건에서 음란물이 아니라는 원심을 깨고 일부는 음란물이라며 사건을 돌려보낸 대법원 판결. _ 589
- 한 대학생이 공안문제연구소의 활동 내역 등에 대한 정보공개를 청구했다가 비공개 처분을 받은 사건에서 그 정보가 실제로 '국가 안전 보장에 유해로운 결과를 초래할 우려가 있는 국가 기밀'이라는 비공개

- 삼성전자의 소액 주주들이 비자금을 조성해 전직 대통령에게 뇌물을 주고 계열사의 주식을 실거래가보다 현저히 낮은 가액으로 처분함으로써 회사에 손해를 입힌 전·현직 이사들을 상대로 제기한 주주 대표소송에서 손해 공평 분담 원칙에 따라 1심에서 인정한 이사의 손해배상액을 80퍼센트나 경감해준 판결._648

2014년

최근 롯데쇼핑과 이마트, 홈플러스 등 대형마트 여섯 곳이 서울 동대문구청장과 성동구청장을 상대로 제기한 소송에서 법원은 1심을 번복하면서 영업시간을 제한하고 의무휴업일을 지정한 것은 위법이라는 판결을 내렸습니다. 대형마트와 중소 상인의 상생을 도모하는 그간의 입법 노력을 부정했다는 비판이 거세게 일고 있습니다. 특히 우리가 익히 알고 있는 이마트와 홈플러스가 법 규정상 대형마트가 아니라고 판단한 점이 큰 논란을 일으켰습니다. __**대형마트 영업시간 제한 위법**

미생 그 후: 대형마트 의무휴업 위법 판결을 비판하며

최근 드라마 〈미생〉이 인기다. 드라마에서 오상식 차장을 찾아온 옛 회사 동료는 퇴직금으로 피자집을 차렸다가 인근에 대형마트가 들어서는 바람에 망한 이야기를 한다. 그러면서 "회사가 전쟁터 같지. 그래도 잘리기 전엔 절대 제 발로 나오지 마라. 밖은 지옥이다"라는 말을 남긴다. 우리 동네 자영업자의 현실이 이와 같다. 어느 날 갑자기 회사에서 해고 통보를 받고 허겁지겁 퇴직금과 담보대출로 소상인 자영업을 시작했는데 동네 구석까지 대기업의 대형마트와 SSMsuper supermarket이 치고 들어오면서 지옥을 경험한다. 이미 한계에 달한 동네 소상인 자영업자에게 공적 퇴출 프로그램을 제공하는 논의마저 나오고 있다. 회생 절차를 무료로 밟고 설비와 점포 임대권을 신규 진입자에게 팔고 나올 수 있게 한다는 것이다. 치열한 직장인들의 드라마인 〈미생〉 그 후에는 언제 빈곤층의 나락으로 떨어질지 모르는 안타까운 자영업자가 남아 있다.

2014년 12월 12일 서울고등법원 8행정부는 동대문구청장과 성동구청장이 대형마트들에게 내린 심야 영업시간 제한과 의무휴업 처분이 위법하다고 판결했다. 이 처분은 유통산업발전법에 의한 것이다. 국회는

2012년 무려 8년 동안 논의한 끝에 동법 12조의2 조항을 새로 마련했다. 지방자치단체는 조례를 정해 대형마트와 SSM의 영업시간을 자정부터 오전 10시까지의 범위에서 제한하고 매월 이틀을 의무휴업일로 지정할 수 있다.

서울시의 구청장들은 모두 관내의 대형마트와 SSM에게 자정 이후 오전 8시까지 심야 영업을 하지 말고 한 달에 두 번 일요일에 쉬도록 처분했다. 그러자 대형마트인 이마트와 홈플러스, 롯데쇼핑, GS리테일 등은 과도한 제한이라며 각 구청을 상대로 취소 소송을 제기했다. 구청별로 소송에 들어갔는데 1심을 맡은 대부분의 법원은 처분이 적법하다고 판결했다. 그 후 대형마트 측이 항소하지 않아 처분이 적법하다는 결론으로 마무리된 상황이다.

다만 이 사건의 원고인 동대문구와 성동구 관내의 대형마트는 항소했다. 그런데 뜻밖에 서울고등법원이 영업시간 제한은 위법한 처분이라며 대형마트의 손을 들어준 것이다. 이들에 대한 처분이 과연 고등법원의 생각처럼 위법해 영업시간 제한을 취소할지는 이제 대법원이 최종 판단하게 되었다. 만약 고등법원의 결론과 같은 판단이 나온다면 사회적 파장은 아주 클 것이다.

대형마트와 SSM에 대한 의무휴업과 영업시간 제한 조치는 시행된 뒤 비교적 좋은 성과를 보여왔다. 시장경영진흥원의 조사에 의하면 시행된 뒤 중소 소매업체와 전통시장의 매출액과 평균 고객 수가 각각 10퍼센트 이상 증가했다. 소비자 중 78퍼센트가 이에 찬성한다는 설문조사 결과도 있다.

서구에서도 공휴일 의무휴업과 평일 영업시간 제한은 대형마트를 규제하는 보편적 제도 중 하나다. 독일은 대형마트가 진출할 때 주변 상권에 미치는 영향을 분석해 그 영향이 10퍼센트를 넘으면 아예 입점 자체를 못 하게 한다. 자영업자 중 중산층이 붕괴하는 것은 국가적 재앙이기 때문이다.

이번 판결의 해석 논리는 이러하다. 유통산업발전법 2조는 대형마트란 '점원의 도움 없이' 소비자에게 판매하는 점포라고 정의하고 있다. 이마트와 홈플러스, 롯데마트는 매장 한쪽에 점원이 도움을 주는 정육점이 있기 때문에 대형마트가 아니라고 재판부는 보았다. 또 대부분의 매장은 안경점이나 화장품점 같은 임대 업체가 있고 그곳에서도 점원이 늘 도움을 준다는 것이다. 결국 대상을 오인해 영업시간 제한 처분을 내렸으므로 위법하다고 본 것이다.

이마트와 홈플러스가 대형마트가 아니라니, 그렇다면 대한민국에 대형마트는 하나도 없다는 결론이 되지 않는가. 대상 판결의 해석은 지나치게 도식적이고 문리 해석 범위를 벗어났으며 국민의 법 감정상 도저히 받아들이기 어려운 것이다. 법원이 법을 잘못 해석한 것으로 판단된다.

대형마트를 정의하는 데 점원의 도움 유무가 들어간 것은 점원이 주도적으로 도움을 주는 백화점과 상대적으로 덜 그러한 대형마트를 법규정상 구별하기 위해서였다. 유통산업발전법은 점포를 대형마트(대규모 점포), 전문점, 백화점, 쇼핑센터, 복합쇼핑몰, 기타 여섯 형태로 구분해 적합한 규제를 정하고 있다. 이러한 취지를 보더라도 '점원의 도움 없이'라는 조문을 엄격히 해석할 일이 전혀 아니다.

비슷한 법리를 들면 대법원은 주택 일부가 상가인 경우 어떤 법을 적

미생은 얼마나 더 허리띠를 졸라매야 할까

용할지를 판단할 때 주된 부분이 무엇인지를 본다. 상가가 일부 있다고 주택 전체를 상가로 보지는 않는다. 마찬가지로 대형마트가 임대 매장을 끼고 있거나 점원 몇 명만 배치한다고 의무휴업과 영업시간 제한 조치를 빠져나가게 할 수는 없지 않은가. 이야말로 꼼수와 편법의 손을 들어주는 게 아닌가.

또 이번 판결은 대형마트에 입점한 화장품 가게 등 임대 매장의 운영자는 다른 주체이므로 처분을 내리기 전 행정법에 따라 이들에게 사전 통지하고 의견을 제출할 기회를 주어야 했다며 이 부분이 절차상 위법하다고 보았다. 하지만 이는 처분의 상대방이 분명 대형마트의 운영자이지 임대 매장 운영자가 아닌 이상 이해하기 어렵다. 임대매장 운영자는 껍데기인 대형마트 자체가 문을 닫기 때문에 반사적으로 영업을 못하게 되는 것이다. 게다가 임대매장을 이렇게 다른 주체로 볼 요량이면 임대 매장이 입점했다는 이유로 대형마트가 아니라고 본 앞의 결론과 논리가 상충된다.

행정처분을 할 때는 침해되는 이익과 지키려는 이익 간에 이익 형량을 해 결정해야 하는데 법원은 이 부분이 명확하지 않다고 문제 삼았다. 구청장들이 대형마트의 영업시간을 제한하면서 지켜내려 한 이익인 건전한 유통 질서가 구체적이지 않다는 것이다. 대형마트에 납품하는 업자의 피해는 얼마나 되는지, 대형마트 근로자의 건강권은 어떻게 지켜지는지, 소비자의 선택권은 얼마나 침해되는지를 고려한 증거도 없다. 이렇게 재량권을 행사하지 않았으므로 위법하다고 보았다.

이 또한 이해하기 어렵다. 대형마트 영업시간 제한은 무려 7, 8년간이나 국회와 이해 당사자 간에 충분한 논의를 거쳐 입법되었다. 민주적 정당성을 가진 국회가 오랜 시간 이해 당사자의 입장을 조율해서 제도를 만들었는데 법원이 이 과정을 조금 더 들여다보지 않고 너무나 쉽게 판단하지는 않았는지 안타깝다.

대형마트에 납품하는 소상공인 입장에서는 심야 영업시간이 연장되는 것보다 오히려 과도한 판촉 비용을 전가하고 너무 많은 판촉 사원을 요구하는 대형마트의 횡포, 납품 단가 후려치기 등의 불공정 행위를 막는 일이 더 절실하다. 대형마트 영업시간 제한은 그동안 우리 사회의 모범적 상생 제도로 정착되어 잘 시행되어왔다. 소비자도 제도의 취지에 공감해 시장에 가는 발길을 늘리는 참인데 이번 판결이 혼란만 가중하지 않을지 걱정이다. 규제라는 것도 대형마트는 자정 이후에는 영업하지 말고 한 달에 이틀을 쉬라는 정도에 불과하다. 이것이 비례 원칙에 어긋날 만큼 심한가?

대형마트의 영업시간을 제한함으로써 생기는 효과를 살펴보자. 자영업자 비율이 미국은 6.8퍼센트, 독일과 일본은 11퍼센트인데 우리나라는 무려 28퍼센트나 된다. 생활 밀착형 업종은 인구 1000명당 업체 수가 미국의 10배가 넘어 경쟁이 과도한 상태다. 이러한 상황에서 몇몇 대기업이 운영하는 대형마트와 SSM은 큰 위협이다.

반면 대형마트가 창출하는 고용이나 창업 효과는 질이 낮다. 2012년 롯데·신세계·현대백화점, 롯데마트, 이마트, 홈플러스 여섯 개 대형 유통업체의 사업보고서에서 최근 6년간 직원 현황을 분석한 결과, 매장당 정규직 직원은 평균 100여 명에 불과했다. 직접 고용하지 않고 납품 업체 직원이나 비정규직을 활용하는 경우가 많은 이상 고용 창출에 기여한다는 주장은 허울에 가깝다. 홈플러스 청주점의 경우 3년 동안 반경

5킬로미터 안에 있는 슈퍼마켓 337곳 중 21퍼센트에 해당하는 72곳이 폐업했다. 건강 미용식품 매장, 문구점, 컴퓨터 매장 등 홈플러스와 판매 품목이 중복되는 매장까지 합하면 200여 곳이 문을 닫았다. 전문가들은 전통시장과 주변 상권이 무너져 일자리가 줄어드는 걸 감안하면 고용 측면에서 대형마트 진출은 득보다 실이 많다고 지적한다.

게다가 동네 상권의 자영업자가 몰락하는 것은 곧 빈곤층이 늘어나는 것을 의미한다. 세금은 줄고 의료비와 실업보험 같은 복지 비용은 증가한다. 사회 전반의 영향을 따지면 대기업이 동네 상권의 과자 값까지 싹쓸이하지 못하도록 적절히 제한하는 게 이득이다. 이익 형량은 이 점을 고려해야 한다. 국회가 정한 입법을 사법부가 위법으로 판단한 점도 문제가 많다. 현명하게 해결할 방법을 찾으려면 깊이 고민해야 한다. 대법원 상고심은 재산권을 절대적으로만 여기지 말고 우리 사회 자영업자의 눈물을 닦아주고 대기업과 상생을 도모할 수 있는 사이다 같은 속 시원한 판결을 해주기를 기대한다.

판결에 대하여	서울고등법원 8행정부 2014. 12. 12. 2013누29294 영업시간 제한 등 처분 취소	판사 장석조(재판장), 손삼락, 김용하

서울 동대문구청과 성동구청이 관할 구역의 이마트와 홈플러스 등 대형마트에 영업시간 제한을 둔 조례는 위법하다는 판결.

서울고등법원은 원고인 대형마트 여섯 곳, 롯데쇼핑과 에브리데이리테일, 이마트, GS리테일, 홈플러스, 홈플러스테스코에게 승소 판결했다. 유통산업발전법 2조 3호는 관련 별표에서 대규모 점포의 종류를 여섯 개로 분류하고 그중 대형마트를 '용역 제공 장소를 제외한 매장 면적의 합계가 3000제곱미터 이상이면서 식품·가전 및 생활용품을 중심으로 점원의 도움 없이 소비자에게 소매하는 점포 집단'으로 정의한다. 재판부는 법 규정상 원고들을 대형마트로 볼 수 없다고 판단했다.

갑상선암의 가장 위험한 요인은 방사선 노출이라고 합니다. 고리 원자력발전소 인근에 사는 한 가족이 원전 운영 주체인 한국수력원자력을 상대로 손해배상 소송을 제기했습니다. 법원은 장기간 방사선 노출로 인해 갑상선암을 앓게 된 아내 박씨에게 1500만 원을 지급하라고 원고 일부 승소 판결을 내렸습니다. 원자력발전소는 지역 주민의 갑상선암 발병에 책임이 있다고 인정한 첫 판결입니다. 전국의 원전 인근 주민들도 손해배상 공동소송에 나섰습니다.__**원전 인근 주민의 갑상선암 발병**

핵발전소 인근 주민의 암 발병에 한수원의 책임을 인정한 판결

부산지방법원 동부지원은 2014년 10월 17일 고리 핵발전소 인근 주민인 이 모 씨 가족이 한수원(한국수력원자력)을 상대로 낸 손해배상 청구 소송에서 아내 박씨의 갑상선암 발병에 대해 한수원은 손해 배상할 책임이 있다고 판결했다. 박씨는 핵발전소 인근에 거주하면서 상당한 기간 방사선에 노출되었고 그로 인해 갑상선암 진단을 받았다고 봄이 상당하다며 핵발전소를 운영하는 한수원이 배상하라는 것이다.

법원이 핵발전소에서 평상시 배출되는 방사선 때문에 암이 발병했음을 인정했다는 점에서 판결은 큰 파장을 불러일으켰다. 환경단체는 추가 소송을 제기하려고 즉각 원고 모집에 들어갔다. 그동안 핵발전소 인근에 사는 사람이 유난히 각종 암과 질병에 시달린다는 것은 주민들 사이에서는 공공연한 사실이었다. 그렇다고 소를 제기한 적은 없었는데 이번 판결로 비로소 한수원의 책임이 확인된 것이다.

역학적 인과관계

한수원은 핵발전소에서 평상시 액체, 기체 형태의 방사성 폐기물을 배출한다고 홈페이지에 공식적으로 밝히고 있다. 문제는 방사능 노출로 인해 인근 주민이 암에 걸렸다고 할 수 있는가, 즉 인과관계가 중요한 쟁점이라고 할 수 있다.

박씨는 1996년 3월 30일부터 현재까지 고리 핵발전소에서 7.6킬로미터가량 떨어진 곳에서 살아오다가 2012년 2월 갑상선암 진단을 받았다. 갑상선암의 가장 중요한 위험 요인은 치료용 방사선 노출과 환경 재해로 생긴 방사선 노출이며 노출된 방사선 양이 많을수록 위험하다고 알려져 있다. 서울대 의학연구원 원자력영향·역학연구소가 2011년 4월 교육과학기술부에 제출한 '원전 종사자 및 주변 지역 주민 역학조사 연구'에 따르면, 원자력발전소에서 떨어진 곳일수록 갑상선암 발병률은 낮았고, 핵발전소 주변 지역(5킬로미터 이내)에 사는 여자 주민의 갑상선암 발병률은 원거리 대조 지역(30킬로미터 이상)의 여자 주민에 비해 2.5배나 높았다.

동남권원자력의학원과 부산 기장군은 공동으로 2010년 7월부터 2013년 12월까지 '기장군민 건강 증진 사업'의 일환으로 기장군민 4910명을 대상으로 종합 건강검진을 실시했다. 이 기간 동안 암 검진을 받은 군민 3031명 중 갑상선암 진단을 받은 주민은 41명이었다. 한편 서울대병원 강남센터의 암 진단율(대장암, 폐암, 전립선암 등 모든 암)은 1.06퍼센트, 삼성서울병원은 1.04퍼센트다.

법원은 방사능 노출과 갑상선암 발병 사이의 인과관계 쟁점에 대해 다음 사항을 고려했다. 1) 갑상선암 발병은 방사선 노출이 결정적 요인이라고 알려져 있는 점, 2) 한수원은 부산 기장군 장안읍에서 핵발전소 6기를 운영하고 있는데 박씨는 발전소로부터 10킬로미터 안팎인 지역에서 20년 가까이 거주하는 동안 방사선에 장기간 노출됐다고 보이는

어느 날 문득 그런 생각이 든다.
핵폐기물이나 방사능을 먹으며 살아온 건 아닐까?

점, 3) 박씨의 갑상선암 발병에 방사선 외 다른 원인이 있다고 볼 뚜렷한 자료가 없는 점, 4) 고리 핵발전소에서 방출된 연간 방사선량(제한구역 경계 기준)은 원자력안전법 시행령 2조 4호 별표 1이 규정한 연간 유효선량 한도(1밀리시버트), 원자력안전위원회 고시 2012-29호 16조 2항 2호가 규정한 제한구역 경계에서의 연간 유효선량(0.25밀리시버트)에 미치지 못하고, 핵발전소 주변 지역 주민의 역학조사 결과 갑상선암과는 달리 위암, 간암, 폐암은 핵발전소로부터의 거리와 발병률 사이에 뚜렷한 상관관계가 없다고 하나, 관련 법령이 정한 연간 유효선량은 국민 건강상 위해를 방지하려고 정한 최소한도의 기준으로서 이에 노출되었을 경우 절대적으로 안전을 담보할 수 있는 수치라고 단정할 수는 없는 점, 5) 역학조사 결과 핵발전소로부터 5~30킬로미터 떨어진 지역에서도 원거리 대조 지역에 비해 1.8배나 높은 갑상선암 발병률을 보이고 있고, 박씨가 거주해온 지역이 방사선 유출 영향을 받지 않는 곳이라고 보기는 어려운 점, 6) 다른 암과는 달리 갑상선암의 경우 핵발전소로부터의 거리와 발병률 사이에 상관관계가 있다고 조사된 점, 7) 박씨가 침해당한 이익은 신체의 건강과 관련된 것으로서 재산상 이익 같은 다른 이익보다 중요할 뿐 아니라 공공의 필요에 쉽게 희생되어서는 안 되는 법익이다.

비특이성 질환

이번 판결은 핵발전소에서 평상시 가동되는 와중에 배출된 방사능이 원인이 되어 갑상선암이 발병했음을 인정한 첫 사례로서 그 의의가 크다. 이전에 진행된 환경 소송에 비춰볼 때 이 사건 판결은 전통적 입장에 충실한 편이라서 이례적이지는 않다. 고엽제 소송이나 대기오염 소송에서 대법원은 특이성 질환의 경우 역학조사의 상관관계만으로도 인과관계가 인정될 수 있다는 전제에서 비특이성 질환은 개연성을 증명해야 한다고 판시했다. 갑상선암은 사실 특이성 질환이라고 봐야 한다.

국제암연구소IARC는 방사선을 1등급에 해당하는 발암 물질로 규정하고 있다. 특히 갑상선암은 방사능과 아주 관련성이 높다는 것은 국제학계에서는 기정사실화되어 있다. 미국암학회ACS와 대한갑상선학회, 국립암센터 등 공신력 있는 기관은 방사선 노출을 갑상선암의 주요 원인 인자라고 지목하면서 노출된 방사선량이 많거나 노출 연령이 어릴수록 발병 위험이 높다고 발표했다.

갑상선암이 비특이성 질환이라고 하더라도 이번 판결은 고엽제, 대기오염 소송에서 비특이성 질환의 경우 요구된 개연성의 모든 요소가 증명되었다고 판단했다. 역학조사 결과만으로 인과관계를 인정한 게 아니다. 개인이 위험 인자에 노출된 시기와 노출 정도, 발병 시기, 위험 인자에 노출되기 전의 건강 상태, 생활 습관, 질병 상태의 변화, 가족력 등 고엽제, 대기오염 소송에서 대법원 판결이 지적한 개연성의 모든 구성 요소를 빠짐없이 판단했다. 따라서 필자는 이번 원고 승소 판결은 2심, 3심에서도 유지되리라고 전망한다.

역학조사를 주도한 서울대 의대 안윤옥 명예교수는 "해당 연구는 통계적인 유의성을 밝힌 것일 뿐 원전의 방사선 노출과 갑상선암 발병 사이의 인과관계까지 입증한 것은 아니다"라며 법원이 보고서의 내용을 충분히 해석하지 못한 것 같다는 의견을 밝혔다. 하지만 이는 손해배상 소송에서 입증이 요구되는 인과관계가 의학적, 자연과학적 인과관계가 아니라 법적인 판단의 문제라는 것을 알지 못하는 데서 기인한 잘못된 의견이다. 손해배상 소송에서 요구되는 인과관계는 현실에서 발생한 손해에 대해 누구에게 그 책임을 부담시킬지를 가리기 위한 개념이다. 자연과학적 인과관계가 아니라 법관의 자유 심증에 의해 얻어지는 확신에 따르는 법적 판단의 영역인 것이다.

입증 책임도 핵발전소와 관련한 손해배상 소송의 경우 일반 환경 소송보다 훨씬 완화해줘야 한다. 핵발전소 가동이나 사고로 인한 피해를 구제하기 위한 소송에서는 핵발전소와 관련한 거의 모든 정보가 전혀 공개되지 않고 있고, 한수원과 원자력안전위원회 등 관련 기관이 그나마 공개하는 정보도 객관적 검증을 거치지 않아 신뢰하기 어렵다. 그동안 핵발전소와 관련해 드러난 여러 비리나 범죄 사건을 보면 정보 은폐와 축소, 조작이 만연해 있다. 또 핵발전소로 인한 피해가 광범위하고 장기간에 걸쳐 이뤄진다는 점을 고려할 필요가 있다. 법원은 역학적 인과관계론을 수용하고, 입법론으로는 원자력 손해배상법에 독일의 환경책임법의 경우처럼 인과관계의 추정 규정을 둘 것을 제안한다.

판결에 대하여	부산지방법원 동부지원 민사2부 2014. 10. 17. 2012가합100370 손해배상	판사 최호식(재판장), 이영림, 김용환

고리 원자력발전소 인근 주민에게 발병한 갑상선암의 책임이 원전에 있다며 원전의 방사능과 갑상선암의 인과관계를 처음 인정한 판결.

재판부는 이씨 부부와 아들이 원전을 운영하는 공기업인 한국수력원자력을 상대로 낸 손해배상 청구 소송에서 아내인 박씨에게 위자료 1500만 원을 지급하라며 원고 일부 승소 판결했다. 이들은 2012년 7월 고리 원전 때문에 모두 암과 장애에 걸렸다며 손해배상 청구 소송을 냈는데 법원은 이씨의 대장암과 아들의 자폐성 장애에 대해선 방사능 노출과의 상관관계를 인정하지 않아 기각했다.

이 판결을 계기로 원전(고리, 월성, 울진, 영광) 주변 지역에 사는 주민들은 한국수력원자력을 상대로 갑상선암 피해 손해배상 공동소송에 나섰다.

강원랜드는 국내에서 유일하게 내국인 전용 카지노를 운영하고 있습니다. 한 도박 중독자가 이곳에서 정상 베팅 한도액인 1회 1000만 원을 넘겨 도박을 했습니다. 카지노 사업자는 이 사실을 알고도 묵인했고 결국 그는 재산 200억여 원을 탕진했습니다. 책임은 전적으로 도박 중독자에게 있을까요? 카지노 사업자에게는 아무런 책임도 없을까요? 한국의 도박 중독 유병률은 선진국에 비해 서너 배나 높고 도박으로 인한 사회 경제 비용도 수십조에 달합니다. __**도박 중독자에 대한 강원랜드의 책임**

도박 중독자는 스스로 책임지라고?

대법원 전원합의체는 2014년 8월 21일 카지노 사업자는 이용자의 도박 중독과 재산 손실에 대해 원칙적으로 민사상 손해배상 책임이 없다고 선고했다. 원고인 정 모 씨는 강원도 정선에 있는 한 내국인 출입 카지노의 회원 영업장에 출입하면서 200억 원이 넘는 거액을 탕진했다. 그 뒤 카지노가 법령을 위반하는 바람에 자신이 손해를 입었다며 카지노를 상대로 손해배상 청구 소송을 제기했다. 서울고등법원은 카지노 사업자의 법령 위반 혐의를 일부 인정하고 원고의 청구액 중 15퍼센트를 배상하라고 판결했다. 그러자 양쪽이 상고를 제기했는데 대법원은 카지노 사업자의 손을 들어주며 원고 패소 취지로 파기환송했다.

정씨는 카지노 사업자가 대리 베팅을 조장해 법령상 베팅 금액 제한 규정(1회 1000만 원)을 위반한 사실을 문제 삼았다. 또 자신의 아들이 자신은 도박 중독자이니 카지노 출입을 제한해달라고 요청했는데 사업자가 이를 무시하고 자신을 계속 출입시켜서 도박으로 돈을 탕진하게 만들었다고 주장했다.

대법원은 이 사건을 3년 6개월 동안이나 심리한 끝에 자기책임 원칙에 따라 카지노 사업자는 카지노를 운영할 때 이용자가 게임으로 지나친 손실을 입지 않도록 보호할 의무가 없다고 판단한 판단했다.

또 이용자가 한도액을 넘겨 베팅하는 걸 카지노 사업자가 묵인한 부분에 대해서는 사업자는 베팅 금액 제한 규정을 준수할 법령상 의무가 있지만 이는 단속 규정 위반이라 행정처분의 대상일 뿐 손해배상 책임의 근거가 아니라고 판단했다.

출입 제한 규정 위반에 대해서는 이렇게 판단했다. 이용자는 자신의 의지로 이용을 제어하지 못할 정도로 도박 중독 상태였고 사업자는 이를 알고 있었거나 조금만 주의를 기울였더라면 알 수 있었던 상황이었다. 보통 이용자와 가족이 재산상 손실을 막으려고 법령이나 사업자가 마련한 절차에 따라 요청했는데 사업자는 조치를 하지 않고 영업 제한 규정을 위반해 영업했다면 이용자의 재산 손실에 대한 주된 책임은 사업자에게 있다. 또 이용자의 손실이 사업자의 영업이익으로 귀속되는 규모가 커서 사회 통념상 용인할 수 없을 만큼 특별한 경우에 한해 사업자는 이용자를 보호·배려할 의무를 위반한 것으로 손해배상 책임이 인정될 수 있다. 하지만 원고의 경우 사업자가 원고의 아들이 낸 출입 제한 요청서를 접수해 출입 제한자로 등록하기 전에 아들이 전화로 철회하고 요청서 반송을 요구했으므로 적법한 출입 제한 요청이 있었다고 볼 수 없고 사업자는 출입을 제한할 의무가 없었다고 보았다.

베팅 금액 제한 규정 위반에 대하여

대법관 두 명(김용덕, 조희대)이 반대의견을 냈다. 이 규정은 단순히 일반 공중의 사행심 유발을 방지하고 단속하는 데 목적이 있지 않다. 카지노 이용자는 게임을 하면서 합리적 판단력과 자제력을 상실한 나머지 과도하게 베팅을 해 막대한 손실을 입을 수 있는데 사업자가 이에 편승해 자신의 이익을 추구하면 안 되는 것도 베팅 한도액을 정한 중요한 이유다. 이 규정은 카지노의 사회적 폐해를 억제하는 공익 보호 규정인 동시에 이용자가 실제 게임을 할 때 과도하게 돈을 잃는 걸 막기 위한 최소한의 안전장치다. 이용자의 재산상 이익을 보호하는 차원에서도 반드시 지켜져야만 할 규정이라고 보았다.

출입 제한 규정 위반에 대하여

대법관 여섯 명(김용덕, 고영한, 김창석, 김신, 김소영, 조희대)이 반대의견을 제시했다. 카지노 이용자의 가족이 출입 제한 요청을 했는데 카지노 소속 직원들이 고의나 과실로 적당한 조치를 취하지 않아 이용자가 계속 카지노를 이용함으로써 재산상 손실을 입었다면, 그 손해는 출입 제한 규정 위반 행위와 상당한 인과관계가 있으므로 카지노 사업자는 배상할 책임이 있다. 또 카지노 출입관리지침이 카지노 출입 제한 요청과 철회는 문서로 하도록 규정하고 있다. 따라서 원고의 아들이 전화로 출입 제한 요청을 철회하겠다고 밝힌 것은 시기와 상관없이 효력이 없다. 사업자가 출입 제한 규정을 위반해 원고가 카지노를 출입하도록 허용한 것은 원고에 대한 보호 의무를 위반한 행위로 손해배상 책임이 있다고 보았다.

자기책임 원칙

다수의견은 자기책임 원칙을 들어 카지노 이용자가 자신의 의사로 카지노를 이용한 이상 이에 따른 손실은 스스로 부담해야 하고 특별한 사정이 없는 한 카지노 사업자에게 전가할 수 없다고 했다. 자기책임 원칙에서 말하는 '책임'이 어떠한 유형의 계약에서도 자발적으로 계약을 했으니 아무리 결과가 가혹해도 계약에 따른 책임은 계약 당사자가 져야 한다는 뜻은 아닐 것이다. 카지노 같은 사행산업에도 자기책임 원칙이 적용될 수는 있지만, 그 내용은 대등한 당사자 사이에서 인정되는 일반적 자기책임 원칙과는 아주 다른 내용이어야 한다. 대법원은 사행산업 이용 계약에서 자기책임 원칙이 어떻게 적용되어야 하는지에 대해 깊은 통찰을 보여주지 못하고 있다. 또 세계적 추세나 사회 변화에 무척 둔감해 보인다.

도박은 생리적 흥분을 유발하는 몰입형 놀이다. 모든 놀이가 몰입 요소를 가지고 있지만 도박은 특히 몰입 정도가 심하다. 전 재산을 잃거나 이혼을 하거나 자살에 이르게 될 정도로 도박은 아주 강렬한 흡인력을 가지고 있다. 30세 이전에 도박에 대한 자기통제력을 갖추지 못한 사람은 도박에 손을 대면 안 된다고 한다. 그렇지 못한 사람이 도박을 하면 심각한 결과에 이를 수 있다.

도박의 부작용 중 가장 대표적인 것이 도박 중독이다. 도박 중독은 여러 부작용이 생기는데도 도박을 하려는 충동을 자제하지 못해 개인과 가족, 직업 생활에 심각한 손상을 받는 상태를 말한다. 이는 개인과 가정뿐 아니라 사회에서도 다양하고 심각한 문제를 초래한다.

2012년 사행산업 통합감독위원회가 조사해 발표한 한국의 도박 중독 유병률은 CPGI 7.2퍼센트(중위험 도박자 5.9퍼센트, 문제성 도박자 1.3퍼센트)로 2010년의 6.1퍼센트(중위험 도박자 4.4퍼센트, 문제성 도박자 1.7퍼센트)에 비하여 1.1포인트 높아졌다. CPGI로 측정한 외국의 도박 중독 유병률은 영국이 2.5퍼센트(2010년), 프랑스가 1.3퍼센트(2010년), 호주가 2.4퍼센트(2010년), 뉴질랜드가 1.7퍼센트(2009년)로 나타난다.

한국이 선진 외국에 비해 서너 배 높아 아주 심각한 수준이다.

과도하게 도박을 하면 스트레스, 우울증, 분노, 건강 악화, 자살 같은 문제가 생기고 가족 간 대화 단절, 가족 구성원들의 무시, 가정 폭력, 재정난, 파산, 실직 등으로 이어져 가족 관계가 파탄 나고 만다. 도박 중독자가 많아질수록 가정 파괴, 자살, 도박 자금 마련을 위한 절도나 강도 등 사회 범죄가 늘어난다. 도박은 합법적인 사행산업이라 단기적으로 사행산업 내 고용이 증가할지 몰라도 주변의 생산적 사업에서는 고용이 감소한다. 특히 도박 중독자는 직업을 바꾸거나 실업자가 되는 경우가 많다.

도박으로 인한 사회적 비용도 크다. 도박으로 생긴 부작용을 막기 위한 도박 중독자 치료, 사행 사업자 관리와 감독, 범죄 예방 시스템 구축, 범죄자 증가에 따른 교정에 드는 비용이 늘어난다. 도박 중독은 실직과 가정 파괴의 원인이 되므로 이에 대응하기 위한 사회 보장 비용도 늘어난다. 도박으로 사행심이 조장되면 경제 생산성이 떨어지고, 근로 의욕이 줄고 실업자가 생겨 인적 자본이 사장된다. 결국 성장 잠재력이 악화되고 주 이용 층인 서민경제가 파탄 난다.

이화여대 산학협력단이 낸 연구 보고서 '도박 문제의 사회·경제적 비용 추계'(2010)에 의하면, 도박 중독의 사회·경제적 비용은 2009년 도박 중독 유병률[CPGI 중위험 도박(4.4퍼센트)+문제성 도박(1.7퍼센트)]인 6.1퍼센트를 기준으로 78조원에 이르렀다. GDP 중 7.3퍼센트로 추정된다. 이는 2000년 48조에 비해 62퍼센트나 증가한 금액이다. 지난 10년 간 사회경제 비용의 평균 증가율은 6퍼센트로 나타났다. 도박 중독으로 사회경제 비용이 계속 늘어나는 추세다. 저출산과 고령화로 인구는 정체되고 노동인구는 감소하는 사회 상황을 감안하면 이는 상대적으로 큰 사회적 비용이며 사회문제로 부각될 것이 자명하다. 또 시나리오 분석에 의하면 2050년에는 GDP의 10퍼센트 이상을 차지해 경제 성장의 걸림돌이 되리라 예측된다.

이렇게 도박이 만연해 도박 중독 유병률이 아주 높고 도박으로 인한 사회경제 비용이 수십조 넘는 한국 상황을 고려하면 카지노를 이용할 때도 도박 중독을 막는 적절한 조치가 꼭 필요하다. 사실 카지노라는 것이 단지 돈벌이 수단이 아니라 불법 도박과 도박 중독으로부터 이용자를 보호하기 위한 장치로 설계된 것이다. 형식상 허가를 받았다고 합법 카지노가 되는 게 아니라 도박 중독을 예방하는 안전장치를 갖춰야 비로소 내용적으로 적법한 카지노가 된다.

책임 도박 정책

전 세계에 걸쳐 도박이 늘어나고 도박 문제가 심각해지면서 책임 도박 정책이 광범위하게 도입되고 있다. 사행산업이 합법화되는 추세에 맞춰 정부와 사행사업자는 도박의 위험으로부터 이용자를 보호할 책임이 있고 이용자 역시 스스로를 지켜내야 한다. 이를 개념화한 것이 바로 책임 도박이다.

책임 도박은 사행산업 이용자가 책임 있는 도박 행위를 할 수 있도록 사업자에게 적절한 시스템을 구축하라고 요구한다. 이번 판결에서 카지노 사업자는 거래의 상대방인 카지노 이용자에게 손실이 발생하지 않도록 이익을 보호하고 배려할 일반적 의무를 지지 않는다고 판단한 것과는 다르다. 책임 도박에서 책임은 이용자뿐 아니라 사행산업 감독 기관과 주관 부처(정부), 사업자 모두에게 있다. 도박의 위험성에 대한 정보를 제공하고 규제 정책을 시행해 이용자가 도박 중독을 예방하도록 돕는 책임이 있는 것이다. 어느 병이나 그렇듯이 도박 중독도 발병한 뒤에 치유하기보다는 그전에 예방하는 게 훨씬 경제적이며 사회경제적, 문화적, 보건적 폐해를 최소화하는 길이다.

책임 도박 정책이 전 세계에서 채택되고 있다는 것은 합법 도박이라도 도박 중독 같은 사회적 폐해가 아주 크고 도박 중독을 예방하지 않고서는 사행산업이 유지되기 어렵다는 걸 뜻한다. 또 도박 중독을 예방하려면 이용자 개인의 노력도 필요하지만 사업자와 정부, 감독 기관 모두 이용자를 보호할 책임을 나누어 져야 함을 뜻한다. 그렇다면 카지노 이용 계약에서 자기책임 원칙은 카지노 이용자가 도박 중독에 빠져도 나 몰라라 식으로 모른 체하는 게 아니라 이용자가 도박 중독에 빠지지 않고 자기책임하에 도박을 할 수 있도록 보호 장치를 완비해 감독 기관과 정부, 사업자 모두 각자 책임을 다해야 한다는 의미로 해석되어야 맞다.

법원이 카지노 사업자는 이용자의 도박 중독을 예방할 책임이 없다고 판단하면 앞으로 사업자는 도박 중독자를 상대할 때도 돈만 벌면 될 것이다. 과연 카지노 허가권이 이용자를 도박 중독자로 만들고 도박 중독자를 상대로 도박판을 벌여서 돈을 버는 행위까지 인정한 것인가? 문명국가라면 도저히 그런 법 해석을 할 수는 없다.

● CPGI(Canadian Problem Gambling Index): 일반인의 도박 중독 유병률을 측정하기 위해 개발한 척도다. 도박 유형이나 빈도 등 아홉 개 문항으로 이뤄졌으며 총점이 3~7점이면 중위험 도박자, 8점 이상이면 문제성 도박자로 분류한다.

판결에 대하여 | 대법원 전원합의체 2014. 8. 21. 2010다92438 손해배상 | 대법원장 양승태, 대법관 김소영(주심)

카지노를 운영하는 강원랜드가 이용자의 베팅 금액 제한 규정 위반을 묵인한 결과 이용자가 손실을 입게 되었더라도 손해배상 책임이 없다며 파기환송한 판결.

대법원 전원합의체는 이날 정씨가 강원랜드를 상대로 낸 손해배상 소송의 상고심에서 원고 일부 승소 판결한 원심을 깨고 사건을 서울고등법원으로 돌려보냈다.

'폐광 지역 개발 지원에 관한 특별법'에 따라 세워진 강원랜드는 2000년 10월 국내에서 유일하게 내국인용 카지노를 개장해 운영하고 있다. 정씨는 2003~2006년 강원랜드 카지노에서 333회에 걸쳐 게임을 하다 231억여 원을 잃었다. 그는 강원랜드가 자신이 베팅 한도액을 초과해 베팅하는 것을 묵인했고, 아들이 출입 제한 신청을 했는데도 철회했다는 이유만으로 도박 중독자인 자신의 출입을 제한하지 않은 것은 고객에 대한 보호 의무 위반에 해당한다며 293억여 원을 배상하라고 소송을 냈다. 1심과 항소심은 강원랜드가 정씨에 대한 보호 의무를 위반했다고 판단해 손해배상 책임을 인정했다. 항소심은 2010년 10월 청구액의 15퍼센트만 인정해 강원랜드에게 21억여 원을 배상하라고 판결했다.

재판부는 내란음모와 내란선동 혐의로 기소된 이석기 의원에게 내란음모에 대해선 무죄를 선고했습니다. 혁명조직 RO revolution organization의 존재에 대해선 증거가 부족하다며 인정하지 않았고, 내란음모죄 성립 요건인 '내란 범죄 실행을 합의하는 단계에까지 이르지 못했다'고 판단했습니다. 내란선동죄에 대해서는 여전히 유죄로 인정했습니다. 내란선동죄는 형법을 제정하던 당시에도 적용 범위가 커서 남용될 위험이 있다고 반대가 거셌다고 합니다.__**이석기 내란음모 사건 항소심**

내란음모 안 되면 내란선동?

내란음모, 내란선동 혐의로 기소된 이석기 의원에게 1심 재판부는 징역 12년과 자격정지 10년을 선고했다. 항소심 재판부는 내란음모 혐의에 대해선 무죄로, 내란선동과 국가보안법 위반 혐의에 대해선 유죄로 인정해 징역 9년과 자격정지 7년으로 감형했다. 그동안 대단한 혁명조직인 것처럼 부풀려진 RO에 대해선 그 실체를 인정하지 않았다. 내란 행위의 시기와 대상, 수단, 방법, 역할 분담 등 윤곽이 정해지지 않아 합의에 이르렀다고 볼 수 없으므로 내란음모는 성립되지 않는다고 판단했다. 객관적으로 보아 내란 범죄를 실행할 준비 행위라는 것이 명백히 인식되고 그 합의에 이를 실질적 위험성이 인정되어야 하는데 그 정도에는 미치지 못했다는 것이다.

내란선동죄는 성립된다고 판결했다. 내란선동죄는 시기와 대상, 수단 등이 구체적으로 특정되지 않아도 성립되며 한반도에 전쟁이 일어나면 기간시설을 파괴하자고 말했다는 것만으로도 폭동을 부추긴 사실이 충분히 인정된다는 것이다. 이는 민청학련 사건의 판례처럼 내란선동을 '폭동에 대한 고무적 자극을 주는 일체의 행위'로 넓게 본 것과 유사하다. 선동의 뜻을 사전적 의미로 보면 그렇게 넓은 범위로 해석될 수 있다. 하지만 물적 준비 행위인 내란예비와 언어에 의한 의사 합치 단계인 음모, 범죄를 부추기는 선동은 동일한 법정형으로 규정되어 있다. 여기에 법 문언을 엄격히 해석해야 한다는 죄형법정주의를 고려하면 선동은 그렇게 넓게 해석될 수는 없다. 형법을 제정하던 당시에도 내란선동죄는 언론의 자유를 옥죄는 독소 조항이라고 반대가 거셌고 넓은 범위에 적용돼 남용될 위험이 있다고 우려했다고 한다.

음모와 선동

내란이란 국토를 참절하거나 국헌을 문란하게 할 목적으로 폭동을 저지르는 것을 말한다(형법 87조). 내란을 예비하거나 음모한 자는 3년 이상의 유기징역에 처한다. 내란을 선동하거나 선전한 자에 대한 형도 그와 같다. 즉 형법 90조는 내란죄를 범할 목적으로 예비하거나 음모한 자와 내란죄를 범할 것을 선동하거나 선전한 자를 구분하지만 그 법정형은 동일하게 규정하고 있다.

내란예비와 내란음모는 행위자가 직접 내란죄를 범할 목적으로 준비 행위를 예비하거나 다른 사람과 의사의 합치를 이루는 것을 말한다. 내란선동과 내란선전은 행위자가 다른 사람으로 하여금 내란죄를 결의하도록 의사 형성에 영향을 미치는 것을 말한다. 선동煽動이라는 말의 한자에서 알 수 있듯이 타인의 감정을 부채질해 범죄를 결의하도록 움직이게 하는 행위를 의미한다.

형법상 예비나 음모는 원칙적으로 벌하지 않지만 내란죄의 경우 법률에 특별 규정을 두어 예외적으로 처벌하고 있다. 예비나 음모를 처벌하려면 그 계획한 범죄가 중대할 뿐 아니라 그 자체로 실질적 위험이 돼야 한다. 선동도 마찬가지다. 선동을 처벌하는 이유는 선동된 자가 범죄를 저지를 위험이 존재하기 때문이다. 선동이 범죄로 이어질 위험성은 피선동자의 의사와 행위에 의해 실현된다. 예비나 음모는 예비하고 음모한 당사자가 직접 주체가 되므로 범죄를 실현할 가능성이 선동보다 상대적으로 높다. 선동은 피선동자로 하여금 범죄를 실현하게 하는 것이니 간접적이며 실현 가능성은 피선동자에게 달려 있다. 선동은 그만큼 처벌할 근거가 박약한 것이다. 따라서 선동죄의 성립은 중대한 범죄로 제한하고, 범죄로 실현될 위험이 있는지에 대한 판단도 명백하고 현실적이며 긴박한 경우에만 인정해야 한다.

교사와 선동

선동은 범죄 교사와 무척 유사하다. 선동이란 특정 범죄행위를 위해 문서, 도화, 언동으로 타인으로 하여금 실행하도록 결의하게 하거나 이미 발생한 결의를 조장하는 것을 말한다. 내란죄를 범하도록 교사하면 내란교사죄가 성립하고, 내란죄를 범하도록 선동하면 내란선동죄가 성립한다. 내란을 선동한 결과 상대방이 내란 범죄 결의를 하지 않더라도 내란선동죄는 성립한다. 상대방이 내란 범죄를 결의했다면 내란교사죄가 성립한다. 내란 범죄를 선동한 자를 어떻게 처벌할지는 선동된 상대방의 의사와 태도에 달려 있는 것이다. 상대방이 내란 범죄 결의를 하지 않으면 내란선동죄, 내란 범죄를 결의하면 내란교사죄가 성립한다. 선동은 피선동자가 범죄 결의를 하지 않더라도 성립하며 피선동자가 선동으로 인해 실제 범행으로 나아갈지 불분명한 상태라는 점에서 범죄 교사보다 불법성이 상대적으로 낮다고 볼 수 있다.

교사와 선동은 범죄구성요건에 해당하지 않는 언행으로 실제 범죄 구성요건 행위를 한 상대방과 동일하게 또는 정범으로 처벌받는다. 범

NIS*

왼쪽으로 밀어내다

죄구성요건에 해당하지 않는 행위가 결국 형법 구성요건에 해당하는 행위가 되는 것이다. 교사와 선동은 범죄구성요건을 직접 실행하지 않고 이를 유발하는 행위에 불과하므로 원칙적으로는 형법에 의해 처벌되지 않지만 예외적으로 내란죄처럼 침해되는 법익이 극히 중대한 경우에 한해 처벌된다.

선동은 주로 상대방의 감정을 자극하는 언어적 표현 행위가 대부분인데 언어의 추상성과 다의성으로 인해 그 적용 범위가 무한히 확장될 위험이 있어 죄형법정주의에 반한다. 표현의 자유를 위축시킬 우려도 크다. 더구나 선동된 상대방이 범행 결의를 하지 않더라도 선동죄가 성립하므로 선동의 의미는 더욱 제한적으로 해석되어야 한다. 선동의 의미 내용이 넓게 해석되다 보면 결국 상대방이 선동되지 않았더라도 선동자를 처벌할 정도로 그 범위가 커져버린다.

그것은 바로 선동의 구체성이다. 선동자가 타인으로 하여금 특정 범죄행위를 실행하게 하려는 주관적 목적을 가진 선동 행위에만 선동죄가 성립되어야 한다. 선동된 상대방으로 하여금 범죄 결의에 이르게 하거나 그 방향으로 나아가게 할 정도로 구체성과 적합성이 있는 선동 행위여야 한다. 범죄 실행의 결의가 있는 내란음모죄에 준할 정도의 불법을 인정할 수 있으려면 선동의 내용도 구체적이어야 한다. 내란선동죄가 성립되려면 내란음모죄와 마찬가지로 반드시 범죄행위의 시기, 대상, 방법 등 내란 행위의 윤곽이 어느 정도 구체적으로 특정되어야 한다. 그래야 내란음모죄의 경우와 동일한 법정형으로 처벌할 수 있는 것이다. 선동을 문언 중심적으로 해석하면서 넓게 이해해서는 안 되고 다른 규정과의 관계를 고려해 체계적으로 해석함으로써 그 의미 범위를 좁혀야 한다.

요즈음 거의 사문화된 형벌 규정이 되살아나는 사건이 종종 일어나고 있다. 보수 정권이 검찰을 선동해 생명력을 불어넣는 것이다. 미네르바 사건에서 전기통신기본법상 허위사실 유포죄가 그렇고 이번 사건에서 내란음모죄와 내란선동죄가 그렇다. 이는 민주국가의 핵심 기본권인 집회 결사의 자유와 언론 표현의 자유보다 국가 안보와 사회 안전 질서를 우선하면서 벌어진 과잉 범죄화다. 민주와 법치가 아닌 역주행이 아무렇지 않게 벌어지고 있다. 과거 독재정권처럼 국가 형벌권을 최우선 수단prima ratio, 유일한 수단sola ratio으로 여기고 있다. 민주국가는 형법의 최후 수단성ultima ratio을 형법의 임무로 삼는다. 형법을 앞장세워 국민의 기본권을 제한하거나 침해하지 않는다.

판결에 대하여	서울고등법원 9형사부 2014. 8. 11. 2014노762 내란음모, 내란선동, 국가보안법 위반	판사 이민걸(재판장), 진상훈, 김동현

내란음모와 내란선동 등 혐의로 기소된 이석기 통합진보당 의원의 항소심에서 RO의 존재를 인정하지 않음으로써 내란음모는 증거가 부족하다며 무죄로, 내란선동은 유죄로 인정해 감형한 판결.

이 전 의원은 지하 혁명조직 RO의 총책으로 내란의 구체적 실행을 모의한 혐의로 2013년 9월 구속 기소됐다. 수원지방법원 형사12부는 2014년 2월 17일 내란음모와 내란선동 혐의를 모두 유죄로 인정해 이 전 의원에게 징역 12년과 자격정지 10년이라는 중형을 선고했다. 1980년 내란음모 혐의로 유죄를 선고받았던 김대중 전 대통령 사건 이후 내란음모죄를 다룬 첫 사건이라는 점에서 주목을 받았다. 2014년 1월 22일 상고심에서 대법원 전원합의체는 내란음모는 무죄, 내란선동과 국가보안법 위반은 유죄를 선고한 원심을 확정했다. 재판부는 내란음모에 대해선 내란을 실행할 합의에는 이르지 않았다고, 내란선동에 대해선 '가까운 장래에 구체적 내란의 결의를 유발하거나 증대시킬 위험성이 충분했다'고 판단했다.

한편 이 사건은 헌법재판소에서 심리 중이던 통합진보당 해산 심판과 긴밀히 연결되어 있었다. 헌법재판소는 1년여의 심리 끝에 2014년 12월 19일 정부가 통합진보당을 상대로 낸 해산 심판 사건(2013헌다1)에서 재판관 8대 1의 의견으로 인용 결정했다.

시민방송 RTV는 이승만, 박정희 전 대통령을 비판적으로 다룬 역사 다큐멘터리 〈백년전쟁〉를 방영했다는 이유로 방송통신위원회로부터 중징계 처분을 받았습니다. 공정성과 객관성을 지키지 못하고 명예훼손 금지 심의 규정을 어겼기 때문이라는데요. RTV가 법원에 '중징계 취소' 소송을 제기했는데 최근 법원이 방송통신위원회의 손을 들어주는 판결을 내렸습니다. 역사 다큐멘터리는 꼭 인물의 긍정적 평가와 부정적 평가를 공평히 담아야 할까요?_**〈백년전쟁〉 '두 얼굴의 이승만' 편**

이승만 다큐멘터리에 대한 법원의 자의적 판결

다큐멘터리 〈백년전쟁〉 사건의 판결문을 보면 재판부는 자의적인 역사 해석을 하고 있다. 합리적 근거가 없는 증거는 편향적이고 방송이 진실을 왜곡했다고 판결했는데(방송심의에 관한 규정 9조 1항 '방송은 진실을 왜곡하지 아니해야 한다') 이는 판사가 자신이 알고 있는 일반적 상식에 따라 예단을 가지고 판단했기 때문으로 보인다.

'이승만은 친일 지식인' 상식이다

3.1운동 전까지 이승만은 항일 독립운동을 하지 않았다. 그가 친일 발언이 잦은 친일 지식인이었다는 사실은 학계에서는 거의 상식에 속한다. 일반인들은 학계의 상황을 잘 모르기도 하거니와 너무 충격적이어서 이를 받아들이려 하지 않는다. 이를테면 이승만의 대표 저작인《독립정신》의 '독립'을 사람들은 대부분 일제로부터의 독립으로 착각한다. 1904년 집필되어 1910년 출판된 이 책에는 일본의 도움을 받아 러시아와 다른 열강의 간섭으로부터 우리가 독립해야 한다는 친일 주장이 곳곳에 담겨 있다.

"우리나라 신민들이 일본에 대하야 깁히 감사히 녁일 바-로라."

"아라사를 이기고 군함을 파하였으니 이러한 경사가 다시없다 하는지라 눈 있고 귀 있는 자야 어찌 참아 이것을 듣고 보며 감동하는 눈물이 나지 아니하리오."

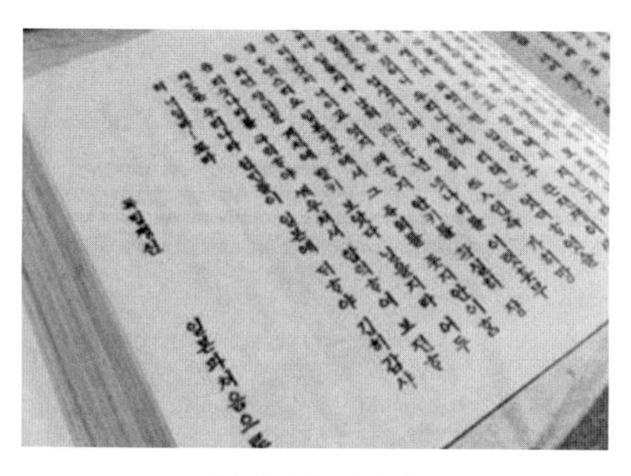

이승만의 《독립정신》

판결문은 1905년 "이승만 대통령이 고종의 밀사 자격으로 루스벨트 대통령에게 조선의 독립을 도와줄 것을 요청"했다고 적시하고 있다. 착각이다. 실제 이승만 일행은 황제의 밀사가 아니라 일진회의 대표로 왔다고 뉴욕트리뷴 기자에게 분명히 밝혔다("We are not representatives of the Emperor" "The name of this society is Il Chin Hoi"). 당시 일진회는 독립협회 활동을 함께 한 윤시병이 회장이었고 송병준과 이용구 등이 핵심 인사였다. 이들은 당시 러일전쟁에서도 일본 측에 서서 군사·정치적 협력을 했으며 옥중에 있던 이승만과 사상적 차이는 거의 없었다.

"The name of this society is Il Chin Hoi, which, translated, means 'The Dally Progress.' As the representatives of this great society we have been delegated to call on the President and lay a memorial at his feet."

ernment. The name of this society is Il Chin
Hoi, which, translated, means 'The Daily Prog-
ress.' As the representatives of this great so-
ciety we have been delegated to call on the Pres-
ident and lay a memorial at his feet. The peo-
ple of Corea want the friendship of the American
people and the American government. The
American government was the first power to
make a treaty with the Corean government, and
that treaty, made in 1880, still stands. The Co-

〈뉴욕트리뷴〉 1905년 8월 4일

같은 날 뉴욕타임스와의 인터뷰에서는 '러시아와 일본, 어디의 통치를 원하느냐'라는 질문에 이승만은 러시아에 대항해 아시아 황인종이 하나가 되어 싸우겠다고 대답했다. 을사늑약을 앞둔 시점에 이승만은 일본에 대한 적개심은 전혀 표시하지 않았다. 오히려 일본과 연합하겠다고 주장했다.

"Russia is looked upon by us as the avowed enemy of all the ancient races of the Far East. If it came to resisting Russian sovereignty the so-called yellow peoples of Asia would stand together as a unit."

청년 이승만의 친일 성향은 아주 강했다. 이는 미국이 일본에 적대적인 시기를 제외하고는 줄곧 사라지지 않았음이 곳곳에서 드러난다. 이러한 맥락에서 그는 1912년 11월 18일 워싱턴포스트와의 인터뷰에서 합방 이후 경성이 현대적으로 변했다며 국권 상실을 긍정적으로 말하고, 박용만의 국민군단을 해산하게 하고, 1922년 임시정부 대통령 직위에 있으면서도 대일 전쟁은 불가능하며 조선총독이 한국인의 성원을 얻고 있다고 발언한 것이다. 자신이 주관하는 한인기독교회의 건립식에 일본 총영사가 참석하는 일도 벌어졌다.

이승만 연구 분야에서 현재 최고의 전문가는 서중석, 정병준 교수다. 정병준 교수는 무려 800여 쪽에 달하는 《우남 이승만 연구》라는 책을 출간하기도 했다. 한국사 서지 검색을 통해 논문을 분석해보면 이승만에 대한 논문은 서중석 교수가 15편을 써서 제일 많고, 정병준 교수가 11편을 써 그다음이다. 이 둘이 〈백년전쟁〉에 출연한 주요 연사인데 법원은 이들을 객관적이지 않은 일부 학자라고 단정했다. 심지어 방송통신심의위원회의 결정문은 '(〈백년전쟁〉이) 이승만에 대해 부정적인 학자들의 인터뷰만을 방송해 사실을 왜곡했다'고 밝히고 있다.

두 학자의 논문과 저서는 이승만의 문제점과 독립에 대한 기여 양쪽 모두를 다루지 부정적 태도로 한쪽 면만을 부각시키는 법이 없다. 초기의 친일 행적과 무장투쟁에 대한 방해, 독선적 태도로 독립운동에 손실을 입힌 점 등을 숨기지 않고 드러내는 것은 역사학자로서 당연히 해야 할 일이다. 사실 이승만은 무장투쟁을 경멸하다가 미국 국무장관 코델 헐이 '자신의 독립을 위해 노력하지 않은 민족을 미국이 지원할 필요가 없다'라고 발언하자 놀라서 그때부터 태도를 바꾸고 일본에 대한 독립운동을 본격화했다.

재판부가 방송의 문제점이라며 표를 만들어 지적한 다섯 가지는 어디선가 본 듯한 구절이다. 바로 인터넷신문 뉴데일리에 실린 김 모 씨의 글(2013년 3월 16일)이다. 이를 토씨 하나 안 바꾸고 그대로 가져온 것이다. 판결문은 그 글의 내용을 그대로 재인용하고 있으므로 잘못된 번역 부분도 반복되고 있다. 김씨는 2012년 석사 학위를 취득했지만 전문적인 이승만 연구자가 아니다. 그는《독립정신》을 풀어쓴 책을 엮어내면서 원본에 있던 이승만의 친일 발언을 삭제한 채 출판하기도 했다.

김씨는 워싱턴포스트에 실린, 지금도 검색 가능한 이승만의 인터뷰 '경술국치 이후 경성이 발달했다'를 찾지 못했다며 그런 기사는 없다고 부정했다. 또 이승만이 하와이 법정에서 진술한 내용이 당시 신한민보에 실려 있는데 그런 진술은 없다고 부정했다. 문제는 판결문에도 이러한 실수가 그대로 들어가 있다는 점이다.

법원은 한국의 이승만 연구 분야에서 가장 정통한 역사학자들의 의견은 배척하면서 오류가 많은 한 연구자의 글이 사실에 부합한다고 판단한 것이다. 기본적으로 역사적 사실 여부를 확인하지 않은 상태에서 판결을 내렸고 역사적 사실에 대한 증거를 역사 왜곡이라 단정했다.

이 다큐멘터리에도 사실과 다른 부분이 나오긴 한다. 이승만의 애인으로 알려진 노디 김의 사진이 그렇다. 엉뚱한 여자를 노디 김이라고 설명하고 있다. 유영익 교수가《이승만의 삶과 꿈》이라는 책에서 잘못 표기한 실수를 답습함으로써 생긴 문제다. 그 이외에 사실관계가 완전히 잘못된 곳은 거의 없다시피 해서 아주 정밀한 사실 확인이 이뤄졌음을 알 수 있다. 다큐멘터리 중 일부 표현이 저속하다는 문제는 제작진이 프로그램의 성격상 주제를 표현하기에 적합한 전달 방식을 찾는 와중에 유머러스한 표현을 선택한 것을 말한다. 이는 큰 문제가 아닐뿐더러 이를 억압하는 것은 오히려 표현의 자유에 대한 침해다.

판결에 대하여	서울행정법원 행정14부 2014. 8. 28. 2013구합28954 제재 조치 명령의 취소	판사 차행전(재판장), 조현욱, 김혜성

RTV가 방영한 역사 다큐멘터리 〈백년전쟁〉은 합리적 근거 없는 증거로 진실을 왜곡했으므로 이에 대한 방송통신심의위원회의 중징계는 정당하다는 판결.

시민방송 RTV는 2013년 3월 민족문제연구소가 제작한 〈백년전쟁〉 시리즈인 '두 얼굴의 이승만'과 '프레이저 보고서'를 방영했다. 7월 방송통신심의위원회가 '방송심의에 관한 규정' 9조(공정성)와 14조(객관성), 20조(명예훼손 금지)를 위반했다며 '경고 및 관계자 징계' 처분을 내리자 RTV는 방송통신심의위원회를 상대로 행정소송을 제기했다.

이번 판결은 시청자 참여 프로그램의 존재 의미를 고려하지 않은 판결이라는 비판을 받고 있다. RTV는 일반 방송국의 권한 남용을 견제하려는 취지로 시민이 참여해 콘텐츠를 제작하는 방송인데 일반 방송국에 부과하는 공적 책임을 여기에 부과해서는 안 된다는 것이다.

국정원 선거 개입 첫 판결에서 사슴을 가리켜 말이라 한 재판부! 재판부는 원세훈 전 국정원장에게 국정원법 9조 1항 위반 혐의는 유죄, 공직선거법 85조 1항 위반 혐의는 무죄라는 판결을 내렸습니다. 특정 후보를 당선시키거나 낙선시키려는 의도를 가졌음을 증명할 증거가 없다는 판단이었습니다. '원장님 지시·강조 말씀'을 보면 정치 개입을 지시한 게 뚜렷한데도 말입니다. 국정원 직원들이 조직적으로 작성한 수많은 댓글과 트윗 글을 본 시민들은 할 말을 잃었습니다._**원세훈 1심**

정치 관여는 맞지만 선거 개입은 아니다?

국정원이 원세훈의 지시에 따라 정치에 관여한 것은 맞지만 대선에 개입해 선거운동을 한 것은 아니라는 말이다. 상식 수준에서 판단할 때 국정원이 대선 국면에서 정치에 개입했다면 분명히 선거를 염두에 두고 개입했다고 보는 게 올바르다. 하지만 재판부는 애써 국정원 정치 관여 행위와 대선 간의 관련성을 부인했다. 한 판사는 이 땅의 법치주의를 죽이는 지록위마 같은 판결이라고 비아냥거렸다. 그럼 이 판결의 문제점은 무엇일까? 판결문 속에 드러난 모순과 문제점을 살펴보자.

1. 재판부는 어떠한 행위를 선거운동으로 보려면 특정 후보의 당선·낙선을 도모하는 목적성과 목적 의사가 객관적으로 드러나는 능동적·계획적 행위가 필요하다는 전제를 내세웠다. 검사가 제출한 증거만으로는 국정원 심리전단 직원들이 수행한 사이버 활동이 18대 대선 후보의 당선·낙선을 도모한다는 목적 의사가 객관적으로 인정되는 능동적·계획적 행위로서 선거운동에 해당한다고 인정할 수 없다는 것이다. 하지만 판결문 중 바로 앞 문단에서 이렇게 인정하고 있다.

“국정원 심리전단 소속 직원들이 18대 대선 시기 즈음에도 정부 정책이나 국정 성과 등을 홍보하는 글을 작성 및 게시했을 뿐만 아니라 정부 시책에 반대하는 야당 또는 야권 정치인들을 반대·비방하는 글을 작성 및 게시했는데, 당시 18대 대선 후보자 또는 후보 예정자 등과 그들의 소속 정당에 대한 반대·비방 취지의 글도 상당수 포함되어 있는 사실이 인정되는 바, 이러한 사실에 비춰보면 국정원 심리전단 직원들이 18대 대선 시기에 선거운동을 했고, 이와 같은 선거운동을 피고인들이 지시한 것은 아닌지 의심이 드는 것은 사실이다.”

국정원 심리전단 직원들이 대선을 앞둔 시점에 정부·여당의 정책이나 국정 성과를 홍보하는 대신 야권 대선 후보나 후보 예정자, 야당에 대한 반대·비방 취지의 글을 써 인터넷에 올렸다면 이보다 더 명확히 특정 후보의 당선·낙선을 도모하는 목적성을 추론할 증거가 있을까 싶다. 명확히 누구를 당선시켜야 한다거나 누구를 낙선시켜야 한다고 적지 않았으니 내심의 의사와 목적성을 추론할 수 없다면 이는 재판부의 판단 능력에 문제가 있는 것이다. 어떤 사람이 시장기를 느껴 배가 고프다고 말했다면 이는 밥을 먹고 싶다는 뜻을 말한 것이지, 명확히 밥을 먹고 싶다고 표현하지 않았으니 그이에게 밥을 먹고 싶다는 내심의 의사가 없다고 주장할 수 있겠는가? 대선을 앞둔 시점에 국정원 직원들이 정부·여당의 정책·국정 성과를 일방적으로 홍보하고 야권 대선 후보나 후보 예정자, 야당에 대한 반대·비방 취지의 글을 쓰고 올린 행위는 특정 대선 후보의 당선·낙선을 도모하는 목적 의사를 객관적으로 인정할 수 있는 행위로 봐야 한다.

또 훈련된 심리전단 직원들의 조직적 사이버 활동보다 능동적이고 계획적인 행위가 있을 수 있을까? 상황이나 맥락에서 행위의 의미를 이해하면 이것은 당연한 결론이다. 그래야 대법원이 2014년 1월 23일 판결에서 밝힌 입장과도 일치한다.

"구체적으로 어떠한 행위가 선거운동에 해당하는지 않는지를 판단함에 있어서는 단순히 행위의 명목뿐만 아니라 행위의 태양, 즉 그 행위가 행해지는 시기·장소·방법 등을 종합적으로 관찰해 그것이 특정 후보자의 당선·낙선을 도모하는 목적 의지를 수반하는 행위인지 아닌지를 판단해야 한다."(2013도41465)

이번 판결처럼 선거운동의 개념을 목적성·능동성·계획성 유무 여부로 좁게 해석하는 것은 일반 시민이나 시민단체의 활동이 선거운동에 해당하는지 않는지를 판단할 때나 타당한 입장이다. 시민들의 정치적 기본권과 의사 표현 자유를 폭넓게 인정하기 위해서는 선거법 위반 가능성을 최소화해야 하기 때문이다. 반대로 헌법과 법률로 정치·선거 중립의 엄정한 의무를 부여한 국가기관과 공무원에게는 선거운동 성립 가능성을 폭넓게 인정하는 것이 헌법에 합치하는 해석이다. 애써 국정원 직원들의 행위에 대해 선거운동 해당 가능성을 부정한 재판부의 행태는 헌법의 지엄한 명령을 저버린 것이라고 평가할 수밖에 없다.

2. 재판부는 피고인 원세훈이 선거에 개입할 목적 의사를 가지고 직원들에게 선거운동을 지시했고 그 지시에 따라 선거운동이 이루어졌음을 인정할 증거가 없다고 판단했다. 과연 그럴까? 원세훈의 발언인 소위 '원장님 지시·강조 말씀'을 보면 그는 야권을 종북 세력으로 단정하

고 선거에서 그들을 배제할 대비를 해야 한다는 점을 계속 강조해왔다.

"금년에 여러 가지 대선도 있고 해서, 그리고 이번에 또 13명인가? 통합진보당만도 13명이고 종북 좌파들이 한 40여 명 여의도에 진출했는데…."

"이제 총선도 있고 대선도 있고, 종북 좌파들은 북한과 연계해가지고 어떻게 해서든지 다시 정권을 잡으려 그러고…."

"종북 좌파 세력들이 국회에 다수 진출하는 등 사회 제 분야에서 활개치고 있는데 대해 우리 모두는 부끄럽게 생각하고 반성해야 함."

'야권은 곧 종북 세력'이며 '선거에서 반드시 종북 세력을 배제해야 한다'는 국정원 정치 개입을 지시하면서 원세훈이 강조한 핵심 내용이다. 이러한 발언을 보면 원세훈이 지향하는 바가 명확히 드러나는데 과연 그에게 선거에 개입할 목적 의사가 없었다고 볼 수 있을까? 적어도 원세훈만큼은 대선에서 여당 후보를 돕고 야당 후보를 불리한 상황에 빠뜨리려 도모한, 전면적 선거 개입 의사가 있었음을 인정할 수 있다.

게다가 재판부는 설령 직원들의 행위가 선거운동에 해당하더라도 그들의 구체적 행위가 원세훈의 지시에 따라 이루어졌다고 인정하기에는 증거가 부족하다고 판단했다. 그런데 판결문 앞쪽을 보면 국정원 직원들의 정치 관여 행위에 대해 유죄로 판단하면서 원세훈이 공모공동정범임을 인정하고 있다. 즉 원세훈이 직원들이 행한 "범행의 구체적 실행 방법에 관해 구체적으로 알지는 못했다고 하더라도 그 전체적인 범행 내용에 대해 인식하고 이를 지시했음이 인정되는 이상 공모 관계를 인정함에 지장이 없다"고 판단했다. 그렇다면 이러한 법 논리가 직원들

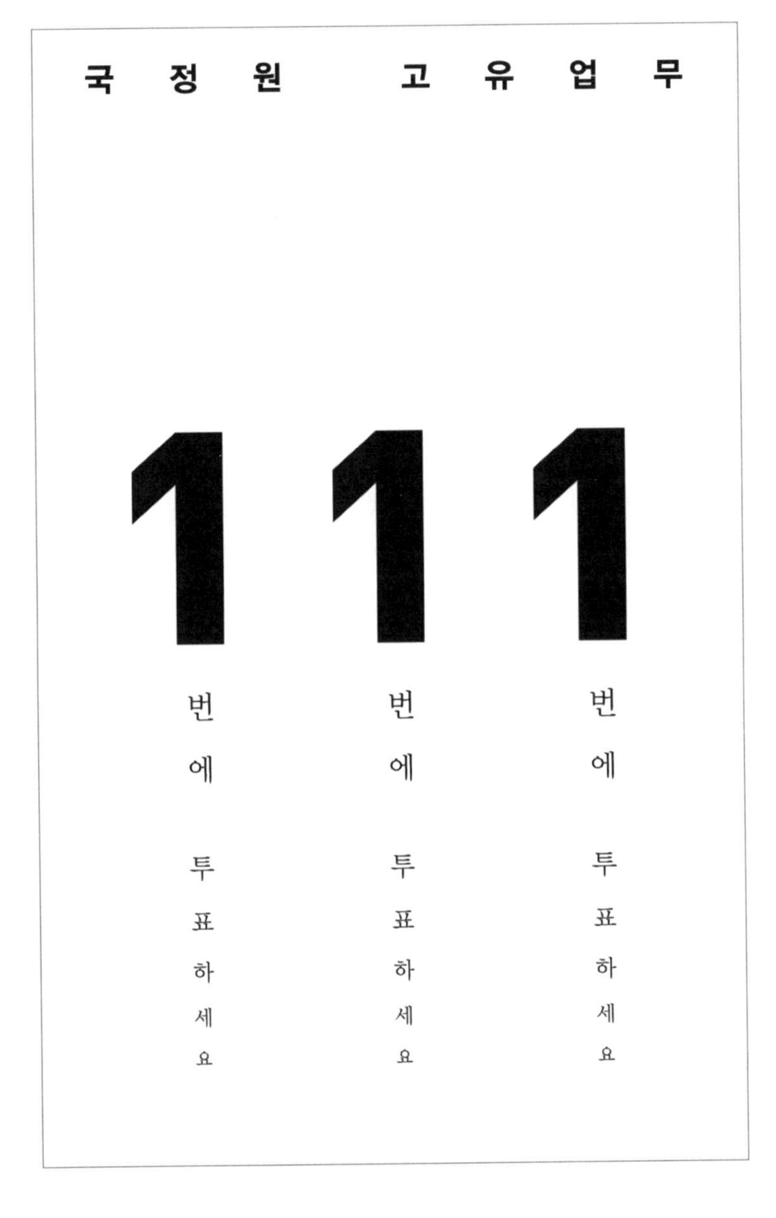

국정원 헌정 포스터

의 공직선거법 위반 행위에 대해서도 똑같이 적용되는 게 마땅하다. 원세훈이 직원들의 정치 관여 행위에 대해 공모공동정범 관계에 있다면 선거운동에 대해서도 공모공동정범 관계에 있는 것이다. 같은 사실관계를 두고 법 이론상 상반되게 적용한 재판부의 판단에 전혀 동의할 수 없다.

3. 재판부는 원세훈이 2012년 8~11월 동안 부서장 회의에서 선거에 개입하지 말라고 반복적으로 지시한 점을 근거로 선거운동에 해당하지 않는다고 보았다. 사실 선거 개입을 지시한 많은 발언은 제쳐두고 소위 '알리바이성 발언'에 지나치게 큰 비중을 둔 것이다. 심리전단 직원들은 대선 직전까지 여당 후보를 지원하고 야당 후보를 비방하는 일을 멈추지 않았고, 원세훈이나 지휘부가 이러한 행위를 금지하거나 중단시키는 구체적 조치를 취한 적이 있다고 확인되지 않았다. 국정원처럼 상명하복의 규율이 엄격하고 직원의 행동 하나하나가 통제되는 조직에서 현장 직원의 선거 개입 행위가 원세훈과 지휘부의 용인 없이 이뤄질 수 있는지 되묻지 않을 수 없다. 나중에 문제가 될 경우를 대비해 책임을 모면하려고 한 알리바이성 발언인데 이를 지나치게 믿은 재판부의 맹목적 선의가 의심스러운 대목이다.

4. 재판부는 국정원 직원들의 정치 관여 행위가 민주주의의 근간을 뒤흔드는 아주 엄중한 범법 행위라고 지적했고, 원세훈은 국정원의 정치적 중립을 수호하고 직원들의 정치 관여 행위를 방지해야 할 막중한 책임이 있음에도 이를 저버렸으니 비난받을 만하다고 말했다. 하지만 정작 양형할 때는 원세훈에게 징역 2년 6월에 집행유예 4년, 자격정지

3년을 선고해 솜방망이 처벌에 그치고 말았다. 용두사미 꼴이며 노골적인 봐주기 판결이라고 할 수밖에 없다. 원세훈이 조직을 맡기 전부터 심리전단이 관행처럼 활동해온 점, 원세훈이 정치 관여 지시가 법에 어긋난다는 것을 알지 못한 점, 북한의 허위사실 유포와 흑색선전에 대응하려는 목적이 있었던 점 등을 양형에 유리한 참작 사유로 들었다.

온 국민이 민주 법치국가의 성숙을 지향하는 21세기 대한민국에서 비밀 정보기관인 국정원이 정치 개입이라는 잘못된 관행을 끊지 않고 계속 이어간 행위는 국민을 배신한 행위다. 그러니 오히려 더욱 엄중히 처벌해야 할 사유가 아닌가 싶다. 원세훈이 '법의 부지' 상태에 있었다는 지적은 실소를 자아낸다. 민주국가에서 국가기관이 정치에 개입해서는 안 된다는 원칙은 사회 과목을 공부한 평범한 중·고등학생도 아는 기본 원칙이다. 게다가 대법원은 일관되게 '법의 부지'를 면책 사유로 인정하지 않고 있다. 비밀 정보기관의 장인데도 정치 개입이 법에 어긋난다는 사실을 모르고 있었다는 지적은 원세훈에 대한 심한 모독이나 다름없다. 마지막 사유인 북한의 허위사실 유포와 흑색선전에 대응하려는 목적을 가지고 있었다는 점은 여당을 홍보하고 야당을 비방하는 정치 개입 행위와 무슨 관련성이 있는지 이해하기 어렵다. 한마디로 재판부는 전혀 납득할 수 없는 사유로 원세훈의 중범죄 행위를 사실 면책해줌으로써 이 땅의 법치주의와 국민들을 모독했다고 생각한다.

흔히 판사는 판결로 말해야 한다고들 한다. 사적 의사 표현을 가급적 자제해 매사에 중립을 지키고 판결의 권위를 높이라는 뜻으로 이해한다. 충분히 일리 있는 법언이다. 그런데 이 말의 기본적인 전제는 판결이 최소한 '논리와 경험칙'에 반하지 않아야 한다는 것이다. 쉽게 말해 상식에 맞아야 한다는 것이다. 비록 판사에게 심증을 형성할 자유와 자신의 심증에 따라 결론을 내릴 자유가 주어졌더라도 그 자유로운 심증 형성이 논리와 경험칙, 상식에 반한 것이라면 다들 수용할 권위 있는 판결이 될 수 없다. 아무리 어려운 법 논리와 구차한 설명으로 무장하더라도 그것은 판결의 형식을 빌린 궤변에 불과하다.

다시 처음 문제 제기로 돌아가보자. 국정원이 대선 국면에 정치에 관여한 행위를 했다면 이는 선거를 염두에 두고 선거에 개입했다고 보는 게 상식에 부합하지 않을까? 국민을 상대로 판결을 내놓으면서 '사슴을 가리켜 말이라고 주장하는' 재판부의 용기를 칭찬해야 할지….

판결에 대하여	서울중앙지방법원 21형사부 2014. 9. 11. 2013고합577 등, 공직선거법 위반, 국정원법 위반	판사 이범균(재판장), 이보형, 오대석

원세훈 전 국정원장은 국정원법 위반에는 해당하지만 공직선거법 위반으로는 볼 수 없다는 판결.

참여연대는 2014년 10월 14일 검찰이 입건하지 않은 국정원 안보5팀과 안보3팀 직원 31명을 국정원법 및 공직선거법 위반 혐의로 검찰에 고발했다. 이들은 원세훈 1심 판결에서 정치 관여 및 선거 개입에 사용된 인터넷사이트 아이디와 트위터 계정의 소유자로 확인되었다. 판결문은 안보5팀 직원들이 트위터 계정 175개, 안보3팀 직원들이 인터넷사이트 아이디 117개를 이용해 국내 정치 및 선거에 개입했다고 명시하고 있다. 검찰은 6월 김하영 안보3팀 직원과 이환주 심리전단 직원, 김씨를 도운 일반인 이정복만 기소유예하는 데 그쳤다. 국정원 직원들의 위반 행위는 상부의 지시에 따른 것이라는 이유였다.

서울고등법원 형사6부(재판장 김상환)가 심리하는 항소심은 2015년 2월에 재판 결과가 나올 예정이다.

또 다른 피고인들인 이종명 전 국정원 3차장과 민병주 전 심리전단장도 함께 재판을 받았다. 이들은 불기소 처분을 받았다가 민주당이 불복해 재정신청을 내고 법원이 이를 받아들이는 바람에 기소되었다. 심리전단을 관리 감독한 이들은 징역 1년, 자격정지 1년, 집행유예 2년을 선고받았다.

특수고용 노동자가 점점 늘어나는 추세에 맞춰 국제노동기구ILO도 이들을 노동자로 인정하고 노동삼권을 보장하라고 촉구하고 있습니다. 그런 와중에 재능교육 학습지 교사를 노조법상 근로자로 인정한 법원의 1심 판결이 항소심에서 뒤집혔습니다. 특수고용 노동자는 '노동자'가 아니라 '소사업자'로 분류된다는 판단입니다. 2400일 넘게 농성 중인 유명자 전 전국학습지노조 재능교육지부 지부장은 '10년 전으로 후퇴한 판결'이라고 비판했습니다. __**재능교육 학습지교사 노동자성**

/

법과 제도도, 노동조합도 보호하지 못하는 특수고용 노동자

보험설계사, 학습지교사, 택배기사, 대리운전기사, 퀵서비스기사, 레미콘기사… 사실 노동자와 마찬가지로 특정 사업자에게 종속되어 일하지만 근로기준법상 노동자로 대우받지 못하는 사람들이다. 우리는 그들을 '특수고용 노동자'나 '특수형태 근로종사자'라고 부른다. 최근 박희태 전 국회의장에게 성추행을 당한 사실을 신고해 화제가 된 골프장 캐디도 여기에 속한다. 문제는 어떠한 법이나 제도도 이들을 해고, 산업재해, 실업 등 각종 위험으로부터 제대로 보호하지 못한다는 것이다. 학습지교사의 노조법(노동조합 및 노동관계조정법)상 노동자성을 부인한 서울고등법원 판결은 더 나아가 노동조합도 이들을 보호할 수 없다고 결론 내렸다.

사건의 사실관계는 이렇다. 재능교육은 학습지교사인 원고들이 노동조합 활동을 했다는 이유로 1년 단위로 계속 맺어온 위탁사업 계약을 해지한다고 통보했다. 원고들은 계약 해지가 근로기준법상 부당해고이자 노조법상 부당노동행위라고 주장하며 노동위원회에 구제 신청을 냈고, 기각되자 법원에 소를 제기했다.

1심 재판부는 학습지교사는 근로기준법상 노동자는 아니지만 노조법상 노동자라고 판결했다. 근로기준법상 노동자는 아니므로 부당해고는 인정하지 않았다. 다만 노조법은 '노무 공급자들 사이의 단결권 등을 보장할 필요성이 있는가'라는 관점에서 집단적 노사 관계를 규율할 목적으로 제정한 것이므로 근로기준법과 입법 목적이 다르다고 보았다. 또 노조법상 노동자의 정의가 근로기준법상 노동자의 정의보다 넓은 개념이라 특정 기업에 대한 귀속을 전제하지 않고 고용 이외의 계약 유형인 노무 공급자까지 포섭할 수 있어 보이는 점을 감안했다. 여기에 그동안 회사와 노동조합이 수차례 단체협약을 체결한 점 등을 근거로 원고들의 노조법상 노동자성을 인정했다. 결국 노조법상 노동자이므로 회사의 계약 해지는 부당노동행위라고 판정했다.

2심 재판부는 1심 판결을 뒤집고 학습지교사는 근로기준법상 노동자가 아닐뿐더러 노조법상 노동자라고도 할 수 없다고 판단했다. 이 판결은 1심 판결을 뒤집은 합리적인 이유도 찾아보기 어렵고 형식논리에 얽매여 구체적 타당성도 갖추지 못하고 있어 대단히 유감스럽다. 우선 재판부가 학습지교사는 노조법상 노동자가 아니라고 판단한 이유를 보자. 학습지교사는 업무 수행 과정에서 최소한의 지시만 받았을 뿐 상당한 지휘·감독을 받지 않았고, 수수료는 재능교육으로부터 수행 실적에 따라 받았으므로 임금이 아니며, 겸직 제한이 없고 수수료가 유일한 수입원이라고 단정할 충분한 증거가 없다는 것이다. 이러한 사정을 고려할 때 재능교육에 전속되어 있지 않다고 보았다.

하지만 노조법상 노동자란 특정 사업자에 대한 전속을 강하게 요구하고 있지 않다. 최근 대법원은 한 판례(2011다78804)에서 노조법상 노

철도 위를 달리는 건 돈이 아니다. 사람과 사람이다.
노동관계법이 존재하는 이유다.

동자성을 판단할 때는 인적 종속성보다는 업무 종속성과 독립 사업자성(경제적 종속성)을 기준으로 삼아야 한다고 판시했다. 이때 경제적 종속성이란 '취업자가 본질적으로 한 사업주를 위해 노무를 제공하고 그것으로 얻는 보수가 그의 생존의 근거를 이룬다는 점'을 말한다.

이번 재판부가 학습지교사의 종속성을 부정한 근거로 제시한 것, 즉 회사는 최소한의 지시만 내렸고 이행 실적에 따라 수수료를 지급했다는 사실 등은 회사가 근로관계를 부정하려고 선택한 것이지 근로자가 선택한 것은 아니다. 일주일 세 번 열리는 사무실 조회나 능력 향상 과정은 참석 강제가 아니므로 겸직이 불가능하지 않았다고 판단한 것은 증거도 없고 합리적 판단이라고 보기도 어렵다. 결국 재판부는 회사 측이 근로관계를 부정하려고 만든 꼼수는 모두 받아들여 학습지교사는 자유로운 활동을 하는 개인사업자나 마찬가지라고 판단하고 노동조합의 존재 이유를 부정한 것이다.

더 심각한 문제는 이번 판결이 노조법 같은 노동관계법의 존재 이유를 간과했다는 점이다. 근대법의 근간을 이루는 계약 자유의 원칙은 노동법이 등장하면서 크게 바뀌게 되었다. 사용자와 노동자의 관계를 계약법과 달리 특수하게 규율하고 노동자들에게 노동삼권, 즉 단결권, 단체교섭권, 단체행동권을 보장하는 이유는 사용자와 노동자 사이에 실질적 평등 관계가 이뤄질 수 없는 현실을 인정하고 사회적 약자인 노동자의 권리를 보호하기 위해서다. 그런데 현재 특수고용 노동자는 대부분 고용이 불안정하고 노동 조건도 열악하며 사회보험 같은 사회안전망도 누리지 못하고 있다. 과연 그들이 자발적으로 노동자이기를 포기하고 특수고용 노동자라는 지위를 선택했을까? 사실 20년 전에는 찾아

보기 어려웠던 특수고용 노동자가 엄청나게 늘어난 것은 기업이 노동관계법을 회피하려고 만들어냈기 때문이다. 특수고용 노동자들의 선택이 아니다.

산업재해보상보험법은 특수고용 노동자의 열악한 현실과 비자발성을 고려해 보험모집인, 학습지교사, 골프장 캐디, 택배기사 같은 대표적 특수고용 노동자를 산재보험의 대상자로 포함시키고 있다.(산업재해보상보험법 125조) 또 지난 대선에서 박근혜 대통령은 특수고용 노동자에게 산재보험과 고용보험을 확대 적용하겠다는 것을 공약으로 내걸었다. 특수고용 노동자 보호는 시대의 요청이자 과제인데 이번 판결은 오히려 거꾸로 간 셈이다. 결국 누구도 특수고용 노동자를 보호할 수 없다고 판결은 말하고 있다. 법도 제도도 노동조합도 보호하지 못하는 이들은 자신만의 힘으로 앞으로 닥칠 문제를 해결할 수 있을까? 당장 박희태 전 국회의장의 성추행을 고발한 골프장 캐디부터 골프장에서 계속 일할 수 있을지 궁금하다.

판결에 대하여	서울고등법원 6행정부 2014. 8. 20. 2012누37274 부당해고 및 부당노동행위 구제 재심판정 취소	판사 윤성근(재판장), 노경필, 손철우

재능교육 학습지 교사는 근로기준법상 노동자가 아닐뿐더러 노조법상 노동자도 아니라는 판결.

2007년 12월부터 시작된 회사와의 싸움은 7년이 되도록 아직 끝나지 않고 있다. 2500여 일. 1800여 일쯤 되던 2012년 11월 1일 서울행정법원 행정12부는 전국학습지노조와 재능교육 해고자 9명이 중앙노동위원회를 상대로 낸 소송에서 회사의 부당노동행위를 인정하며 원고 일부 승소 판결을 내렸다. 학습지교사를 노조법상 노동자로 인정한 첫 판결이었다.

전향적인 판결이 나온 뒤에도 회사가 2007년 맺은 단체협약을 계속 거부하자 해고자들은 2013년 2월 서울 혜화성당의 종탑에 올라가 농성을 이어나갔다. 2013년 8월 종탑에서 농성하던 노동자와 회사는 해고자 전원을 복직하고 민형사 소송을 취하하는 데 합의했다. 그때도 유명자 전 지부장은 2007년 단체협약으로 원상회복하기를 요구하며 서울시청 환구단 앞 천막 농성장을 떠나지 않았다. 회사와의 단체협약은 스무 차례 넘는 교섭을 거쳐 2014년 7월 합의되었다. 합의안은 재능교육 노조를 유일한 교섭단체로 인정했다. 단체협상이 끝난 뒤인 8월 20일 서울고등법원은 1심 판결을 뒤집었다. 이로써 재능교육 노조가 회사와 맺은 2014년 단체협약과 1999년 노동부로부터 받은 노동조합 설립필증도 의미가 없어졌다. 이제 재능교육 노조는 특수고용 노동자 전체의 노동자 지위 인정을 위해 싸우는 최전선이라 할 수 있다.

고용노동부는 2013년 10월 전교조에게 조합원인 해직 교사들을 배제하지 않았다는 이유로 법외노조 통보를 했습니다. 법외노조란 노동조합법상 보호를 받지 못하는 노조를 말합니다. 이번 판결로 6만 조합원을 둔 전교조는 하루아침에 합법적 지위를 잃게 됐습니다. 1989년 결성돼 10년을 버티다 합법 노조로 인정받은 지 15년 만입니다. 이전 정부도 해직자가 조합원 자격을 유지하는 것을 문제 삼은 적은 있지만 이번처럼 곧바로 '노조 아님' 통보를 내리지는 않았습니다.__**전교조 법외노조 1심**

과연 전교조는 노동조합이 아니라고 볼 수 있을까?

서울행정법원 13부는 2014년 6월 19일 전교조(전국교직원노동조합)가 고용노동부를 상대로 낸 '법외노조 통보 처분 취소' 청구를 기각했다. 재판부는 근로자가 아닌 자의 가입을 허용할 경우 노동조합으로 보지 않는다는 노조법 2조 4호 라목 등에 근거해 해고된 교원의 조합원 자격을 유지하는 전교조는 교원노조가 아니라고 본 고용노동부의 통보 처분이 적법하다고 판단했다. 이제 6만여 조합원을 둔 전교조의 법적 지위는 불안정하게 됐다. 판결이 선고되자마자 교육부는 각 시도 교육감에게 전교조 전임자에 대한 휴직 명령을 취소하라고 요구했다. 또 이를 이행하지 않는 교육감은 직무유기죄로 고발하고 복귀하지 않는 전임자는 징계하겠다고 밝혔다.

이번 판결은 전교조에 대한 정부의 강경 대응을 이끌어내는 계기가 됐다. 이렇게 긴박한 시점에 재판부가 선택한 법리의 당부를 따지고 판결의 정당성 여부를 살펴보는 것이 한가로운 일처럼 느껴질 수 있다. 하지만 사법 영역에서도 그 나름대로 상황이 계속 전개된다는 점에서 판결의 법리를 검토하는 작업이 필요하다.

1. 재판부의 설명처럼 노조법 2조 4호 라목은 '근로자가 아닌 자의 가입을 허용할 경우 노동조합으로 보지 아니한다'라는 취지로 규정하고 있고 이를 교원노조에 대입하면 '교원이 아닌 자의 가입을 허용하는 경우 노동조합으로 보지 아니한다'라고 읽힐 수 있다. 그런데 과연 이 규정을 전교조의 현재 상황에 적용할 수 있는지 의문이다. 고용노동부와 재판부가 문제 삼는 조합원 9명은 전교조에 가입할 당시 모두 교원 신분을 가지고 있었기 때문이다. 당초 전교조는 '교원이 아닌 자의 가입을 허용'한 게 아니라 교원인 상태에서 가입을 허용했고 이들이 나중에 해고된 것이다. 이 사건에서 문제되는 규약의 내용 역시 교원이 아닌 자가 전교조에 가입할 수 있다는 취지가 아니라 '부당 해고된 조합원은 조합원 자격을 유지한다'는 것에 불과하다. 즉 이 사건에서 문제된 9명과 관련해 전교조는 가입 허용 같은 적극적 행위를 하지 않았다.

노조법 2조 4호

'노동조합'이라 함은 근로자가 주체가 되어 자주적으로 단결하여 근로조건의 유지·개선 기타 근로자의 경제적·사회적 지위의 향상을 도모함을 목적으로 조직하는 단체 또는 그 연합 단체를 말한다. 다만, 다음 각 목의 1에 해당하는 경우에는 노동조합으로 보지 아니한다.

라. 근로자가 아닌 자의 가입을 허용하는 경우. 다만, 해고된 자가 노동위원회에 부당노동행위의 구제신청을 한 경우에는 중앙노동위원회의 재심판정이 있을 때까지는 근로자가 아닌 자로 해석하여서는 아니된다.

2. 재판부는 노조법 2조 4호 라목의 사유가 있는 경우 실질적으로 노

동조합의 자주성과 독립성 등 적극적 요건의 충족 여부를 추가적으로 살필 필요 없이 자동적으로 노동조합이 아니라는 평가가 가능하다고 판단했다. 하지만 이러한 논리는 노동조합 설립 심사 제도에 대한 헌법재판소의 결정례와는 상반되지 않는가 하는 의문이 든다(이번 판결에서 문제된 것은 이미 설립 신고를 한 교원노조에 대한 사후적 노동조합 자격 심사의 적법성 여부라 사전적 노동조합 설립 심사 제도와 사정은 다르지만, 그 심사의 대상이나 정도에 대한 헌법재판소의 결정 내용은 참고해볼 만하다). 헌법재판소에 의하면 교원이 아닌 자의 가입을 허용하는 것이 설령 교원노조의 결격 사유에 해당하더라도 그것이 교원노조의 자주성에 어떤 영향을 미치는지를 따져보는 것은 또 다른 의미를 갖기 때문이다. 헌법재판소는 노동조합 설립 신고 제도의 의미를 "행정관청의 심사를 통해 노동조합이 자주성 등을 갖추고 있다는 것이 확인된 경우에만 노조법상 보호를 받는 노동조합이 될 수 있도록"한 것으로 파악하고 "노동조합의 자주성 확보는 노동조합의 본질적 요소로서 근로자가 주체가 되어 자주적으로 단결해 근로조건의 유지·개선 기타 근로자의 경제적·사회적 지위의 향상을 도모함을 목적으로 조직하는 단체 또는 그 연합 단체라고 하는 노동조합의 개념(노조법 2조 4호 참조)으로부터도 요구된다"고 판시했다.(헌법재판소 2012. 3. 29. 2011헌바53)

법외노조란 노조법의 보호를 받지 못하는 노동조합을 의미한다. 이는 근로자의 단결체가 행정관청에 노동조합으로 설립 신고를 하지 않거나 설립신고서를 제출했다가 반려된 경우, 또 전교조의 예처럼 설립 신고된 뒤 법외노조 통보를 받은 경우에 해당한다. 법외노조는 노조법에 따른 권리를 행사하지 못하지만 헌법상 노동삼권 조항에 의해 보호

대한민국이 침몰한다

받는다(이 점에 착안해 법외노조를 '헌법상 단결체'라 부르기도 한다). 법외노조가 구체적으로 어떤 권리를 행사할 수 있는지에 대해서는 일치된 견해가 있는 것은 아니다. 헌법재판소는 "노동 기본권의 주체에게 인정되어야 하는 일반적 권리까지 보장받을 수 없는 것은 아니다"고 보고(위 결정), "어느 정도 단체교섭이나 협약 체결 능력을 보유한다"고 판시했다(헌법재판소 2008. 7. 31. 2004헌바9).

조합원이 6만 명이나 되지만 15년 동안 조합원(대의원) 총회는 한 번도 열지 않고 단체교섭이나 쟁의 행위를 하지 않은 채 조합비만 받고 있는 노동조합과 조합원 6만 명 중 해고자는 9명이 있는 지금의 전교조를 비교해보자. 어느 쪽이 진정한 노동조합일까? 또 사용자 이익 대표자가 노골적으로 참여해 만들어진 노동조합과 현재의 전교조를 비교해보자. 어느 쪽이 자주적인 근로자의 단결체일까? 이번 판결이 이 질문에 어떻게 답할지 궁금하다.

판결에 대하여	서울행정법원 13부 2014. 6. 19. 2013구합26309 법외노조 통보 처분 취소	판사 반정우(재판장), 김용찬, 김정환

고용노동부가 교원노조법 2조와 노조법 2조 4호의 조합원 자격 요건에 근거해 해직 교사를 조합원으로 둔 전교조에 내린 법외노조 통보 처분은 적법하다는 판결.

2013년 10월 24일 고용노동부는 전교조에 해직자 9명을 노동조합에서 배제하라는 시정 요구를 이행하지 않았다는 이유로 법내노조 지위를 박탈한다고 통보했다. 전교조는 같은 날 서울행정법원에 법외노조 통보 처분 취소 소송과 집행정지 신청(2013아3353)을 냈다. 2013년 11월 13일 서울행정법원 13부는 집행정지 신청을 받아들여 통보의 효력을 1심 선고가 날 때까지 정지시켰다. 고용노동부는 이에 불복해 즉시 항고를 했지만 서울고등법원은 받아들이지 않았다. 본안 소송은 격론 속에서 진행되었고 2014년 6월 19일 재판부는 원고 패소 판결했다. 전교조는 항소하면서 법외노조 효력정지 가처분 신청을 다시 냈다. 2심 재판부인 서울고등법원 행정7부는 2014년 9월 19일 통보의 효력을 정지한다고 결정했다.

한편 항소심 재판부는 전교조가 법외노조 통보 처분의 근거인 교원노조법(교원의 노동조합 설립 및 운영 등에 관한 법률) 2조에 대해 낸 위헌법률심판 제청 신청을 받아들였다. 정부는 교원노조법 2조에 '해고되었더라도 중앙노동위원회의 재심 판정이 있을 때까지 교원으로 본다'고 규정되어 있는 이상 해직 교사들이 중노위의 재심에서 구제되지 못했으니 교원노조의 조합원이 될 자격이 없다고 본 것이다. 또 교원노조는 같은 직종에 있는 사람들이 지역별로 조직하고 있어서 산별노조로 볼 수 있고, 앞서 대법원은 2004년 2월 27일 산별노조(산업별·직종별·지역별 노조)의 경우 해직 근로자, 일시적 실직자, 구직 중인 실직자 등도 조합원에 포함시킬 수 있다고 판단을 내린 바 있다.(2001두8568) 산별노조의 경우 기업별노조와 달리 단결권 등 노동삼권을 보장할 필요성이 있는가에 따라 근로자 범위가 결정돼야 한다는 이유였다.

공익 제보자 이해관을 아십니까? 이해관 전 KT새노조 위원장은 '제주도 세계 7대 자연경관 선정' 전화 투표와 관련해 KT가 실제론 국내전화인데도 국제전화로 홍보해 요금을 비싸게 받았다며 2012년 4월 국민권익위원회에 공익 신고했습니다. 이번에 항소심은 공익신고 부분에 대해선 1심을 뒤집고 이를 인정했습니다. 하지만 국민권익위원회가 보호조치 결정을 KT에 통보할 때 행정절차법을 어겼다는 이유로 KT의 손을 들어주었습니다.__**이해관 KT 공익신고 2심**

KT 7대 자연경관 선정 전화투표 부정행위를 신고했다가 해고된 공익신고자에게 보호조치가 취소된 이유

자신의 사사로운 이익이 아니라 국민 건강과 안전, 환경, 소비자 이익, 공정한 경쟁이라는 공익을 위해 제보했는데 조직은 신고자를 철저히 응징하려는 속내를 드러낸다. 공익 제보의 취지에 공감하는 소수의 동료나 노동조합도 불이익조치를 막아주기에는 속수무책인 경우가 다반사다. 공익신고자보호법은 이렇게 공익신고를 했다가 불이익조치를 당한 이를 돕기 위해 마련된 법이다. 국민권익위원회는 공익신고자에게 내려진 불이익조치를 취소하거나 금지하는 보호조치 결정을 할 수 있다.

법원은 국민권익위원회의 보호조치 결정을 취소하는 판결을 계속 내리고 있다. 이를 어떻게 보아야 할까? 공익신고는 공익침해 행위나 '공익침해 행위가 일어날 우려'를 대상으로 한다. 이러한 우려의 범위를 어떻게 정하느냐에 따라 공익신고의 범위가 달라지고 보호조치 결정의 범위까지 변한다.

서울행정법원 행정12부는 2013년 5월 16일 '공익침해 행위가 일어날 우려'의 범위를 지나치게 좁게 해석함으로써 일반인이 보기에도 분명히 공익신고인데도 아니라고 보았다. 결국 보호조치 결정을 취소하는 결론을 내렸고, 공익신고자는 인사상 불이익을 온전히 혼자 감내해야 할 처지가 되었다.

사안은 이렇다. KT 소속 근로자인 공익신고자는 2011년 회사가 부당이득을 취했다는 의혹을 언론에 알림으로써 큰 반향을 일으켰다. KT가 세계 7대 자연경관 선정 전화투표를 주관했는데 해외전화망에 접속하지 않고 국내전화망 안에서 신호 처리를 마무리하고도 소비자에게 국제전화 요금을 청구했다는 것이다. 이후 회사는 신고자에게 불이익조치를 내리기 시작했다. 출근 시간만 편도 세 시간이 넘는 가평으로 전보한 뒤 정직 조치를 내리고 급기야 해고한 것이다. 신고자는 국민권익위원회에 보호조치를 신청했다. 국민권익위원회는 2013년 4월 보호조치 결정을 했는데 KT는 이에 불복해 서울행정법원에 국민권익위원회를 상대로 보호조치 결정을 취소해달라고 소송을 제기했다.

1심 법원은 국민권익위원회에게 보호조치 결정을 취소하라고 판결했다. 그 논리를 보면 공익신고자보호법의 취지가 무색해진다. 재판부는 공익신고의 대상이 되는 '공익침해 행위가 발생할 우려'란 "공익신고 당시 기존 행위가 공익침해 행위에 해당할 가능성이 있다는 것을 의미하는 게 아니라 장래 새롭게 공익침해 행위가 일어날 가능성이 있다는 것을 의미한다"고 했다. 신고자가 목격한 행위가 공익을 침해하리라 보여 신고하더라도 공익신고가 되는 것은 아니라는 말이다. 장래 새로운 공익침해 행위가 일어날 가능성까지 있어야만 공익신고가 된다는 말이다. 나아가 1심 법원은 추가 요건으로 신고한 행위가 법률상 취소·정지 처분 같은 행정제재 처분의 대상이 되는 행위여야 한다고 설명했다. 공익침해 행위의 대상이 되는 법률은 180개인데 그 법률에 대해 수사 결

국민권익위원회에 공익신고자 보호조치를 신청하는 이해관

과까지 검토하고 판단한 뒤 공익신고를 하라는 것이다. 이러한 기준이 요구되면 일반인이 공익신고를 하는 건 아주 어려워진다. 재판부는 KT 근로자의 신고는 공익신고가 아니라고 판단했다.

2심 재판부인 서울고등법원은 결론은 같으나 공익신고의 범위를 법률의 취지에 맞도록 적극적으로 해석한 점에서 의미 있는 판결을 내렸다. 재판부는 공익신고란 해당 법률의 벌칙 또는 행정처분의 대상이 되는 행위가 행해졌거나 그러한 우려가 있다는 사실을 국민권익위원회 등에 신고하는 행위를 의미하며, 설령 신고 내용이 사실이 아니더라도 신고자가 신고 내용이 거짓임을 알지 못했거나 알 수 없었던 경우에는 공익신고에 해당한다고 보아야 한다고 판단했다. 더 나아가 신고 내용이 해당 법률의 벌칙 규정 등에 해당하지 않는다는 것이 해당 규정의 해석상 명확하거나 대법원 판례 등에 의해 일반적으로 인식될 수 있는 상태라는 등 특별한 사정이 없는 한, 국민권익위원회가 벌칙 규정에 해당한다고 판단했고 그 판단에 명백한 잘못이 없는 경우라면 공익신고가 된다고 밝혔다. 국민권익위원회도 180개 공익침해 행위 대상 법률을 모두 조사할 전문성을 갖춘 기관은 아니며 그러한 전문성을 갖춰야만 공익침해 행위나 공익신고 여부를 판단할 수 있는 것은 아니라는 이유다.

2심 법원의 판결은 공익신고를 하는 주체가 수사기관이 아니라 일반인이라는 점을 감안하면 아주 타당하다. 일반인이 공익을 침해할 우려가 있는 행위를 목격했을 때 이를 신고하게 하자는 게 법률의 취지였다. 공공 영역이나 국가 공권력으로 접근하기 어려운 사기업 영역에서 벌어지는 공익침해 행위를 예방해 투명한 사회를 만들려는 법의 목적에도 부합하는 합리적 판결이다.

이렇게 판단 기준이 달라지자 KT 사건에서 공익침해 행위와 공익신고가 인정되었고 보호조치 결정의 필요성도 인정되었다. 다만 행정처분의 형식·절차상 문제가 있다는 이유로 취소 판결은 유지되었다. 현재 사건은 대법원에 계류 중이라 결과는 기다려봐야 한다.

대법원에서 국민권익위원회의 보호조치 결정이 절차상 문제로 취소될지 안 될지는 알 수 없다. 보호조치 신청은 불이익조치를 받은 날부터 3개월 안에 해야 하지만 불가항력적 사유로 3개월 안에 신청할 수 없었다면 사유가 없어진 뒤 14일 안에 재신청할 수 있다. 만약 대법원에서도 절차상 문제로 취소된다면 공익신고자로서는 3개월 안에 보호조치 신청을 할 수 없었던 불가항력적 사유가 있었던 것이 되니 14일 안에 재신청해 보호조치 결정을 받아낼 수도 있을 것이다. 공익 제보가 중요하고 절실해진 요즘 사람들을 허탈하게 만들지 않는 대법원 판결과 후속 조치가 나올지 귀추가 주목된다.

판결에 대하여	서울고등법원 9행정부 2014. 5. 1. 2013누16908 공익신고자 보호조치 결정 취소	판사 이종석(재판장), 하상혁, 김현보

KT의 부정행위는 공익침해 행위이므로 이를 신고한 것은 공익신고가 맞지만 국민권익위원회의 신고자 보호조치 결정은 취소한다는 판결.

KT는 2010년 12월부터 2011년 11월까지 세계 7대 자연경관에 제주도를 올리자며 전화투표를 독려했다. 이때 이해관 KT새노조 위원장이 회사가 '투표 전화번호는 국내전화망이었는데 국제전화로 홍보하고 요금을 비싸게 받았다'라는 의혹을 제기하며 2012년 4월 국민권익위원회에 공익신고를 했다. KT는 5월 7일 그를 무연고 지역인 경기도 가평으로 전보했다. 그러자 이위원장은 참여연대의 도움을 받아 5월 22일 국민권익위원회에 보호조치를 요청했다. 국민권익위원회는 8월 28일 이를 받아들여 보호조치를 결정했다. 12월 28일 KT는 2차 불이익조치로 그를 해고했다. 이위원장은 2013년 1월 원상회복을 명령하는 보호조치를 신청했다. 국민권익위원회는 4월 22일 KT에 보호조치를 하라고 결정했다. 공익신고자보호법 15조는 "누구든지 공익신고자 등에게 공익신고 등을 이유로 불이익조치를 해서는 안 된다"고 명시하고 있다.

KT는 이에 불복해 행정소송을 냈다. 서울행정법원 행정12부는 2013년 5월 16일 KT가 국민권익위원회를 상대로 낸 '공익신고자 보호조치 결정 취소' 소송에서 KT의 손을 들어주며 국민권익위원회의 보호조치 결정을 취소했다. KT는 2013년 1월 방송통신위원회로부터 전기통신사업법 위반으로 과태료 350만 원을 부과받은 바 있는데, 재판부는 전기통신사업법은 공익신고자보호법이 정한 공익침해 행위 대상 180개 법률에 해당하지 않는다며 공익신고로 인정하지 않았다.

항소심 재판부는 공익신고를 인정했다. 하지만 국민권익위원회가 보호조치 결정을 사측에 통보할 때 공익신고로 지정한 이유와 회사가 어긴 법률 등을 적시하지 않아 행정절차법상 하자가 있다며 KT의 손을 들어주었다. 대법원 2부(주심 신영철)는 2014년 9월 14일 공익신고를 인정한 원심을 확정했다. 재판부는 항소심과 마찬가지로 국민권익위원회의 보호조치를 취소해달라는 부분은 KT의 손을 들어줬다. 공익 제보로 인정하지만 보호조치는 취소한다는 판결이다.

전방 부대에서 근무하던 한 여군 대위가 직속상관의 끈질긴 성적 가혹행위를 견디다 못해 자살했습니다. 군사법원은 공소사실인 강제 추행, 직권남용 가혹행위, 폭력 등을 전부 인정했음에도 가해자인 A소령에게 집행유예를 선고하고 석방했습니다. 선뜻 이해되지 않는 판결입니다. 군형법상 직권남용 가혹행위죄는 벌금형 규정 없이 징역형으로만 처벌하는 중대한 범죄이기 때문입니다. 재판부가 양형 사유로 들고 있는 이유는 더욱 납득하기 어렵습니다.__**자살 여군 대위, 성추행한 소령 집행유예**

한 변호사의 A소령 성희롱 사건 판결을 본 소감

2013년 10월 15일 도저히 믿을 수 없는 사건이 발생한다. 육군 한 사단에서 여군 대위가 직속상관인 사단참모 A소령에게 수차례 강제추행과 성희롱, 모욕 등을 당하고 나서 자살했다. 성희롱 발언 중엔 '한 번 자면 군 생활이 편해질 텐데'라는 말도 있다는 풍문이 돌았다. 국민들의 분노는 극에 달했다. 수년간 군사법 업무를 담당한 필자의 경험에 비춰 볼 때 피해자가 사망한 상황에서 사실관계를 입증하기는 쉽지 않고 성희롱 발언 자체에 적용할 법조항도 마땅치 않아 보였다. 자칫 잘못하면 군검찰이나 군사법원이 여론의 뭇매를 맞지나 않을까 걱정이었다. 그로부터 5개월여 지난 2014년 3월 20일 2군단 보통군사법원은 피고인에게 직권남용, 가혹행위, 폭행, 모욕, 군인 강제추행 등 공소사실 대부분을 유죄로 인정하고 징역 2년에 집행유예 4년을 선고했다. 피고인이 한 성희롱과 모욕은 다음과 같다.

1) 너는 15사단 여자 소다, 2) 봉급 값도 못 하는 정신지체 장애인, 3) 이런 멍청한 새끼, 4) 같이 자야지 아냐? 같이 잘까?, 5) 남친과 성관계할 때 내가 전화하면 안 좋을 것 아니냐, 6) 보좌관(피해자)이 몸매 드러

나는 옷을 입고 있어도 나는 성욕을 잘 참고 있지 않느냐.

군사법원이 군형법 62조 1항을 적용한 것은 적절했다고 생각한다. 해당 조항은 직권을 남용해 학대나 가혹행위를 한 사람은 5년 이하의 징역에 처한다고 규정하고 있다. 대법원은 "군형법 62조에서 말하는 가혹행위라 함은 직권을 남용해 사람으로서는 견디기 어려운 정신적·육체적 고통을 가하는 경우를 말하는 것"이라고 밝힌 바 있다.(대법원 2008. 5. 29. 2008도2222)

그동안 직권남용 가혹행위죄는 주로 간부가 병사에게 심한 얼차려를 주었을 때 자주 적용하던 죄명이다. 하지만 이 사건의 경우처럼 피고인이 계속 피해자에게 성희롱 발언을 해 인간으로서 견디기 어려운 정신적 고통을 가했다면 적용 못 할 것도 없다. 군형법상 직권남용 가혹행위죄는 벌금형 규정이 없고 징역형으로만 처벌하는 아주 중대한 범죄라는 점에서 군사법원은 현실적으로 가장 적절한 법조항을 택한 것으로 보인다.

하지만 군사법원이 피고인에게 집행유예를 선고하고 석방한 것은 선뜻 이해되지 않는다. 군인 강제추행죄 2건은 차치하더라도 피고인의 성희롱 발언은 사관학교를 졸업한 영관 장교가 결혼을 앞둔 젊은 후배 장교에게 한 말이라고는 도저히 믿기지 만큼 충격적이다. 더군다나 판결문에는 "피고인은 평소 하급자인 상대방이 여군이든 남군이든, 간부이든 병사이든 간에 성적 발언을 서슴없이 해왔다"고 나온다. 이것이 다가 아니라는 얘기다.

그럼에도 피고인은 다음과 같은 해괴한 변명을 늘어놓으며 공소사실을 대부분 부인했다.

1) 어떻게 공개 장소에서 강제추행을 할 수 있다는 말인가, 2) 스쳤을 뿐 성적 의도가 전혀 없었다, 3) (여군 대위가) 일기장에 쓰지 않은 것으로 보아 강제추행은 없었다, 4) 격려 차원이었을 뿐 성적 의도가 전혀 없었다, 5) 군 업무의 속성상 어느 정도 욕설은 용인되어야 한다는 것이다.

이러한 태도는 피고인이 피해자를 죽음에 이르게 한 행위에 대해 뼈저리게 반성하기는커녕 오히려 '별것도 아닌 일로 죽어버려 내 인생도 끝장났다'고 원망하는 게 아닌지 의문을 갖게 한다. 군사법원은 언급할 필요도 없을 것 같은 피고인의 변명을 열거하느라 판결문을 여러 장 허비하고 있다. 처음엔 아마도 피고인의 태도를 준엄하게 꾸짖고 엄벌에 처하기 위한 사전 포석이리라고 생각했다. 하지만 필자의 예상은 완전히 빗나갔다. 판결문에는 피고인이 자신의 범행을 축소·은폐하는 파렴치한 행동에 대해 꾸짖는 말이 한마디도 나오지 않는다. 오히려 서둘러 피고인의 행동을 다음과 같이 판단한다.

"피고인의 오직 목표 지향적, 결과 지향적, 상부 지향적 업무 수행은 하급자에게는 과중한 부담을 안겼고, 하급자에 대한 높은 기대치는 이에 미치지 못하는 경우 훈계의 수준을 넘어 상대방의 인격을 폄하하는 모욕적 언사와 질책으로 이어졌다."

그리고 무슨 이유에서인지 이에 앞서 "군인은 어떠한 경우에도 구타·폭언 및 가혹행위 등 사적 제재를 행해서는 아니 되며, 사적 제재를 일으킬 수 있는 행위를 하여서도 아니 된다"라는 군인복무규율 15조를 인용하고 있다. 피고인도 잘못했지만 피해자도 맞을 짓을 했다는 뜻인가? 판결문은 다음과 같이 끝난다.

"피고인은 한 부서를 책임지는 장이자 지휘관을 보좌하는 참모의 역할을 수행하는 이중적 지위에 있었던 자로서, 책임 부서의 전체적인 상향 발전을 도모하려는 강한 의욕과 완벽한 임무 수행으로 상급자에게 인정받으려는 바람, 그리고 학교 선배이자 병과 선배로서 피해자를 교육하고 훈계하려는 생각 또한 하급자인 피해자를 심하게 질책한 동기로도 보이는 바, 결국 그 방법과 정도에 있어서는 정상적 범위를 벗어났으나 동기에 있어서는 참작할 여지가 있다."

결국 "이는 상하 간 소통의 문제로도 보인다"고 결론을 내고 있다. 피고인의 해괴한 변명을 배척하느라 힘을 모두 소진한 탓일까? 재판부는 말도 안 되는 변명을 늘어놓으며 자신의 범행을 극구 부인하는 피고인을 단 한 차례도 꾸짖지 않았다. 피고인의 행동을 그저 "능력이 모자라는 후임 장교에 대한 과욕이 부른 불상사"로 정의하고 서둘러 피고인을 풀어주고 말았다.

현역 장교가 집행유예를 선고받는다는 건 곧바로 군에서 제적됨을 의미하므로 결코 가벼운 처벌이 아니다. 따라서 이 사건에서 재판부가 집행유예를 선고한 것이 잘못되었다고 단정할 수는 없다. 하지만 이번 판결의 양형 이유는 도무지 이해할 수 없을 정도로 균형감을 잃고 있다. 심지어 '종교 활동의 공유'를 선처 사유로 들고 있다. 피고인이 종교 활동을 강요하는 통에 피해자는 상당한 심적 부담을 느꼈다는 사실이 백일하에 드러났는데 말이다. 엄벌에 처해야 할 요인이지 선처할 요인이 아니라는 뜻이다.

피고인이 가족을 통해 피해자 유족과 합의하려고 노력한 점을 또 하나의 선처 요인으로 들고 있다. 자신의 범행을 극구 부인하면서 피해자 유족과 합의를 시도한다는 것은 처음부터 의미 없는 일이다. 누구라도 이를 알 수 있을 텐데 참으로 아쉬운 부분이다.

이번 군사법원 판결은 군대에서 간부가 계속 성희롱 발언을 일삼는 경우 이를 직권남용 가혹행위죄로 처벌할 수 있음을 밝힌 무척 의미 있는 판결이다. 그럼에도 피고인을 엄벌에 처해야 할 사유에 대해서는 애써 외면하고 납득하기 어려운 이유로 피고인에게 집행유예를 선고했다는 점에서 비난을 피하기 어려운 판결이다.

판결에 대하여	2군단 보통군사법원 2014. 3. 20. 2013고9 군인 강제추행, 직권남용, 가혹행위, 폭행, 모욕	군판사 한재성 대령(재판장), 김민경 소령, 김애령 소령

직속상관에게 여러 차례 성적 가혹 행위를 당해 견디다 못해 자살한 여군 대위 사건에서 피고에게 군형법상 직권남용 가혹행위죄를 적용하면서도 집행유예를 선고한 2군단 보통군사법원의 판결.

강원도 화천의 한 육군 부대에서 근무하던 여군 대위는 직속상관한테 성관계를 요구받고 가혹행위를 당했다는 내용의 유서를 남기고 스스로 목숨을 끊었다. 현재 군검찰과 피고인 양쪽이 항소해 2심(국방부 고등군사법원) 진행을 기다리고 있다.

많은 국가가 선거권을 행사할 수 있는 연령을 18세 이상으로 정하고 있는데 우리나라의 현행 공직선거법은 선거권 연령 기준을 19세 이상으로 규정하고 있습니다. 헌법재판소는 최근 이 공직선거법 조항 등에 대해 합헌 결정을 내렸습니다. 정치적 판단 능력이 미약하다는 이유였습니다. 그래도 교육감 선거만큼은 일반선거보다 그 연령 기준을 더 낮춰야 하지 않을까요? 청소년은 다양한 교육 제도의 이해 당사자이므로 이들의 목소리가 반영되어야 합니다.__**선거권·피선거권의 연령 기준 헌법소원**

/

청소년도 국민이므로 주권자다

1. 가만히 있으라고?

2014년 4월 16일 세월호에 타고 있던 학생들은 '배가 침몰하고 있는 거 아니냐', '안전하니까 가만히 있으라고 해놓고 지들끼리 다 나가고', '갑판으로 나가야 하는 거 아니냐' 등의 의견을 냈다. 그런데 의견을 제기한 데서 그냥 끝났다. 당시 상황에 대한 분석이나 토론, 향후 행동에 대한 논의, 실천으로 더 나아가지 못했다. 모든 것을 자신들에게 맡기고 의지하라던 '정치적으로 성숙한 성년자'와 권력자들은 우왕좌왕하면서 서로 돕지 못하다가 단 한 사람도 구하지 못했다.

한 달 뒤인 5월 17일 토요일 아주대 종합관에서 경기도의 청소년들은 '표는 없어도 할 말은 있다'며 교육감 후보를 초청해 토론회를 열었다. 하지만 후보는 짧은 인사말 이외에는 청소년들과 정견에 대해 토론할 수 없었다. 선거권이 없는 학생들 앞이라 선거운동을 할 수 없다는 것이었다. 정책 토론조차 허용되지 않았다. 교육 정책에 가장 큰 영향을 받는 당사자이지만 청소년은 선거권 행사는 고사하고 어떤 정책을 가지고 있는지 후보의 의견을 들을 수도, 자신의 의견을 반영해달라고 후보에게 요청할 수도 없다.

'가만히 있으라' 하는 방송은 세월호에서만 울려 퍼진 게 아니다. 청소년은 스스로 생각하고 의견을 말하고 행동하고 실천할 수 있는 존재인데도 성년자는 어느 하나 허용하지 않는 폭력을 계속 일삼고 있다. 헌법재판소도 그 폭력을 멈추게 하지 않고 방관한 채 청소년을 정치적 무능력자로 낙인찍었다.

2014년 4월 24일 헌법재판소는 재판관 전원 일치 의견으로 25세 이상인 국민에게만 피선거권을 인정한 법조항에 대해 합헌 결정했다. 또 재판관 6대 3의 의견으로 19세 이상의 국민에게만 선거권을 부여하고 있는 공직선거법 조항과 19세 미만의 미성년자는 선거운동을 할 수 없도록 규정하고 있는 공직선거법 조항, 국회의원 선거권이 있는 자만 정당의 발기인이나 당원이 될 수 있도록 규정하고 있는 정당법 조항에 대해 합헌 결정했다.

2. 정치적 판단 능력이 미약하다?

청소년의 정치 활동을 금지하는 데 언제나 앵무새처럼 되풀이되어 인용되는 논거는 정치적 판단 능력이 부족하다는 것이다. 헌법재판소는 '우리의 현실상 19세 미만의 미성년자는 아직 정치적·사회적 시각을 형성하는 과정에 있거나, 독자적으로 정치적 판단을 할 수 있을 정도로 정신적·신체적 자율성을 충분히 갖추었다고 보기 어렵다'라는 입법자의 판단을 수용했다. 과연 그럴까? 이러한 판단이 과연 바람직할까? 요즘 같은 정보화사회에서 청소년들도 알 만한 것은 다 안다. 아니, 우리 헌정사를 되돌아보더라도 독립운동, 4·19 혁명, 5·18 광주민주화운동, 최근의 촛불집회에 이르기까지 청소년들은 올바른 정치적 판단을 했고 이를 행동으로, 실천으로 옮기는 데 함께했다. 그들은 미래의 시민으로 국민의 밖에 있었던 게 아니라 민주 시민이자 동료로서 늘 함께했다.

설령 청소년들이 정치 상황을 다 알지 못한다 하더라도 자신과 생각을 함께하는 사람이 누구인지, 나라를 위해 제대로 일할 사람이 누구인지 판단할 수 있다. 더 많이 알기 위해서, 더 잘 판단하기 위해서 정치 활동의 자유를 돌려달라고 요청하는 것이다. 오히려 청소년들은 정치 활동을 함으로써 정치적 판단 능력을 키워나갈 수 있다. 청소년 시절 이러한 능력을 키울 기회가 없던 이가 성년이 되면 정치적 판단과 소통이 부족하지 않을까?

헌법상 보통선거 원칙은 개인의 능력 여하에 관계없이 선거권을 인정한다. 지능이나 학력에 의해 선거권 인정 여부를 결정하지 않는다. 미성년자 모두에게 정치적 판단 능력이 부족하다고 선거권을 인정하지 않는 것은 보통선거 원칙에 위배된다. 차별이다. 특히 18세 이상 19세 미만인 자의 경우 더욱 모순적이다. 그들은 근로 능력이나 군 복무 능력은 인정되는데 선거권은 인정되지 않고 있다.

선거권 연령 기준을 낮추자는 주장이 그렇다고 갓난아이까지 선거권 주체로 인정하자는 것이 아니다. 최소한 민법상 성년 나이보다는 낮추자는 것이다. 민법상 성년 나이는 개인인 미성년자를 보호하는 취지에서 정해진 것인데 선거권 연령은 이러한 문제가 아니다. 선거는 국민 모두가 함께 만들어내는 오케스트라다. 민주주의의 꽃인 선거는 동등한 구성원 모두의 전체 의사를 모아 함께 결정하는 것이다. 한 개인이 능력이 부족하면 다른 구성원들이 이를 커버한다. 성년자의 결정으로 미성년자의 선거권을 부정하는 것은 보호라는 명분으로 인권과 주권을 탈취하는 것이나 마찬가지다. 이는 민주 시민이 아니라 신민을 양성하는 것이다. 제국주의가 식민지를 정당화하는 논리와 다를 바 없다.

우린 지금 어디로 가고 있나?

가만히 있으라고?
'투표권을 가지고 이런 세상을 만들어서 너무 미안합니다.'

헌법재판소는 '선거운동을 제한할 뿐 정치적 표현 행위는 얼마든지 할 수 있다'고 보았다. 그런데 선거권 문제는 정당 활동까지 연장된다. 국회의원 선거권이 있는 자만이 정당의 발기인이나 당원이 될 수 있다고 규정하고 있는 것이다. 헌법재판소는 중·고등학교에서 벌어지는 학생 인권의 현실에 대해 무지하다. 더 큰 문제는 관심도 없는 것이다. 학생인권조례가 제정되었지만 여전히 청소년들은 눈은 가려지고, 귀는 막히고, 입은 재갈이 물린 상황이다. 대한민국의 교육 현실이 얼마나 참담한지 관심이 없다.

정당 활동을 금지한 근거는 더욱 이해하기 어렵다. '정당의 헌법상 기능을 보호하기 위한 것'이라는데 미성년자들이 왜 정당의 기능에 저해되는가? 정당 활동 역시 다른 당원과의 관계 속에서 이루어지므로 문제될 것이 없다. 헌법재판소는 '미성년자는 정신적·신체적 자율성이 불충분하고 가치중립적 교육을 받아야 한다는 점 등을 고려'한다는데 도대체 가치중립이란 무엇인가? 인권과 민주주의의 가치를 배우는 것이야말로 교육이 지향하는 민주 시민을 양성하는 목표에 부합한다. '정치적 판단 능력이 미약한 사람이 정당을 설립하고 가입함으로 인하여 정당의 기능이 침해될 위험성은 크다'라는 판단이야말로 미성년자들의 인간적 존엄성을 훼손하는 일이다. 정치하는 자와 성년자들에게 청소년들이 이용당하리라는 전제는 자율적 판단 능력을 무시한 처사고 청소년들을 이용하려는 정치인과 성년자들의 탐욕을 드러낸 것이다. 문제는 성년자들이다.

3. 민주주의는 함께 성숙되어가는 과정이다

도대체 어느 정도의 정치적 판단 능력을 갖추어야 선거권을 행사할 수 있을까? 개인의 수준을 따지지 않고 개인과 개인의 상호작용을 통해 그리고 공동 결정으로 대표를 선출하는 게 선거이고 민주주의다. 설령 청소년들이 정치적 판단 능력이 부족하다 하더라도 성년들과 토론하며 능력을 키워나간다. 실천이 가장 효과적인 학습이다. 만 19세가 되었다고 하루아침에 정치적 판단 능력이 생길 리 만무하다. 이는 합리적 근거가 없는 착각이다. 배움의 과정은 일방적이지 않다. 청소년들에게 정치적 활동의 자유를 인정하면 성년자 또한 정치적 판단 능력을 키울 기회를 가지게 된다.

몇 가지 방향을 확인하면 다음과 같다. 첫째, 선거권 또는 국민투표권, 주민투표권 연령은 민법상 성년 연령보다 최소 한 살 이상 낮춰야 한다. 둘째, 선거권 연령과 피선거권 연령을 달리할 까닭이 없다. 셋째, 정당에 가입하고 활동하는 데 연령 제한을 둘 이유가 없다. 개인의 선택에 맡기면 될 일이다. 오히려 청소년들이 소외되지 않도록 정당은 내부 민주주의가 필요하다. 정당은 민주주의를 가르치는 학교가 돼야 한다. 넷째, 청소년들이 선거 과정에서 선거 정책 토론회를 개최하거나 선거운동을 할 수 있도록 허용해야 한다. 이는 민주 시민이 갖는 교육 받을 권리로 이해해야 한다. 혼탁한 선거는 성년들이 책임져야 할 일이지 청소년들을 배제한다고 없어지는 게 아니다. 다섯째, 교육감 선거만큼은 일반선거보다 그 연령 기준을 더 낮춰야 한다. 이해 당사자인 청소년들의 의견이 이 문제에서 소수의견으로 외면되어서는 안 된다. 청소년들은 다수가 될 수 없기에 교육 정책을 좌지우지하는 일은 일어나지 않는다.

정치권이 무능력하고 부패했으니 청소년들을 그곳에서 배제해야 한다는 논리도 옳지 않다. 정치 혐오는 소수 정치꾼들의 독과점을 방조할 뿐이다. 민주주의에 대한 조기교육과 실천을 통한 학습만이 한국 정치를 혁신할 수 있다. 그 힘은 바로 지금 국민이자 주권자인 청소년들에게 있다. 그들은 아직 성년이 아닐 뿐이지 주권자에게 필요한 정치적 판단 능력을 충분히 갖추고 있다. 정치적 활동을 할지 말지에 대한 판단은 오로지 청소년 자신의 몫이다. 주권적 개인만이 주권적 국민이 된다. 성년은 비성년인을 신민처럼 지배하는 일을 멈춰야 한다. 가만히 있으라는 말은 국민 주권을 부정하는 것이다.

판결에 대하여 | 헌법재판소 2014. 4. 24. 2012헌마287
공직선거법 15조 1항 등 위헌 확인

19세 미만 미성년자는 선거권이 없고 선거운동을 할 수 없으며 정당에 참여할 수 없다는 공직선거법과 정당법 조항 등은 합헌이라는 결정.

청구인들은 2012년 19세 이상의 국민에게 선거권을 부여하고 있는 공직선거법 15조 1항과 2항, 25세 이상의 국민에게 피선거권을 부여하고 있는 공직선거법 16조 2항과 3항, 19세 미만의 미성년자는 선거운동을 할 수 없도록 규정하고 있는 공직선거법 60조 1항 2호, 국회의원 선거권이 있는 자만 정당의 발기인 및 당원이 될 수 있도록 규정하고 있는 정당법 22조 1항 등에 대한 헌법소원을 청구했다.

헌법재판소는 재판관 6대 3의 의견으로 19세 이상의 국민에게 지방의회의원 등 선거권을 부여하고 있는 공직선거법 15조 2항, 19세 미만 미성년자는 선거운동을 할 수 없도록 규정하고 있는 공직선거법 60조 1항 2호, 국회의원 선거권이 있는 자만 정당의 발기인 및 당원이 될 수 있도록 규정하고 있는 정당법 22조 1항에 대한 심판 청구에서 기각 결정했다. 나머지 청구는 모두 각하 결정했다.

민법은 성년 나이를 19세 이상으로 정하고 있지만 혼인 적령은 18세, 유언 가능한 나이는 17세로 낮게 규정하고 있다. 병역법과 국가공무원법은 연령 기준이 18세 이상이다.

국가보안법상 이적표현물 소지죄는 정확히 무엇일까요? 이적표현물만 갖고 있으면 무조건 국가보안법 위반일까요? 최근 마르크스주의 서적과 북한 원전을 소지했다는 이유로 1심, 2심 군사법원에서 유죄판결을 받은 한 해병대 중위에게 대법원이 무죄 취지의 판결을 내렸습니다. 이적의 목적이 있었다고 단정하기 어렵다는 것입니다. 무죄의 몸이 된 김 중위는 기소됐을 경우 복무 기간에 산정하지 않는다는 군인사법에 따라 제대가 연기되고 있습니다.__**해병대 장교 이적표현물 소지죄 무죄**

군인에게 헌법이란 무엇인가

1. 법정 전

해병대에 장교로 입대한 김 모 중위가 있다. 서울의 한 신학대를 졸업했다. 전형적인 기독교 집안에서 모태 신앙을 갖고 태어난 김중위는 한국 교회에 만연한 물신주의와 기복 신앙에 강한 문제의식을 가졌다. 신학대에서 같은 고민을 가진 사람들을 만나 이 문제에 관해 공부했고 결국 자본주의가 사람들을 소외로 이끈다는 인식에 도달하게 되었다. 여기서부터 마르크스까지는 외길 수순을 밟는다. 김중위는《자본론》공부에 심취하게 되고 한국 근현대사와 해방신학까지 인식의 지평을 넓혀 나갔다. 분단 문제에 대해서도 뜻을 같이하는 사람들과 깊은 고민을 나누게 되었고 2006년에는 중국을 통해 백두산도 다녀왔다(이때 심양에서 북한 당국이 발간한《위대한 수령 김일성 동지의 불멸의 혁명 업적》이라는 주체사상 해설서 한 권을 사왔다. 이게 문제의 도화선이 되었다).

군에 입대한 뒤 일이 일어났다. 김중위는 강화도에 배치되었다. 여기에서 이시우 작가가 주관하는 평화 기행에 인터넷으로 참가 신청을 냈다가 그만 기무사의 안테나 망에 걸리게 되었다. 기무사가 김중위의 집을 압수수색한 결과《자본론》과 신학대 동아리 교재, 백두산을 다녀온

길에 사온 북한 원전을 찾아냈다.

2. 법정 중

김중위는 기소됐다. 죄목은 국가보안법 7조 5항의 이적표현물 소지죄였다. 김중위는 1심(해병대사령부 보통군사법원 2011. 10. 28. 2011고6)에서 이 책들은 기독교 목회자로서 소외된 이웃과 영적으로 소통하려고 구한 교재였고, 특히《위대한 수령 김일성 동지의 불멸의 혁명 업적》은 북한에 가서 선교할 때 북한 주민의 생각을 이해하려고 구입했을 뿐 북한을 찬양하거나 동조할 목적은 전혀 없었다고 주장했다. 하지만 재판부는 책 13종 중《마르크스의 사상》,《칼 맑스-프리드리히 엥겔스 저작 선집》,《위대한 수령 김일성 동지의 불멸의 혁명 업적》,《청년을 위한 한국현대사》,《공산당 선언》은 국가보안법 7조 5항에서 정한 이적표현물이라고 판시하면서 김중위에게 징역 6월에 집행유예 1년을 선고했다.

김중위는 항소했다. 항소심 법정에는《자본론》의 번역자인 김수행 교수(성공회대), 평화학자인 이재봉 교수(원광대)가 증인으로 출석했다. 이들이 증언하는 법정은 마르크스 경제학과 남북 관계를 공부하는 진지한 강의실이 되었다. 또 한 대학 선배는 김중위가 얼마나 사람에 대한 사랑이 넘치는 목회자인지를 절절하게 증언했다. 항소심 재판부는《위대한 수령 김일성 동지의 불멸의 혁명 업적》을 제외한 나머지 책들을 소지한 것에 대해서는 무죄를 선고했다. 하지만 이 북한 원전은 이적표현물이고 소지한 데에는 이적의 목적이 인정된다면서 유죄를 인정하고 양형도 1심을 그대로 유지했다.

항소심 판결은 도무지 납득이 되지 않았다. 국가보안법상 이적표현

열 맞춰!

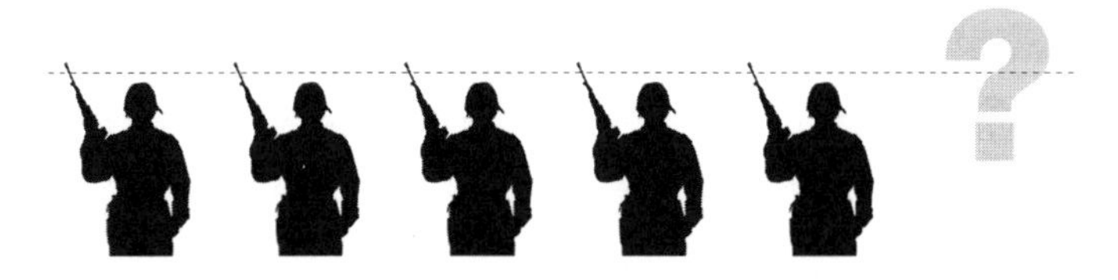

물 소지죄가 성립하려면 두 조건이 충족되어야 한다. 첫째, 표현물이 객관적으로 이적성이 있어야 한다. 이적성이란 쉽게 말해 반反국가 단체인 북한(북한을 반국가 단체로 보는 게 부당한지 그렇지 않은지는 논외로 치자)을 이롭게 하는 것을 말한다. 둘째, 주관적으로 이적 목적이 있어야 한다. 북한의 대남 적화통일 의도에 동조하는 목적이 필요하다는 것이다. 이 사안의 경우 객관적인 점에서 원전이 이적표현물이 아니라고 보기는 어렵다. 그런데 과연 김중위에게 이적 목적이 있을까? 독실한 기독교 집안의 예비 목회자가 북한 선교를 대비해 북한 책을 사온 것에 무슨 이적 목적이 있을까? 상고심에 제출한 서면에서 변호인은 이 점을 강력하게 반박하고 또 한편으로는 호소했다. 결국 대법원은 유죄를 인정한 2심 판결을 뒤집고 무죄 취지로 판결했다.

3. 법정 후

상식적으로 납득하기 어려운 잘못된 결정을 바로잡기가 이토록 어렵다. 그나마 다행스러운 일이다. 김중위 앞에는 아직 난관이 남아 있다. 의무 복무 장교인 그가 군 수사 당국에 의해 기소되면서 휴직 상태가 되어버린 것이다. 동기들은 2012년 5월경 모두 전역했는데 그는 아직 기소 휴직 상태인 군인 신분이어서 다른 곳에 취업도 못 하고 해외로 신혼여행을 다녀올 꿈도 꾸지 못한다. 모두 군인사법의 기소 휴직 제도 탓이다. 군인사법의 이 규정은 '누구든지 병역 의무의 이행으로 인하여 불이익한 처우를 받지 아니한다'라는 헌법 39조 2항과 무죄 추정 원칙을 규정한 헌법 27조 4항을 위배할 소지가 다분하다. 기소 휴직에 따른 의무 복무 기간 불산정의 불이익을 피하려면 1심과 2심에서 유죄가 선고되더라도 항소나 상고를 하지 않는 수밖에 없고, 이는 무죄 추정 원칙에 어긋나는 동시에 병역 의무로 실질적인 불이익을 보게 되는 것이다.

김중위는 이제 파기환송심 재판부인 국방부 고등군사법원에서 다시 재판을 받아야 한다. 그에게 무죄가 선고될 것이다. 형사재판에서는 무죄 선고가 때로는 상처뿐인 영광으로 남는 경우가 많다. 무죄판결을 받기까지 얼마나 많은 시간과 에너지를 들였는지는 겪어보지 않은 사람은 도저히 알 수 없다. 더구나 그는 제대 예정일로부터 2년이 지나도록 군인 신분을 벗어나지 못하고 있다. 우리가 정치적, 군사적으로 대치하고 있는 북한보다 우월한 게 있다면 무엇일까? 군사력? 경제력? 틀린 말은 아니다. 좀 더 정답에 가까운 것은 민주주의다. 자유롭게 생각하고 표현할 수 있는 권리를 보장하는 헌법 질서 말이다. 북한에 맞선 상황이라서 군인의 머릿속과 입까지 구속하려 드는 것이 정녕 민주주의인가? 툭하면 북한을 운운하는 사람들이 가만 보면 대한민국 민주주의의 적인 경우가 많다. 이러한 와중에 무죄의 몸이 된 김중위에게 축하의 말을 전한다. 대법원 판결이 선고되던 날 김중위의 환한 음성처럼 이 땅의 민주주의도 활짝 만개할 날이 오기를 고대한다.

판결에 대하여	대법원 형사3부 2014. 4. 10. 2012도9800 국가보안법 위반(찬양·고무)	대법관 민일영, 이인복, 박보영, 김신(주심)

마르크스주의 서적과 북한 원전 등을 가지고 있다가 국가보안법상 이적표현물 소지죄로 기소된 현역 해병대 장교의 상고심에서 이적 행위 목적이 인정되지 않는다며 유죄 선고한 원심을 깨고 사건을 돌려보낸

판결.

재판부는 "김중위가 신학대 동아리에서 공산주의와 사회주의에 대해 학습하고 대안적 시각의 근현대사를 학습한 사실은 있지만, 기독교 청년들을 위한 교육기관일 뿐 반국가 단체나 이적 단체와는 상관없다"고 밝혔다. 또 "김중위가 중국 여행 중에 책자를 구입한 후 내용을 전파하지 않고 그대로 보관한 점 등을 살펴보면 이적 행위 목적을 가지고 책자를 소지했다고 단정하기 어렵다"고 덧붙였다.

강기훈 씨가 23년 만에 재심에서 무죄판결을 받았습니다. 그는 1991년 분신자살한 전국민족민주운동연합 사회부장 김기설 씨의 유서를 대신 써준 혐의로 유죄 선고를 받고 징역 3년을 복역했습니다. 바로 한국판 드레퓌스 사건으로도 불리며 민주화의 도화선이 된 사건입니다. 그 뒤 재심을 청구했습니다. 이번 재판부는 1992년 대법원이 유죄의 증거로 채택한 국립과학수사연구원의 필적 감정 결과에 대해 신빙성이 없다고 판단했습니다.__**강기훈 유서 대필 사건 재심**

23년 만에 내려진 무죄판결

헌법 27조는 "모든 국민은 신속한 재판을 받을 권리를 가진다"고 규정하고 있다. 법원에 신속한 재판을 요구할 수 있는 권리를 헌법의 기본권으로 인정하고 있는 것이다. '신속'은 '공정'과 함께 재판의 생명 같은 것이다. 지체된 재판은 아무리 정당할지라도 소송 당사자에게는 무용지물이 될 수 있기 때문이다. 정당한 이유 없이 재판이 지체되는 것은 소송 당사자에게는 씻을 수 없는 고통을 강요한다.

1992년 대법원의 자살 방조 유죄판결 그리고 그 후

1991년 세상을 떠들썩하게 만든 유서 대필 사건이 있었다. 사건의 피고인 강기훈 씨는 노태우 정권에 항의하며 분신자살한 김기설 씨의 유서를 대신 써주었다는 혐의로 구속되었다. 그해 7월 형법상 자살방조죄 등으로 3년의 징역형을 선고받았다. '자살 방조'란 이미 자살을 결의한 자에게 도움을 주어 자살을 용이하게 하는 것을 말한다. 그 방법은 물질적이든 정신적이든, 유형이든 무형이든 가리지 않는다. 스위스와 오스트리아, 일본은 한국처럼 자살 방조를 처벌하지만, 독일은 처벌 규정을 두고 있지 않다. 따라서 독일에서 자살자를 돕는 행위 일체는 처벌받지 않는다. 물론 종교나 윤리의 측면에서 죄악인가 아닌가는 별개 문제다.

자살방조죄가 성립하려면 타인의 자살을 용이하게 돕는다는 방조의 고의가 있어야 한다. 그런데 대법원은 1992년 7월 24일 단순히 자살을 결심하고 있는 자의 유서를 대필해준 정도만으로는 자살 방조로 보기 어려운데, 다른 증거물인 전국민족민주운동연합(전민련) 수첩, 업무 일지, 메모 등을 사후에 조작하고 은폐하려 했다는 검찰 측 주장까지 받아들여 자살 방조에 해당한다고 판결했다. 그 뒤 강기훈 씨는 3년을 복역하고 만기 출소했다. 이 사건은 2007년 진실·화해를 위한 과거사정리위원회가 추가된 필적 감정 결과 등에 기초해 재심이 필요하다는 취지로 재심 권고 결정을 내리고 강기훈 씨가 이를 근거로 2008년 5월 재심 개시를 청구하면서 다시 사회적 관심을 끌게 되었다. 서울고등법원이 2009년 재심 개시 결정을 내리고 대법원이 2012년 검찰의 재항고를 기각하자 본격적으로 재심 심리가 시작되었다. 그리고 서울고등법원 재판부는 2014년 2월 13일 무죄를 선고하며 23년 만에 판결을 뒤집었다.

필자는 80쪽에 이르는 서울고등법원의 판결문을 직접 읽어보았다. 읽는 내내 강기훈 씨가 동료였던 김기설 씨의 자살을 방조한 파렴치범으로 몰리며 겪었을 심적 고통이 얼마나 컸을까 하는 생각이 뇌리를 떠나지 않았다. 재판부는 우선 피고인이 유서를 대필해주는 것을 직접 목격한 사람이 없고 자살 현장에 유서만이 남아 있었으므로 결국 유서의 필적이 피고인의 필적과 일치하는지 않는지가 이 사건의 핵심 쟁점이라고 보았다.

진실·화해를 과거사정리 위원회가 밝힌 필적 감정 결과에 의하면 유서에 보이는 'ㅎ' 'ㅆ' '보' 등의 필법이 강기훈 씨의 진술서에 나타난 필법과 다르다는 점, 원심에서 유죄의 주요 근거로 삼은 국립과학수사연구원 수석감정인이 낸 감정서를 보면 그가 속필체와 정자체로 서로 필체가 다른 문서들을 단순 비교해 필적 감정의 일반 원칙에 어긋나게 감정한 점, 수석감정인이 혼자 감정해놓고 당시 국립과학수사연구원에 재직하던 감정인 4명이 마치 모두 직접 감정에 참여해 공동 심의한 것처럼 허위 증언을 한 점, 필적의 동일성을 따져보면 업무 일지와 전민련 수첩이 조작되었더라도 그 조작자는 적어도 피고인은 아니라는 점, 메모지의 필적은 유서의 필적과 같지만 피고인의 필적은 유서의 필적과 다르므로 적어도 피고인은 메모지의 작성자도 아니라는 점을 지적했다.

그리고 유죄의 인정은 법관이 보기에 합리적인 의심을 할 여지가 없을 정도로 확실하고 증명력 있는 엄격한 증거에 의해야 한다며 다음과 같이 결론을 내렸다: 원심에서 유죄의 증거가 된 국립과학수사연구원 수석감정인이 작성한 감정서의 내용 중 유서의 필적과 피고인의 필적이 같다는 부분과 유서의 필적과 김기설 씨의 필적이 다르다는 부분은 신빙성이 없고, 검사가 제출한 나머지 증거만으로는 피고인이 유서를 대필해 자살을 방조했다는 공소사실이 합리적인 의심 없이 진실한 것이라는 확신을 줄 정도로 입증되었다고 보기에 부족하다.

재판부는 자살 방조 부분에서 원심 판결을 파기하고 무죄를 선고했다.

지체된 정의는 정의가 아니다

서울고등검찰청은 판결이 나오고 6일 뒤인 2월 19일 상고했다. "과거 대법원 판결에서 유죄 증거로 채택된 국립과학수사연구원 필적 감

납치된 민주주의를 찾습니다

정 결과의 신빙성을 재심 재판부가 배척하면서 무죄를 선고했기 때문에 다시 한 번 판단을 받아볼 필요가 있다"라는 설명을 덧붙였다. 원심에서 유죄의 근거가 된 국립과학수사연구원 감정 결과가 나중에 추가된 감정 결과에 의해 뒤집힌 상황에서 과연 검찰은 대법원에서 다른 판단이 나올 수 있으리라고 판단했을까? 상고를 강행한 검찰의 태도는 여러모로 납득하기 어렵다.

이제 공은 대법원으로 넘어갔다. 대법원은 이 사건과 관련해 최대한 신속한 재판을 내려주어야 한다. 서울고등검찰청은 2009년 9월 서울고등법원이 재심 개시 결정을 내렸을 때에도 대법원에 재항고를 했고, 대법원은 3년이 지나도록 명확한 이유를 밝히지 않은 채 결정을 미뤄오다가 2012년 10월 19일에야 재항고를 기각하고 재심 개시 결정을 내린 전력이 있다. 국민들은 그때를 생생하게 기억하고 있다. 또다시 재판이 지체되어서는 곤란하다. 강기훈 씨는 간암 투병 중이라 진실을 규명받을 시간이 별로 많이 남아 있지 않을 것이다. 그에게 신속한 재판을 받을 헌법상 권리야말로 지금 이 순간 그 무엇보다 절실한 권리다. 그에게 지체된 정의는 그야말로 정의가 아닐 수 있다.

판결에 대하여	서울고등법원 10형사부 2014. 2. 13. 2008재노20 자살 방조 등	판사 권기훈(재판장), 이주영, 김형석

1992년 유서를 대필해주고 자살 방조한 혐의로 유죄 판결 받은 강기훈 씨의 재심에서 국립과학수사연구원의 필적 감정 결과 등이 신빙성이 없다며 무죄 선고한 판결.

1991년 4월 명지대 학생 강경대 씨가 시위 도중 경찰의 쇠파이프에 맞아 숨지자 이에 항의해 학생 10여 명이 제 몸에 불을 붙였다. 5월에는 전민련 사회부장 김기설 씨가 분신했는데 검찰은 유서를 대신 써주고 자살을 방조했다는 누명을 씌워 전민련 동료 강기훈 씨를 기소했다. 1992년 징역 3년을 선고받고 만기 복역한 그는 사건이 발생한 지 23년 만인 2014년 2월 재심에서 무죄를 선고받았다. 검찰은 이에 불복해 상고했고 현재 강기훈 씨는 간암으로 투병하며 기약 없는 확정판결을 기다리고 있다.

1심에서 가장 큰 쟁점은 검찰의 유력한 증거였던 권은희 당시 수서경찰서 수사과장의 진술이 다른 경찰 17명의 진술과 배치되어 믿을 수 없다는 것이었습니다. 재판부는 신분상 불이익을 감수하고 의혹을 제기한 내부 고발자의 진술보다 공범자일 수 있는 경찰 17명의 진술에 더 무게를 두었습니다. 상급자의 유무죄를 가리는 재판에서 하급자들의 진술이 완벽하게 일치한 것은 누가 보더라도 의심을 살 만한 대목입니다. 김용판 전 청장이 한 행위의 의미를 이해하지 못한 판결입니다.__**김용판 1심**

진실이 무슨 다수결 투표로 결정되는 것인가

1. 2012년 12월 11일 오후 6시 40분경 서울 역삼동 한 오피스텔에서 벌어진 국정원 여직원(김하영) 대선 개입 의혹 사태는 지금도 온 나라를 흔들고 있는 국정원 조직적 대선 개입 사태의 거대한 시발이었다. 관할 경찰서인 수서경찰서의 권은희 수사과장은 다음 날 12일 김하영의 주거지에 대한 압수수색영장을 검찰에 신청하는 등 수사에 착수했다. 이 과정에서 서울지방경찰청장 김용판이 수사에 개입해 사안의 진상을 은폐하려 했다. 검찰 공소장에 의하면 김용판은 수사팀을 강압해 김하영의 주거지에 대한 압수수색을 못 하게 하고, 김하영이 제출한 노트북에서 나온 중요한 증거 자료를 보안이 필요하다는 이유로 수사팀에게 알려주지 않고 은폐했다. 또 대선 후보들의 마지막 텔레비전 토론이 끝난 12월 16일 밤 11시 국정원 여직원은 선거 개입 댓글을 단 흔적이 없다는 거짓 수사 결과를 서둘러 발표하게 했다. 국정원 불법 대선 개입 사건의 진상을 은폐하고 거짓 수사 결과를 발표해 특정 대통령 후보(박근혜)에게 유리하도록 공무원의 지위를 이용했다는 것이다. 김용판은 혐의 사실을 전면 부인했다. 익히 알려진 바대로 재판부는 김용판의 주장을 받아들여 무죄를 선고했다.

2. 무죄를 선고한 판결문을 한 문장으로 요약하면 권은희는 거짓말쟁이라는 것이다. 법정에 출석한 경찰관 18명 중 권은희만 김용판이 선거에 개입하고 직권을 남용했다고 증언했다. 나머지 17명은 그렇지 않다고 증언했다. 재판부는 17명의 진술을 받아들이면서 권은희의 진술은 여기에 배치되니 믿을 수 없다고 판단했다. 17명의 진술을 진실하다고 본 근거는 진술이 1) 매우 구체적이고, 2) 내용이 서로 일치하며, 3) 기록상 허위라고 의심할 자료가 없고, 4) 이들이 허위 진술할 동기를 찾아볼 수 없다는 것이다(판결문 83쪽). 하지만 재판부가 내세운 네 가지 근거 중 1)과 2)는 사실이나 3)은 거짓이다. 다음은 재판을 방청한 한 기자의 말이다.

"경찰은 한결같이 입을 맞추고 나왔다. 어떤 경찰은 메모까지 들고 법정 증언대에 섰다가 재판장의 제지를 받기도 했다. 입 맞추는 모습이 여실히 드러났다고 느꼈던 장면이 있다. 한 경찰 간부가 통화한 시각까지 정확하게 기억하고 증언을 하자 재판부가 '상세 답변이 나오는 게 오히려 상식에 안 맞는다'라고 지적하기도 했다."(《시사인》 2014년 2월 13일)

경찰이 허위 진술할 동기가 없다는 4)의 판단도 이해하기 어렵다. 경찰관 17명은 김용판과 잠재적 공범일 가능성이 있는 사람들이다. 당시 최현락 서울지방경찰청 수사부장과 이병하 수사과장은 검찰에서 피의자로 조사까지 받았다. 공범이 죄를 자백하겠는가? 또 법정에는 늘 경찰청 정보관이 나와 재판 내용을 기록한다고 했다. 현 정권이 김용판 재판을 못마땅하게 여길 것은 불을 보듯 뻔하다. 허위 진술할 정황은 역력했다.

당신에게 국정원 대선 개입 정치 공작 사건이란?

권은희야말로 허위 진술할 이유가 없다. 김용판이 직권을 남용해 선거에 개입한 것을 폭로한 때는 박근혜 정권이 출범한 뒤인 2013년 4월 19일이다. 경찰 조직 안에서 승진 등 영달을 노렸다면 입을 다물고 있었을 것이다. 선거에 영향을 미치려 했다면 대선 전에 폭로했을 것이다. 강남 4서(서초서, 강남서, 수서서, 송파서) 가운데 강남경찰서를 제외한 세 곳에서 수사과장을 지낸 촉망되는 경찰 엘리트가 무엇 때문에 거짓으로, 그것도 대선이 끝난 뒤 폭로한단 말인가?

이런 점에 비춰보면 17명의 진술이 매우 구체적이고 내용이 서로 일치한다는 근거도 오히려 진술의 신빙성을 의심하게 만드는 사유가 된다. 상급자의 유무죄를 가리는 사건에서 하급자들의 진술이 완벽하게 일치한다는 것은 어떤 식으로든 말을 맞추었을 가능성이 높음을 뜻한다. 그런데 재판부는 재판 과정에서는 그러한 의심을 내비치다가 정작 판결에서는 거짓 진술을 진실이라고 판단해버렸다. 무엇 때문일까?

3. 형사소송법에는 '자유심증주의'라는 원칙이 있다.(형사소송법 308조) 쉽게 말하면 어떤 증거에서 어떤 사실을 인정할지는 법관의 자유로운 의사에 달려 있다는 것이다. 이건 근대 시민혁명의 소산이다. 이전에는 '법정증거주의'에 의해 어떤 증거가 있으면 그것이 나타내는 바를 반드시 채택해야 했다. 대표적인 것이 자백이다. 일단 자백이 있으면 자백한 바에 따라 유죄를 인정해야 한다. 그러다 보니 자백을 받아내려고 잔학한 고문이 횡행했다. 이러한 역사적 경험에서 배워 법정증거주의를 버리고 자유심증주의를 도입한 것이다. 여기에는 법관이 무엇에도 구속되지 않는 독립된 위치에서 모든 증거를 종합적으로 평가하는 것이 진실을 찾는 데 더 합당하다는 반성적 성찰이 깔려 있다.

자유심증주의에는 중요한 전제가 하나 있다. 법관의 자질과 능력 그리고 용기다. 증거들을 종합해 눈에 보이지 않는 진실을 찾아내는 통찰력 그리고 찾아낸 진실을 판결문에 드러내 보일 수 있는 용기다. 그런데 이번 재판은 눈에 보이지 않는 진실을 찾아내기는커녕 보이는 진실조차 외면하고 증인의 뻔한 거짓말을 받아들여 진실을 멀리 쫓아내버렸다.

이번 판결에서 또 하나 지적할 것은 법원이 그동안 뇌물 사건이나 성폭력 사건에서 보여준 판결 태도와 전혀 다르다는 점이다. 뇌물 사건을 다룰 때 뇌물을 건네는 장면을 본 사람의 진술은 신빙성을 높게 평가한다. 성폭력 사건에서 피해자의 진술 역시 마찬가지다. 이번 재판 때문에 앞으로 성폭력 사건과 뇌물 사건에서 무죄가 빈발하여 범죄자가 면죄부를 받는 일이 늘어나지 않을까 걱정된다.

변호사로 활동한 기간은 길지 않지만 필자가 접한 판결 중 가장 엉망이고 형편없는 판결이다. 재판부는 정치적 입장을 떠나 눈에 보이지 않는 진실을 찾아내는 통찰력은 고사하고, 심리 중간에 지적한 증인들의 거짓말에 대해서도 나중에는 진실이라고 강변했다. 판결문 한 장으로 권은희는 나라를 흔든 거짓말쟁이가 돼버렸다. 민주공화국을 근간으로 하는 대한민국의 정체성은 벼랑 끝에 선 신세가 되었다. 벼랑 끝으로 자유심증주의마저 딸려 간 사실을 이범균 판사는 알고 있는지 모르겠다.

판결에 대하여	서울중앙지방법원 2014. 2. 6. 2013고합576 공직선거법 위반, 경찰공무원법 위반, 형법상 직권남용	판사 이범균(재판장), 이보형, 오대석

2012년 대선 국면에서 직권을 남용해 국정원 대선 개입 사건을 축소 은

폐함으로써 선거에 개입했다는 혐의로 기소된 김용판 경찰청장 사건에서 권은희 과장의 진술은 다른 경찰관들의 진술과 배치돼 신빙성이 없다며 무죄 선고한 판결.

서울고등법원 형사2부는 2014년 6월 5일 김 전 청장에게 1심과 같이 무죄를 선고했다. 재판부는 특정인의 당락이 목적인 선거운동과 선거에 영향을 끼치는 행동을 구분해, 김 전 청장 등이 선거에 영향을 끼쳤을지는 몰라도 선거운동을 한 것은 아니라는 논리를 제시했다. 국정원 직원 김하영 씨의 노트북에서 인터넷사이트 이용 아이디들이 담긴 메모장 파일을 복원해서 발견해놓고 그 사실을 공개하지 않은 것도, 그 아이디들로 쓴 글이 선거에 영향을 끼치기 위한 것이었는지 다 확인되지 않은 상황이었기 때문에 아무런 문제가 없다고 판단했다. 또 인터넷사이트 등에서 댓글을 쓴 흔적을 모두 조사하지도 않은 상황에서 '댓글이 발견되지 않았다'고 발표한 게 당시 여당의 대통령 후보에게 유리한 행위라고 단정할 수 없다고 했다. 계속 수사할 예정이라는 단서를 달았다는 것이다.

검찰은 국정원 간부들이 경찰 수뇌부와 접촉한 내역을 제대로 수사하지 않았다. 김 전 청장이 최현락 당시 수사부장 등에게 수사 상황을 보고받은 뒤에야 부당한 지시를 내렸다고 보고 공소를 제기했는데, 그 전부터 국정원 간부들과 접촉하며 수사에 개입하려 한 사실은 건드리지 않은 것이다.

2015년 1월 29일 대법원 2부(주심 신영철)는 대선에 영향을 미쳤다 하더라도 특정 후보를 당선, 낙선시킬 객관적 목적 의사가 없었으므로 선거운동에 해당하지 않는다며 무죄 선고한 원심을 확정했다.

집회를 열려면 48시간 전에 미리 관할 경찰서에 신고해야 하고 이를 어기는 사람은 형사 처벌한다는 집시법 조항. 이것이 헌법상 기본권인 집회의 자유를 침해하지 않는다는 헌법재판소의 결정입니다. 모든 집회를 이틀 전에 신고하기는 현실적으로 힘들지 않을까요? 긴급한 사안 때문에 현장에서 열리거나 주최자 없이 우발적으로 집회가 열리는 경우가 있습니다. 또 신고하지 않았다고 2년 이하의 징역이나 200만 원 이하의 벌금에 처하는 것은 적정할까요?__**옥외 집회 사전신고제 합헌**

모든 집회를 사전에 신고하라는 발상이야말로 위헌적이다

신문사 수습기자로 경찰서 여기저기를 돌던 2007년, 남대문경찰서에서 웃지 못할 광경을 본 기억이 있다. 자정마다 웬 아저씨들이 경찰서 현관에서 몸싸움을 벌이고 있었는데 알아보니 이들은 삼성 계열사에서 해고된 사람과 삼성 직원이었다. 다투는 이유는 '집회 신고를 먼저 하기 위해서'라고 했다. 양쪽 모두 당시 태평로에 있던 삼성 본관 앞에서 집회를 열려는 것이었다. 삼성 직원은 해고자들이 삼성 본관 앞에서 집회하는 것을 막으려고 '유령집회' 신고를 미리 해놓으려 했고, 해고자들은 방해를 뚫고 어떻게든 삼성 건물 앞에서 해고에 항의하는 집회를 열려 했다. 실랑이가 계속되자 난감한(?) 남대문경찰서는 공평한 기준을 마련하겠다며 '밤 12시 이후 현관문을 먼저 넘어오는 사람에게 집회 신고를 먼저 하게 해주겠다'고 제시했다. 그 뒤로 자정이 되면 양쪽이 경찰서 현관문 앞에서 육탄전을 벌이는 일이 반복되었다. 자정 몇 분 전에 문 뒤쪽에 숨어 있다가 '기습'하는 일도 심심치 않게 벌어졌다. 이런 일은 요즘도 왕왕 벌어진다. '모든 집회는 사전에 신고해야 한다'라는 집시법 조항 때문이다.

집시법 6조 1항을 보자. 이 조항은 '야외에서 집회나 시위를 할 경우

48시간 전까지 관할 경찰서에 신고를 해야 한다'고 규정하고 있다. 이를 어기면 2년 이하의 징역 또는 200만 원 이하의 벌금형을 받는다(집시법 22조 2항). 실제로 많은 사람이 미신고 집회를 열었다는 이유로 기소되어 형사처벌을 받고 있다. 이 조항이 헌법이 보장하는 집회·시위의 자유를 지나치게 제약하는 것이 아니냐는 문제 제기는 꽤 오래전부터 있었다. 최근 헌법재판소는 또 한 번 실망스러운 결정을 내렸다. 사전 신고 의무를 규정한 집시법 6조 등이 헌법에 위반되지 않는다는 것이다. "(집회에 대한) 사전 신고는 집회의 순조로운 개최와 공공의 안전 보호를 위해 필요한 준비를 할 수 있는 시간적 여유를 주기 위한 것으로 협력 의무"라며 "일정한 신고 절차만 밟으면 일반적·원칙적으로 옥외 집회 및 시위를 할 수 있도록 보장하기 때문에 해당 조항이 헌법상 사전 허가 금지에 위배되지 않는다"고 설명했다. 집회 허가를 받으라는 것도 아니고 미리 경찰에 신고 정도를 하라는 것이 과도한 부담이라고 보기 어렵다는 말이다. 하지만 이 규정이 실제 집회 현장에 어떻게 적용되는지 살펴보면 얘기는 달라진다.

48시간 전

긴급하게 열리는 집회의 경우 '48시간 전'에 미리 경찰서에 집회 신고를 하는 것이 도대체 가능하지 않다는 점이다. 실제로 이러한 경우가 적지 않다. 이 조항에 대한 위헌 심판을 청구한 이들 중 한 사람인 유 모 씨는 2010년 커트 캠벨 미국 동아시아태평양 차관보가 한국에 방한한 이틀 동안 이에 대응하는 집회를 열었다가 미신고 집회라는 이유로 기소되었다. 미국 차관보가 한국에 온다고 해서 급하게 기자회견과 집회를 열었는데 미리 신고할 겨를이 없었던 것이다. 또 어떤 경우에는 주최자

없이 현장에서 이른바 '우발적 집회'가 열릴 수 있다. 이때 48시간 전에 사전 신고를 하는 것은 불가능하다. 하지만 집시법 6조는 이러한 상황에 대해 아무런 내용도 담고 있지 않다. 다수의견은 48시간 전에 집회 신고를 할 수 없는 예외적 경우에는 '신고할 수 있을 때 즉시' 신고하면 된다고 설명하고 있다. 그런데 일반 국민의 입장에서 판단은 결코 쉽지 않다. 신고를 할 수 없는 예외적 상황이란 무엇인지, 즉시 신고를 해야 한다면 정확히 언제를 말하는지 구체적 판단 기준을 해당 법률 조항은 제시하지 않고 있기 때문이다. 어떤 행동이 처벌 대상인지 아닌지 법조문만으로 판단하기 어렵다면 그 행동을 하지 않을 가능성이 훨씬 크다. 결국 이 조항은 집회나 시위를 상당히 위축시키는 결과로 이어질 수밖에 없다. 헌법재판소가 이러한 점을 면밀히 판단하지 않아 유감스럽다.

기자회견과 1인 시위

집시법 6조는 기자회견이나 1인 시위를 규제하는 수단이 되기도 한다. 한국의 집시법은 기자회견을 집회나 시위로 보지 않는다. 따라서 기자회견을 하는 것은 사전 신고의 대상이 아니다. 그런데 기자회견을 하는 도중 구호를 외친다면? 갑자기 기자회견은 집회가 된다. '신고하지 않은 기자회견'은 한순간 '신고하지 않은 집회'가 되어 형사처벌의 대상이 된다. 실제로 2009년 조선일보 앞에서 기자회견을 연 김성균 언론소비자주권연대 대표는 미신고 집회를 주최했다는 이유로 기소되어 재판받고 있다. 기자회견에서 자신이 주장하는 바를 구호로 외치는 것은 자연스러운 일인데도 집시법 6조는 이를 억압하는 수단으로 쓰이고 있다. 1인 시위도 마찬가지다. 1인 시위는 집회도 시위도 아니어서 집시법의 적용을 받지 않는다. 누구든 자신이 말하고 싶은 바를 적은 손팻말을 들

사전신고제인가, 사전허가제인가

고 서 있는 것은 사전신고를 할 필요 없이 자유롭게 허용된다. 그런데 여럿이 릴레이 1인 시위를 하거나 일정한 간격을 유지해 1인 시위를 하는 경우 주장하는 내용이 유사하면 경찰은 이를 집회로 보아 처벌한다. 근거는 역시 집시법 6조다. 사전에 신고하지 않고 집회를 했다는 것이다. 만일 기자회견이나 집회가 혼란을 초래하거나 위험해 보일 경우 해산 명령을 내리는 등 법이 정한 절차에 따라 대응하면 될 일이다. 별다른 문제 없이 평온하게 진행되는 기자회견과 1인 시위를 집시법 6조에 근거해 처벌하는 이상한 일이 반복되고 있다.

집회 신고를 하지 않았다고 해서 징역이나 벌금형 등 형사처벌을 하는 것이 과연 적정한가라는 근본적 질문이 남는다. 설령 혼란을 막으려고 사전에 집회 신고를 하도록 할 현실적 필요가 있다 하더라도 집회 신고를 하지 않았다는 이유만으로 형사처벌을 하는 것은 어떻게 보더라도 과하다. 국가 형벌권의 발동은 불가피할 때만, 그것도 보충적으로 이뤄져야 한다는 게 형사법의 대원칙이다. 과태료 같은 행정 제재를 취하면 충분한 사안인데 형사처벌을 하는 건 모기를 보고 칼을 빼드는 격이다.

그동안 헌법재판소는 집회의 자유가 얼마나 중요한지 여러 차례 강조해왔다. 집회의 자유는 '민주적 공동체가 기능하는 데 불가결한 근본요소'이고, '언론 매체에 접근할 수 있는 소수 집단에게 그들의 권익과 주장을 옹호하기 위한 적절한 수단을 제공하는 중요한 기본권'이며, '헌법이 집회의 자유를 보장한 것은 관용과 다양한 견해가 공존하는 다원적 열린 사회에 대한 헌법적 결단'이라고 말했다. 정말 중요한 것은 이토록 중요한 집회의 자유가 온전히 보장될 수 있도록 하는 일이다. 모든 집회에 사전 신고를 의무화하고 이를 지키지 않으면 형사처벌로 다스리는 집시법 조항은 그야말로 집회의 자유를 가로막는 걸림돌이다. 그나마 다행스럽게 이번 결정에서 재판관 9명 중 4명은 집시법 규정이 헌법에 위반된다는 입장을 분명히 했다. 2009년 같은 조항에 대해 재판관 9명 중 2명이 위헌 의견을 낸 것에 비하면 약간 진전한 것인지도 모르겠다. 헌법재판소가 어떤 법률을 위헌으로 결정하려면 재판관 6명 이상이 위헌 또는 헌법불합치 의견을 내야 한다. 소수의견이 빠른 시일 안에 다수의견이 되길 바랄 뿐이다.

판결에 대하여

헌법재판소 2014. 1. 28. 2011헌바174
집시법 6조 1항 등 위헌 소원

옥외 집회 사전신고제는 합헌이라는 결정.

청구인들은 2010년 5월경 서울 광화문광장에서 '인터넷에서 자유롭게 말하게 해달라' 등의 문구가 적힌 손팻말을 들고 6~7미터 간격으로 서 있는 방법으로 미신고 시위를 주최했다가 기소되었다.

헌법재판소는 2009년 5월 28일에도 같은 조항에 대해 합헌 결정을 내린 바 있다.(2007헌바22) 이때 다수의견은 긴급 집회와 우발적 집회의 경우 해당 조항이 어떻게 적용되는지 명시적으로 다루지 않아 논의의 불씨를 남겼다. 학문·예술·체육·종교·의식·친목·오락·관혼상제·국경행사에 관한 집회는 사전신고 의무를 면하는 집시법 13조를 구체적으로 어떻게 적용할지에 대해서도 해석의 여지가 남아 있다.

● 2012년 판결비평 "'명백하고 현존하는 위험' 없는 집회에 대한 해산 명령은 위법' 참조

2013년

통상임금 논란이 뜨겁습니다. 대법원은 일단 정기상여금이 통상임금에 해당한다고 인정했습니다. 또 한 가지, 이로 인해 노동자가 추가로 임금을 청구할 때 기업에 중대한 경영상 어려움을 초래해 신의칙에 위반되는 경우는 인정하지 않는다고 판단했습니다. 이후 법원 곳곳에서 진행되는 통상임금 관련 소송에서 노사는 이 판결의 해석을 두고 첨예하게 맞서고 있습니다. 기업에 경제적 부담이 되면 노동자의 권리를 희생해서라도 신의칙을 적용하겠다는 뜻입니까?__**통상임금 판결에서 신의칙 문제**

정의보다 기업의 부담을 앞세운 판결

2013년 선고된 대법원 전원합의체 판결 중 사회적 관심이 높기로 보자면 통상임금 관련 판결을 빼놓을 수 없다. 지금까지 여러 한국 기업은 근로자의 급여를 인상할 때 다양한 상여금과 각종 수당 명목으로 인상분을 지급해왔다. 그러다보니 임금 구조가 기형화되었다. 임금 총액이 증가하더라도 통상임금 아닌 부분이 늘어난 것이므로 통상임금에 기초해 산정하는 퇴직금과 휴일·연장근로 수당 등은 여기에 해당하지 않는 것이다. 심지어 기업들은 상여금이나 수당은 통상임금 산정에서 제외한다는 약정을 단체협약에 넣기도 한다.

실제 이런 식으로 기업이 경제적 이익을 얻어오다 보니 사회적 부작용이 적지 않다. 기업 입장에서는 새로운 인력을 채용하는 것보다 기존 근로자에게 휴일·연장근로를 시키는 게 이득이므로 이를 선호한다. 하지만 근로자는 장시간 노동으로 건강상 문제가 생기고 일자리를 창출하고 나눠야 하는 사회경제 정책 측면에서도 큰 장애가 된다. 이렇게 기형화된 임금 구조를 단순화하는 것은 한국 사회의 주요 과제 중 하나다.

이번 판결의 쟁점을 요약하자면 이렇다. 근로자들은 각종 상여금과 수당 중 실질적으로 통상임금에 해당하는 부분은 휴일·연장근로 임금과 퇴직금을 산정할 때 반영해달라고 요구했다. 사용자 측은 상여금과 수당은 통상임금이 아니며, 설사 그렇더라도 이를 통상임금 산정에서 제외한다는 노사 합의가 있는 이상 이에 반한 청구는 신의칙에 어긋난다고 주장했다. 대법원은 정기상여금은 통상임금이라고 인정했지만 근로자의 청구는 신의칙에 반한다는 취지로 청구를 인용한 원심을 파기환송했다. 같은 날 재판부는 몇몇 상여금과 수당은 통상임금이 아니라는 취지의 또 하나의 판결을 내렸다.(2012다94643)

강행규정과 신의칙

노동법상 쟁점에 대한 비평은 다른 전문가에게 맡기기로 하고 이 글에서는 주로 신의칙에 관한 부분을 검토해보자. 통상임금성이 인정된 정기상여금과 각종 수당은 퇴직금을 산정할 때 당연히 반영해야 한다. 강행규정인 근로기준법에 의해 직접 효력이 발생하므로 설령 다른 내용으로 노사 합의를 했더라도 그 효력을 부정할 수 없다. 강행규정은 주로 사회질서와 약자 보호를 위해 마련된 것이라서 이에 반하는 약정의 효력을 인정하면 법을 제정한 취지가 몰각되는 것이다. 예컨대 임차인 보호를 위해 임대 기간이나 차임 인상에 관해 규제한 법이 있는데 만약 당사자들끼리 이를 면탈하기로 합의한 것을 유효하다고 인정하면 임대차보호법제는 있으나 마나 한 제도가 된다. 이자제한법을 초과한 이자 약정도 마찬가지다. 사채업자가 이자가 아니라 수수료라는 명목으로 돈을 받아 챙겼더라도 이는 법률상 이자로 간주된다. 설령 수수료는 이자 총액을 계산할 때 반영하지 않기로 약정했더라도 그 약정은 무효가 된다.

이 사건에서 정기상여금은 통상임금 산정에서 제외한다는 노사 합의도 이와 같은 경우다. 이는 근로기준법이 정한 퇴직금 및 수당 산정 기준을 사용자 측이 자신에게 유리하게 바꾼 내용이므로 법적 효력이 없다. 그래서 사용자도 노사 합의가 유효하다고 주장하기보다는 근로자의 청구가 합의 취지에 반해 신의칙에 어긋난다는 점을 주로 내세운 것이다. 재판부가 신의칙을 문제 삼아 근로자들의 청구를 기각한 것은 강행규정에 어긋나 무효가 된 약정을 유효로 인정하는 것이나 마찬가지다. 이는 앞서 든 예에서 임차인나 사채 이용자가 법률상 권리를 주장할 때 약정을 이유로 신의칙에 반하다고 판시해버리는 것과 같다. 이렇게 신의칙 문제는 강행규정 위반과 동전의 양면 같은 것이다.

기업의 경제적 부담과 신의칙

원심인 대전지방법원에서는 민법상 원칙을 적용해 노사 합의한 약정의 효력을 부인했을 뿐 아니라 신의칙에 어긋난다는 사용자 측의 주장도 배척했다. 하지만 대법원의 다수의견은 근로기준법의 강행규정성에도 불구하고 수긍할 만한 특별한 사정이 있으면 예외적으로 노사 합의의 무효를 주장하는 것이 신의칙에 반할 수 있다는 취지로 파기환송했다. 여러 이유를 들었지만 특별한 사정이란 결국 이러한 청구가 법원에서 인용되면 기업은 노사 합의 당시 예상치 못한 경제적 부담을 지게 된다는 것을 말한다.

소수의견은 사용자의 경제적 부담이 근로자의 권리를 희생시킬 수 있는 근거가 될 수 없다는 요지다. "근로기준법의 강행규정성을 인정하면서도 신의칙으로 그 강행규정성을 배척하는 다수의견의 논리는 너무 낯선 것이어서 당혹감마저 들며, 거듭 살펴봐도 그 논리에서 합리성을

'보이지 않는 손'이 결정한다

찾을 수 없다"며 이번 판결의 문제점을 강변했다.(대법관 이인복, 이상훈, 김신) 상여금과 1개월을 넘는 기간마다 지급되는 수당은 아예 통상임금에 해당하지 않는 게 원칙이라는 취지의 별개의견도 있었다.(대법관 김창석)

필자는 여기서 다수의견의 문제점 두 가지만 추가하려 한다.

첫째, 신의칙을 적용하기에 앞서 현 임금 구조 기형화의 원인이 무엇인지, 비정상적 노사 합의가 왜 이루어졌는지 고려했었어야 한다. 한국의 임금 구조 기형화는 통상임금을 줄일 목적으로 주로 사용자 측의 필요에 의해 이뤄진 것이다. 통상임금에 포함시키지 않겠다는 약정을 했다는 자체가 사용자 측의 인식과 의도를 잘 보여준다.

둘째, 앞으로 열릴 파기환송심과 향후 다른 사건의 재판에서는 기업의 경제적 부담에 따라 신의칙 위반 여부가 가려질 텐데 정의에 반하는 결과가 나올 가능성이 크다는 점이다. 가능한 한 많은 수당에 대해 이러한 편법을 사용한 기업은 법대로 할 경우 경제적 부담이 큰 반면, 일부 소액의 수당에서만 편법을 사용한 기업은 경제적 부담이 적게 된다. 전자는 신의칙의 보호하에 승소하게 되고, 후자는 신의칙의 보호를 받지 못하고 패소하게 될 것이다. 이는 대법원의 다수의견이 형평과 정의라는 말로 포장했지만 실제로는 기업의 경제적 부담을 정의보다 앞세운 판결이 가져온 필연적 결과다. 앞으로 하급심 법원은 신의칙 적용이 정의에 반하지 않도록 해야 한다는, 너무나도 당연하면서도 이번 판결로 인하여 결코 쉽지 않게 된, 새로운 짐을 하나 더 안게 되었다.

노동자에게 정기적·일률적·고정적으로 지급되는 상여금과 각종 수당은 통상임금에 포함된다고 인정하면서도, 이로 인해 노동자가 추가로 임금을 청구함으로써 기업에 경제적 부담을 초래한 것은 신의칙에 어긋난다며, 청구를 받아들인 원심을 파기환송한 판결.

대법원은 이날 갑을오토텍을 다니다 퇴사한 한 직원이 2011년 회사를 상대로 낸 퇴직금 청구 소송의 상고심에서 원고 승소한 원심을 깨고 대전지방법원으로 사건을 돌려보냈다. 정기상여금의 통상임금성을 인정하면서도 신의칙 위반을 판단하지 않은 부분은 파기환송했다. 같은 회사의 노동자들이 낸 임금 청구 소송의 상고심에서는 원고 일부 승소한 원심을 깨고 사건을 대전고등법원으로 돌려보냈다. 김장보너스, 설·추석 상여금, 하기 휴가비 같은 복리후생비의 통상임금성은 인정하지 않았다. 재판부는 통상임금 여부를 판단하려면 임금이 소정 근로의 대가로 정기적·일률적·고정적으로 지급되는지를 따져야 한다며 그 기준을 제시했다.

이후 한국지엠 노동자들의 통상임금 상고심에서 대법원 민사1부는 2014년 5월 29일 과거 정기상여금을 통상임금에서 제하기로 노사가 합의했다면 나중에 추가로 수당을 청구할 때 신의칙에 따라야 한다고 판결했다. (2012다116871) 아시아나항공 노조의 통상임금 소송 1심에서 서울중앙지방법원 민사41부는 상여금이 계속적·정기적으로 지급되고 그 금액이 확정되어 있으므로 통상임금에 해당한다며 노동자들의 손을 들어줬다. 이때 재판부는 통상임금 포함이 경영에 큰 부담이 된다는 사측의 신의칙 항변을 받아들이지 않았다. (2012가합33469)

2012년 4월 총선을 앞두고 통합진보당 비례대표 당내 경선 과정에서 대리투표를 한 혐의로 510명이 기소된 사건을 기억하십니까? 이들은 인터넷투표를 실시하는 과정에서 가족이나 지인의 위임을 받아 대신 투표했다고 주장했습니다. 당내 경선에 일반 선거 원칙인 평등·직접·보통·비밀의 4대 원칙이 적용되는지를 두고 하급심 판결이 엇갈렸습니다. 대법원은 당내 경선에서도 일반 선거 원칙이 적용되므로 대리투표는 허용되지 않는다고 판단했습니다.__**통합진보당 당내 경선 대리투표 유죄**

/

당내 경선 대리투표, 헌법적 관점에서 어떻게 볼까?

통합진보당은 2012년 3월 14일부터 18일까지 5일 동안 19대 총선 비례대표 후보 추천을 위해 당내 경선을 실시했다. 검찰은 투표 과정에서 대리투표를 했다며 업무방해 혐의로 20명을 구속 기소, 442명을 불구속 기소했다. 피고인들은 가족이나 직장 동료, 지인에게서 휴대전화로 전송된 인증번호를 전달받았고 위임을 받아 '대리투표'를 했다.

2013년 10월 7일 서울중앙지방법원 형사합의35부(재판장 송경근)는 최 모 씨 등 45명에 대해 무죄판결을 내렸다. 하지만 2013년 11월 28일 대법원 3부는 조직국장 백 모 씨와 이 모 씨에 대한 상고심에서 피고인들에 대한 공소사실을 유죄로 인정한 원심을 확정했다.

정당의 자유의 범위에 관한 헌법 원칙

대법원은 "당내 경선에서도 선거권을 가진 당원들의 직접·평등·비밀투표 등 일반적인 선거의 원칙이 그대로 적용되고 대리투표는 허용되지 않는다"고 보았다. 헌법과 공직선거법, 정당법, 통합진보당의 선거 관련 규정으로부터 유추해 이러한 기준을 이끌어낸 것이다.

반면 서울중앙지방법원은 "우리나라 헌법과 법률 어디에도 당내 경선에 관한 규정이 존재하지 않으며", 정당법도 "정당의 당헌에 '공직선거 후보자 선출에 관한 사항'을 규정하도록 하고 있지만 그 구체적 선출 방법이나 절차에 관해 아무런 규정이 없다"는 점에서 출발했다. '정당이 선거에서 후보자를 추천할 때는 민주적 절차에 따라야 한다'라는 공직선거법 47조 2항은 이 사건을 판단하는 데 구체성이 충분하지 않다는 것이다.

헌법 8조 1항은 "정당 설립의 자유, 정당 조직의 자유, 정당 활동의 자유 등을 포괄하는 정당의 자유를 보장"하고 있다.(헌법재판소 2004. 12. 16. 2004헌마456) 각 정당은 다양한 방법으로 당원의 의사를 확인하려고 노력한다. 명시된 금지 규정이 없고 선거 제도의 본질을 훼손하지 않는 한 정당의 활동의 자유는 최대한 보장되어야 한다. 따라서 통합진보당의 선거 관련 규정을 존중해야 한다. 규정에는 "직접투표는 선거권을 가진 당원이 투표소에 직접 방문"하도록 되어 있지만 전자투표에 대해서는 특별한 언급이 없다. 인증번호 입력 과정이 있지만 이는 "여러 번 투표권을 행사"하는 것을 방지하려는 조치일 뿐 '단순히 투표권자의 의사를 대행하는 대행 투표' 금지를 명시하는 규정이 아니다. 업무방해 여부도 통합진보당이 자율적으로 판단하도록 맡기면 된다.

직접선거 원칙과 대리투표

헌법과 법률에 구체적 금지 명령이 명시되지 않은 이상 유권자의 선택과 의사를 전달하는 역할만 한 단순 대행투표는 직접선거 원칙에 반하지 않는다. 서울중앙지방법원이 피고인들을 도덕적으로 비난할 수 있을지 몰라도 법적으로는 처벌할 수 없다고 판단한 것도 그 때문이다.

반면 대법원은 "선거권자가 특정 후보자에 대한 투표를 위임하는 대리투표에서도 선거권자의 진정한 의사를 왜곡할 위험성은 여전히 존재하는 점"을 들었다. 공보관은 보도 자료에서 "선거권자들로부터 전자투표를 위한 인증번호를 전달받은 뒤 그들 명의로 자신들이 지지하는 후보자에게 대리투표"를 했다고 설명했다.

민주주의의 발전 과정 초기에는 직접선거란 선거인이 후보자에게 직접 투표하는 것을 의미했다. 하지만 오늘날에는 선거 결과가 유권자의 의사에 따라 최종적으로 결정되기만 하면 직접선거 원칙에 어긋나지 않는다. 따라서 당내 경선의 본질을 훼손할 만큼 투표권자의 의사와 대행투표의 결과 사이에 왜곡이 있는지 각각 구체적으로 입증해야 한다. 단순히 투표권자를 대신해 투표했다는 이유로 '위계에 의한 업무방해죄'로 처벌하는 것은 과잉 조치다.

인터넷투표 시스템

서울중앙지방법원 재판부는 인터넷투표 시스템의 개선을 촉구했다. "대리투표의 가능성을 인식하고도 투표율을 높이는 데만 집착해 대리투표를 최대한 통제할 수 있는 기술적 조치를 포기하고 이를 금지하는 규정조차 전혀 마련하지 않은 채 전자투표를 실시한 통합진보당의 당직자들 및 선거 관리 업무 담당자들에게 근본적이고 중대한 책임이 있다"고 판시했다. 반면 대법원은 인터넷투표 시스템의 현실을 고려하지 않은 채 직접적 근거도 명시되지 않은 법 규정을 원용했다.

전자투표와 인터넷투표는 다르다. 전자투표는 폐쇄적인 회선을 통해 투표 관리자와 참관인의 감시하에 이뤄지므로 직접투표 원칙을 유지할 수 있다. 국회에서 활용하는 방식이다. 그런데 인터넷투표에서 직접투표 원칙이 지켜지려면 본인 인증을 어느 곳에서나 할 수 있어야 한

국가 형벌권 발동은 최후의 수단이어야 한다

다. 홍채 인식과 혈관 인식, 지문 인식 같은 생체 인식 기술이 유용하지만 이는 인권과 관련되어 있으므로 사전 동의가 필요하다. 동의하지 않는 유권자에게 이 방법은 대안이 되지 못한다.

김인성 한양대 교수는 한국식 인터넷투표는 기존 선거 시스템의 개선안이 아니라 온라인 여론조사에 불과하다고 본다. 아직 선거 원칙을 직접 적용할 만큼 시스템이 완비되지 않은 것이다. 이러한 시스템을 도입한 통합진보당에게도 책임이 없지 않다. 그럼에도 진보 정당으로서 당내 민주주의 실현을 위해 당원의 의사를 최대한 수렴하려는 정치적 실험을 할 수 있는 활동의 자유가 제한되어서는 안 된다. 시스템 개선을 요청하는 선에서 '경고'하면 될 것이지 형사처벌까지 하는 것은 정당하지 않다.

선거권은 개인의 권리다. 선거권자의 의사를 반영하는 게 가장 중요하다. 선거 원칙이란 선거권자의 권리가 보장되지 않는 일이 없도록 국가 등 선거 제도 운영자가 지켜야 할 기준이다. 피고인들의 혐의는 인터넷투표에 참여할 여건이 충분치 않아 자신들의 의사를 대신 전달하기를 원하는 유권자들의 요구를 수행한 것에 불과하다. 그렇다면 이들은 투표에 참여하려는 유권자들의 선거권을 보호한 셈이다. 인터넷 접근성 등을 보완하는 역할을 함으로써 누구나 선거에 참여할 수 있어야 한다는 보통선거 원칙을 따른 것이다. 이들의 행위는 적어도 업무방해죄를 적용해 형사처벌을 할 정도는 아니다.

선거 원칙 간의 관계도 되새겨볼 필요가 있다. 근무시간 같은 여건이 안 되거나 나이가 어리다는 이유로 선거권을 보장받지 못하는 사람들이 있다. 국가는 제도를 개선하고 확충해 이들의 선거권을 최대한 보장해야 한다. 오늘날 생존 때문에 다시 위협받고 있는 보통선거권을 회복시켜야 한다.

인터넷투표는 보통선거권을 확보하기 위한 방법 중 하나다. '직접 투표장에 나올 수 없는 이'를 위해 마련한 것이다. 아직 미완의 제도이긴 하다. 그런데 그마저도 인터넷 접근성 때문에 제약받는다면 이들을 위해 제도적 장치와 보완책을 적극 마련해야 하는 것은 국가의 책무다. 선거관리위원회는 광범위한 규제와 관리 권한을 누리기보다는 소외된 이들의 선거권을 보장하는 노력을 우선해야 한다. 국가는 먼저 본연의 업무에 소홀함이 없는지 점검하고 제도를 완비한 다음에 비로소 국민에게 책임을 물을 수 있다. 책무를 이행하지 않은 채 국민을 향해 형벌을 앞세워서는 안 된다. 그것이 죄형법정주의의 헌법 정신이다.

판결에 대하여	대법원 3부 2013. 11. 28. 2013도5117 업무방해	대법관 민일영, 이인복, 박보영(주심), 김신

통합진보당 당내 경선 대리투표 사건을 두고 인터넷 전자투표에서도 대리투표는 허용되지 않는다며 유죄 선고한 원심을 확정한 판결.

대법원 3부는 이날 백씨와 이씨의 상고심에서 징역 1년에 집행유예 3년을 선고한 원심을 확정했다. 통합진보당 조직국장인 이들은 경선에서 당원들의 휴대전화로 전송된 인증번호를 받아 특정 비례대표 후보에게 대리투표를 했다. 재판부는 투표 과정에서 휴대전화로 전송된 고유 인증번호를 입력하는 절차는 '한 사람이 여러 번 투표권을 행사하거나 대리 투표하는 걸 방지하는 데 목적이 있다'고 밝혔다.

성전환자가 법적으로 성별을 정정하려면 외부 성기 수술을 반드시 받아야 했습니다. 법원은 '성별 정정 허가에 외부 성기 형성을 요구하는 건 위헌성이 있다'고 판단했습니다. 성소수자의 인권을 살핀 것입니다. 법원의 결정문을 보면 민주 사회의 관용에 대해 다음과 같이 정의하고 있습니다. "관용은 나에게 편안한 사람들과 편안한 삶의 방식을 공유하는 공간을 내어주는 게 아니라 나에게 불편한 사람들과 불편한 삶의 방식을 함께할 공간을 내어주는 것."__**외부 성기 형성 없어도 성별 정정 허가**

존재의 절규에 답한 법원의 성별 정정 결정

1. 영화 〈천하장사 마돈나〉에서 한 소년은 여자가 되려고 모래판에 올라 씩씩하게 세상과 샅바 싸움을 벌인다. "성 정치학의 민감한 문제를 성장영화의 문법으로 풀어낸"(변성찬) 이 경쾌한 영화는 주인공인 동구가 여장을 한 채 마돈나의 노래를 부르는 장면으로 막을 내린다. '무엇이 되고 싶은 게 아니라 그저 살고 싶었던' 동구는 자신의 꿈대로 여자로 살 수 있을까? 존재의 뒤집기에 성공할 수 있을까?

2. 이 문제에 대해 1945년 스위스 법원은 다음과 같이 대답한 바 있다.

"궁극적으로 개인의 성별을 결정하는 것은 법이 아니다. 법은 그것이 개인과 사회에게 최선의 이익이 된다는 의학적 판단을 받아들이고 법률 효과를 부여해야 하기 때문이다. 사회는 성전환자가 개인적 행복을 추구하는 것을 방해할 권리가 없다. 이 분야에서 법률적 판단의 기준은 언제나 무엇이 성전환자의 이익에 가장 부합하는가가 되어야 한다. 왜냐하면 그들의 이익과 사회의 이익이 충돌하는 것은 아니기 때문이다."(1945년 7월 2일 스위스 법원의 결정)

3. 한국 사회에서 성전환자가 처음 법적 대답을 듣게 된 것은 2006년 성별 정정을 허가한 대법원 결정(대법원 2006. 6. 22. 2004스42)에서였다. 한국 사회의 법과 제도를 향해 절규해온 그들에게 대법원의 결정 자체는 환영할 만했지만 시기가 너무 늦었고 답변 내용은 불충분했다. 이 결정은 사회적 소수자의 인권을 한 단계 진전시켰다는 평가를 받았다. 한편으론 창조 질서를 선언한 '말씀'에 의하면 성전환자 성별 정정을 인정할 수 없다는 종교인들의 거센 비판을 받으며 사회적 쟁점이 되기도 했다. 대법원은 사회적 논쟁이 커질 것을 우려한 듯 법적 안정성을 이유로, 성전환 수술을 완료했을 것 등을 성별 정정 요건으로 제시했다. 대법원은 2006년 9월 6일 '성전환자의 성별 정정 허가 신청 사건 등 사무처리지침'(대법원 호적예규 716호)을 제정해 결정의 내용적 의미를 제한하고 그 의미를 법률적 근거 없이 일반화했다. 찬반양론 사이에서 줄타기를 시도한 것이다.

이렇게 대법원 지침에 따라 법적으로 성별이 정정되려면 성전환 수술이 필요했다. 그런데 여자에서 남자로 성 전환하는 수술은 현대 의학 수준에서 보면 생명이 걸린 무척 위험한 수술이다. 또 당뇨병 등 다른 질병이 있으면 수술할 수도 없고, 수술비용은 2000만 원이나 될 정도로 비싸고, 건강보험도 적용되지 않는다. 그럼에도 뿌리부터 완강하게 성별화되어 있는 이 사회에서 자신의 존재를 증명할 수 있는 길은 외부 성기 수술을 하는 길밖에 없어 보인다.

유럽인권법원은 성전환 수술과 치료를 위한 비용에 국민건강보험이 적용돼야 하다는 판결을 내린 바 있다. 성전환자 성별 정정에 관한 한 가장 최근에 제정된 영국의 성별인정법(gender recognition act, 2004)은 성전환 수술을 성별 정정의 법적 요건으로 규정하지 않고 있다. 반면에 한국 사회에서는 '사용가치'가 별로 없는 '상징'을 생명을 걸고 큰돈을 들여 만들어서 법적 성별과 교환해야 한다는 사실에 많은 성전환자들이 당혹했고 좌절했다.

2008년 11월 5일 국가인권위원회는 대법원장에게 이 지침을 개정하라는 권고 결정을 한다. 권고의 내용은 '성전환자의 성별 정정 허가 신청 사건 등 사무처리지침'의 성별 정정 허가 요건 중 '성기 수술', '만 20세 이상일 것', '혼인한 사실이 없을 것', '자녀가 없을 것', '부모 동의서를 제출할 것' 등은 인권 침해 요소가 있으니 개정하라는 것이다. 이후 대법원은 가족관계등록예규 293호(2009년 1월 20일)로 개정했지만 내용 중 국가인권위원회의 권고가 받아들여진 것은 일부분에 불과했다.

4. 2013년 이 문제는 다시 법원의 판단을 받게 되었다. 11월 서울서부지방법원(법원장 강영호)이 외부 성기 성형 요건을 제외한 나머지 요건을 전부 갖춘 성전환 남성 30명이 가족관계등록부상 성별을 '여'에서 '남'으로 정정해달라고 청구한 사건에서 '성별 정정을 허가한다'며 청구를 모두 받아들인 것이다. 법원은 이 결정에서 "단지 외부 성기를 구비하지 아니했다는 이유 하나로 그를 가족관계등록부상 여성으로 묶어두는 것은 신청인의 인간으로서의 존엄성과 인간다운 생활을 할 권리 및 행복추구권을 침해하는 것"이라고 판단했다. 2013년 3월 서울서부지방법원은 남성 성기가 없는 성전환 여성 5명의 성별 정정을 처음으로 허가하면서 이유를 명확히 밝히지 않았지만 이번엔 허가 이유를 명확히 한 것이다. "궁극적으로 개인의 성별을 결정하는 것은 법이 아니"고, "법률적 판단의 기준은 무엇이 성전환자의 이익에 가장 부합하는가"라는 1945년 스위스 법원의 결정과 유사한 사회적 판단을 이번 결정으로

모두에게 '산다는 것' 자체가 축복이길….

한국 사회도 갖게 되었다. 결정문 중 일부를 인용한다.

"민주사회의 특징은 우리 사회의 기본 질서를 해하지 아니하는 한 다양성을 존중하고, 차별이 없는 존경과 배려로 서로를 관용할 때 이루어지는 것이다. 그리고 관용은 나에게 편안한 사람들과 편안한 삶의 방식을 공유하는 공간을 내어주는 것이 아니라 나에게 불편한 사람들과 불편한 삶의 방식을 함께할 공간을 내어주는 것으로서 차이를 뛰어넘는 동등과 배려와 존중을 의미한다."

법적 성별과 자신의 정체성 사이의 불일치를 존재의 감옥으로 여기며 이 사회를 향해 절규해온 당사자들에게 법원이 이제 하나의 대답을 준 것이다. 존재의 틈 사이로 비집고 들어오는 슬픔을 견뎌내야 했던 당사자들에게 이번 결정이 늦었지만 따뜻한 위로가 될 수 있었으면 좋겠다.

판결에 대하여 | 서울서부지방법원 2013. 11. 19. 2030호파1406 결정, 등록부 정정(성별 정정) | 판사 강영호

외부 성기를 갖추지 않은 것만 빼고 나머지 요건을 모두 갖춘 성전환 남성 30명이 연달아 가족관계등록부상 성별을 남자로 정정해달라고 청구한 사건에서 이를 받아들인 결정.

서울서부지방법원은 2013년 3월 15일 처음으로 FTMfemale to male 성전환자 5명의 성별 정정 신청을 받아들였다. 2014년 3월 31일 울산

지방법원은 마찬가지로 외부 성기를 갖추는 성형 수술을 하지 않은 한 FTM 성전환자에게 성별 정정을 허가했다.

부산의 한 고등학생이 동성애 성향 때문에 반 친구들한테 집단 따돌림, 괴롭힘을 받다가 자살했습니다. 피해 학생의 부모는 학교를 운영하는 부산시를 상대로 손해배상 소송을 냈습니다. 대법원은 보호 감독할 학교의 책임을 일부 인정한 원심을 깨고 돌려보냈습니다. 학교의 책임을 물으려면 학생의 자살을 예견할 수 있을 정도의 집단 괴롭힘이 있었어야 하는데 그렇지 않았다는 겁니다. 학교라는 폐쇄적 공간에서 폭력의 의미를 제대로 살피지 않았습니다.__**성소수자 학생에 대한 학교 폭력과 학교의 책임**

/

집단 괴롭힘으로 자살한 성소수자 학생, 학교 책임은 없다?

이 사건의 논점은 '동성애 혐오성 집단 괴롭힘'으로 자살한 학생에 대해 학교와 교사가 책임을 져야 하는가이다. 대법원 3부는 피해 학생에 대한 학교와 교사의 책임을 인정하기 어렵다며 원심을 파기했다. 다만 집단 괴롭힘 자체에 대한 책임은 부정하지 않았다.

학교의 책임을 인정한 판례로는 2007년 11월 15일에 나온 대법원 판결(2005다16034)이 있다. 이 판결의 법리를 따라가보면 먼저 1) "지방자치단체가 설치·경영하는 학교의 교장이나 교사는 학생을 보호 감독할 의무"를 진다, 2) 의무의 범위는 "학교 내에서 학생의 전 생활 관계에 미치는 것은 아니고 학교에서의 교육 활동 및 이와 밀접 불가분의 관계에 있는 생활 관계"다, 3) 구체적으로 교장이나 교사가 보호 감독 의무를 위반한 책임은 "교육 활동의 때와 장소, 가해자의 분별 능력, 가해자의 성행, 가해자와 피해자의 관계 등 여러 사정을 고려해 사고가 학교생활에서 통상 발생할 수 있다고 하는 것이 예측되거나 또는 예측 가능성(사고 발생의 구체적 위험성)이 있는 경우에 한"한다.

따라서 자살이라는 결과에 대해 학교의 교장이나 교사에게 보호 감독 의무를 위반한 책임을 물으려면 "피해 학생이 자살에 이른 상황을 객관적으로 보아 교사 등이 예견했거나 예견할 수 있었음이 인정되어야" 한다. "다만 사회 통념상 허용될 수 없는 악질, 중대한 집단 괴롭힘이 계속되고 그 결과 피해 학생이 육체적·정신적으로 궁지에 몰린 상황에 있었음을 예견했거나 예견할 수 있었던 경우에는 피해 학생이 자살에 이른 상황에 대한 예견 가능성도 있던 것으로 볼 수 있"다.

그렇다면 사건의 핵심은 과연 악질적이고 중대한 집단 괴롭힘이 계속된 결과 피해 학생이 육체적·정신적으로 궁지에 몰린 상황에 있었느냐에 대한 예견 가능성 여부다.

'악질적·중대한' 괴롭힘 여부

대법원 판결은 책임 여부에 대한 법리보다는 사실관계에 대한 인식에 문제가 있다. 집단 괴롭힘이 악질적이고 중대하느냐의 문제다. 대법원은 자살의 계기가 "반 학생들의 조롱, 비난, 장난, 소외 등에도 기인" 했다는 점은 인정했다. 그러나 "그러한 행위가 아주 빈번하지는 않았"고, "행위의 양태도 폭력적 방법이 아닌 조롱, 비난 등에 의한 것이 주된 것이었"기 때문에 '이를 사회 통념상 허용될 수 없는 악질, 중대한 집단 괴롭힘'이라고 보기 어렵다고 판단했다.

더욱이 "망인이 자살을 암시하는 메모를 작성하기도 했지만, 이 사건 사고 무렵에 자살을 예상할 만한 특이한 행동을 한 적이 없고, 망인이 2009년 11월 29일 일요일에 가출해 다음 날 등교하지 않고 방황하다가 그날 22시경 자신의 집 지하실에서 자살했는"데, "이 사건 사고 발생 당시 담임교사에게 망인의 자살에 대한 예견 가능성이 있었다고 인정하기는 어렵다"는 것이다.

1심 재판부인 부산지방법원은 2012년 7월 12일 이렇게 사실관계를 판단했다. A(피해 학생)는 일정 기간 반복적으로 반 학생들 중 일부에게 적극적 조롱, 비난을 당했을 뿐만 아니라 소극적 소외를 당한 나머지 정신적 고통을 받았음을 짐작할 수 있다. 괴롭힘이 반년 이상 계속되고 그 정도도 심해져 A가 받는 정신적 고통은 고등학교 1학년 학생으로서는 버텨낼 수 없는 지경이 됐고 결국 자살로 이어졌다. 괴롭힘이 한 원인이 되어 이 사건 사고가 발생했다고 보는 게 상당하며, A가 동성애 성향 등으로 반 학생들과 잘 어울리지 못했더라도 그러한 사정이 괴롭힘을 정당화하는 사유는 될 수 없다는 것이다.

자살 예상 가능 여부

대법원은 자살에 대한 예견 가능성에 대해서도 법리보다는 사실관계에서 원심 판결을 번복했다. 원심 판결에 따르면 교사는 피해자와의 상담 및 피해자 작성 경위서를 통해, 청소년 정신 건강 및 문제 행동 선별 설문 결과 또 BDI(우울척도검사), SSI-BECK(자살생각척도검사), BAI(불안검사) 결과 피해자의 자살 가능성을 인지할 수 있었다. 또 학생들의 괴롭힘은 학기 초(9월 초)부터 피해자가 자살에 이를 때(11월 30일)까지 일정 기간(3개월 정도) 계속되었다. 따라서 교사는 학생들의 괴롭힘으로 이 사건 사고가 일어나리라고 예측했거나 예측할 수 있었다고 보는 게 맞다.

원심 판결에 따르면 교사는 학부모에게 심각성을 제대로 알려 적절한 조치를 취하도록 유도하지 않고 피해자의 동성애 성향과 우울증을 알리면서 전학을 권고하는 등 소극적 조치를 취했다. 여러 검사 결과를 통해 피해자가 다른 남학생들에 비해 욕이나 외모에 대한 비난에 예민하게 반응함을 알고 있었지만, 다른 학생들과의 마찰에 대해 피해자의 예민함과 동성애 성향이 원인이라고 생각해 피해자를 변화시키는 쪽으로 해결해보려 했다. 따라서 교사는 학생들의 가해 행위로 일어날 사건을 미리 막을 수 있었음에도 노력을 다하지 않았다.

결국 대법원은 성소수자의 권리를 보장하기는커녕 '관용적'이지 못한 한국 사회의 환경과 학교라는 폐쇄된 공간에서 집단 괴롭힘이 가지는 의미를 보지 못했고 집단 괴롭힘에 대한 사실관계도 제대로 파악하지 못했다.

강병철과 김지혜가 실시한 '청소년 성소수자 생활실태조사'(2006)에 따르면 청소년 성소수자의 경우 자살 시도를 한 경험이 있다는 응답자가 전체 응답자 중 47.4퍼센트로 나타났다. 이는 전체 청소년 가운데 자해 행위나 자살 기도 경험이 있는 청소년이 10퍼센트인 것에 비해 거의 다섯 배나 높다. 청소년 성소수자에 대한 정신적·물리적 폭력과 깊은 관련이 있는 것이다. 이 조사에 따르면 청소년 동성애자 중 언어적 모욕을 받은 적이 있는 이는 절반, 신체적 폭력의 위협을 받거나 개인 소지품이 망가진 적이 있는 경우가 20퍼센트, 사람들이 자신에게 침을 뱉은 경험이 있는 경우가 13.8퍼센트, 자신에게 물건을 집어던진 적이 있는 비율이 18.5퍼센트, 성적 폭행을 당한 경험이 있는 경우가 10.8퍼센트, 주먹질이나 발길질, 무기 공격을 당한 경험이 있는 비율은 10퍼센트로 나타났다.

따라서 학내 집단 괴롭힘으로 성소수자가 자살한 사건에서 악질, 중대한 집단 괴롭힘의 기준은 '악질 그리고 중대한 집단 괴롭힘'이 아니라 '악질적이거나 중대한 집단 괴롭힘'으로 해석해야 한다. 두 조건 중 하나만 충족되면 학교와 교사의 책임을 인정해야 한다.

이러한 점을 종합해볼 때 대법원은 이 사건에서의 집단 괴롭힘이 '악질, 중대한' 것인지, 그렇지 않다면 교사가 피해 학생의 자살을 예측할 수 있었는지에 대해 엄정하게 사실관계를 파악해 판단했어야 했다. 대법원이 법리를 오해했다는 이유로 원심을 파기한 것은 재검토가 필요하다.

판결에 대하여	대법원 3부 2013. 7. 26. 2013다203215 손해배상	대법관 이인복, 민일영, 박보영, 김신(주심)

동성애 성향을 가졌다는 이유로 집단 따돌림을 받다가 자살한 성소수자 고등학생 사건에서 집단 괴롭힘의 정도가 폭력적이지 않고 조롱, 비난에 가까워 교사는 학생의 자살을 예상하기는 어려웠으므로 보호 감독할 책임을 물을 수 없다며 학교와 교사의 책임을 일부 인정한 원심을 깨고 환송한 판결.

부산지방법원 5민사부는 2012년 7월 학생의 자살을 예방하지 못한 책임을 물어 부산시 교육감과 담임이 유족에게 각각 1억 1000만 원, 300만 원을 지급하라고 판결했다. 파기환송심을 맡은 부산고등법원 민사1부는 2014년 3월 14일 부산시 교육감이 부모에게 위자료 2400만 원을 지급하라고 판결했다.

광고 불매 운동을 위해 인터넷 카페를 개설하고 운영한 네티즌들의 소비자 운동을 '위력에 의한 업무방해죄'로 인정한 대법원 판결을 살펴보려 합니다. 소비자 운동뿐 아니라 인터넷상 표현의 자유에도 큰 영향을 준 판결입니다. 대법원은 조선·중앙·동아일보에 대한 광고 불매 운동을 벌인 인터넷 카페 '언론소비자주권 국민캠페인(언소주)'의 운영진의 상고심에서 언론사에 대한 업무방해 혐의는 무죄 취지로 파기환송했습니다.__**'언소주'의 소비자 불매 운동 상고심**

소비자 불매 운동과 업무방해죄

노동자가 일하지 않으면 당연히 해고 사유가 된다. 하지만 그게 범죄일까? 국민의 세금으로 운영되는 검찰의 수사를 받고 감옥에 가야 할 범죄일까? 한국에서는 그럴 수 있다. 사용자가 예측하기 어렵게 다수의 노동자가 한꺼번에 전격적으로 하면 그렇단다. 그렇다면 소비자가 특정 기업의 제품에 대해 다 같이 불매를 하면 범죄가 될까? 대법원에 따르면 그럴 수도 있다.

형법 314조 이른바 업무방해죄에 따르면 '위력으로 타인의 업무를 방해한' 자는 징역 5년형까지 처벌받을 수 있다. 자신의 '힘을 보여주어' 상대방의 의사 결정을 방해하면 안 된다는 것이다. 자신이 어떤 주장을 했을 때 그것의 논리적 설득력, 법적 지위, 대중적 영향력이 타인의 업무와 관련해 의사 결정의 자유에 위협이 된다면 모두 범죄가 된다. 임대인이 자신의 지위를 이용해 전기를 끊는 식으로 임차인을 압박하는 경우도 해당되지만 이 조항의 적용 범위는 그보다 훨씬 넓다.

이 조항은 실제로 일본에서 '노동자들의 파업이 국익에 해가 된다'라며 파업을 범죄로 보던 고도성장 시절 만들어진 것인데 일제강점기에 그대로 우리 법제에 들어왔다. 노동자들이 집단으로 업무를 중단해 사용자의 영업을 어렵게 만들면 안 된다는 것이다. 원래 영국과 프랑스 등에서 파업을 탄압하려고 제정되었지만 일본에 들어와서는 의도적으로 그 적용 범위가 최대한 넓어졌다. 하지만 그것도 옛일이고 이제 선진국들에서 폐지된 것은 물론 정작 일본에서도 사문화돼버렸다. 한국은 이 조항이 계속 집행되는 세계에서 유일한 국가다.

물론 노동관계 법령이 정하는 파업의 사유나 절차를 그대로 따르면 면책이 된다. 노동관계 법령은 노사 관계에서 항상 약자인 노동자를 적극 보호할 목적으로 정당한 파업은 해고 사유로 인정하지 않고 있지만, 그와 같은 특별한 보호를 받기 위한 요건은 엄격할 수밖에 없다. 그러다 보니 우리나라에서는 평화로운 방식의 파업이더라도 노동관계 법령의 엄격한 요건을 충족하지 못하는 파업은 업무방해죄로 처벌되고 있다. 이렇게 형사사건이 되어버리면 검찰이 칼을 들고 들어오기 때문에 노동자들에 대한 타격은 엄청나다. 정당한 파업으로 인정받지 못해 파업 참가자는 해고되고 압수수색도 당하고 그것도 모자라 감옥까지 가기에 이른다. 싸우지 않으면 죽을 수밖에 없었던 로마 시대의 검투사처럼 대한민국의 노동자는 일하지 않으면 벌을 받는 공적 노예가 되어버렸다.

이 문제는 지난 수십 년 동안 지적되어왔고 결국 2011년 3월 대법원은 전원합의체 판결을 통해 업무방해죄를 '사용자가 예측할 수 없게 전격적으로 이뤄져 심대한 타격을 준' 파업에만 적용하라고 밝혔다.(2007도482) 이 판결은 부족하지만 업무방해죄의 오욕의 역사 속에서 보면 값진 판결이다. 그런데 검찰은 2008년 신문 불매 운동의 일환으로 신문의 광고주 회사에 항의 전화를 걸도록 독려하는 온라인 운동을 전개한 인터넷 카페의 운영자들을 위력에 의한 업무방해죄로 기소했다. 소비자들이 다 같이 담합해 불매 운동을 함으로써 광고주 회사에 위력을 행사했다는 것이다.

소비자들이 소비 노예가 되는 것이다. 2011년 대법원 전원합의체 판결에 따르면 무죄가 선고되어야 옳았다. 그 판결이 요구하는 '전격성'은 파업이 노사관계의 전후 진행에 비추어볼 때 갑작스럽고 의도적으로 영업에 타격을 준 것을 말하는데 이를 소비자의 불매 운동에 적용해보면 어떠한 소비자 불매 운동도 위법이 될 수 없다. '전격성'을 따질 만한 소비자와 판매자 간의 전후 관계 자체가 없고 영업의 정상화 여부를 소비자가 미리 알 수도 없기 때문이다. 전원합의체 판결에 따르면 애초부터 소비자 운동에 업무방해죄를 적용할 수 없는 일이었고 무죄가 선고되어야 옳다.

전화 많이 하기에 대하여

이번 대법원 판결은 2011년 전원합의체 판결을 아예 언급조차 하지 않았다. 대법원은 언소주(언론소비자주권 국민캠페인) 활동을 단순한 불매, 즉 부작위로 보지 않고 대량 전화 통화로 업무 마비를 일으킨 것으로 보고 있기 때문이다. 적어도 '소비자=소비 노예' 논리는 아니고 적극적인 방해 행위에 대해 책임을 물은 것이다.

하지만 생각해보자. 기업의 전화번호는 제품 구입을 위해 주문할 때만 필요한 게 아니다. 이미 제품을 구입한 사람은 항의하러, 제품을 사려는 이는 구매 조건을 협상하러, 제품을 살 생각이 없는 이라도 제품에 대한 설명을 들어보려고 전화를 걸 수 있다. 가령 푸른색 모토롤라가 출시되면 살 생각이 있는 소비자는 그 말을 어디에다 하란 말인가. 그렇게 구매 조건을 확인하려는 사람들이 우연히 한꺼번에 전화하는 바람에 전화가 불통이 되었다고 치자. 이것이 불법일까. 이를테면 관광을 가려던

지역에 전쟁이 일어났다는 소식을 듣고 여행사에 환불을 요청하거나 행선지를 바꾸려는 사람들의 전화가 쇄도한 경우 전화한 이들이 업무를 방해한 것은 아니지 않은가.

결국 판결은 '광고주들의 소비자 전화번호는 제품의 질, 기업의 환경 행위, 노동 행위 등을 완전히 무시하고 무조건적으로 제품을 구매하고자 하는 사람'만 사용하는 것이라는 구시대적이고 반反소비자적인 믿음에서 비롯한 것이다. 구매 전화가 폭주해 전화가 불통되고 업무가 마비되면 괜찮고, 항의 전화가 폭주해 그렇게 되면 불법이라는 발상이다.

실제로 단 한 차례의 업무방해 행위라도 있으려면 수천 통의 전화를 건 사람들이 미리 서로 통정하고 결의해 '무조건적 구매자'들의 전화가 불통이 되도록 그리고 그렇게 될 줄 알면서 전화 공세를 했었어야 한다. 왜냐하면 한 사람의 통화 한 건으로는 전혀 업무방해 효과가 없기 때문이다. 이는 탈세 행위와는 다르다. 100명이 탈세를 했든 1만 명이 탈세했든 세금을 내지 않은 개별 행위 자체가 불법이다. 하지만 이 사건에서는 수천 명이 순차적으로 전화를 해야 비로소 불법이 발생한다. 수천 명이 통정하고 결의하다니, 전혀 그런 일은 없었다. 그렇다면 똑같은 행위라도 한 사람이 하면 합법이고, 여럿이 함께 하면 불법이라는 이야기밖에 되지 않는다. 과연 어떤 이가 '월드컵 거리 응원을 하자'라는 글을 인터넷에 올렸는데 실제 거리 응원에 사람들이 너무 많이 나와 차량 통행이 방해되었다면 그 사람을 교통 방해죄로 사법 처리할 수 있을까? 거리 응원에 나온 이들이 그 사람의 글을 보고 나왔는지 확인되지 않은 상황에서 그럴 수 있을까? 그 사람의 글을 보고 나왔다손 치더라도 이들의 행위에 대해 글을 쓴 사람이 책임을 져야 할까?

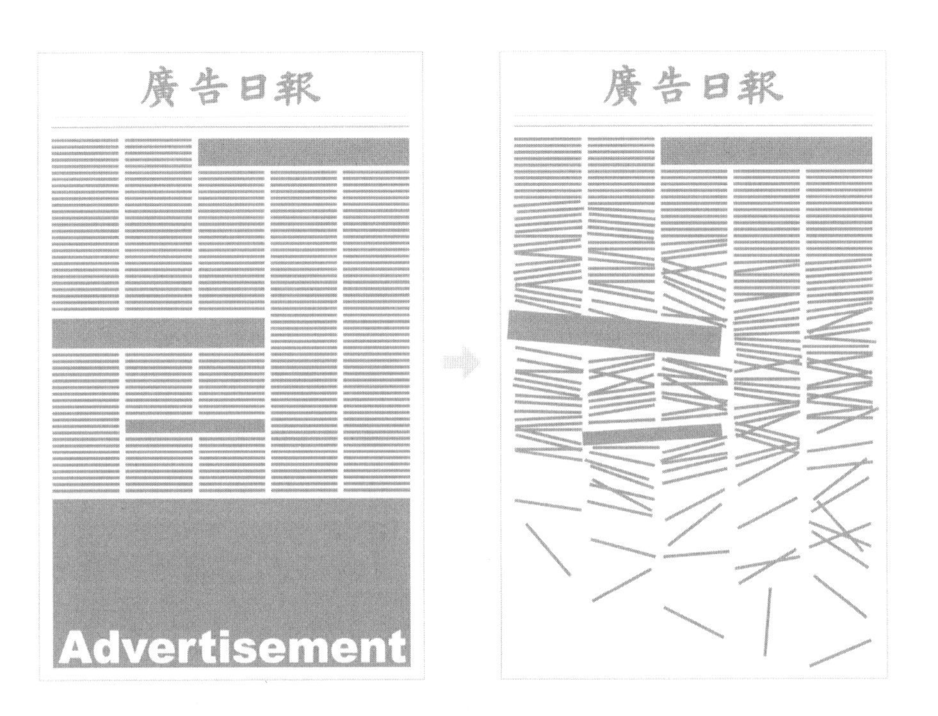

광고주의, 광고주에 의한, 광고주를 위한

인터넷의 안티테제, 공모공동정범 이론

대법원은 단순히 많은 사람이 전화한 것 때문이 아니라 많은 사람이 '조직적으로' 했기 때문이라고 밝힌다. 이 사건은 인터넷을 통해 만난 일면식도 없고 아무런 이해관계도 없는 사람들을 '공모공동정범'으로 치부한 사례다. 앞에서 말한 '수천 명 사이의 통정과 결의'가 실제로는 없었지만 법적으로는 있는 것으로 간주할 만큼 상호 간의 '기능적 행위 지배'가 있었다는 것이다. '기능적 행위 지배'란 범죄에 대한 본질적 기여를 한 것을 말하며 공동정범의 성립 조건이 된다. 공모공동정범 이론은 원래 조직폭력배 집단의 범죄에서 보스가 명시적으로 명령하지 않았다고 죄를 물을 수 없는 경우 보스를 법정에 세우기 위해 창안된 것이다. 보스가 어떤 이를 죽이라고 명령했다면 그를 교사 방조범으로 잡아넣을 수 있지만 보스가 아무 말도 하지 않았다면 교사 방조죄는 불가능하다. 하지만 공모공동정범 이론에 따르면 범죄 조직의 경우 조직원들 사이에 범죄행위로부터 이득을 취하는 이해관계가 있기 때문에 명시적인 통정과 결의가 없어도 조직원들 모두 다른 조직원의 행위에 대해 책임을 져야 한다. 일본에선 공모공동정범 이론은 조직폭력배나 상호 이해관계를 가진 사람들의 단체에만 적용된다. 우리나라에서도 이 이론이 일면식도 없고 상호 이해관계가 없는 사람들에게 적용된 적은 공동피고인들이 우연히 길거리에서 만나서 윤간을 한 예외적 사건을 제외하고는 이번 언소주 사건이 처음이다. 인터넷 카페를 통해 아무런 의무감도 없이 자발적으로 어떤 행위를 공동으로 한 사람들을 공동공모정범으로 본 것이다. 이번 판결은 인터넷을 중심으로 낯선 사람들이 자발적으로 집단행동에 참여하는 모든 경우들에 대해 공동공모정범이론이라는 칼날을 들이대고 있다.

더 황당한 것은 위법이라고 판시된 부분은 전화 통화인데 피고들은 실제로 전화를 걸었다는 이유로 기소된 것은 아니라는 점이다. 이들은 단지 인터넷에서 '전화를 하자'라고 제안했다고 기소되었다. '오늘은 어디에 전화하자' 하고 독려했을 뿐 그 글을 본 사람들이 실제로 전화할지, 몇 명이나 할지, 무조건적인 구매자들의 전화 통화를 봉쇄하기에 충분한 수의 사람들이 전화할지 전혀 알지 못했다. 더욱이 실제로 전화한 사람들이 언소주의 글을 보고 했는지, 다른 통로를 통해 사명감을 얻어서 한 일인지도 재판에서 입증되지 않았다. 언소주의 글을 보고 전화했다 하더라도 이들의 사명감에 대해 언소주가 책임져야 할까. 앞으로 대법원이 집단행동에 대해 어떤 판단을 할지 예측해볼 수 있는 대목이다.

재판부가 신문사에 대한 업무방해 부분을 심리가 미진하다고 지적한 것은 당연하다. 재판부의 말대로 위력이 단순한 불매에서 발생한 게 아니라 적극적인 전화하기에서 발생한 것이라면 전화하기를 통해 업무방해를 받은 당사자가 있어야 한다. 신문사는 단순한 경제적 피해만을 입었을 뿐 전화하기에 대한 업무방해죄 피해자는 아니다.

그런데 이 논리라면 피고들은 광고주에 대한 업무방해에 대해서도 무죄 선고를 받아야 한다. 기업의 공포심은 개별 전화 통화를 통해 성립되는 게 아니라 다수의 연속된 전화 통화를 통해 성립되는 것인데 위에서 말했듯이 실제로 이 다수의 전화 통화에 대해 피고들에게 책임을 물을 수 없기 때문이다. 전화를 한 사람들은 모두 사명감에서 자발적으로 한 것이다.

판결에 대하여 | 대법원 3부 2013. 3. 14. 2010도410 업무방해, 정보통신망 위반(정보통신망 침해) | 대법관 김신, 민일영, 이인복(주심), 박보영

조선·중앙·동아일보에 대한 광고 불매 운동을 벌여 위력에 의한 업무방해 등 혐의로 기소된 인터넷 카페 '언론소비자주권 국민캠페인'의 운영진의 상고심에서 언론사에 대한 업무방해 혐의는 무죄 취지로 파기하고 광고주에 대한 업무방해 혐의는 공모공동정범 이론을 적용해 원심대로 유죄 선고한 판결.

언소주 운영진 24명은 2008년 미국산 쇠고기 수입에 반대하는 촛불집회에 대해 조선·중앙·동아일보가 왜곡 보도를 하고 있다며 180개 기업을 상대로 이들 신문에 광고를 싣지 말라는 운동을 했다가 업무방해죄 위반 혐의로 기소됐다. 이들은 특정 신문에 광고를 게재하는 광고주에게 불매 운동의 일환으로 광고주의 홈페이지에 항의 글을 올리는 식으로 광고 중단을 요구하자는 글을 인터넷 카페에 올리는 등 소비자 불매 운동을 펼쳤다. 서울중앙지방법원은 2009년 2월 이들에게 전원 유죄 판결했지만, 대법원은 이들 중 9명에게는 무죄, 1명에게는 벌금형을 확정했다. 서울중앙지방법원 형사항소4부는 2013년 8월 13일 언소주의 구성원 14명에 대한 파기환송심에서 벌금액을 줄이고 선고유예를 내렸다.

참여연대 공익법센터는 재판 초기에 검찰이 적용하려 했던 '2차 불매 위법'론에 대해 논문·칼럼 발표, 참고인 진술을 통해 적극 대응했다. 1심에서 '신문 논조에 영향을 주기 위해 신문이 아닌 신문의 광고주에게 불매를 하는 것 자체는 정당한 언론 소비자 운동'이라는 판시를 이끌어냈지만, 재판이 불매 운동의 방식이 대량 전화 통화를 통한 업무 마비라는 점에 집중되는 통에 무죄판결을 이끌어내기는 어려웠다.

2009년 6월 언소주의 대표와 팀장은 광동제약이 특정 신문에 광고를 편중했다며 다른 신문에도 동등하게 광고할 때까지 불매 운동을 하겠다는 기자회견을 열었다가 강요죄와 공갈죄로 기소되었다. 2013년 4월 11일 대법원 3부는 대표에게 징역 6월에 집행유예 2년을 선고하고 팀장에게는 징역 4월에 집행유예 2년을 선고한 원심을 확정했다.

대법원이 ‘안기부 X파일’ 사건의 재상고심에서 유죄판결을 확정함으로써 노회찬 진보정의당 대표는 의원직을 상실하게 되었습니다. 삼성으로부터 소위 떡값을 받은 것으로 의심되는 검사들의 실명을 보도 자료로 기자들에게 배포한 것은 위법이 아니지만, 인터넷에 공개한 것은 통신비밀보호법 위반이라는 판결입니다. 노의원은 ‘국회를 떠나며’란 성명에서 ‘오늘의 대법원 판결은 최종심이 아니다. 국민의 심판, 역사의 판결이 아직 남아 있다’고 밝혔습니다.__**노회찬 삼성 떡값 검사 실명 공개**

노회찬이 공개한 통신 비밀은 없다

1997년 대선 국면에서 당시 중앙일보 사장 홍석현과 삼성전자 고위 간부 이학수가 검사들에게 떡값 주기를 기획한 대화를 국가안전기획부가 도청했는데 이 내용을 2005년에 공개함으로써 두 사람의 사생활의 비밀을 침해한 책임을 대법원은 16년이 지난 2013년 현재 노회찬에게 지웠다. 대법원은 불법 감청 내용이라고 할지라도 "통신 또는 대화의 내용을 공개하지 아니하면 공중의 생명·신체·재산·기타 공익에 대한 중대한 침해가 발생할 가능성이 현저한 경우" 공개할 수 있다고 판단한 바 있지만, 노회찬이 떡값 검사 명단을 공개한 것은 "타 언론 매체를 통해 사건의 전모가 이미 보도되었고 감청된 대화가 이루어진 8년 후(2005년)에 이루어진 것"이라서 "비상한 공적 관심의 대상이 되는 경우"에 해당하지 않는다고 밝혔다.

1. 시간과 공익

대화가 있은 지 8년이 흘렀다고 대화 내용을 공개할 사회적 필요성이 줄어들었다니 참으로 반역사적 생각이다. 미래의 비극을 막으려면 과거에 대한 올바른 평가가 선행되어야 한다. 책임자가 일반에게 공개되지 않으면 기업과 검찰의 유착 관계에 대한 평가나 사회적 여론은 피상적 상태에 머물고 비리 근절 노력도 반감될 수밖에 없다. 책임자를 밝혀 이들이 재직할 당시 해당 기업에 유리하게 기소했는지 등을 국민이 평가하게 하는 것은 사회 정의를 위해 긴절한 시대적 요청이었다. 더욱이 과거 기업과 검찰 간 유착 관계의 피해자가 있지 않을까. 이들이 입은 피해의 원인 규명은 아무리 시간이 지나더라도 시의성이 없어졌다고 할 수 있을까. 이를테면 을사오적이 늑약을 체결할 당시 누군가 그 대화와 실명을 엿들었다면 100년이 지나 일제강점기가 끝났으니 공론의 필요가 줄어들었으므로 그 엿들은 내용을 공개할 때 조심해야 할까. 일제강점기에 우리 민족이 입은 피해에 대한 원인 규명은 공익적 필요가 없을까.

대법원은 "8년이 지나 대화 내용을 공개하는 건 공적으로 필요하진 않았고 그러므로 부당했다"며 유죄를 선고했지만 대법원 역시 지금으로부터 8년 전 일의 책임을 노회찬에게 지웠다는 걸 체감하고 있는지 모르겠다. 게다가 도청 자체는 16년 전에 이루어진 것이었다. 한번 잘못을 저지르면 재판이 몇 년 걸리더라도 법원은 반드시 판결을 내린다. '100년이 지난 과거사라도 반드시 판결이라는 법적 평가는 있어야 한다'라는 정신으로 대법관들은 이 사건에 임했을 것이다. 그렇다면 노회찬도 검찰과 대기업의 유착에 대해 같은 생각이었다는 것을 대법원은 왜 인정하지 못할까. 대법원은 '비리는 시간이 흐르면 더 이상 공익적 공개가 불가능하다'라는 신화를 쓰려는 게 아닌가.

또 검찰과 대기업의 유착 같은 권력 비리는 도청 등 특단의 상황이 아니면 드러나기 어렵다는 점을 고려하면 이번 판결은 권력 비리의 공익적 공개를 실질적으로 봉쇄한 것이나 다름없다.

국회의원이 기업과 검찰의 유착 비리를 폭로하는 건 정의 구현 아닌가?
유죄라니, 답은 딱 하나, 그들은 가족이다.

2. 통신비밀보호법은 누구를 보호하는가?

대법원은 '이미 언론 매체를 통해 전모가 공개되었다'는 것을 유죄 이유로 삼지만 사실 그렇게 공개되었다면 노회찬의 추가 공개는 도청의 피해를 더욱 키운 것도 아니므로 비난하기 어렵다. 그런데 대법원은 거꾸로 '거의 다 공개되었는데 굳이 자세한 대화 내용을 공개해 관련자에게 피해를 주었다'며 비난한다. 통신비밀보호법은 통신이나 대화를 하는 자들의 통신 또는 대화의 비밀을 보장하기 위한 것이다. 대화에 등장하는 제삼자, 즉 떡값 검사를 보호하는 법이 아니다. 그렇다면 홍석현과 이학수가 8년 전에 나눈 대화의 골자가 대부분 공개된 상황에서 자세한 대화 내용이 추가 공개됐다고 이들에게 국민의 귀를 막아야 할 정도로 큰 피해가 있었다고 볼 수 없다. 대법원은 이 판결로 누구를 보호하려는 것인가?

대법원은 '떡값 검사의 실명까지 공개한 것'도 지나치다며 문제 삼고 있다. 하지만 이 법은 통신한 사람들을 보호하는 법이지 통신 내용에 등장하는 제삼자를 보호하는 법률이 아니다. 검사의 실명을 공개한 것과 통신비밀보호법을 위반한 것은 하등 관계가 없다. 더욱이 떡값 검사의 실명은 애당초 두 사람의 대화에 나오지도 않는다. 실명은 이들의 대화 내용과 다른 사실을 조합해 유추한 것이다. 통신비밀보호법은 감청 내용을 공개할 때 적용되지 유추된 지식에 적용되는 게 아니다. 결국 대법원은 이 재판이 두 사람이 나눈 대화의 비밀보다 떡값 검사의 명예를 보호하려는 재판임을 자인한 꼴이다.

3. 보도 자료를 인터넷에 올리는 행위의 의미

안타깝게도 대법원은 노회찬이 기자회견에서 말과 글로 공개한 것은 면책특권을 인정하면서 인터넷에 올린 글은 문제 삼고 있다. 오프라인에서의 행위는 무죄, 온라인에서의 행위는 유죄로 판단한 것은 구시대적이다. 무엇보다 거대한 권력 비리에 대한 정확한 정보를 국민에게 제공하는 게 얼마나 중요한지를 무시한 처사다. 정의의 사도가 되어야 할 대법원으로부터 기대하기 어려운 매우 안이한 정의관의 발로다. 실제로는 떡값 주고받는 관행을 중요한 사안이라고 생각하지 않았던 게 아닌지 의심이 든다.

또 도청 내용과 검사의 실명을 오프라인인 기자회견에서 밝히는 데 그치지 않고 자신의 홈페이지에 보도 자료를 올린 것을 문제 삼았다. 오프라인 행사 자료를 온라인에 열심히 올리는 게 디지털 시대의 성실함이라 믿고 '인터넷 강국'을 외쳐온 우리는 여태 다른 나라에서 살아온 것인가.

판결에 대하여	대법원 3부 2013. 2.14. 2011도15315 통신비밀보호법 위반, 명예훼손	대법관 민일영, 이인복, 박보영(주심), 김신

'삼성 X파일' 떡값 검사 명단을 폭로했다가 명예훼손과 통신비밀보호법 위반 혐의로 기소된 노회찬 의원의 재상고심에서 명예훼손은 무죄, 통신비밀보호법 위반 혐의는 유죄 선고한 원심을 확정한 대법원 판결.

2005년 8월 노회찬 의원은 '삼성 X파일'을 입수해 분석한 내용을 보도 자료로 만들어 자신의 홈페이지에 올렸다. 이때 떡값 검사 7명의 명단을 폭로했다. 국가안전기획부의 도청 파일이 공개된 직후다. 폭로한 지 2년 만인 2007년 5월 그는 명예훼손과 통신비밀보호법 위반 혐의로 기소됐다. 2009년 2월 1심은 유죄, 12월 2심은 무죄 판결했다. 2011년 5월 대법원은 명예훼손은 무죄, 통신비밀보호법은 일부 유죄 취지로 파기환송했다. 2013년 2월 대법원 확정판결로 징역 4월에 집행유예 1년, 자격정지 1년이 선고됐다. 참여연대는 1심의 명예훼손 유죄판결에 대해 칼럼 발표, 소송 지원 등의 활동을 벌였다.

한편 떡값 검사로 지목된 이들이 노의원을 상대로 낸 명예훼손 손해배상 청구 소송이 있다. 민사소송에선 1심은 청구 인용, 2심은 청구 기각을 선고했고 대법원은 상고를 기각함으로써 원심을 확정했다. 2005년 소가 접수된 뒤(2005가합76888) 9년 만에 마무리됐다.

2012년

이동흡 헌법재판소장 후보자의 인사청문회를 지켜본 국민들은 참으로 암울했습니다. 공금을 사적으로 유용한 의혹 등 그에게 제기된 수십 가지 의혹에 그는 모른다는 대답으로 일관했습니다. 이 후보자가 재판관 시절 관여한 판례를 분석해보았더니 기본권 경시, 반反헌법주의, 사법 소극주의, 편향적 판결 경향을 보였습니다. 공공질서와 안전을 지나치게 중시하면서 이를 위해서는 개인의 기본권은 제한해도 된다는 생각으로 비칩니다.__**이동흡 후보자가 헌법재판소장으로 부적합한 이유**

이분법 사고의 틀(국가 대 개인) 속에 갇힌 이동흡 후보자

이동흡 헌법재판소장 후보자가 재판관으로 재임할 때 합헌 의견을 밝힌 헌법재판소 결정 두 개를 살펴본다. 전기통신기본법 47조 1항에 대한 위헌 소원과 서울시 서울광장 통행 저지 행위에 대한 위헌 확인이다. 자유민주주의의 핵심 가치인 표현의 자유와 집회·시위의 자유에 관한 결정이라는 것, 공익에 대한 이해가 위헌 여부의 판단 기준이 된다는 것이 공통점이다.

두 결정에서 이 후보자가 밝힌 견해를 보면 공통으로 이분법 사고의 틀, 즉 개인과 국가(또는 공공의 질서와 안전)가 충돌하는 경우 후자를 우선해야 한다는 사고에 갇혀 있음을 알 수 있다. 후자를 위해서는 개인의 기본권은 제한해도 된다는 생각에 머물러 있다. 후자를 지나치게 중시하는 입장에서 사안을 바라보면서 결론을 내리거나 미리 결론을 내린 다음 그에 맞는 논거를 찾아내서 꿰맞추어 의견을 제시하는 것이다. 이 후보자는 정부와 정책을 비판하는 의사 표현과 집회 시위에 대해서도 부정적 견해를 낸다. 이는 두 결정의 사안인 이른바 미네르바 사건과 서울 광장 차벽 사건을 바라보는 시각에 그대로 드러나 있다.

그런 점에서 이명박 대통령과 박근혜 당선인, 이동흡 후보자의 코드는 일치한다. 지난 5년 동안 이명박 정부는 억눌린 대중의 하소연과 답답한 군중의 함성을 '떼법' 또는 '불법'으로 낙인찍어 사회에서 추방할 대상으로 만들었다. 국민의 기본권인 언론·출판·집회·결사의 자유를 법질서 확립이라는 미명하에 공권력을 이용해 탄압했다. 정부 정책과 뜻을 달리하는 목소리는 '국론 분열'이니 '사회 혼란 세력'이니 하며 몰아세우고 자유민주주의의 기본 질서를 지키자는 명분으로 눌러버렸다. 민주국가의 국민에게 당연히 주어지는 기본권을 행사하는데도 이를 필벌의 대상으로 삼아 지나치게 형사 범죄로 다뤘다. 공권력과 공안을 앞세우면서 집회·시위·의사표현의 자유를 지나치게 제한하고 감시와 통제를 강화하는 등 민주화 이전의 일상으로 되돌아갔던 5년이었다.

국가·사회의 안전과 질서를 위해 개인의 인권쯤이야 희생해도 좋다는 전체주의 사고가 되살아났고 정치 세계의 전면에 등장한 시민을 자꾸 법이라는 이름으로 광장에서 쫓아내버렸다. 정의와 자유를 추구하고 보장하는 법보다 질서와 안정을 추구하는 법이 우선시되었다. 그동안 정치적 투쟁으로 지켜왔고 피와 눈물로 쌓은 헌법적 가치인 인권, 인간 존엄, 법치, 민주, 자유, 정의, 평화 등이 뒷전으로 밀려났다. 두 결정에서 보듯 이 후보자는 재판관으로서 민주주의가 후퇴하는 데 정신적·언어적 방조를 한 셈이고 그 대가로 헌법재판소장 후보자로 지명되는 영광을 누리게 된 것이다.

전기통신기본법 47조 1항 합헌 의견(반대의견)

형벌 법규는 내용이 불명확하고 추상적일수록 적용하는 법관의 자의가 개입될 여지가 많다. 죄형법정주의 이념이 잠식될 수 있다. 해석자의 자의가 개입될 여지가 있는 불확정적인 법률이야말로 법치국가에서

국가주의, 악어의 눈물

벗어나고 있다는 적신호요 시민의 자유에 대한 중대한 위협이 아닐 수 없다. 따라서 죄형법정주의의 파생 원칙 중 무엇보다도 중요한 게 법률 확정성이다.

무슨 행위에 무슨 제재가 가해지는지 누구나 알 수 있도록 법률이 명확히 규정되어야 한다는 요구가 명확성 원칙(법률 확정성 원칙)이다. 이를 통해 일반 국민은 행위의 가벌성을 예측할 수 있고 행동의 자유와 인권을 보장받는다. 아울러 법규를 운용하는 국가기관의 자의와 전횡을 방지하는 데 꼭 필요하다. 이는 형벌 법규가 규정하는 범죄 구성요건이 애매하거나 불명확해서는 안 되고 금지하거나 명령하는 행위의 내용과 법적 효과를 명확히 규정해야 함을 의미한다.

명확성 원칙이란 구성요건 요소가 주관적이든 초과 주관적이든 객관적이든 법률 규정의 명확성, 법문언의 명확성을 의미한다. 이 후보자는 명확성 원칙이 구성요건 요소의 성격에 따라 달라질 수 있다고 주장했다. 논거를 들어 논증하지 않고 단언만 할 뿐이다. 법조항에 '공익을 해할 목적'이라는 초과 주관적 구성요건을 추가해 '허위의 통신' 가운데 구성요건 해당성이 인정되는 행위의 범위를 대폭 줄이고 있다는 판단은 타당하다. 그런데 아무런 근거도 제시하지 않고 '초과 주관적 구성요건 부분에 대해 객관적 구성요건 행위와 같은 정도의 명확성을 요구할 것은 아니다'라고 단언하고 있다. 왜 구성요건 요소에 따라 법률 명확성을 요구하는 정도가 다른지에 대해 법률가라면 해야 할 논증을 하지 않고 있다. 그가 다르다고 하면 모두 그저 그런 줄 알아야 할까. 국가와 사회의 안전, 질서를 위해 개인의 기본권쯤이야 희생해도 좋다는 결론을 미리 내려놓고 이유를 찾아내다 보니 어느 누구도 제시한 바 없고 설득력 없는 독특한 견해가 나온 것이다.

서울광장 통행 저지 행위 위헌 확인에서 반대의견

이 후보자가 개인과 국가가 충돌하는 경우 후자를 우선해야 한다는 사고에 갇혀 있음을 여실히 드러내는 결정이다. 국가의 공공질서, 안전을 위해서는 개인의 기본권은 제한되어도 된다는 생각과 집회 시위에 대한 부정적 시각을 갖고 있음을 분명히 보여준다. 다음과 같은 반대의견을 보면 '대규모 집회시위-불법 폭력 집회 시위로의 발전-사회 혼란과 위험-공익 침해(시민의 생명과 신체, 재산)'라는 등식에 기초하고 있음을 알 수 있다.

"시민분향소가 위치한 덕수궁뿐 아니라 중요한 공공기관과 가까운 서울광장 주변 곳곳에서 소규모 추모 집회가 열리고 있던 상황에서 서울광장에 대규모 군중이 운집할 경우 자칫 불법폭력 집회나 시위로 나아갈 수 있고, 그 경우 사회에 미치는 혼란과 위험이 상당히 클 것이므로 이와 같은 위험을 사전에 예방하여 시민들의 생명·신체와 재산을 보호하기 위하여 한 이 사건 통행 제지 행위를 현저히 불합리한 공권력 행사로 보기 어렵다."

이분법적 사고의 틀에서 개인보다 국가를 우선하려면 어느 정도 합리적인 비교 형량이 필요하다. 전가의 보도처럼 '공익', '사회의 안전과 질서' 같은 추상적 단어를 들먹일 게 아니고, 아무런 근거도 없이 단순히 '공익이 사익보다 크다'라고 단언할 일도 아니다. 이 사건에서 서울광장에서 여가 활동이나 통행을 하지 못하는 개인의 불편함보다 불법·폭력 집회로부터 시민의 생명과 신체, 재산을 보호하려는 공익이 왜, 얼마나 크다고 볼지에 대한 구체적인 검토가 이뤄져야 한다. 이러한 점에서 이 후보자는 법률가로서의 논증 의무에 태만했다고 볼 수 있다.

법의 두 날개는 질서와 안정, 자유와 정의다. 통치자는 전자를 후자보다 중시하려는 경향이 있고 또 그와 같은 유혹을 받는다. 보수 성향의 통치자라면 더욱 그렇다. 공공의 이익과 안전이란 명목으로 개인과 개인의 인권이 짓밟히는 상황이 발생할 수 있는 것이다. 국가 또는 전체의 이익을 앞세워 개인의 자유와 안전을 침해할 때 공권력은 또 다른 폭력이 된다. 그와 같은 통치자와 코드를 맞춘다면 헌법재판소를 포함한 사법기관은 삼권분립, 견제와 균형이라는 기능과 역할을 다할 수 없다. 이명박 정부의 검찰처럼 정치권 헌법재판소가 될 우려가 크다. 삼권분립의 한 축인 사법부는 민주주의와 인권을 지키는 최후의 보루다. 헌법재판소도 마찬가지다. 모든 권력에서 독립해야 한다. 정치권력뿐 아니라 경제 권력으로부터도 독립해야 한다.

판결에 대하여

헌법재판소 2010. 12. 28. 2008헌바157, 2009헌바88 전기통신기본법 47조 1항 위헌 소원

헌법재판소 2011. 6. 30. 2009헌마406 서울광장 통행 저지 행위 위헌 확인

전기통신기본법상 허위사실 유포죄 조항은 위헌이라는 결정.

2008년 하반기 인터넷 포털 사이트에 한국 경제의 추이를 예견하는 글 등을 올렸다가 전기통신기본법상 허위사실 유포죄로 기소된 인터넷 논객 미네르바는 2009년 4월 1심에서 무죄판결을 받자 5월 해당 법조항에 대한 헌법소원을 냈다. 헌법재판소는 2010년 이날 재판관 7대 2

의 의견으로 '공익을 해할 목적으로 전기 통신 설비에 의해 공연히 허위의 통신을 한 자를 형사 처벌하는' 전기통신기본법 47조 1항은 '공익'과 '허위의 통신'의 개념이 명확성 원칙에 어긋나므로 헌법에 위배된다는 결정을 내렸다.

경찰이 시민의 서울광장 통행을 저지한 행위는 위헌이라는 결정.

경찰은 2009년 5월 23일 고인이 된 노무현 전 대통령을 조문하려고 대한문 앞 시민분향소를 찾은 시민들이 서울광장에서 집회와 시위를 개최하는 것을 막기 위해 광장을 경찰버스로 둘러싸 차벽을 만듦으로써 출입을 제한했다. 청구인들은 6월 경찰의 이러한 통행 저지 행위가 국민의 기본권을 침해한다며 헌법소원을 청구했다. 헌법재판소는 2011년 이날 재판관 7대 2의 의견으로 경찰의 통행 저지 행위는 청구인들의 일반적 행동자유권을 침해한 것이라며 위헌 결정했다.

방송통신심의위원회 심의위원으로 활동하던 박경신 교수는 2011년 7월 전체 회의에서 음란물로 판정된 게시물을 자신의 블로그에 올렸습니다. 표현의 자유를 침해한 국가기관의 행위에 정면으로 맞선 행위였습니다. 물론 위원회의 심의가 부당함을 비판하려는 의도였기에 사진과 함께 정보통신 심의규정과 '이 심의가 적절한가'라는 자신의 의견을 밝혔습니다. 검찰이 정보통신망법상 음란물 유포죄로 기소하면서 사건은 형사 법정에서 다퉈지게 되었습니다.__**박경신 '검열자의 일기' 2심**

이제야 법정이 학술 세미나와 구분될 수 있다!

도대체 음란물을 왜 국가가 규제할까? 대법원 판례의 입장부터 살펴보자. 먼저 음란의 개념이다.

"'음란'이라 함은 사회통념상 일반 보통인의 성욕을 자극해 성적 흥분을 유발하고 정상적인 성적 수치심을 해하여 성적 도의 관념에 반하는 것."(2008. 6. 12. 2007도3815)

음란을 이렇게 정의하는 게 적절한지에 대한 판단은 차치하고 일단 이 기준에 부합하는 수준의 음란물이라면 규제할 필요가 있다고 치자. 그렇다면 이 기준에 대한 판단은 누가 어떻게 해야 할까?

"사회 평균인의 입장에서 그 전체적인 내용을 관찰하여 건전한 사회 통념에 따라 객관적이고 규범적으로 평가해야 한다."

"구체적 판단에 있어서는 사회 통념상 일반 보통인의 정서를 그 판단의 규준으로 삼을 수밖에 없다고 할지라도, 이는 일정한 가치 판단에 기초해 정립할 수 있는 규범적 개념이므로 '음란'이라는 개념을 정립하는 것은 물론, 구체적 표현물의 음란성 여부도 종국적으로는 법원이 이를 판단해야 하는 것이다."(2008. 6. 12. 2007도3815)

복잡하게 생각할 것 없다. 사회 평균인, 일반 보통인, 사회 통념 등 가치 중립적인 척하는 표현이 등장하지만 결국 법원이 객관적으로(!) 판단한다는 얘기다. 이 대목에서 사법 판단의 객관성에 관한 법철학 논의를 소개하고 싶지만 지면 관계상 음란물에 관한 기존 판례 몇 가지를 살펴보는 것으로 대신한다. 법원은 마광수와 장정일의 소설, 김인규와 최경태의 미술 작품을 '사회 평균인의 관점에서 객관적으로 판단'해 유죄를 선고한 바 있다. 이 판례들을 두고 법원이 말하는 '객관성', '사회 평균인', '사회 통념'이 불확실하고 자의적인 개념이라는 비판이 제기되어 왔다. 그나마 다행스럽게도 최근 대법원 판례에서는 음란물을 형사 법정에서 판단하는 게 얼마나 위험천만한 일인지 스스로 점검하는 대목을 찾아볼 수 있다.

"음란성에 관한 논의는 자연스럽게 형성·발전되어온 사회 일반의 성적 도덕관념이나 윤리 관념 및 문화적 사조와 직결되고 아울러 개인의 사생활이나 행복 추구권 및 다양성과도 깊이 연관되는 문제로서 국가 형벌권이 지나치게 적극적으로 개입하기에 적절한 분야가 아니라는 점."(대법원 2008. 6. 12. 2007도3815)

"형사법이 도덕이나 윤리 문제에 함부로 관여하는 것은 바람직하지 않고 특히 개인의 사생활 영역에 속하는 내밀한 성적 문제에 개입하는 것은 필요 최소한의 범위 내로 제한함으로써 개인의 성적 자기결정권 또는 행복 추구권이 부당하게 제한되지 않도록 해야 한다는 점."(대법원

2008. 3. 13. 2006도3558)

국가 공권력을 동원해 표현물을 규제하는 게 얼마나 위험한 일인지 법원도 이렇게 잘 인식하고 있으며, 실제로 법원은 비교적 상세한 음란물 판단 기준을 제시하고 있다. 정보통신망 이용촉진 및 정보보호 등에 관한 법률에 등장하는 단 하나의 단어, '음란한'의 의미를 설명하려고 법원이 제시한 기준은 제법 상세하다.

"형사처벌의 대상이 될 음란 표현물이라고 하기 위하여는 그 표현물이 단순히 성적인 흥미에 관련되어 저속하다거나 문란한 느낌을 준다는 정도만으로는 부족하고, 사회 통념에 비추어 전적으로 또는 지배적으로 성적 흥미에만 호소할 뿐 하등의 문학적·예술적·사상적·과학적·의학적·교육적 가치를 지니지 아니한 것으로서, 과도하고도 노골적인 방법에 의해 성적 부위나 행위를 적나라하게 표현·묘사함으로써 존중·보호되어야 할 인격체로서의 인간의 존엄과 가치를 훼손·왜곡한다고 볼 정도로 평가되는 것을 뜻한다고 할 것이고, 이를 판단함에 있어서는 표현물 제작자의 주관적 의도가 아니라 사회 평균인의 입장에서 그 전체적인 내용을 관찰해 건전한 사회 통념에 따라 객관적이고 규범적으로 평가해야 한다."(대법원 2008. 6. 12 2007도3815)

이 상세한 기준을 문자 그대로 해석하면 '음란물' 판정을 받을 수 있는 표현물이 과연 얼마나 될까? 예컨대 지배적으로 성적 흥미에만 호소할 뿐 하등의 문학적 가치를 지니지 않아서 인간의 존엄을 훼손하는 그림이 얼마나 되겠냐는 것이다. 일부러 그런 그림을 그리려고 해도 쉽지 않을 것 같다. 그렇다면 이 판단 기준에 따라 박경신 교수가 올린 문제의 게시물을 한번 검토해보자. '성기 사진'으로 알려진 게시물은 세 부분으로 구성되어 있다.

1) 발기된 남성 성기 사진 일곱 장과 벌거벗은 남성 뒷모습 사진 한 장이 담긴 블로그 (캡처) 화면
2) 정보통신 심의규정 8조 (15줄)
3) 심의가 적절했는지를 묻는 본인 의견 (12줄)

실제로 세상을 떠들썩하게 만든 것은 1)의 성기 사진이지만 박경신 교수는 성기 사진을 그냥 게시하지 않고 2)와 3)을 덧붙임으로써 일정한 맥락을 부여했다. 그는 평소 방송통신심의위원회의 심의가 부당하다고 생각하고 있었고 그 점을 이미 여러 지면과 블로그, 학술 논문에서 항의한 바 있다. 문제의 게시물 역시 방송통신심의위원회의 심의를 비평하는 블로그 시리즈물인 '검열자의 일기' 4편에 해당하고 그 심의가 적절한지를 묻는 내용을 담고 있다. 이러한 문제 제기 방식이 '바람직하지 않다'고 보는 사람은 있을지언정 '하등의 가치'가 없다거나 '전적으로 또는 지배적으로 성적 흥미에만 호소'해 '인간의 존엄과 가치를 훼손·왜곡'한다고 보기는 어렵다. 또 방송통신심의위원회의 심의를 비판하려면 심의 대상물을 함께 보여주는 것이 불가피했다. 심의 대상을 보여주지 않은 채 '이 심의가 적절한가?'라는 질문을 던질 수는 없지 않는가?

그런 점에서 1심 재판부의 판단은 의외였다. 1심 재판부는 박교수가 성기 사진을 이렇게 '맥락화'했음에도 불구하고 여전히 음란물에 해당

한다고 판단했다. 좀 길지만, 그대로 인용해보자.

"일반적으로 남녀의 성기는 성별의 차이를 가장 명확히 나타내는 제1차 성징으로서, 노출될 경우 성적 수치심이나 성적 흥분을 야기할 가능성이 가장 큰 신체 부위로 받아들여지는데, 앞서 본 바와 같이 이 사건 게시물에는 발기된 남성 성기만을 부각하여 노골적으로 적나라하게 촬영한 사진들이 본문의 맨 앞부분에 상당한 양을 차지하면서 게시되어 있고, 그중에는 제목을 통해서까지 성적 흥분 상태를 암시하거나 공개된 장소에서 발기된 성기를 드러낸 것을 암시하는 맥락을 보이기도 하는 점, 피고인이 이 사건 게시물 말미에 관련 정보통신 심의규정과 함께 위 사진들을 음란물로 보는 것에 반대한다는 피고인의 의견을 기재하고 있기는 하나, 그 주된 취지는 성행위에 관한 서사가 없는 성기 사진 자체를 음란물로 보는 것이 부당하다는 결론적 의견만을 간단하게 제시하고 있을 뿐이고, 나아가 이에 대한 구체적인 학술적 논증이나 그 밖에 발기된 남성 성기의 사진에 의해 야기되는 성적 자극을 완화시킬 만한 문학적·예술적·사상적·과학적·의학적·교육적 가치 등을 지닌 내용상의 맥락이 존재한다고 평가하기는 어려운 점 등을 종합하면, 우리 사회의 평균인의 입장에서 볼 때 이 사건 게시물은 지배적으로 성적 수치심이나 호색적 흥미에 치우쳐 받아들여질 가능성이 매우 높고, 별다른, 사상적·학술적·교육적 가치를 지니지 아니하며, 이를 성적 도의 관념에 반하는 음란물이라고 보기에 충분하다."(서울서부지방법원 2012. 7. 13. 2012고합151)

한마디로 요약하면 성기 노출은 음란성이 매우 크기 때문에 겨우 12

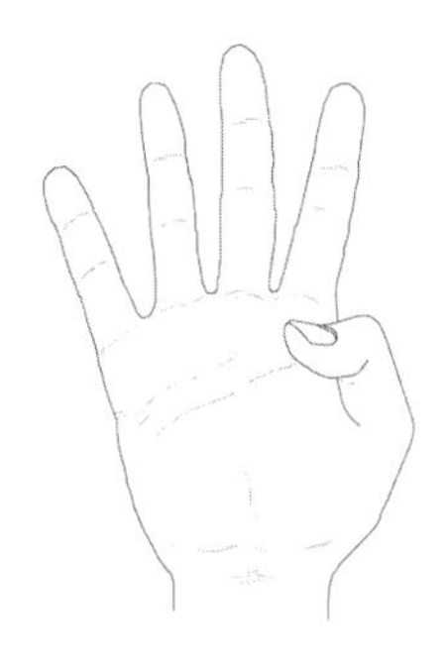

FIVE

윈스턴, 손가락이 몇 개지? /
네 개, 네 개 같습니다. 할 수만 있다면 다섯 개로 보고 싶습니다.
다섯 개로 보려고 애쓰고 있습니다. /
어느 쪽인가? 다섯 개로 보인다고 말만 하고 싶은가,
아니면 정말 다섯 개로 보고 싶은가? /
정말 다섯 개로 보고 싶습니다. / 다시! (《1984》)

줄에 불과한 논평을 덧붙였다고 해도 학술적·사상적·교육적 가치가 있다고 보기 어렵고, 따라서 박교수의 게시물은 성적 수치심이나 호색적 흥미를 자극하는 음란물이라는 게 법원의 판단이다. 이러한 '간단'한 논평을 덧붙인다고 해서 음란함이 완화되기 어렵다면서 좀 더 '구체적인 학술적인 논증'이 없었다고 지적하는 대목에서는 박교수의 불성실함을 질타하는 것 같기도 하다. 이쯤 되면 성기 사진이 도대체 얼마나 더 자세하고 학술적인 맥락에 놓여야 그 음란성이 제거될 수 있다는 말인지 궁금해질 수밖에 없다. 그래서 당사자인 박교수는 판결문 후기에서 "앞으로 성기 사진 그대로 한번 보여주려면 논문 1편 정도는 써야 한다는 뜻일까?"라는 질문을 던지기도 했다.

반면 무죄를 선고한 2심 재판부의 판단은 달랐다. 2심 재판부는 일단 성기 사진을 전체적인 맥락 속에서 판단해야 한다는 입장을 전제한 뒤 다음과 같은 입장을 개진한다.

"위 1) 부분은 2), 3) 부분과 달리 여러 장의 사진으로 이루어져 있고 이 사건 게시물 내에서 차지하는 분량이 상대적으로 많아서 2), 3) 부분보다 시각적으로 돋보이긴 하나, 위 1), 2) 부분은 타인의 블로그에 올라가 있던 사진 및 정보통신심의규정을 그대로 옮긴 것인데 반하여, 3) 부분은 피고인의 주관적 견해를 표현하고 있으므로 이 사건 게시물을 전체적으로 본 일반 보통인이라면, 게시자가 표현하고자 한 핵심 내용은 1) 부분이 아니라 3) 부분에 있음을 충분히 알 수 있었을 것으로 보인다."

"위 3) 부분은 총 13문장으로만 이루어져 있어서 완결된 논리 및 체계를 갖춘 학술적 논문 또는 보고서라고 볼 수는 없으나, 그 내용은 '방송통신심의위원회가 성행위에 진입하지 않고 성행위에 관한 서사가 포함되지 않은 성기 이미지 자체를 청소년 유해물이 아닌 음란물로 보는 것은, 사회적 적합성 여부를 기준으로 표현물을 걸러내게 되어 표현의 자유를 침해하는 것인데, 표현물은 사회질서를 해한다거나 명백하고 현존하는 위험이 없는 한 형사처벌의 대상이 되어서는 안 되며, 위와 같은 표현물을 음란물로 보는 것은 정보통신 심의규정에도 반한다'는 취지로서 표현의 자유와 밀접한 관련이 있는 사회적 이슈에 관하여 자신의 학술적 의견 및 정책적 입장을 인터넷 공간에 적합한 용어 및 논리로 집약하여 표현한 것이므로 어느 정도의 사상적 또는 학술적 가치를 지니고 있다고 평가할 수 있다."(서울고등법원 2012. 10. 18. 2012노2340)

2심 재판부는 박교수가 올린 성기 사진을 '전체적인 맥락' 속에서 평가한다. 일반 보통인도 성기 사진을 박교수가 설정한 맥락 속에서 보았을 터인데 단순히 성기 사진이 게시되었다는 이유로 음란물이 될 수 있겠냐는 것이다. 그리고 비록 박교수의 게시물이 완결된 체계와 논리를 갖춘 논문이나 보고서는 아니더라도 인터넷 공간에서 압축적으로 표현한 의견이므로, 최소한 '하등의 사상적·학술적 가치'가 없다고 할 수는 없다는 취지라고 할 수 있다. 그러면서 혹시나 누군가가 '그렇다면 사법부는 박교수의 행위가 잘했다는 겁니까?' 하고 항의할까 걱정이 되었는지 소심하게도(?!) 괄호를 치고 다음과 같은 코멘트를 덧붙이고 있다.

"(다만, 문제 제기 방법 또는 판단의 대상을 소개하는 방법으로서 음란 여부가 논란이 되었던 위 사진들을 그대로 자신의 블로그에 게시하는 것이 불가피했던 것이었는지에 관하여는 이론이 있을 수 있다)"

그렇다. 법원이 판단하는 것은 그 표현물의 '훌륭함'의 여부가 아니다. 사법부는 박교수가 얼마나 뛰어난 학자이고, 얼마나 훌륭한 심의위원인지를 평가할 필요도 전혀 없다. 법정은 학술 세미나도 아니고, 예술 평론회도 아니다. 형사 법정에서 다뤄야 할 논점은 오로지 '박교수의 게시물을 형벌로써 제재할지'의 여부다. 대법원이 판단 기준으로 제시했듯이 이 게시물이 '하등의 사상적·학술적 가치'가 없는지만 소극적으로 판단하면 족할 뿐, 그것이 얼마나 사상적·학술적으로 훌륭한지는 판단할 필요가 없다는 것이다. 또 심의 대상물을 직접 보여주고 그것을 논평한 박교수의 문제 제기 방법이 불가피했는지 여부 역시 판단할 필요가 없다. 2심 재판부가 괄호 안에 넣어 굳이 설명했듯이 그 '불가피함'에 대해서는 이견이 있을 수 있지만, 그와 같은 행위가 완전히 무가치한 것이 아니라면 국가 형벌권을 발동해서는 안 될 것이다.

이 판결을 높이 평가해야 하는 이유는 바로 이 판결 덕분에 이제 '법정'이 학술 세미나나 예술 평론회와 구분될 수 있게 되었기 때문이다. 독일의 사회학자 루만Niklas Luhmann은 사회 체계가 각각 분화되어 독자적으로 기능하는 것이 근대사회의 가장 중요한 특징이라고 말한다. 법체계, 학문 체계, 예술 체계는 각각 고유한 코드에 따라 독자적 기능을 수행하고 있는데, 여기서 법체계는 '합법/불법'이라는 독자적인 코드에 따라 문제를 처리함으로써 사회의 기대 구조를 안정시키는 기능을 한다. 법이 '얼마나 아름다운가'를 평가하지 않고 합법과 불법이라는 이원 코드를 적용한다는 것은, 법이 법답게 작동하기 위한 필수적인 전제 조건이다. 그런데 만약 법이 예술 체계의 고유한 일에 주제넘게 미주알고주알 간섭하려고 하거나 학문 체계가 담당하고 있는 일까지 관여하려고 든다면, 법체계는 고유의 기능을 상실하고 다른 체계의 기능까지 마비시킨다. 예컨대 만약 법원이 불명확한 기준으로 예술 체계에 간섭하면 예술 체계는 법체계의 무분별한 간섭이 두려워 그 기능을 수행하기 어려울 것이다.

일례로 김인규 교사의 나체 사진에 대해 유죄를 선고한 대법원 판결문에서는 "꼭 본인 부부의 나신을 그렇게 적나라하게 (얼굴이나 성기 부분을 적당히 가리지도 않은 채) 드러내 보여야 할 논리적 필요나 제작 기법상의 필연성이 있다고 보기 어렵"다는 점을 문제 삼는다. 어떤 '생각'을 어떤 '기법'으로 담아내는지가 바로 예술의 본질인데 그 적절성 여부를 법원이 판단하면 예술의 자유가 침해될 수밖에 없다. 자신의 작품이 음란물로 판정되어 유죄판결을 받은 김인규 교사는 이렇게 항변한 바 있다.

"저와 같은 작가들이 다음에 또다시 작품을 하여 전시한다면 누구에게 사전에 위법 여부를 물어야 할까요? 그래서 작가들이 다시는 법에 저촉되지 않는 일이 발생하게 될까요?"

반면 2심 재판부의 판결처럼 법원이 '하등의 가치'가 없는지만을 소극적으로 판단하고, 이 판단 기준에 따라 음란물이 되는 경우의 수를 최소화시키는 판례가 축적된다면, 예술가들은 법을 의식하지 않고 자유롭게 예술 활동에 매진할 수 있다. 법이 합법/불법이라는 자신의 양가적 코드에 충실할 때 법은 법다울 수 있고 예술은 예술다울 수 있는 것이다. 그런 의미에서 2심 재판부의 판결은 '법이 사회에서 할 수 있는 일'을 명확히 한계 짓고 그 이외의 판단은 다른 체계에 맡기겠다는 의지의 표현으로 해석될 수 있다. 이제 법은 고유의 기능이 회복되었고, 예술가들은 법의 소환을 두려워하지 않을 수 있게 되었다. 하등의 학술적 가치가 없는 학술 활동을 하거나 하등의 예술적 가치가 없는 예술 활동을 하지만 않는다면 말이다.

법의 한계가 이렇게 설정되고 나니 우리는 비로소 음란물과 예술에 대한 또 다른 논의를 시작할 수 있게 되었다. 불행히도 이 법정에서의 무익한 논란 때문에 사장되고 말았지만 박교수가 원래 그 게시물을 통해 제기하려고 했던 것은 '아무런 성적 서사가 없는 성기 사진이 음란물이 될 수 있는가?'라는 질문이었다. 이 얼마나 흥미로운 주제인가? 박교수의 게시물이 학술적·사상적 '맥락'이 있었기에 음란물이 아니라면 아무런 맥락을 부여하지 않은 채 (사실 맥락이 없다는 것은 있을 수 없는 일이지만) 단순히 성기 사진만을 게시한 것은 음란물일까? 법원이 또 다른 판단 기준으로 제시한 '인간의 존엄과 가치를 훼손·왜곡'이라는 기준은 현실에서 어떻게 구체화될 수 있을까? 2심 판결문은 한편으로 법의 한계를 분명히 확인했지만 다른 한편 이렇게 또 다른 논의의 지평을 열었다. 검찰이 상고할 방침이라고 하니 이제 대법원의 판단을 기다려야 할 것이다. 대법원이 간신히 열리게 된 이 논의의 장을 법의 이름으로 무력화시키지 않기를 간절히 소망해본다.

판결에 대하여	서울고등법원 형사5부 2012. 10. 18. 2012노2340 정보통신망법 위반(음란물 유포)	판사 김기정(재판장), 정준화, 김봉원

박경신 교수가 자신의 인터넷 블로그에 남성의 성기 사진을 올린 것은 사진 아래 정보통신 심의규정과 방송통신심의위원회의 다수의견에 대

한 비판적 견해를 밝힌 전체적 맥락을 고려해볼 때 '하등의 사상적·학술적 가치를 지니지 않는 음란한 화상이나 영상'으로 볼 수 없다며 무죄 선고한 판결.

박교수는 2011년 7월 방송통신심의위원으로 재직하던 중 위원회가 한 누리꾼이 올린 남성의 성기 사진을 인터넷에서 삭제하기로 하자 이에 항의하는 차원에서 자신의 블로그에 '이 사진을 보면 성적으로 자극받거나 흥분되나요?'라는 제목으로 위원회의 음란물 심의를 비판하는 글과 함께 이 사진들(남성의 성기 사진 7장과 벌거벗은 남성의 뒷모습 사진 1장)을 올렸다가 음란물 유포 혐의로 기소됐다. 1심 재판부는 이를 음란물 게시로 보고 벌금 300만 원을 선고했다.

인터넷 게시판에서 글을 쓰거나 어떤 기사를 보고 댓글을 달아보려는데 '로그인 후 하십시오'라는 메시지가 떠서 반감이 들던 기억이 누구에게나 있을 겁니다. 본인 인증이라는 절차를 거쳐야 했습니다. 인터넷실명제(제한적 본인확인제)는 전 세계에서 유일하게 한국에만 있던 제도라 그동안 대표적인 갈라파고스 규제라며 웃음거리가 되어왔습니다. 헌법재판소의 위헌 결정은 인터넷의 자유와 이용자의 프라이버시 보호를 위한 헌법적 근거로서 의미가 아주 큽니다._**인터넷실명제 위헌 결정**

인터넷실명제 위헌 결정에 대한 소평석

인터넷실명제를 '헌법적으로 공격하기' 어려운 것은 내용 규제가 아니기 때문이다. 표현은 내용을 전달하는 수단이므로 내용이 전달되면 표현의 목표는 달성된 것이다. 표현 내용 규제가 아닌 표현 방법 규제는 내용 전달이라는 표현의 목표를 훼손하지 않으므로 표현의 자유에 대한 제약이 낮다고 볼 수 있다. '누가 썼는지 저자만 밝힌다면 마음 놓고 이야기해도 좋다'라는 짐짓 너그러워 보이는 목소리에 날카로운 헌법 이론을 갖다 대기는 어렵다.

표현 방법 규제는 이전까지 한국에서 위헌 판정을 받은 사례가 없고 미국 연방대법원에서도 '중도 심사intermediate scrutiny'가 기본이다. 미국과 한국, 독일 모두에서는 국가 공권력이 기본권을 제약하는 정도가 심대하다면 그 제약을 정당화하는 공익도 그만큼 명백하고 중요해야 한다는 헌법 원리가 어떻게든 작동한다. 이렇게 공권력 행사 조건으로 명백하고 중요한 공익을 요구하는 것을 '엄격 심사'strict scrutiny라고 부른다. 중도 심사는 이보다 기준이 낮은 심사를 말한다. 표현의 자유의 경우 표현 내용 규제에는 엄격 심사가 적용되는데 바로 '명백하고 현존하는 위험'이 있는지 심사하는 수준이다.

1. '표현의 자유에 대한 사전 제한은 공익의 효과가 명백해야만 합헌이다'

사전 검열은 예외로 방법 규제이지만 표현 발화 이전에 작동해 합법적 표현 의사를 가진 사람을 위축시키기 때문에 일반적 내용 규제보다 훨씬 엄격한 심사를 받는다. 한국에서는 거의 위헌과 같은 수준이다. 청구인 측은 인터넷실명제를 사전 검열로 보이게 하려고 무진 애를 썼지만 실패했다.

"게시 글의 내용에 따라 규제하는 것이 아니고 정보 통신 서비스 제공자의 삭제 의무를 규정하고 있지도 않은 바 의견 발표 전에 국가기관에 의해 그 내용을 심사, 선별하여 일정한 사상 표현을 저지하는 사전적 내용 심사로는 볼 수 없다."(헌법재판소의 이번 판시)

미국 연방대법원의 1995년 맥킨타이어 판결McIntyre v. Ohio Elections Commission은 저자 이름은 내용에 해당된다며 선거운동 실명제를 내용 규제로 보았고 엄격 심사를 적용해 위헌 판정했다. 청구인 측은 저자 이름 표시 유무에 따라 내용의 함의가 달라진다면 당연히 내용 규제로 보아야 한다고 주장했다. 한국의 헌법재판소는 이에 대해 판정하지 않았다. 한상희 교수는 헌법재판소가 '저자 이름을 내용으로 보지 않은 게 아닌가' 하고 비판하는데 그랬을 가능성이 높다.

다른 해석도 있다. 저자 이름이 내용에 해당한다 치더라도 인터넷실명제가 '국가기관이 내용을 심사 선별'하는 것은 확실히 아니라는 것이다. 물론 본인 확인 정보가 없으면 글을 올릴 수 없으니 '자동 검열'으로 볼 수도 있고 청구인 측도 그런 주장을 했다. 그런데 솔직히 말하면 사전 검열의 위축 효과는 재량의 자의적 행사 가능성에서 나오는 것이다.

SU E

사전 검열: 확실하지sure 않으면, 고소할지sue 모른다

재량 행사 여지가 없다면 사실 내용 심사더라도, 그래서 사전 검열로 분류되더라도 합헌이 될 수 있다. 본인확인제는 재량 행사 여지가 없는 것은 확실하다. 물론 그렇다고 위축 효과가 없다고도 할 수 없다. 이 사건에서 위축 효과가 일어나는 기전이 사전 검열의 그것과는 다르다는 것이다.

다행히 헌법재판소는 이 부분을 정확히 짚어주었을 뿐 아니라 그 이상을 했다. 사전 검열이라는 말 대신 사상 처음 '사전 제한'이라는 표현을 쓰면서 그 허용 요건까지 설시했다. 앞으로 수십 년은 회자될 문구로 보인다.

"표현의 자유는 민주주의의 근간이 되는 중요한 헌법적 가치이므로 표현의 자유의 **사전 제한**을 정당화하기 위해서는 그 제한으로 인하여 달성하려는 **공익의 효과가 명백해야 한다**. 본인 확인이라는 방법으로 게시판 이용자의 표현의 자유를 사전에 제한해 의사 표현 자체를 위축시키고 그 결과 헌법으로 보호되는 표현까지도 억제함으로써 민주주의의 근간을 이루는 자유로운 여론 형성을 방해한다(법익의 균형성)."

사전 검열은 검열자가 표현물 게시 가부를 결정할 때 재량권을 자의적으로 행사할 가능성으로 인해 사람들이 위축된다면, 본인확인제는 수사기관이 자의적으로 수사할 가능성이 있어 위축된다. 어차피 사전 검열이 방법 규제임에도 금기시되는 이유가 위축 효과 때문이라면 강도는 다르더라도 위축 효과를 일으키는 규제에 대해서는 금기시하지 못하더라도 엄격히 심사할 필요는 있다. 헌법재판소는 바로 이 지점에 아주 합리적인 점진주의적 법리를 만들어낸 것이다.

위의 인용에서 '명백해야 한다'라는 말을 그냥 지나쳐서는 안 된다. 이는 '명백하고 현존한 위험'과 연계시킨 것이고, 우리나라 헌법학의 숙원 중 하나인 헌법 21조의 '사전 검열'의 지엽적인 적용 범위에 대해 그 범위를 넓힌 쾌거라고 본다. 내용 심사 등의 요건을 충족하지 않아 사전 검열은 아니라고 할지라도 '사전 제한'에 이르는 정도라면 최소한 엄격한 심사는 해야 한다는 원리의 맹아라고 볼 수 있다. 인터넷실명제 외에 어떠한 '사전 제한'이 또 있을지 모르나 아마도 표현의 자유에 대한 방법 규제는 영향을 받을 것이다.

2. '인터넷실명제가 달성하는 공익은 명백하지 않다'

이러한 헌법재판소의 설시는 빈말이 아니다. 위의 인용 문단의 끝은 규범(대전제)이 적용되는 구체적 사실(소전제)을 언급하며 삼단논법으로 마무리하고 있다.

"방송통신위원회가 제시한 자료에 의하더라도 본인확인제 이후에 명예훼손, 모욕, 비방의 정보의 게시가 표현의 자유의 사전 제한을 정당화할 정도로 의미 있게 감소했다는 증거는 찾아볼 수 없다."

이러한 사실판단을 이끌어내려고 청구인 측은 무진 애를 썼다. 실제로 2007년 인터넷실명제 시행 이후 나온 인터넷실명제 효용성 연구 보고서 7건을 입수해 직접 검토했고, 가장 최근 연구인 2010년 우지숙 교수의 논문 결과를 추인해 검토 내용을 모두 헌법재판소에 제출했다. 그리고 실제로 왜 불법 정보가 줄어드는 효과가 나타나지 않았는지 그 기전을 추측해 헌법재판소에 제안했다. 이는 결정문에 반영되었다.

"본인확인제에 의하더라도 가해자가 주민등록번호와 명의를 도용하는 경우에는 가해자를 특정하기 어려움."

헌법재판소는 인터넷실명제로 얻을 수 있는 공익이 명백하지 못함을 다음 같은 놀라운 문단으로 전개한다.

"우리 법상의 규제가 규범적으로 현실적으로 적용되지 아니하는 통신망이 존재하고 그에 대한 인터넷 이용자의 자유로운 접근이 가능함에도 (…) 본인확인제를 규정함으로써 국내 인터넷 이용자들의 해외 사이트로의 도피, 국내 사업자와 해외 사업자 사이의 차별 내지 자의적 법집행의 시비로 인한 집행 곤란의 문제를 발생시키고 있는 바 (…) 인터넷은 전 세계를 망라하는 거대한 컴퓨터 통신망의 집합체로서 개방성을 그 주요한 특징으로 하므로 외국의 보편적 규제와 동떨어진 우리 법상의 규제는 손쉽게 회피될 수 있고, 그 결과 우리 법상의 규제가 의도하는 공익의 달성은 단지 허울 좋은 명분에 그치게 될 수 있음을 간과한 것(법익의 균형성)."

설명이 획기적이다. 우선 "우리 법상의 규제가 규범적으로 현실적으로 적용되지 아니하는 통신망이 존재하고 그에 대한 인터넷 이용자의 자유로운 접근이 가능함"을 적시했다. 이는 놀라운 지적이다. 법을 적용하기가 현실상 어려운 경우 보통 그 난점을 보상하려고 더 강한 규제를 만드는 게 규제 당국의 습성이고 우리나라 사법부는 그런 습성에 제재를 거는 과감함을 보여주지 않았는데 이번에 '현실을 인정하자'라는 목소리가 들린다. 특히 이 부분은 블로터닷넷 측의 사업자 의견서와 구

글 측의 '유투브 대첩'이 주효한 것으로 보인다. 결국 인터넷 망이나 정보에 직접적인 규제를 가하는 소위 '대對정보 규제'의 한계를 인정하고 대인 규제인 형법이나 민사 불법행위로 회귀할 것을 염두에 둔 것 같다. 심의를 전혀 받지 않은 앵그리 버드Angry Birds를 국내에서 자유롭게 플레이하는 유저들이 눈앞에 어른거리고, 게임등급제나 게임셧다운제 같은 다른 인터넷 규제에 대한 함의의 속삭임이 벌써 들린다.

3. '인터넷실명제에 의한 익명 표현의 자유 침해는 심대하다'

헌법재판소는 저울의 반대쪽, 즉 본인확인제에 의해 침해되는 기본권에 대해서도 현실을 직시하는 판시를 하고 있다.

"인터넷 공간에서 이루어지는 익명 표현은 인터넷이 가지는 정보 전달의 신속성 및 상호성과 결합하여 현실 공간에서의 경제력이나 권력에 의한 위계구조를 극복하여 계층, 지위, 나이, 성 등으로부터 자유로운 여론을 형성함으로써 다양한 계층의 국민 의사를 평등하게 반영하여 민주주의가 더욱 발전되게 한다. 따라서 비록 인터넷 공간에서의 익명 표현이 부작용을 초래할 우려가 있다 하더라도 그것이 갖는 헌법적 가치에 비추어 강하게 보호되어야 한다."

"이 사건 본인확인제는… 표현의 내용을 불문하고 주요 인터넷 사이트의 대부분의 게시판 이용과 관련하여 본인 확인을 요구하고 있다. 이는 정보 등을 게시하고자 하는 자가 무엇이 금지되는 표현인지 확신하기 어려운 상태에서 본인의 이름, 주민등록번호 등의 노출에 따른 규제나 처벌 등 불이익을 염려하여 표현 자체를 포기하게 만들 가능성이 높고, 인터넷을 악용하는 소수의 사람들이 존재하고 있다는 이유로 대다수 시민의 정당한 의사 표현을 제한하는 것으로서 익명 표현의 자유에 대한 과도한 제한이라 할 것이다(법익의 균형성).”

‘부작용을 초래할 우려가 있더라도’와 같은 표현은 우리나라의 친親규제적 사법부에서는 많이 보지 못한 것이다. 또 인터넷실명제가 결국 범죄 예방이 목표인데도 범죄의 개연성과 관계없이 모든 글에 실명 의무를 부과해 개인 정보를 요구하고 인터넷 사용자를 위축시키는 전혀 세련되지 못한 규제라는 것도 체감하고 있는 듯하다.

4. ‘인터넷실명제에 의한 개인정보 자기결정권 침해는 심대하다’

헌법재판소는 표현의 자유뿐 아니라 프라이버시권과 관련한 법익도 침해되는 현실을 파악하고 있다. 비록 앞부분에서 사생활의 비밀 침해에 대해서는 판시하지 않겠다며 그보다 훨씬 넓은 개념인 개인정보 자기통제권에 대해 판시해서 조금 서운한 마음은 들지만 말이다.

“본인확인제는… 모든 게시판 이용자의 본인 확인 정보를 수집하여 장기간 보관하도록 함으로써 개인 정보가 유출될 위험에 놓이게 하고 다른 목적에 활용될 수 있도록 하며, 수사 편의 등에 치우쳐 모든 국민을 잠재적 범죄자와 같이 취급하는 바 (…).”

2010년 1월 헌법소원을 제기한 뒤 2년 동안 대형 개인 정보 유출 사태가 여럿 일어났는데 청구인측이 낸 서면을 보면 마치 예언서를 읽는 것 같다. 헌법재판소도 개인 정보 유출의 위험을 짧은 결정문에서 두 차례나 언급한 것을 보면 사태의 영향을 받은 듯하다.

또 하나 중요한 부분은 '수사 편의 등에 치우쳐 모든 국민을 잠재적 범죄자와 같이 취급한다'라는 설시다. '잠재적 범죄자'라는 표현은 참고인 진술서에도 반복되어 나온다. 헌법재판소는 인터넷실명제를 통해 축적된 정보가 통신 자료를 제공하라고 요청하는 수사기관에 전달된다는 점을 지적하며 '수사 편의'라는 표현을 쓴 것이다. 그리고 본인 확인 정보가 유출되면 인터넷 포털 회사의 고객은 권리를 침해될 우려가 있음을 아래 문단에서 강하게 드러난다.

"본인 확인 정보 보관 의무 부과로 인하여… 수사기관 등이 정보통신 서비스 제공자에게 이용자의 개인 정보 제출을 요청(전기통신사업법 83조 3항)하는 경우 발생할 수 있는 본인 확인 정보의 보관 목적 외 사용 우려에 비추어보면, 개인정보 자기결정권의 제한 역시 중대함을 부인할 수 없다."

헌법재판소는 같은 날 통신 자료 제공 제도(구 전기통신사업법 54조 3항)에 대한 헌법소원에서 해당 조항이 '법적 강제력'이 없다며 각하했지만(2010헌마439), 이를 보면 임의 제출 성격의 사적 행위라고 할지라도 틀림없이 권리 침해가 일어났고 있음을 인정한 것이다. 본인 확인 정보는 불법 정보를 바로잡으려는 것이지 수사를 위한 것이 아님에도 수사기관의 강압과 인터넷 포털 회사의 법적 오해(?)와 방조 속에서 본인 확인 정보가 제공되는 건 틀림없이 '보관 목적 외 사용'이다.

참여연대는 현재 한 통신 업체를 상대로 통신 자료 제공에 대한 손해배상을 제기한 상태이고 이번 헌법재판소 결정은 이에 긍정적인 영향을 미치리라 기대한다. 이번 결정을 통해 인터넷 포털 회사는 자발적으로 고객 정보를 유출해왔음이 확인되었기 때문이다. 물론 포털 회사 측은 법이 강제한다기보다는 법이 허용하기 때문에 그랬다고 항변한다. 그런데 포털 회사는 다른 모든 기업이 그러하듯이 법이 허용하는 많은 것을 하지 않는다는 조건으로 고객을 유치해오지 않았는가. 예컨대 품질보증을 해야 할 의무는 없지만 품질보증을 해준다는 조건으로 고객을 유치한다. 그렇다면 그 조건을 어기면 손해배상 책임을 져야 한다. 또 포털 회사는 사생활의 비밀의 범위는 관련 법에 설정되어 있고 그 안에서 이용하고 있다고 항변할지 모르지만 개인정보 자기통제권은 개인정보의 정의가 아주 폭이 넓으므로 어떤 변명도 빠져나갈 틈이 없다. 어찌됐든 이번 결정은 인터넷 포털 회사가 인터넷실명제와 통신 자료 제공 제도 모두 시행할 법적 의무가 없음을 확인했다. 포털 회사는 두 제도를 즉시 중단해야 한다.

5. 전망: 공직선거법상 인터넷실명제

걱정스러운 것은 방송통신위원회의 내부 소식통에 의하면 경찰과 국정원이 방송통신위원회가 인터넷실명제를 포기하지 않도록 전 방위로 로비를 펼쳤다고 한다. 실제로 2009년경 통신 자료 제공 건수는 우리나라 총 압수수색 건수인 10만여 건을 넘어섰다. 한 번 통신 자료를 제공할 때 URL 20~30개를 포함하고 있으므로 수사의 상당 부분이 인터넷실명제로 축적된 정보에 의지하고 있는 것이다. 헌법재판소가 통신 자료 제공 제도에 대한 헌법소원에서 각하 결정을 했으니 아마도 경찰과 국정원은 이제 인터넷 포털 회사에 로비를 집중할 것이다.

공직선거법상 실명제(선거운동 기간 인터넷 게시판에서 실명 인증)는 이번 결정과 2011년 12월 공직선거법의 인터넷 선거운동 금지 위헌 결정으로 더 이상 존속할 이유가 없어져버렸다. 우선 인터넷 선거운동 금지 위헌 결정은 인터넷에 올라올 '불법 정보'의 폭을 대폭 줄여버렸다. 예전에는 후보자를 지지하고 반대하는 모든 글이 공직선거법 93조와 254조에 의거해 불법이 될 우려가 있었고 그와 같은 지대한 공익에 비해 본인 확인은 상대적으로 정당화되었다. 이제는 허위사실 공표, 후보자 비방 글만이 불법이 되므로 이러한 소수의 글을 잡으려고 유권자 다수에게 족쇄를 씌우는 것은 위헌 가능성이 높다. 또 이번 결정에 적용된 논거(사전 제한→명백한 공익?→불법 정보 감소?→익명 표현의 자유 침해→개인 정보 유출 가능성→통신 자료 제공 가능성)는 공직선거법에도 동일하게 적용된다. 차이점은 기간 제한인데 이 부분은 불법 정보의 범위가 줄어듦으로써 보상될 것으로 보인다.

선거관리위원회와 국회는 공직선거법 실명제를 폐지해야 한다. 공직선거법 실명제의 가장 큰 문제는 어떤 글이 선거에 관한 글이 될지 인터넷 포털 회사가 미리 예측할 수 없기 때문에 결국 게시물을 올리는 모든 이에 대해 본인 확인을 할 수밖에 없다는 것이다. 공직선거법 하나만을 위해 인터넷의 익명성을 없애버린다는 것은 어떤 법원의 형량을 통해서도 합헌 결과가 나오기 어려울 것 같다.

6. 사람은 익명으로 태어난다

이번 결정에서 가장 마음에 드는 문구는 '잠재적 범죄자'라는 표현이다. 인터넷실명제는 기본적으로 국가와 개인과의 관계를 감시자와 감시 대상으로 만들려는 여러 제도 중 가장 중요한 제도라고 볼 수 있다.

'네가 무슨 일을 할지 모르니 무슨 일을 하든 나중에 추적할 수 있도록 표지를 남겨라'라는 취지다.

온라인 글쓰기가 자동차 운전이나 부동산 소유, 금융 거래처럼 물리적으로 위험하거나 사회적으로 폐해가 많은 일이라면 이러한 감시-피감시 관계의 설정이 정당화되지만 그렇지 않은 이상 이러한 관계 설정은 국민을 '잠재적 범죄자'로 간주하는 것이다. 이러한 논리는 다른 비슷한 제도에도 적용될 수 있는데 특히 핸드폰 실명제, 주민번호제도, 공인인증서 제도가 그러하다.

사람은 익명으로 태어난다. 그 사람의 익명은 타인에게 해를 주는 행동과 결부되지 않는 한 철회될 이유가 없다. 이번 결정은 익명은 디폴트 세팅default setting이며 '범죄자 취급=실명'이라는 인식을 확산시키는 데 기여할 것이다. 청구인 측은 익명성이 인터넷의 폐해라는 방송통신위원회의 주장에 대해 공들여 반박하였는데 이를 요약하면 이렇다. 익명성은 사람이 인터넷을 만나서 얻게 된 '무기'가 아니라 원래 이전부터 가지고 있었던 것이고, 인터넷은 이를 잘 보존해 인류 문명의 새 시대를 연 것이며, 인터넷에 대한 수사가 얼마나 유별나게 편한지의 문제가 남아 있지 익명성의 폐해는 없는 것이다. 결국 수사 편의를 위해 디폴트 세팅을 바꾸려는 쪽이 입증 책임을 져야 한다.

판결에 대하여	헌법재판소 2012. 8. 23. 2010헌마47 정보통신망법 44조의5 1항 2호 등 위헌 확인

인터넷상 본인확인제라는 인터넷실명제는 위헌이라는 결정.

헌법재판소는 인터넷 언론사인 미디어오늘 등이 2010년 낸 헌법소원에서 재판관 전원 일치 의견으로 위헌 결정했다. 인터넷 게시판 이용자로 하여금 본인 확인 절차를 거쳐야만 이용할 수 있도록 한 본인확인제는 과잉 금지 원칙에 위배해 이용자의 표현의 자유와 개인정보 자기결정권, 게시판을 운영하는 정보통신 서비스 제공자의 언론의 자유를 침해하므로 헌법에 위반된다는 것이다. 이로써 2007년 7월부터 시행된 인터넷실명제는 5년 만에 효력을 잃었다.

공직선거법상 인터넷실명제로 불리는 공직선거법 82조의6(선거운동 기간에 인터넷 게시판 이용자는 실명 인증)은 놀랍게도 아직 존치되고 있다. 2012년 8월 위헌 결정 후 중앙선거관리위원회가 국회에 법 개정을 요구했지만 아직까지 국회는 이를 미루고 있다.

전기통신 사업자는 이용자의 개인 정보를 수사기관에 넘길 수 있다고 규정한 전기통신법 83조 3항도 여전히 존속되고 있다. 참여연대 공익법센터는 2013년 4월 16일 이동통신 서비스 가입자들의 통신 자료를 수사기관에 제공했는지와 관련해 이동통신 3사를 상대로 정보공개를 청구하고 손해배상 청구 소송을 제기했다.

경찰은 신고하지 않은 집회라는 사실을 빌미 삼아 해산 명령을 남발하고 있습니다. 집회 참가자들이 인도를 벗어나지 않으며 평화로운 방식으로 진행했고 교통 방해도 없었는데도 단순히 미신고 집회라는 이유만으로 해산 명령을 내리고 있습니다. 대법원은 이번 판결에서 경찰의 해산 명령에 대해 좀 더 엄격한 요건을 제시했습니다. 집회와 시위로 인해 공공질서를 해칠 '명백하고 현존하는 위험'이 있는 경우에 한해 해산 명령을 내릴 수 있다고 했습니다.__**집시법상 해산 명령의 적법 요건**

'명백하고 현존하는 위험' 없는 집회에 대한 해산 명령은 위법

존 스튜어트 밀은 《자유론On Liberty》에서 권력 발동의 한계를 설정하면서 '권력은 한 개인이 다른 개인에게 해악을 가할 때만 개입해야 한다'고 주장했다. 보통 '해악론harm principle'이라 부르는 이러한 생각은 자유주의의 기본이라 할 수 있다. 해악론을 표현 행위에 적용하면 어떻게 될까?

일반적으로 표현 행위는 그 물리적 효과(해악)가 직접적으로 나타나지 않는다. 표현은 듣는 사람의 반응이 있어야 비로소 그 효과가 나타난다. '저 집 창문에 돌을 던져라' 하고 말하더라도 그 말을 들은 사람이 그대로 행동하지 않는 한 아무런 해악이 발생하지 않는다. 반면 행동은 그 물리적 효과가 직접적으로 일어난다. 이러한 까닭에 해악론은 표현 행위에 대해서는 표현이 실제로 다른 사람에게 해악을 줄 명백하고 현존하는 위험이 있는 경우, 즉 표현이 행위처럼 작동할 때에만 규제할 수 있다는 식으로 발전하게 된다. 이를 '명백하고 현존하는 위험 원리'clear and present danger rule라고 부른다.

대표적으로 1919년 홈스Oliver Holmes 미국 연방대법관이 내린 셍크 판결Schenck v. United States을 들 수 있다. 징집을 방해하는 행위를 금지한 간첩법이 징집 반대 선전물에도 적용될 수 있는지를 다루면서 표현이 성격·정황상 실체적 해악substantive evils을 발생시킬 명백하고 현존하는 위험이 있을 때만 처벌할 수 있다고 판단했다. 이때 홈스 대법관이 명백하고 현존하는 위험이 있는 상황의 예로 든 것은 사람들이 가득 찬 극장에서 '불이야'하고 소리 지르는 행위였다.

명백하고 현존하는 위험 원리

현재 대부분의 국가들이 명백하고 현존하는 위험 원리를 표현 행위를 제한하는 국가권력의 한계로 삼고 있다. 한국도 모든 표현 행위에 대해 이 원칙을 존중한다고 밝힌다. 그런데 과연 그럴까? 현행 집시법은 신고하지 않은 집회는 아무런 위험이 없더라도 바로 경찰이 해산을 명할 수 있다고 규정하고 있다. 실제 경찰은 미신고 집회가 아무리 평화적으로 진행되더라도 기계적으로 해산 명령을 내리고 있다.

경찰의 '집회시위현장 법집행 매뉴얼'만 봐도 그렇다. "미신고 집회에 해당하면 평화적으로 진행되더라도 방치하지 말고 곧바로 미신고 불법 집회임을 고지하고 종결 선언, 자진 해산 요청, 불응시 해산 명령 등 엄정 대응"이라고 정하고 있다. 잠깐만 봐도 명백하고 현존하는 위험 원칙에 위배됨을 알 수 있다.

이러한 법과 집행 태도를 바로잡으려고 그동안 여러 차례 시도했지만 미신고 집회에 대해 실질적 위험성을 따져 집회 해산의 정당성을 판단하는 판결은 나오지 않았다. 참고로 독일의 경우 집회법은 집회 주최자에게 신고 의무를 부과하고 신고 의무를 이행하지 않은 집회는 해산시킬 수 있도록 규정하고 있는데, 독일 연방헌법재판소는 '미신고 집회라는 이유만으로 해산 명령을 할 수 없고, 공공의 안전과 질서에 직접적

그렇다면 국민이 나설 수밖에 없지 않을까

위험을 야기하는 경우에만 해산할 수 있다'고 판단한 바 있다.

2012년 4월 26일 대법원은 '미신고 집회라고 하더라도 타인의 법익이나 공공질서에 실질적인 위험을 일으킬 정도에 이른 집회에만 해산 명령을 내릴 수 있다'라는 취지의 판결을 선고했다. 재판부는 다음과 같이 밝혔다.

"신고 의무는 원래 행정관청에 집회에 관한 정보를 전달해 질서유지에 협력하도록 하는 데 의의가 있는데, 미신고 집회에 대해 기계적으로 바로 해산 명령을 내릴 수 있게 하면 집회에 대한 사전신고제가 실질적으로는 헌법이 금지하고 있는 허가제로 변질되게 될 것이다."

사전신고제 자체를 여전히 합헌적으로 보면서 미신고 집회의 주최자를 처벌하는 것의 정당성을 인정한 아쉬움이 남지만, 이 판결을 계기로 경찰의 법 집행에 큰 변화가 일어나리라고 보인다. 경찰은 미신고 집회라는 이유로 바로 해산시키지 않고 실질적인 위험성을 따져 해산 명령을 내릴 것이다.

물론 노무현 전 대통령 서거 당시 경찰이 차벽을 설치해 시민의 통행을 제지한 행위에 대한 위헌 결정이 나오고, 신고된 집회의 내용에서 일정 부분 일탈했다 하더라도 바로 해산해서는 안 된다는 대법원 판결(2011. 10. 13. 2009도13846)이 나온 뒤에도 경찰의 태도는 달라지지 않았다. 계속 차벽을 설치하고 신고된 내용과 다르다는 이유만으로 집회를 해산시켜왔다. 과연 경찰은 이 판결에 어떻게 반응할지 무척 궁금하다. 여전히 대법원과 헌법재판소가 뭐라고 하든지 간에 나는 권력의 눈치만 보겠다는 태도를 취할까? 그렇다면 국민이 나설 수밖에 없을 것이다.

판결에 대하여	대법원 1부 2012. 4. 26. 2011도6294 집시법 위반	대법관 안대희, 김능환, 이인복, 박병대(주심)

집시법 규정이 경찰의 해산 명령의 요건을 정하고 있지 않더라도 옥외 집회나 시위로 공공질서에 명백하고 현존하는 위험을 초래하는 경우에 한해 해산을 명할 수 있다고 봐야 하는데 미신고라는 사유만으로 해산 명령을 내리면 이는 집회의 사전신고제를 허가제처럼 운용하는 것이나 다름없어 집회의 자유를 침해한다며, 집회를 사전에 신고하지 않았다가 나중에 해산 명령에 불응한 혐의를 유죄로 인정한 원심을 깨고 돌려보낸 판결.

삼성 반도체 공장에서 근무하다 백혈병으로 숨진 한 노동자의 발인식 날 회사를 규탄하는 집회를 열고 해산 명령에 불응한 혐의로 기소된 '반올림' 단체 소속 6명의 상고심에서 재판부는 벌금 50~70만 원을 선고한 원심을 깨고 사건을 돌려보냈다. 2010년 4월 이들은 서울성모병원 장례식장에서 삼성전자 본사까지 행진하는 집회를 계획했다가 병원 정문에서 제지됐다.

● 2014년 판결비평 '모든 집회를 사전에 신고하라는 발상이야말로 위헌적이다' 참조

2012년 1월 법원은 국공립대의 기성회비 징수에 법적 근거가 없다고 판결했습니다. 지난 10년간 등록금이 83퍼센트나 폭등한 이유가 있었습니다. 지금 기성회비는 등록금의 80퍼센트 이상을 차지할 정도로 비중이 높습니다. 그동안 국공립대는 인상 절차가 까다로운 수업료 대신 기성회비를 올려 수입을 늘렸고 이를 인건비 등 근거 없는 항목에 지출했습니다. 이 판결이 나온 뒤 기성회비를 반환하라는 소송이 잇따르고 있습니다.__**기성회비 반환 소송**

국공립대 기성회비 반환 판결의 의미와 해결 방안

2012년 1월 말 법원은 서울대를 비롯한 8개 국립대의 학생 4219명이 각 대학 기성회와 대한민국을 상대로 제기한 '부당이득금 반환' 청구 소송에서 원고 일부 승소 판결했다(대한민국에 대한 청구, 보호자가 기성회 이사를 역임해 자발성이 인정되는 원고의 청구는 기각했다). 파장은 꽤 컸다. 국립대학교 총장들이 모임을 갖고 대책을 논의하는가 하면 언론은 연일 판결에 따라 반환할 경우 그 액수가 얼마나 될지를 기사로 다뤘다(중앙일보의 보도에 따르면 10년 동안 국립대 학생들이 낸 기성회비를 합산하면 13조가량 된다고 한다). 판결 이후 만나는 사람마다 필자에게 '도대체 기성회비가 뭐냐'고 물어왔다. 이번 판결의 가장 큰 의의는 바로 여기에 있는 듯하다. 그동안 국립대 등록금의 80퍼센트 이상을 차지하지만 아무도 관심을 기울이지 않던 기성회비가 무엇인지 사람들은 궁금해하기 시작했고 '무언가' 문제가 있다는 점을 모두 알게 되었다.

국내 각 대학의 기성회는 1963년 부족한 교육 시설과 운영 경비를 지원하려고 자발적 후원회 성격으로 발족되었다(육성회를 떠올리면 될 듯하다). 기성회비는 수업료와 함께 등록금에 포함되어 징수되었고 대학은 이를 납부하지 않은 학생은 등록할 수 없게 했다. 그런데 문제는 그동안 기성회비가 법령과 학칙, 규약 그 어디에도 근거가 없는 채 부과되었다는 것이다. 판결의 요지를 살펴보면 다음과 같다.

기성회비는 법령상 근거가 있는가

고등교육법 11조 1항은 "학교의 설립자·경영자는 '수업료와 기타 납부금'(등록금)을 받을 수 있다"고 규정하고 있다. 그렇다면 '기타 납부금'에 기성회비가 포함되는지 따져볼 수 있다. 이번 사건 법원은 이 규정이 기성회비의 법적 근거가 될 수 없다고 판시했다. 이 고등교육법 규정의 위임을 받아 2007년 3월 23일 교육과학기술부령으로 제정된 구 대학 수업료 및 입학금에 관한 규칙은 '고등교육법 11조에 따라 각 학교에서 수업료, 입학금을 부과·징수·감면할 수 있다'고 규정하고 있는데 '기타 납부금'으로 입학금만 한정하고 있을 뿐 기성회비에 관한 언급은 전혀 없다는 것이다.

기성회비가 등록금에 포함될 수 있는지를 명시적으로 밝힌 규정도 존재하지 않는다. 또 수업료와 입학금, 기성회비의 법적 성격, 결정·징수·집행의 주체 및 절차 등을 비교해보면 분명히 차이가 나므로 '기타 납부금'에 기성회비가 포함될 수는 없다(OECD의 정의에 따르면 학생이 학교에 납부하는 공교육비는 수업료뿐이며 입학금도 포함되지 않는다. OECD 회원국 중 대학이 소정의 입학금을 징수하는 나라는 한국과 일본밖에 없다).

등록금은 학생이 입학할 때 학교에 등록하기 위해 선급으로 납부하는 돈이지만, 기성회비는 기성회가 목적 사업을 수행하는 데 필요한 재정을 확보하는 차원에서 나온 방법으로 그 회원이 각 규약에 근거해 내는 자율적인 회비이므로 그 성격과 취지가 다르다. 따라서 각 금액의 결정·징수·집행의 주체 및 절차도 다르다. 기성회비는 기성회가 담당하지만(등록금 고지서에 기성회장이라고 분명히 명시되어 있다), 등록금은 대한민국 소속의 총장, 수입 징수관이 징수·집행한다. 교육과학기술부장관이 제정한 업무처리지침(훈령)인 국립대학 비국고회계 관리규정도 입학금과 수업료가 귀속되는 국고회계와 기성회비가 귀속되는 비국고회계를 구별하고 기성회의 장이 주관함을 원칙으로 하되 국립대 총장이 기성회의 예산 편성·집행 등 예산·회계 사무를 위임받아 처리하는 경우에도 기성회의 규약과 이사회 의결에 기속된다고 규정하고 있다. 이는 수업료와 입학금, 기성회비의 차이점이 반영된 것이다.

설령 기성회비가 고등교육법 규정의 '기타 납부금'에 포함된다고 해석하더라도 다음과 같은 헌법, 법률상 문제가 남는다.

1. 국립대학교를 설립하고 경영하는 국가는 국민의 기본권을 보장할 의무가 있다. 그와 같은 국가가 특별한 공익적 사유 없이 학생과 기성회 사이의 자율적 회비 납부라는 사법상 법률관계에 개입해 이를 고등교육법상 학생의 납부 의무로 강제하는 건 국민의 사적 자치권 등 일반적 행동자유권과 평등권, 재산권 등에 대한 침해다.

2. 기성회비가 기성회 회원이 내는 자율적 회비라는 당초의 성격에서 오랫동안의 관행을 거쳐 실질적으로는 재학생이 국립대의 수업을 받는 대가로 변질한 것이라고 치자(교육 구매 비용이거나 수익자 부담 원칙에 따라 납부하는 것이라는 피고의 주장처럼). 그렇더라도 재학생은 이미 매학기 수업의 대가로 수업료를 내고 있는데 이와는 별도로 기성회비라는 명목으로 또 수업의 대가를 지불하는 건 이중 납부다. 더욱이 수업의 대가를 국립대나 그 설립자인 국가가 아니라 제삼의 사적 임의단체에게 납부하라고 국가가 법률로써 강제해야 할 특별하고 합리적인 근거가 없다.

3. 만일 기성회비가 국립대의 고등교육에 대한 대가나 반대급부의 성격이 아니라 고등교육법이 재학생의 납부 의무를 규정한 것이라면 이는 용역의 제공과 관계없이 특정한 공익사업에서 특별한 이해관계자에게 경비를 부담시키는 일종의 부담금이다. 그렇다면 그 부과·징수는 공법상 침익적 행정처분이므로 평등 원칙과 명확성 원칙, 비례성 원칙 같은 기본권 제한 입법의 한계를 준수해야 한다. 그런데 기성회비와 관련한 법률상 조항은 고등교육법 11조 1항이 유일하고, 부과 및 징수 주체, 설치 목적, 부과 요건, 산정 기준, 산정 방법, 부과 요율 등에 관한 규정은 전무하다.

결국 이를 종합하면 고등교육법과 각 규칙, 훈령의 규정만으로는 기성회비가 등록금에 해당하거나 학생이 기성회에게 기성회비를 직접 납부할 법령상 의무를 부담한다고 볼 수 없다.

기성회비는 국립대 학칙에 근거가 있는가

일부 국립대는 학칙에 '매학기 납부금에는 수업료, 입학금 외에 기성회비도 포함된다'는 취지로 규정하고 있는데 이를 근거로 기성회비를 징수할 수 있을까. 국립대 학칙은 영조물(공공시설물) 규칙으로서 원칙적으로 대외적 법규성은 없지만 재학생이 건물을 사용하는 이상 특별한 사정이 없으면 학칙을 준수할 의무가 있다.

하지만 기성회비의 본래 성격은 기성회가 별도 규약에 따라 그 회원에게 징수하는 것이지 국립대와 재학생 사이의 영조물 사용 관계에서 부과되는 대가가 아니다. 또 기성회의 규약에 따르더라도 회원은 재학생의 '보호자'이지 재학생이 아니므로 사용 관계가 아닌 재학생의 보호자에게는 미치지 않는다. 따라서 일부 국립대가 학칙으로 '기성회의 회원이 아닌 재학생으로부터 기성회비를 징수하거나 재학생이 제삼자에게 기성회비를

미친 등록금의 나라

납부할 것'을 규정한 것은 영조물 규칙인 학칙의 제정 한계를 벗어난다(이 때문에 각 대학은 총장이 아닌 기성회장 명의로 기성회비를 징수하고 있다). 한편 고등교육법상 학칙은 법령의 범위에서 제정할 수 있는데 앞서 살펴본 대로 기성회비는 법령의 근거가 없으므로 이 또한 곤란하다. 결국 일부 국립대가 학칙으로 기성회비에 대해 규정하고 있더라도 그 자체로 재학생이 기성회에게 기성회비를 납부할 의무가 있다는 근거가 될 수 없다.

국립대 기성회의 규약이 기성회비의 근거가 될 수 있는가

기성회는 기본적으로 비법인사단(권리능력이 없는 사단)이라는 성격을 갖는다. 기성회 규약 자체의 규정만으로는 탈퇴하거나 가입하지 않을 자유가 보장되지 않고, 명시적으로나 묵시적으로도 회원 가입 및 규약 승인 의사를 밝히고 있다고 볼 정황도 없다. 따라서 학생과 보호자는 기성회의 회원이 아닐 수 있으므로 기성회 규약이 학생과 보호자가 기성회에 기성회비를 납부할 의무가 있다는 법적 근거가 될 수 없다.

이번 판결은 기성회비의 법적 근거에 대해 광범위하게, 전면적으로 검토했다. 이는 기성회비가 '괴이한' 구조를 가지고 있음을 재판부가 공감했기에 가능했던 일이라고 보인다.

'비국고회계' 기성회비, 국립대의 쌈짓돈

국립대 학생이 납부하는 등록금 중 기성회비가 차지하는 비중은 2002~2007년 80퍼센트 정도였는데 2010년에는 84.6퍼센트로 더 커졌다. 더욱이 매년 기성회비의 인상률이 수업료 인상률보다 더 높았다. 당연히 아무런 문제 제기를 할 수 없는 신입생의 경우 인상률은 훨씬 높았다.

국립대는 국가가 설립·운영하는데도 징수된 기성회비는 수업료와 달리 국고회계가 아니라 비국고회계로 귀속되고 이를 각 학교가 별도 관리한다(별도의 회계를 법률에 의해 설치하지 않는 것도 기성회비가 유일하다). 국가가 나서서 징수하는 돈인데도 관리할 수 없는 부분이 존재하는 것이다. 감독되기 어려운 돈은 어쩌면 당연하게도 말 그대로 국립대의 '쌈짓돈'으로 사용돼왔다. 기성회비의 상당 부분은 실제로 연구를 하지 않는 교직원에게 연구비 명목으로 일괄적으로 '급여 보조성 인건비'로 지급되거나. 해외연수비, 생일 선물비, 격려금, 포상금, 명절 선물비 등 사적 용도(심지어 한 대학 총장은 재임 중인 학교에서 1시간 강연을 하고 거액의 강연비를 받기도 했다)로 무분별하게 사용되었다(국민권익위원회, 2011년).

이렇게 기이한 기성회비 문제는 학생과 학부모만 몰랐을 뿐이다. 감사원과 국민권익위원회는 이미 오래전부터 자의적으로 기성회비를 징수하는 것과 기성회비를 급여 보조성 인건비나 사적 용도에 사용하는 것의 문제점을 알고 있었고 이를 꾸준히 지적해왔다. 교육과학기술부 역시 최근에 이르러서는 기성회비 부당 집행을 문제 삼으며 각 대학에 예산을 삭감하는 제재를 내리기도 했다. 결국 '당연히 등록금이겠거니' 하며 아무것도 알지 못한 학생 측만 열심히 기성회비를 납부해온 것이다.

'대한민국'은 어떻게 책임져야 할까

1심 법원은 대한민국이 불법행위에 책임에 있다는 주장은 배척했다. 부당이득의 공동 수익자라는 주장에 대해 내용적으로는 판단했지만 명시적인 판단은 내리지 않았다. 이 사건에서 대한민국은 두 가지 지위를 갖는다. 총장이라는 등록금 부과 주체의 지위와 감독 의무자의 지위다. 법원은 국립대가 단지 급여 보조성 인건비를 지급했다는 사실만으로는 불법행위가 성립하지 않고 감독 의무를 위반한 것도 아니라고 판단했다(법원 공보실은 대한민국에 대한 혐의는 기각되었다고 강조한 보도 자료를 배포하기도 했다). 교육과학기술부는 자신들은 전혀 책임이 없는 양 각 대학에 기성회비를 내리라고 권유하며 침묵을 지켰다. 또 기성회비 폐지를 위해서는 2008년에 발의했지만 국회의 반대로 통과되지 못한 국립대학교 재정·회계 법안이 대안이라고 주장하고 있다.

대한민국(국립대)을 이 사건에서 배제하는 건 구조적으로 말이 되지 않는다. 기성회는 형식상 존재하는, 실제로는 '보이지 않는' 존재다. 등록금의 80퍼센트가 넘는 돈에 대한 결정을 하면서도 학교에는 기성회 사무실이 없고, 기성회장이 누구인지 알려면 홈페이지 등에 나와 있지 않으므로 사실 조회를 해야 한다. 일부 학교는 기성회 규약에 아예 기성회 총회에 관한 규정을 두지 않는다.

결국 이러한 구조를 만든 주체도 대한민국이고, 이를 방기한 것도 대한민국이고, 이미 기성회비의 문제적 실태를 정확히 파악하고 있던 것도 대한민국이므로 책임까지 져야 한다. 변론이 진행되는 과정에서 원고에게 가장 큰 도움이 된 자료는 역설적이게도 모두 대한민국 각 기관이 제공한 것이었다. 교육과학기술부는 기성회비가 법령상 허용되지 않는 '급여 보조성 인건비' 등에 쓰이는 통에 학생 일인당 10년 동안 얼마나 많은 등록금을 더 내야 했는지를 친절히 분석해주었다.

덧붙이자면 국립대학교 재정·회계법안은 현재로서 대안이 될 수 없다. 이 법안은 기성회비를 없애고 국립대의 회계를 일원화하는 내용을 담고 있기는 하나, 국가의 재정 투입 의무를 규정하지 않고 사실 사립대의 경우처럼 수익사업을 통해 운영하라는 취지로 만들어진 것이다. 국립대의 설립 취지와는 맞지 않다. 그래서 법안이 발의된 당시 대다수 교육단체의 반대에 부딪쳤고 여전히 국회에 잠자고 있을 수밖에 없었던 것이다.

아직 사법적으로 확정되지 않았지만 어쨌든 법원조차 근거가 없다고 판단한 국립대의 등록금 징수 및 관리 구조는 하루빨리 개선되어야 한다. 기성회비를 폐지하고 수업료로 일원화해야 한다. 그렇게 되면 현행 고등교육법 11조 7항이 '등록금 인상률은 직전 3년 동안 평균 소비자 물가상승률의 1.5배를 넘지 못하도록' 규정하고 있으므로 필연코 등록금이 경감되는 효과가 생길 것이다. 다만 기성회비를 폐지하려고 해도(그럴 '의지'가 있는지 알 수 없지만) 현재 수업료가 등록금 총액의 20퍼센트에 불과해 그것만으로는 예산이 감당되지 않는다는 국립대의 저항이 있으므로, 기성회비를 폐지하는 당해 연도에 한해 '반값 등록금' 수준을 상한으로 수업료를 인상하도록 허용하는 특칙을 둘 수도 있다.

결국 국가가 국립대학교에 '정상적으로' 재정을 투입하는 방향으로 나아가야 한다. 현재 우리나라 대학 가운데 국립대는 13퍼센트에 불과한데 이마저도 전체 재정의 40퍼센트 이상을 등록금에 의존하고 있어 '국립'이라는 말이 무색하다(《미친 등록금의 나라》라는 책에 의하면 국민 일인당 GDP 대비 국공립대 등록금 비중은 한국이 16.8퍼센트로 가장 높은 수준이다. 노르웨이와 스웨덴, 핀란드, 체코, 멕시코는 0이고, 프랑스는 0.6~3.7, 높은 축에 속하는 미국은 12.9, 일본도 13.6퍼센트 정도다). 기성회비 문제가 제도적으로 개선됨으로써 반값 등록금이 실현되면 이는 사립대에도 당연히 영향을 줄 것이고 고등교육의 구조 전반을 개선하는 문제로 모두의 관심이 쏠릴 것이다. 기성회비 문제의 해결이 이러한 방향의 첫걸음이 될 수 있다.

아직 항소심은 시작되지 않았고 여전히 쟁점이 산적해 있어 갈 길이 멀지만 기성회비의 '정체'를 드러낸 것으로 일단 '반'은 나아갔다고 믿고 싶다. 대학 등록금 문제는 단순히 일부 학생의 문제가 아니고 반값 등록금으로 이어지는 복지의 중요한 축이며, 국가 교육 정책의 본질적 문제와 국민의 교육 받을 권리와 직결되어 있다. 이 소송 역시 국민 모두에게 열린 교육의 기회를 제공하려면 어떤 제도와 틀이 필요한지를 전면적으로 모색하는 장이 되어야 한다.

판결에 대하여	서울중앙지방법원 민사26부 2012. 1. 27. 2010가합117721 부당이득 반환	판사 정일연(재판장)

기성회비는 고등교육법상 '수업료와 기타 납부금'인 등록금에 해당하지 않은 것인데 국립대가 법적 근거 없이 회비를 받아 학생들에게 손해를 입혔으니 반환하라는 판결.

서울중앙지방법원 민사26부는 서울대, 부산대 등 8개 국립대 학생들이 국가와 각 대학 기성회를 상대로 낸 부당이득 반환 청구 소송에서 각 대학 기성회는 학생들에게 일인당 10만 원씩 지급하라며 원고 일부 승소 판결했다. 국가의 책임을 물은 부분은 기각했다. 서울고등법원 민사11부는 2013년 11월 1심의 결론을 유지하면서 1심에서 일부 원고가 패소한 부분까지 뒤집어 승소 판결했다. 현재 대법원 2부가 심리 중이다.

이후 경북대, 한국방송통신대, 전북대, 군산대 등 학생들이 잇따라 기성회비 반환 청구 소송을 제기했고 법원은 그때마다 학생들의 청구를 인용하고 있다. 2014년 5월 23일 서울중앙지방법원 민사11부는 서울대 졸업생 126명이 '재학 당시 낸 기성회비를 돌려달라'며 서울대를 상대로 낸 소송에서 원고 일부 승소 판결했다.

2011년

정당인이 감시와 비판을 위해 의혹을 제기한 정치적 논평이 허위사실 유포가 될까요? 검찰 수사에 대해 일절 의문을 제기하거나 비판하지 말라는 말인가요? 인터넷 팟캐스트 방송 '나는 꼼수다'로 인기를 끈 정봉주 전 민주당 의원에게 징역 1년의 실형이 확정됐습니다. 2007년 11월 17대 대선을 코앞에 둔 상황에서 이명박 당시 한나라당 대통령 후보가 BBK 사건에 연루됐다는 의혹을 제기했다가 공직선거법 위반으로 기소된 사건입니다. __**정봉주 허위사실 유포죄 확정 판결**

정봉주 유죄 판결문을 꼼꼼히 읽고 나서:
지나치게 정치적이고, 너무나 비굴한 판결

정봉주 전 의원 공직선거법 위반 사건의 판결문을 모두 정독했다. 1심, 2심, 3심 판결문을 모두 합하면 80장이 훌쩍 넘어간다. BBK 사건, 이명박 대통령과 김경준의 관계, 정봉주를 비롯한 민주당의 의혹 제기, 대선 전후 급박한 정치 상황, 특검 수사 발표까지 한 편의 드라마가 따로 없다. 판결문을 전부 읽고 난 소감은 한마디로 황당하고 어이없다는 것이다. 판결이 얼마나 정치적일 수 있는지, 얼마나 정권의 눈치를 볼 수 있는지 회의감마저 든다. 법률적 쟁점은 차치하고 법원의 사실 판단과 근거가 너무 비약적이고 납득하기 어렵다.

우선 이 사건에서 유죄로 인정된 범죄 사실을 꼼꼼히 보자. 정봉주 전 의원이 이명박 당시 대통령후보를 당선되지 못하게 할 목적으로 허위사실을 공표했다는 것이다.(공직선거법 250조 2항) 인정된 허위사실은 1) 박 변호사(이명박 후보를 변호하다가 사임한 사람) 사임 이유에 대한 추측성 진술, 2) 2001년 5월경 김백준(후보 측근)의 계좌에 98억 원이 들어왔다가 김경준의 주가 조작 범행에 동원된 페이퍼컴퍼니에 빌려준 것으로 보아 이명박 후보가 (김경준과) 2001년 4월경 결별한 것은 거짓이라는 주장, 3) 이명박 후보가 2001년 7월 세금계산서에 LKe(김경준과 함께 설립한 회사)의 대표이사로 기재된 점 등에 비추어 두 사람의 결별 선언은 거짓말이라는 주장, 4) (BBK는 100퍼센트 이명박의 소유라는 취지의) 김경준의 자필 메모를 검찰이 공개하지 않았다는 비판 발언, 이렇게 네 가지다. 발언을 하나하나 아무리 뜯어봐도 정봉주가 허위사실을 공표했다는 법원의 판단은 도무지 납득이 가지 않는다.

1번 발언을 보면 정봉주는 기자에게 "박 변호사는 본인이 자료를 확인한 뒤 이명박 후보가 기소될 수 있는 위중한 사안이라고 판단한 것 같다"라고 말했는데 이게 어디가 '허위'이고, 어디가 '사실 공표'인가. 아무리 읽어봐도 추측이나 의견으로밖에는 읽히지 않는다. 또 4번 발언은 검찰이 이명박 대통령에게 불리한 증거를 공개하지 않은 것을 비판하는 것인데 이를 허위사실 유포라고 본 법원의 판단은 기가 막힐 정도다. 2번과 3번 발언 역시 마찬가지다. 김백준의 계좌(증거 조사 결과 김백준의 개인 계좌가 아니라 '김백준 이비케이증권 님' 명의의 계좌임이 밝혀졌는데 이는 어디까지나 발언 이후에 밝혀진 것이다)가 존재하고 돈이 오고간 사실, 이대통령 명의의 세금계산서, 이대통령의 BBK 대표이사 명함, 이대통령의 광운대 강연(주어가 생략된 'BBK를 설립했다'라는 유명한 발언) 등 객관적이고 명백한 증거(법원도 모두 그 존재를 인정하고 있다)를 근거로 한 발언이다. 허위가 아니거나 (설사 일부 내용이 허위라 하더라도) 발언할 당시 정봉주는 그 내용이 허위라는 점을 인식하지 못했다고 보는 게 맞다.

법원의 판단은 정말 황당하기 이를 데 없다. 우선 공표 사실이 허위라는 부분에 대해 정봉주에게 적어도 미필적고의가 있었다고 인정한다. "김경준을 직접 만나서 확인을 하지 않았고", 나경원 의원이 이미 그 점에 대해 해명했으며 한나라당이 반박 보도 자료를 냈다는 것이다(2심 판결문 24쪽 이하). 아니, 이게 무슨 말인가. 미국으로 도피했다가 잡혀서 대선 한 달 전에 송환돼 감옥에 있는 공범자 김경준을 면회 가서 확인을 받았어야 한다고? 게다가 자당 대통령 후보를 옹호하는 한나라당 의원의 말을 그대로 믿었어야 한다고? 상식적으로 도무지 납득이 가지 않는 판단이다.

더 나아가 법원은 정봉주가 자기주장을 진실이라고 믿을 만한 상당한 이유가 없다고 판단한다. **"특정 공직 후보자의 범죄 혐의 등과 관련한 의혹 제기는 원칙적으로 수사 및 재판의 책임과 권한을 부여받은 공적 기관의 보완적 역할에 그쳐야 하고, 공적 기관의 판단은 우선적으로 존중되어야"** 한다는 것이다(2심 판결문 32쪽). 한마디로 검찰이 수사하고 발표할 때까지 다른 사람은 감히 나서지 말고 검찰 수사를 믿으라는 말이다. 한국 검찰이 그렇게 신뢰할 만하고 정치적 중립을 지키는 기관인가? 대선을 한 달 앞두고 범죄자가 대통령이 될지도 모르는 위험이 있는 상황에서 (게다가 특검 수사 결과는 대선이 끝나고 2개월이 지나서야 나왔다) 검찰이 집권당 대통령 후보의 혐의를 수사하도록 내버려두고 의혹 제기도 하지 말라는 것인가? 국가기관의 오만과 권위 의식이 그대로 읽히는 것 같아 씁쓸하다. 게다가 법원이 정봉주의 주장이 허위라고 인정한 증거는 대부분 이대통령이 당선된 뒤 나온 특검 수사 결과물로, 의혹을 제기할 때는 밝혀지지도 않은 것이다. 법원의 판단이 너무나 정치적이고 비굴하다는 생각이 들 뿐이다.

징역 1년이라는 가혹한 형량도 납득하기 어렵다. 1심 법원은(양형에 대해서는 2심, 3심 법원은 모두 판단하지 않았다) 양형 이유로 "**이명박 후보 본인의 개인적 인격권은 물론 유권자들이 공정한 판단을 하는 데 영향을 끼치는 정도가 중대**"하고, 정봉주가 제시한 소명 자료가 "해명이나 반대 증거의 내용과 비교해볼 때 신빙성이 현저히 떨어지거나 근거가 박약하고, 확인 절차를 소홀히 했다"는 점 등을 들고 있다. 그런데 대선에서 윤리적·법적 문제가 있는 후보자가 당선되는 상황이 발생할 경우의 심각함과 긴급성, 아직까지 모두가 납득할 만큼 명백하게 해명되지 않은 BBK 사건의 전모, 누구라도 충분히 의혹을 제기할 만한 다양하고 객관적인 증거(세금계산서, 명함, 광운대 발언, 김경준의 자필 메모 등)는 다 어디로 갔는가? 당시 상황이나 증거를 살펴보면 설사 나중에 허위임이 명백히 밝혀졌더라도 의혹 제기 자체는 정당했다. 징역 1년을 선고한 것은 정권 눈치 보기라고밖에 평가할 수가 없다. 정봉주 등의 의혹 제기에도 불구하고 이대통령은 압도적 표차로 당선되지 않았는가. 도대체 그의 발언이 대통령의 인격권과 유권자들의 판단에 무슨 중대한 영향을 미쳤다는 것인지 어이가 없다.

대법원 판결문은 기존 판례의 입장을 거론하면서 2심 판단이 모두 정당하다고 재확인하는 데 그쳤다. 후보자에 대한 의혹 제기가 당시 진실인 것으로 믿을 만한 상당한 이유가 있는 경우에는 비록 사후에 의혹이 진실이 아닌 것으로 밝혀지더라도 벌할 수 없다는 판례를 언급했지만(대법원 2007. 7. 13. 2007도2879) 정봉주가 의혹 제기한 내용은 진실이라고 믿을 만한 상당한 이유가 없다는 원심 판결을 그대로 수긍했다. 아쉬움이 강하게 든다.

법원의 판단을 이해해보려고 다른 자료는 참고하지 않고 법원이 인정한 사실관계와 증거만을 꼼꼼히 읽어보았지만 여전히 이해도, 납득도 가지 않는다. 과연 법원은 모두에게 공정하고 정치적 중립을 지키는 기관인가. 법원의 중립성에 대해 근본적 의문이 드는 판결이다.

판결에 대하여	대법원 형사2부 2011. 12. 22. 2008도11847 공직선거법 위반	대법관 전수안, 양창수, 이상훈(주심)

2007년 대선을 한 달가량 남겨둔 시점에서 정봉주 의원이 이명박 당시 한나라당 대통령 후보가 BBK 주가 조작 사건과 관련되었다는 의혹을 제기했다가 공직선거법 위반으로 기소된 사건에서 공표한 내용이 진실이라고 믿을 만한 상당한 이유가 없다며 유죄 선고한 원심을 확정한 판결.

정의원은 2007년 11월 한 인터넷신문과의 인터뷰에서 김경준 씨의 변호인이 당시 BBK 주가 조작 혐의를 받고 있던 김씨를 변호하던 중 이명박 후보가 이 사건으로 기소·구속될 만한 자료를 확인하고서 변호를 포기한 것처럼 발언함으로써, 이후보가 김씨와 공모해 주가 조작, 횡령을 했다는 사실을 암시한 혐의로 기소됐다. 2008년 6월 17일 서울중앙지방법원 21형사부는 정의원에게 징역 1년을 선고했다. 12월 11일 서울고등법원 2형사부는 정의원 측의 항소를 기각했다. 심리를 3년이나 끈 끝에 대법원 2부는 2011년 이날 정의원에게 징역 1년을 선고한 원심을 확정했다.

재판부는 판결문에서 "공직선거법 250조 2항의 허위사실 공표죄에서 말하는 '사실'이란 선거인으로 하여금 후보자에 대한 정확한 판단을 그르치게 할 수 있을 정도로 구체성을 가진 것이면 충분하다"며 "의견이나 평가라고 하더라도 그것이 진실에 반하는 사실에 기초해 행해지거나 의견이나 평가임을 빙자해 간접적이고 우회적인 표현 방법으로 허위사실을 암시하는 경우에도 죄가 성립한다"고 밝혔다.

한편 정의원은 2007년 12월 BBK 사건 특별수사팀이 이명박 당시 후보를 무혐의 처분하자, 이후보와 김경준 씨가 공동 운영한 LKe뱅크가 BBK 지분을 100퍼센트 소유했다는 내용의 메모가 수사 과정에서 빠졌다는 의혹을 제기했다. 수사팀은 정의원이 허위사실을 유포해 명예가 훼손됐다며 소송을 냈다. 1심은 1600만 원을 지급하라고 판결했지만, 2심은 수사에 의문을 제기하거나 비판한 게 근거 없는 행위는 아니라며 원고 패소 판결했다. 대법원 민사3부는 2013년 6월 28일 수사팀 검사들이 정의원을 상대로 낸 손해배상 청구 소송 상고심에서 원고 패소 판결한 원심을 확정했다. (2011다40397)

헌법재판소는 선거 시기에 인터넷과 SNS를 통해 후보자를 지지, 반대하는 행위 등을 금지한 공직선거법 93조 1항에 대해 한정위헌이라고 선고했습니다. 헌법재판소의 결정을 환영하지만 여전히 사전 선거운동 금지 규정이 남아 있어 유권자의 표현의 자유가 제약될 수 있습니다. 무엇보다 그동안 이 법조항을 적용해온 법원이 판례를 변경해 관련 사건에서 무죄판결을 내려야 합니다. 위헌성이 인정된 법률을 그대로 적용해서는 안 됩니다.__**인터넷을 통한 후보자 지지·반대 금지 위헌**

헌법재판소를 무용지물 취급하는 대법원, 대체 언제까지…

헌법재판소는 2011년 12월 29일 공직선거법 93조 1항과 255조 2항 5호 중 '그 밖에 이와 유사한 것'에 '정보 통신망을 이용해 인터넷 홈페이지 또는 그 게시판·대화방 등에 글이나 동영상 등 정보를 게시하거나 전자우편을 전송하는 방법'이 포함된다고 해석되는 한 헌법에 위반된다는 결정을 내렸다.

많은 시민단체와 유권자가 이 결정을 크게 환영했다. 비록 인터넷에서의 의사 표현에 한정되지만 그동안 선거 시기 국민의 정치적 의사 표현을 막아온 대표 조항에 대해 '위헌성이 있다'라는 판단이 나온 건 처음인 것이다. 하지만 기쁨도 잠시였고 이 결정의 한계에 대해 실망하게 되었다.

실망한 이유는 이번 결정이 인터넷을 통한 의사 표현에 국한된 점 말고도 크게 두 가지가 더 있다. 한정위헌이라는 결정 방식을 취했기에 법원에 대한 구속력을 갖지 못한다는 점이 하나고, '선거운동'과 '선거에 영향을 미치기 위한 행위'를 실질적으로 구별하기 어려운 상황에서 후자만을 대상으로 위헌성을 확인했다는 점이 다른 하나다.

공직선거법 93조 1항

누구든지 선거일 전 180일부터 선거일까지 선거에 영향을 미치게 하기 위하여 이 법의 규정에 의하지 아니하고는 정당 또는 후보자를 지지·추천하거나 반대하는 내용이 포함되어 있거나 정당의 명칭 또는 후보자의 성명을 나타내는 광고, 인사장, 벽보, 사진, 문서·도화 인쇄물이나 녹음·녹화테이프 그 밖에 이와 유사한 것을 배부·첩부·살포·상영 또는 게시할 수 없다.

헌법재판소가 어떤 법령에 대해 위헌이라고 판단할 때 취하는 방식에는 크게 단순위헌, 헌법불합치, 한정위헌 세 가지가 있다. 단순위헌은 해당 법령의 위헌성을 확인해 결정한 뒤 바로 법령의 효력을 없애는 방식이다. 헌법불합치는 법령의 위헌성은 있다고 판단해도 바로 그 효력을 없애면 혼란이 생기리라고 여겨질 경우 새로운 입법을 할 때까지 잠정적으로 적용하라거나, 입법자의 판단을 존중해 형식적으로 법령을 존치하되 새로운 입법이 도입될 때까지 적용하지 말라는 결정이다. 마지막으로 한정위헌은 어떤 법령이 여러 방식으로 해석될 수 있을 때 위헌적인 해석 방식을 제거하는 방식이다.

헌법재판소가 법령에 대해 위헌 결정을 내리면 모든 국가기관은 이를 따르도록 구속(기속력)을 받는 게 원칙이다. 국가기관 중 하나인 법원도 위헌 결정에 따라 현재 진행 중인 사건에 대해 무죄를 선고하고 이미 끝난 사건에 대한 재심 청구를 허용해 결국 무죄를 선고해야 한다. 그런데 대법원은 한정위헌 방식으로 나온 위헌 결정에는 따를 필요가 없다는 입장이다. 한정위헌이라는 것은 법을 해석하는 방식이나 방향에 불과하고 법을 해석하는 권한은 대법원을 정점으로 한 법원에 있으므로 헌법재판소의 법령 해석을 따를 필요가 없다는 것이다. 더 나아가 대법원은 같은 이유로 한정위헌 결정으로 인한 재심도 허락하지 않고 있다.

이번 결정은 공직선거법 93조 1항의 효력을 바로 없애거나, 법조항을 잠정적으로만 적용하거나 적용하지 말라는 게 아니라 '인터넷을 통한 의사 표현이 금지되는 식으로 해석하지 말라'고 하며 특정한 해석 방식을 제거한 것이다. 즉 한정위헌이라는 형식을 취하고 있다. 대법원이 한정위헌에 대한 기존 입장을 고수하는 한 이번 결정에도 불구하고 법원은 이 조항에 근거해 유죄판결을 할 수 있는 결과가 나온다. 법원이 그동안 공직선거법 93조 1항에 위헌성이 없다고 판단해온 점에 비춰보면 확실하다. 이 조항을 위반했다가 유죄판결을 받은 사람들의 재심 청구 역시 허용되지 않을 것이다.

그렇다면 이번 결정으로 우리 국민이 얻은 것은 사실 아무것도 없는 셈이다. 아무런 쓸모도 없는 장식 같은 결정을 하나 얻은 것에 불과하다. 곧 있을 총선과 대선에서도 이전과 같이 인터넷 공간에서 자유로이 선거운동을 할 수 있는 길은 국민에게 열리지 않을 것이다.

대법원은 판례를 변경해야 한다!

헌법 103조는 "법관은 헌법과 법률에 의해 그 양심에 따라 독립하여 심판한다"고 규정하고 있다. 입헌주의 국가에서 법률에 의한 재판은 당연히 '합헌'인 법률에 의한 재판을 의미한다. 헌법을 국가의 최고법으로 삼고 있는 민주주의 국가라면 법률은 헌법을 위반한 이상 그 효력을 가질 수 없기 때문이다. 재판을 행하는 법관은 어떤 법률을 적용할지 정하기 전에 적용할 법률이 헌법에 합치하는지부터 살펴야 하고, 헌법에 위

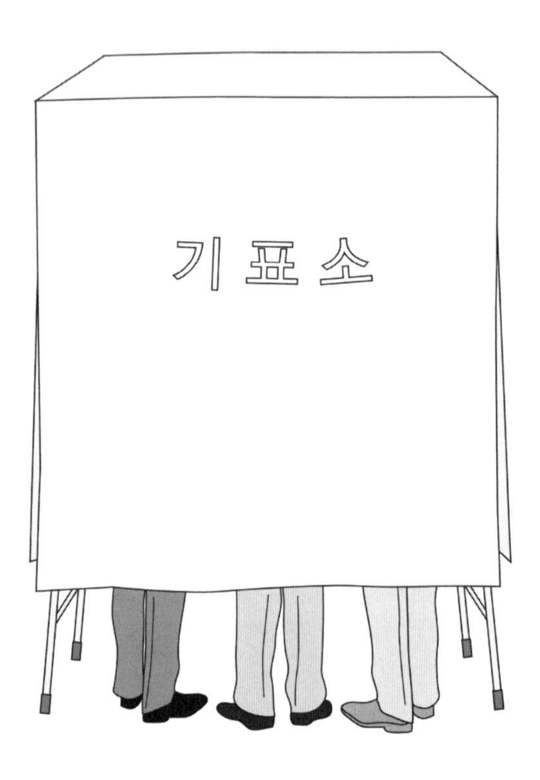

그 밖에 이와 유사한 것?

반한다고 판단되면 어떠한 이유에서든 그 법률을 적용해서는 안 된다. 그렇다면 비록 법령의 해석 방식을 정하는 한정위헌 결정이라고 하더라도 그 실질이 위헌결정인 이상 법원은 그에 따라 재판을 해야 할 것이다. 그것이 정의에 부합한 처사다.

법원이 안 받아들일 줄 뻔히 알고도 한정위헌이라는 방식을 취해 실질적인 권리 구제에 많은 걸림돌을 남긴 헌법재판소에 대한 비판은 충분히 가능하고 당연하다. 하지만 여기서는 논하지 않겠다. 일단 공은 법원으로 넘어갔기 때문이다.

유권자자유네트워크 등은 이번 결정에 근거해 재심을 청구할 계획이라고 한다. 이러한 재심 청구에서 법원은 이번 결정이 가지고 있는 의미와 국민의 열망을 충분히 고려해 기존의 입장을 변경해야 한다. 그렇지 않고 또다시 기존 입장을 지키며 위헌성이 인정된 법률을 그대로 적용한다면 이번에는 국민의 저항에 부딪칠 것이다. 법원이 그동안 법률 해석 권한을 독점해야 한다고 주장해온 저의가 국민의 기본권을 보호하는 데 있지 않고 혹시 헌법재판소와의 권한 다툼에서 우위에 서려는 데 있는지는 여기서 판가름 날 것이다. 참고로 이강국 헌법재판소장은 이번 결정에서 2년 만에 자신의 입장을 바꿨다. 국민과 대의를 위한다면 입장을 바꾸는 게 부끄러운 일이겠는가?

판결에 대하여	헌법재판소 2011. 12. 29. 2007헌마1001 등 공직선거법 93조 1항 등에 대한 위헌 확인

공직선거법 93조 1항의 '그 밖에 이와 유사한 것'에 '정보 통신망을 이용

해 인터넷 홈페이지 또는 그 게시판·대화방 등에 글이나 동영상 등 정보를 게시하거나 전자우편을 전송하는 방법'이 포함된다고 해석되는 한 헌법에 어긋난다는 한정위헌 결정.

청구인들은 2007년 12월 대선과 2010년 6월 지방선거에서 UCC나 인터넷 홈페이지 등을 통해 후보자에 대한 지지와 반대 글을 게시했거나 하려던 이들로 2007~2010년에 걸쳐 해당 법조항에 대한 헌법소원을 청구했다. 헌법재판소는 이날 청구 4건을 합병해 다루면서 재판관 6 대 2의 의견으로 한정위헌 결정했다. 이는 2009년 7월 30일 재판관 다수가 합헌이라고 밝힌 결정(2007헌마718)을 폐기한 것이다.

박주민 변호사는 결정이 나오기 직전 한 매체에 기고한 "공직선거법 제93조 제1항', 무조건 개정되어야'라는 글에서 이 법조항의 문제점을 다음과 같이 꼼꼼히 살폈다.

"먼저 추상성이다. 국민의 기본권을 법률로 제한할 수 있더라도 명확한 내용만 제한해야 한다. 그런데 '선거에 영향을 미치게 하기 위하여'라는 부분은 뜻이 불명확하고 해석의 여지가 너무 크다. 어떤 행위가 이에 해당하는지 알려면 행위 자체와 당시 정황, 방법, 결과 등 종합적으로 참작해 판단해야 하는데 결국 '행위자의 내심의 의사'에 의해 구별될 수밖에 없기 때문이다. 예컨대 내용이 동일한 UCC라도 어떤 사람은 선거에 영향을 미치려는 의도로 올리고, 또 어떤 사람은 선거에 영향을 미칠 의사 없이 게재할 수 있다. 제삼자가 이를 명확히 구별할 수는 없다. 선거관리위원회나 대법원은 반복적으로 게재했는지를 주된 기준으로 삼고 있다. 문제는 반복성의 기준마저 정해져 있지 않다는 것이다. 판단하는 이에 따라 세 번 이상이 될 수도 있고 100번 이상이 될 수도 있다. 이렇게 법조항의 내용이 불명확해 건전한 상식과 통상적인 법 감정을 가진 사람조차 선거에 영향을 미치게 하기 위한 행위인지 아닌지 판단하기 쉽지 않다. 이는 법을 적용하는 자가 관심법觀心法을 사용할 수 있는 사람이 아니라면 자의적으로 적용할 소지가 많음을 의미한다.

다음은 포괄성이다. '정당의 명칭 또는 후보자의 성명을 나타내는 광고, 인사장, 벽보, 사진, 문서·도화 인쇄물이나 녹음·녹화테이프'라는 수단을 열거하고 있지만 곧바로 '그 밖에 이와 유사한 것'이라는 규정을 둬 사실 모든 것을 금지할 여지를 남겼다. 실제로 인터넷 게시판에 글이나 UCC를 올리는 것 등은 이에 포함되지는 않지만 '그 밖에 이와 유사한 것'에는 포함된다고 해석해 처벌하고 있다. 앞에서 언급한 대로 국민의 기본권을 제한하려면 명확한 법률에 의해서만 가능한데 이렇게 포괄적으로 모든 것을 아우를 수 있는 규정을 두는 것은 이에 위반되는 것이다. 특히 새로운 의사 표현 수단이 나타나면 그 성격이나 기능은 고려하지 않은 채 모두 '그 밖에 이와 유사한 것'에 해당한다고 해석해 처벌하고 금지할 수 있기 때문에 더욱 큰 문제가 된다. 바로 SNS가 그렇다.

마지막으로 과잉성이다. 헌법은 국민의 기본권을 제한할 때 과잉 제한해서는 안 된다고 규정하고 있다. 이 법조항은 '선거일 전 180일부터 선거일까지'를 제한 기간으로 설정하고 있다. 통상적 경험에 비추어보면 한국에선 1년에 선거가 한두 차례 치러지는데 각 선거마다 180일 전부터 의사 표현을 제한하면 결국 항시적으로 제한하는 셈이 된다. 이는 국민의 정치적 의사 표현의 자유를 과잉 제한하는 것이다."

대법원은 〈PD수첩〉 제작진의 명예훼손, 업무방해 혐의에 대해 무죄를 확정했습니다. 언론의 자유를 재확인한 판결이지만 보도 내용 중 몇 가지 부분은 허위사실이라고 인정했습니다. 〈PD수첩〉 광우병 방송에 대한 대법원 판결이 선고되자 MBC는 허위 보도한 책임을 통감한다며 사과 방송과 사과 광고를 냈습니다. 과연 이게 MBC가 사과해야 할 일일까요? 이번 사건의 쟁점은 무엇이고 법원은 어떤 판단을 내렸는지 꼼꼼히 짚어봤습니다. __**〈PD수첩〉 무죄판결의 의미**

/

언론의 자유를 보호한 결론은 환영, 구체적 사실에 대한 일부 소극적 해석은 아쉽다

2008년 4월 29일 MBC 프로그램 〈PD수첩〉이 '미국산 쇠고기, 광우병에서 안전한가?' 편을 방송한 뒤 3년이 지난 2011년 9월 2일 드디어 이 사건에 대한 대법원 판결 두 개가 선고되었다. 방송으로 한국 협상단 대표와 주무 부처 장관 등의 명예를 훼손하고 쇠고기 수입업자들의 업무를 방해했다고 담당 PD들을 기소한 형사사건에서 대법원은 무죄 선고했다. 또 농림수산식품부가 MBC를 상대로 낸 '정정·반론 보도' 청구 상고심에서 MBC에게 일부 정정 보도를 명한 원심 판결을 일부 파기하고 사건을 서울고등법원으로 돌려보냈다.

두 판결은 언론이 정부 정책을 보도할 때 갖는 한계를 넓혔다는 점에서는 의미가 있다. 특히 형사판결에서 '정부 또는 국가기관은 형법상 명예훼손죄의 피해자가 될 수 없다'라는 원칙을 다시 확인한 것도 성과라 할 만하다. "정부 또는 국가기관의 정책 결정과 업무 수행과 관련된 사항을 주된 내용으로 하는 언론 보도"의 경우 "그 보도의 내용이 공직자 개인에 대한 악의적이거나 심히 경솔한 공격으로서 현저히 상당성을 잃은 것으로 평가되지 않는 한" 공직자 개인에 대한 명예훼손이 아니라고 판단했다. 정부 정책에 대한 언론 보도에서 명예훼손죄 성립을 제한한 것이다.

하지만 정정·반론 보도 청구 소송에서 방송의 주된 내용이 미국산 쇠고기와 수입 협상 과정에 대한 의혹과 문제를 언급하고 문제 제기한 것임에도 불구하고 내용 일부를 '허위의 사실적 주장'에 해당한다고 보아 정정 보도 청구를 일부 인용한 것은 아쉽다. 우선 알아두어야 할 것은 언론중재법(언론중재 및 피해구제 등에 관한 법률)상 정정·반론 보도 청구권은 언론사의 고의나 과실, 위법성을 요하지 않는다는 점이다(언론중재법 14조 2항, 16조 2항). 다시 말해 귀책사유를 묻지 않는다는 것이다. 따라서 언론사는 보도에 고의와 과실이 없다고, 위법성조각사유가 있다고 주장하고 입증해도 책임을 면치 못한다. 대법원은 제작진이 광우병 관련 보도를 할 때 고의나 과실, 위법성이 있었는지에 대해서는 청구의 법률상 요건이 아니라는 이유로 아예 판단하지 않았다. 하지만 대법원이 같은 날 같은 사안을 다룬 형사사건 판결에서 "피고인들의 명예훼손에 관한 범의를 인정할 수 없어" 명예훼손이 성립하지 않는다고 판단한 이상 재판부의 최종 판단은 '〈PD수첩〉 광우병 보도와 관련해 제작진의 귀책사유는 없다'라는 것이 된다. 귀책사유 없는 보도에 대해 재판부가 정정·반론 보도를 인정하려면 방송 내용이 다른 진실이나 반론을 보도해야 할 실체적 정의가 강력히 요청되는 경우여야 할 텐데, 과연 그러한 경우였는지 의문이 든다. 법원이 '허위' 보도라고 판단한 방송 내용을 사안별로 살펴보자.

1. "주저앉은 소가 도축되는 장면을 담은 동영상을 내보내면서 주저앉은 소들이 광우병에 걸린 소라는 취지의 보도"는 '허위' 보도다(서울고등법원)

판결의 결론이 심히 모순된다. 법원이 인정하듯이 문제된 주저앉은 소들의 광우병 발병 여부에 대해 증명된 것은 아무것도 없다. 그런데 과학적 증명이나 명백한 증거가 없는 상황에서 주저앉은 소들이 광우병이 걸렸을 '가능성이 높지 않다'라는 이유로 '광우병에 걸렸거나 걸렸을 가능성이 크다는 보도는 허위'라고 성급히 결론 내린 것은 과연 논리적으로 타당할까.

오히려 이 사건 방송에서도 나온 것처럼 다우너 소에 대한 동일한 동영상을 본 미국 소비자와 의회는 '광우병 걸린 소가 도축될 위험성'을 인식하고 광범위하게 리콜 조치를 취하고 '광우병 등으로부터 안전한지'에 대해 수차례 청문회를 열면서 문제 제기를 하고 있다. 이러한 판국에 우리나라 법원은 "이 사건 동영상 속에 등장하는 주저앉은 소들이 광우병에 걸렸을 가능성은 그리 높지 않다고 보이며" 심지어 광우병에 대해 문제 제기한 〈PD수첩〉 방송이 허위 보도라고 판단하는가? 어떤 시각이 더 합리적이고 진지한지 묻지 않을 수 없다. 명백하게 결론이 입증되지 않았다는 이유로 중대한 사안에 대한 의혹 제기 보도를 허위 보도로 평가하면 언론의 기능은 현저히 떨어질 수밖에 없다. 이러한 점에서 서울고등법원의 판단은 아쉬움이 남는다.

2. "아레사 빈슨이 인간광우병에 걸려 사망했다는 취지의 보도"는 '허위' 보도다(서울고등법원)

법원에서 인정된 사실관계를 보면 아레사 빈슨의 사망 원인에 관한 중간발표 시점은 이 사건 방송일(2008년 4월 29일) 이후인 2008년 5월 5일이고, 사망 원인에 관한 최종 발표일은 방송일로부터 한 달이 지난 2008년 6월 12일임을 알 수 있다. 이 사건 방송 당시에는 아레사 빈슨의 사망 원인에 대해서는 공식적으로 밝혀진 게 아무것도 없었고 미국 언론조차 인간광우병 여부를 문제 제기하고 염려하던 상황이었다. 미국에서 2008년 4월 초 인간광우병으로 의심된다고 진단받은 환자가 사망했고 미국산 쇠고기의 안전성에 대한 문제 제기가 (미국에서도 광범위하게) 일어나고 있던 상황에서 4월 18일 한국은 미국산 쇠고기 수입을 재개했다. 이렇게 급박한 상황에서 〈PD수첩〉이 아레사 빈슨의 인간광우병 발병 가능성에 대한 의혹을 제기한 보도 내용을 과연 허위 보도라고 할 수 있을까.

이 사건 방송을 보면 어디에서도 아레사 빈슨의 사망 원인이 인간광우병이라고 단정적으로 방송한 사실은 없다. 모두 인간광우병이 의심된다는 내용에 불과하다. 사안에 대한 과학적이고 명백한 결론이 나오지 않은 상태에서 의혹을 제기한 보도가 허위 보도라면, 언론은 과학적이고 명백한 결론이 나오기 전까지는 어떠한 의혹 제기 보도도 삼가야 한다는 말인가? 더구나 미국산 쇠고기 수입이 재개된다는 결정이 내려진 시점에서 미국산 쇠고기의 존재할지도 모르는 위험성은 우리나라 국민의 생명과 신체에 심각한 위협을 가져올 사안이므로 신속히 보도할 필요가 있다고 볼 수 있다. 이러한 점에서 인간광우병과 관련한 의혹을 제기한 보도의 내용을 '허위의 사실적 보도'라고 본 서울고등법원의 판결은 심히 유감스럽다.

한편 서울고등법원이 결론적으로 〈PD수첩〉의 후속 보도에서 1과 2의 내용에 관한 정정 보도가 충분히 이루어졌다고 보고 정정 보도 청구를 기각한 것은 합리적이기는 하나, MBC 측으로서는 정정 보도 청구가 기각되어 승소했으므로 이 부분에 대해 상고할 수 없었고 그 결과 대법원이 1과 2를 다시 판단하지 않은 점은 아쉽다.

우리는 밥상에서부터 행복하고 싶다. 미친 소, 싫소!

3. 한국인의 유전자형과 인간광우병 발병 위험성 부분에 대해 "과학적 사실의 진위는 밝혀지지 않은 상태"이므로 '허위' 보도다(대법원)

과학적 사실의 진위가 아직 밝혀지지 않은 상황인데 과연 허위 보도로 볼 수 있을까? 대법원은 인간광우병과 유전자와의 관계에 대한 보도가 허위라는 결론을 도출하는 과정에서 "과학적 이론은 언제나 정당한 것이거나 증명이 가능한 것이 아니고, 과학은 진실을 찾아가는 과정이므로 불확실성은 과학의 정상적이고 필수적인 특성이다. (…) 언론은 보도 과정에서 그 과학적 연구의 한계를 언급하지 아니하거나 근거 없이 그 의미를 확대하여 보도하는 것을 경계하여야 한다"고 판시했다. 불확실성이 과학의 정상적이고 필수적인 특성이고 모든 과학적 연구는 변화 가능성이 있으므로 신중히 보도해야 한다는 대법원의 판단은 일견 수긍이 간다. 하지만 이러한 논리 전개 과정에 따라서 '과학적 사실의 진위가 밝혀지지 않았으므로 허위'라는 결론이 내려진 것은 납득하기 어렵다.

오히려 대법원이 판시하는 논리에 따르면 모든 과학적 이론과 연구는 불확실성이 필수적 특성이고 진위가 밝혀지기 어려우므로 과학적 연구 결과와 관련된 보도는 어떠한 경우에도 허위 보도라고 보기 어렵다고 결론 내리는 게 훨씬 타당하지 않은가. 지금까지 입증된 모든 과학적 결과도 불확실성을 한계로 갖고 있는데 그렇다면 과학적 이론과 관련된 보도는 언제나 허위 보도로 보아야 하나. 오히려 이렇게 과학적 이론이 검증되지 않은 상태라면 보도를 장려하고 이론에 대한 충분한 반론과 입증 과정을 제시해 검증을 받아야 하는 게 아닌가. '진위가 아직 밝혀지지 않고' 어떤 주장도 명백히 입증되지 않은 사안이라면 다른 견해에 대한 반론 보도를 인정하면 족할 것이다. 그런데 '과학적 사실의 진위가 아직 밝혀지지 않았다고' 허위 보도로 보아 정정 보도 청구를 인용한 것은 (정정 보도 청구를 전부 기각할 경우 생기는 부담 때문에) 무리한 끼워 맞추기 식 결론이 아닌가 하는 의심마저 든다.

결론적으로 〈PD수첩〉 광우병 방송에 대한 대법원 판결은 공적 사안을 다루는 언론 보도의 한계를 넓힌 점, 〈PD수첩〉 제작진이 귀책사유가 없음을 명백히 천명하고 검찰의 공소 제기가 정치적이고 무리했음을 밝혔다는 점에서 의미가 있다. 다만 정정·반론 보도 청구 소송의 일부 쟁점, 즉 의혹 제기 보도와 과학적 연구와 관련된 보도를 허위 보도에 해당한다고 본 점은 논리 전개의 흐름이나 구체적 사실관계, 보도의 전체 취지 등을 고려할 때 수긍하기 어렵다. 또 정정 보도 청구가 언론사의 고의나 과실, 위법성 등 귀책사유를 요건으로 하고 있지 않다는 점, 형사판결에서 〈PD수첩〉 제작진은 귀책사유가 없음을 명백히 밝힌 점을 고려할 때 정정 보도 일부 인용 판결을 (제작진의 보도에 대한 책임을 인정하는 식으로) 과장 해석하는 것은 판결의 취지를 몰각한 것이다. 이 사건 판결을 계기로 정부 정책에 관한 언론의 비판적 보도가 더욱 활성화되기를 바라며 끝을 맺는다.

판결에 대하여	대법원 2부 2011. 9. 2. 2010도17237 명예훼손, 업무방해	대법관 전수안, 김지형, 양창수, 이상훈(주심)
	대법원 전원합의체 2011. 9. 2. 2009다52649 정정, 반론	대법원장 이용훈, 대법관 양창수(주심)

〈PD수첩〉 제작진이 광우병 쇠고기 관련 보도를 해 명예훼손과 업무방

해죄 혐의로 기소된 사건의 상고심에서 보도 내용 중 '다우너 소는 광우병에 걸린 소로 의심된다' '아레사 빈슨의 사인' '한국인은 인간광우병에 걸릴 확률이 더 높다' 3개 부분은 허위이지만 공적 사안을 다룬 언론 보도이므로 무죄로 판결한 원심 판결을 확정한 판결.

2010년 1월 20일 서울중앙지방법원 형사13단독부 문성관의 판사는 정운천 농림수산식품부장관 등의 명예를 훼손하고 쇠고기 수입업자들의 업무를 방해한 혐의로 기소된 〈PD수첩〉 제작진에게 보도 내용에 허위사실이 있었다고 볼 수 없다며 무죄 선고했다. 2010년 12월 2일 서울중앙지방법원 형사항소2부는 보도 내용 중 세 부분은 허위이지만 고의성이 인정되지 않는다며 무죄판결을 유지했다.

MBC를 상대로 낸 정정·반론 보도 청구의 상고심에서 원심이 피고 패소 판결한 3개 보도 부분 중 '미국에서 인간광우병이 발생하면 우리 정부는 독자적 조치를 취할 수 없다' '미국산 쇠고기 수입 위생 조건을 합의할 때 우리 정부의 협상 태도는 부실했다' 2개 보도에 대한 정정 보도는 파기환송하고 '한국인이 인간광우병에 걸릴 확률이 더 높다' 보도 부분만 허위로 인정해 이에 대한 정정 보도를 확정한 판결.

서울남부지방법원 민사합의15부는 2008년 7월 31일 농림수산식품부가 MBC를 상대로 낸 정정·반론 보도 청구 소송에서 '다우너 소는 광우병에 걸린 소로 의심된다' '한국인은 인간광우병에 걸릴 확률이 더 높다' 2개 보도 부분에 대해선 정정 보도를, '정부가 특정 위험 물질의 수입을 허용했다' 부분에 대해선 반론 보도를 하라고 판결했다. 서울고등법원 민사13부는 2009년 6월 17일 MBC는 보도 내용 중 3개 부분에 대해 정정 보도 청구를 받아들였다.

한편 MBC는 2011년 9월 5일 〈뉴스데스크〉에서 '대법원은 2008년 4월 29일 PD수첩의 보도 중 다우너 소를 광우병 소로 지칭한 것은 허위라고 판결했다', '미국 여성 아레사 빈슨이 인간광우병으로 숨진 것처럼 언급한 부분과, 한국인이 인간 광우병에 걸릴 확률이 94퍼센트에 이른다고 지적한 부분도 허위로 결론 내렸다'고 밝히며 국민에게 사과하고 진실 보도를 해야 할 언론사로서 책임을 통감하고 있다고 사과 보도해 사내 직원들의 반발을 샀다. 2011년 12월 〈PD수첩〉 광우병 보도 제작진은 사과 보도의 내용이 대법원 판결과 다르다며 정정 보도 청구 소송을 제기했다. 2012년 12월 1일 서울남부지방법원 민사합의15부는 MBC에게 이 사과 보도에 대해 정정 보도를 하라고 판결했다.

2010년 지방선거 당시 무상급식과 4대강 사업 같은 주요 선거 쟁점과 관련해 친환경무상급식 국민연대와 4대강사업 범국민대책위원회, 유권자 개개인이 입장과 의견을 밝혔습니다. 여야 정당과 후보들에게 이를 받아달라고 요구하고 시민들에게 알린 것입니다. 선거관리위원회와 검찰은 이 무상급식운동이 여당 후보에게 불리하다는 이유만으로 공직선거법 위반 혐의를 적용해 고발 기소했습니다. 선거는 자신의 정치적 의사를 자유로이 드러내는 축제가 아니었습니다.__**'선거 쟁점'에 대한 찬반 표시도 공직선거법 위반**

선거관리위원회의 시녀가 된 법원

우리나라 공직선거법의 특징은 기간 제한과 열거주의로 요약된다. 선거운동 기간을 2~3주로 제한하고 이때만 선거운동을 할 수 있고 그것도 법조문에 열거된 방식으로만 할 수 있다. 국민들이 자신들의 대표를 뽑는 선거는 민주주의의 꽃이다. 선거는 국민이 자신의 의사가 구속력을 갖도록 국가권력에 반영시킬 수 있는 유일한 통로다. 이번 판결을 내린 법원을 비롯한 모든 사법부도 선거운동의 자유는 중대한 기본권이고 최대한 국민에게 유리하게 해석해야 한다고 밝히고 있다.

그렇다면 선거운동이란 무엇인가? 선거운동은 기간과 형식상 제한을 받는 이상 최대한 좁게 정의되어야 한다. 그래야 선거운동의 자유도 보장될 것이다. 하지만 공직선거법 58조 1항은 '당선되게 하거나 되지 못하게 하기 위한 모든 행위'로 폭넓게 정의하고 있다. 재판부는 판결문에서 이를 "당선 또는 낙선을 도모한다는 목적 의사가 객관적으로 인정될 수 있어야 하고 능동적이어야 하며 계획적인 행위라야 한다"고 규정했다. 이 정의도 무엇이 금지되는지에 대한 설명이 부족하기는 마찬가지다. 어찌됐든 지금까지 선거관리위원회와 법원은 적어도 발언 내용이 특정 후보자에 대한 긍정이나 부정 평가를 담고 있는 경우에만 선거운동이라고 인정해왔었다.

그런데 2010년 4월 중앙선거관리위원회가 '선거 쟁점에 대한 찬반 표시'도 선거운동으로 간주한다는 놀라운 해석을 들고 나왔다('선거 쟁점에 대한 찬반 활동 관련 선거법 안내', 중앙선거관리위원회 2010년 5월 발간). 선거 쟁점이란 '후보자(또는 후보 예정자)가 공약으로 채택하거나 후보자 간 쟁점으로 부각된 정치적·사회적 현안'을 말한다고 정의하고 있다.

이는 선거운동의 자유를 넘어서서 국민의 일상적인 표현의 자유를 심각하게 제약하는 해석이다. 예컨대 시민들 사이에서 '통큰치킨'에 대한 갑론을박이 진행되고 있었다고 하자. 이삼 년 후 어떤 사람이 총선에 출마하며 '통큰치킨 금지법'을 만들겠다는 공약을 밝혔다. 그렇다면 후보 예정자가 공약으로 채택한 이상 이 법에 대한 찬반 운동을 벌이는 것은 선거운동이 되므로 금지될 것이다. 더 나아가 통큰치킨 자체에 대한 평가도 이 법에 대한 찬반과 필연적 관계가 있으므로 금지될 수밖에 없다. 즉 선거에 나선 후보자나 후보 예정자가 특정 사안에 대한 입장을 밝히면 다른 사람들은 그야말로 그 사안에 대해 '입을 다물어야shut up' 한다는 말이 된다.

실제로 그와 같은 놀라운 상황이 바로 배옥병 무상급식 운동가에 대한 공직선거법 위반 사건에서 벌어졌다. 배옥병 씨는 예전부터 수년간 무상급식 운동을 벌여왔는데 2010년 6월 지방선거에 후보로 나선 이들이 무상급식을 선거공약으로 채택한 뒤에도 이 운동을 멈추지 않았다. 결국 기소되었고 유죄판결을 받게 된 것이다. 무상급식이 '선거 쟁점'이 되었음에도 '무엄하게도' 유권자가 이에 대한 운동을 중단하지 않았다고 하여 처벌된 것이다. 이 얼마나 기가 찬 노릇인가.

법원은 보도 자료에서 '후보자를 특정해 발언한 경우 7건'은 유죄 판결하고 '후보자를 특정하지 않은 경우 7건'은 무죄 판결했다고 합리화했다. 무상급식 운동이 무엇인가. 무상급식 운동가는 도대체 누구를 상대로 운동을 벌이겠는가. 바로 무상급식 실시 여부를 결정할 권한을 가진 서울시장 오세훈에게 운동을 벌이지 않겠는가. 예컨대 나중에 범죄행위로 규정된 2010년 4월 5일 '친환경 무상급식을 위한 희망의 나무 심기' 행사에서 배옥병 씨는 '오세훈 시장에게 생명의 나무를 전달하자'고 말했다. 그런데 과연 '오세훈'이라는 이름을 특정하지 않고 무상급식 운동을 벌이는 게 가능할까.

법원은 '**시민단체가 특정 정당이나 후보자를 명시하지 않은 채** 그 지향하는 목적에 따른 일환으로서 일반인들에게 정책을 홍보하거나, 정치권에 그 정책을 입안해줄 것을 요구하기 위한 집회를 열거나, 인쇄물 등을 만들어 배포하거나, 서명운동을 벌이는 경우에는… 선거운동에 해당하지 않는다고 보아야 할 것이다'고 밝혔다. 이는 현실과 동떨어져있다. 무상급식 실시 여부는 결국 지방자치단체 수장의 결정에 달려 있는데 이들을 특정하지 말고 무상급식 운동을 하라니 도대체 어떻게 하라는 말인가.

법원의 이러한 판단은 겉으로는 그렇지 않다고 하지만 실은 중앙선거관리위원회의 '선거 쟁점' 이론을 받아들인 데서 비롯한다. 이슈에 대한 찬반을 그 이슈에 대해 입장을 밝힌 후보자에 대한 찬반으로 보겠다는 황당한 논리를 받아들인 것이다. 법원은 겉으로는 **'이슈에 대한 찬반 운동을 벌이는 것은 괜찮지만 사람을 특정하는 것은 안 된다'고 하지만** 무상급식 시행을 촉구하는 서명운동을 벌이는데 그 이슈에 대한 생사여

친환경 무상급식 범국민 서명운동

탈권을 가진 현직 행정 수장에게는 서명지를 전달하지 말라는 것은 그 운동을 그만두라는 말이나 같다.

게다가 엄밀히 말하면 **배옥병 씨는 오세훈을 비난한 게 아니라 오세훈에게 무상급식 실시를 촉구한 것**이다. '오세훈 시장은 무상급식을 반대하니 싫다'라는 명제와 '오세훈 시장님, 무상급식을 실시해주세요'라는 명제는 기존의 선거관리위원회와 법원의 해석을 따르자면 엄연히 다른 것이다. 그럼에도 법원이 **오세훈을 '향해'** 무상급식 운동을 한 배옥병 씨에게 유죄판결을 한 것은 선거관리위원회의 황당한 '선거 쟁점' 이론을 받아들인 것이라고밖에 볼 수 없다.

이는 법원이 사법부로서의 독립성을 포기한 것이다. 중앙선거관리위원회가 법률을 어떻게 해석하든 법치주의 국가에서 최후의 법률 해석 기관은 법원이다. 그런데 선관위가 2010년 5월부터 갑자기 '선거 쟁점'에 대한 찬반도 그 쟁점에 대해 입장을 표시한 후보자에 대한 찬반으로 간주하겠다며 공직선거법 58조 1항과 93조 1항을 재해석하기 시작하자, 법원은 이 황당한 법률 해석을 무비판적으로 받아들인 것이다.

법원이 조금만 사려가 깊었으면 이러한 해석을 거부할 분명한 이유를 찾아냈을 것이다. 첫째, 닭이 먼저인가, 달걀이 먼저인가의 문제다. 후보자가 선거공약을 선택하는 기준은 도대체 무엇인가. 어떤 한 사안에 대해 국민들 사이에서 찬반이 분분할 때 후보자는 이를 선거공약으로 채택하는 게 아닌가. 무상급식 문제만 하더라도 정치권에서 먼저 이슈화한 게 아니고 배옥병 씨를 비롯한 여러 운동가가 오랫동안 활동하며 이슈로 키워온 것이다. 국민이 힘들게 이슈화한 것을 후보자가 선거공약으로 채택하거나 반대한다고 해서 더 이상 이슈 제기를 하지 말라는 건 **선거운동의 자유 문제를 떠나 일상적인 표현의 자유 문제**다.

둘째, 국민의 청원권은 헌법에 보장되어 있다. 국민은 청원을 행정권력을 가진 정치인에게 할 수밖에 없다. 그런데 법원의 해석대로라면 그 정치인이 재선이나 다른 선출직에 진출하려고 나선 경우 그에게 청원하려던 계획은 즉각 중단해야 한다. 그를 '향해' 무상급식이든 무엇이든 요구하는 것은 그에 대한 '비판'이며 선거운동이 되어버리기 때문이다. 물론 이러한 몰지각한 처사의 근본 원인은 어떤 의미에서도 선거운동이 안 되는 언사까지도 선거운동으로 처벌되도록 그 적용 범위를 확대한 공직선거법 93조 1항이다. 법원이 일말의 '지각'이라도 있기를 기대했는데 참으로 실망스럽다.

판결에 대하여	대법원 2부 2011. 10. 27. 2010고합1468 공직선거법 위반	대법관 전수안, 김지형, 양창수, 이상훈(주심)

선거 쟁점에 대한 찬반을 그 쟁점에 대해 입장을 표시한 후보자에 대한 찬반으로 간주한다는 선관위의 해석에 따라, 2010년 지방선거 기간 중 무상급식 운동을 벌인 시민운동가는 결국 무상급식 실시를 반대한 오세훈 서울시장을 특정하고 선거운동을 한 것이 된다며 공직선거법 위반 혐의를 인정한 판결.

1심은 2011년 2월 배옥병 친환경무상급식 국민연대 상임운영위원장에게 일부 유죄로 벌금 200만 원을 선고했다. 특정 정당과 후보자의 이름을 언급한 것만으로도 '선거운동 내지는 선거에 영향을 미치기 위한 행위'로 규정한 것이다. 2심은 6월 1심에서 무죄 판결한 부분 중 투표 독려 활동, 정책 협약식 등에 대해 추가로 유죄 판결했다. 2011년 10월 대법원 2부는 벌금 200만 원을 선고한 원심을 확정했다.

2010년

해군 기지가 건설되고 있는 제주 강정마을 해안 지역은 2004년 10월 절대보전지역으로 지정되었습니다. 제주 해군 기지를 건설하려면 이 지역을 매립해야 했으므로 해군은 제주도지사에게 강정마을에 대한 절대보전지역 지정을 해제해달라고 요청했고, 도지사는 2009년 12월 이에 따랐습니다. 강정마을 주민은 이 처분이 위법하다며 행정소송을 제기했는데 법원은 각하 판결을 내렸습니다.__**제주 강정마을 절대보전지역 해제**

정부 정책을 다투는 행정소송에서 사법부의 역할

제주지방법원 행정부는 해군 기지 예정지인 서귀포시 대천동 강정마을 주민들(강정마을회, 강정동 토지의 소유자나 임차인인 거주 주민)이 제기한 '절대보전지역 변경 처분 무효 확인' 등 소송에서 각하 판결을 내렸다. 주민들은 이러한 소를 제기할 원고 적격이 없다는 이유였다. 인터넷신문 제주의 소리에 의하면 재판장은 선고 직후 다음과 같이 말했다고 한다. "오늘 판결이 중요하기 때문에 법원에 오신 분들 대부분이 강정마을 주민들과 도에서 나온 분들일 것(이다). (…) 법원은 어떤 사건에 대해서도 법률적 판단을 할 수밖에 없다. 강정 주민들은 이런 부분을 이해해 달라. (…) 제주도와 주민들은 머리를 맞대고 합리적 판단을 해야 한다. 주민들도 법적으로 문제를 해결하려고 소송을 할 게 아니라 제주도와 대화하는 노력을 당부 드린다."

1심 판결의 본질은 이렇다. 군비 증강과 기지 확대에 명운을 거는 국방 관료와 개발과 기지 건설로 생기는 (일시적) 경제적 효과에 눈 먼 지방자치단체, 여기에 (일부) 주민이 합세해 일방적으로 그리고 일사천리로 기지 건설을 향해 내달렸고 법원(사법부)은 이를 방조했다. 법원은 사회정치적으로 중요한 정부 정책에 대해서는 제동을 걸지 않는다. 이러한 행태는 이제까지 법원이 일반적으로 선택해온 방식이어서 사실 그리 놀랍지도 않다. 국민과 주민들은 그럴 바에야 행정소송과 (행정)법원이 무슨 필요가 있을까 하는 의문을 당연히 가질 것이다.

원고 적격 기준과 법익

법원은 "이 사건 처분은 소유권 행사를 제약하던 절대보전지역 지정처분을 해제하는 수익적 처분으로서 어느 누구의 권리도 침해하지 않을 뿐 아니라 그 자체가 해군 기지 건설을 허용하는 처분은 아니므로 이 사건 처분의 직접 상대방이 아닌 원고들에게는 해군 기지 건설 계획 자체에 관한 처분의 취소를 구할 법률상 보호되는 이익이 있는지 여부는 별론으로 하고 이 사건 처분의 취소를 구할 수 있는 법률상 보호되는 이익이 없으므로 이 사건 소는 원고 적격이 없는 사람들에 의한 소로서 부적법하다"며 피고의 주장을 수용했다.

또 원고에게는 소를 제기할 법률상 이익이 없다고 판단했다.

"1) 절대보전지역 해제는 소유권에 가한 제한을 해제하는 수익적 처분에 해당하는 것으로서 그 자체가 당연히 인근 주민의 생활환경에 영향을 주는 사업의 시행이나 시설의 설치를 내포하고 있는 것은 아닌 점, 2) …위 법령의 각 규정들에 따라 절대보전지역이 지정됨으로써 보호되는 것은 인근 주민의 주거 및 생활환경 등이 아니라 제주의 지하수, 생태계, 경관 그 자체라고 보아야 하는 점, 3) 위 조례 3조 1항도 절대보전지역의 지정 및 변경에는 주민들의 의견을 듣도록 하고 있으나 보전지역을 축소하는 경우에는 예외로 한다고 규정함으로써 그 절차에 있어서도 지정으로 인하여 환경상 혜택을 받는 주민들이 아닌 권리의 제한을 받게 되는 주민들을 주된 보호의 대상으로 하고 있는 점"을 판단의

2012년 3월 7일 제주 해군 기지 건설 공사는 구럼비 바위 발파로 시작되었다. 강정마을의 얼굴이었던 구럼비 해안을 콘크리트로 덮기 위해 트럭들이 오갔다. 옛 모습을 잃어버린 강정을 보며 마을 사람들은 고통을 호소하고 있다. '구럼비는 바위가 아니다.'

근거로 제시했다.

19세기 이래 지배적 견해가 된 소유(권)와 영업의 자유 중심의 자유주의 행정법학의 형식논리가 여기서 그대로 되풀이되고 있다. 법원은 '절대보전지역 해제는 소유권에 가한 제한을 해제한 수익적 처분이므로 당연히 인근 주민의 생활환경에 영향을 주는 사업 시행이나 시설 설치를 내포한 것은 아니'라고 판시했다. 수익적 처분이니 하는 논리는 환경을 침해하는 대규모 개발이 거의 없던 시절 혹은 절차적 권리 보장의 관념이 없던 시절에 만들어진 낡은 행정법 이론이다. 이를 법원이, 그것도 1심 법원이 형식논리로 갖다 쓴다는 건 매우 유감이다.

백번 양보해서 이번 판결처럼 침해 유보설에 입각해 원고 적격을 판단한다고 하더라도 오늘날 '침해'의 의미는 그렇게 협소하지 않다는 점을 지적하고 싶다. 침해 유보설은 국민 등의 자유와 재산을 침해하는 행정 작용, 즉 침해 행정은 반드시 근거 규범을 필요로 한다는 견해다. 여기서 '자유와 재산'은 처음에는 극히 한정적이었으나 이후 계속 확대되어 현재는 '일반적인 행위의 자유와 재산적 가치를 가진 모든 법익'을 포함하기에 이르렀다. 절대보전지역 해제로 인해 예전과 같은 어업이나 (제한적) 경작 활동이 불가능해진다면 이는 당연히 자유에 대한 침해로 보아야 한다. 또 절대보전지역 해제가 (결과적으로) 토지 소유자에게는 교환가치를 지닌 재산에 수익이 될지 모르나 토지 임대인에게는 경작권이라는 헌법상 보장된 재산권에 대한 침해일 수 있다. 그럼에도 절대보전지역 해제를 수익적 처분이라고만 볼 수 있을지 의문이다.

삼면적 법률관계

이번 판결은 현대 행정법 관계의 다면성을 무시하고 있다. 현대 행정법 관계에는 삼면적 관계나 다면적 관계가 많다. 쉽게 말해 삼각관계다. 삼각관계란 행정의 어떤 결정이 한쪽에는 유리하게, 다른 한쪽에는 불리하게 작용하는 관계, 그래서 복잡 다양한 이해관계를 조정할 필요가 있는 동태적인 행정법 관계를 말한다. 과거엔 행정 규제를 행정관청이 전적으로 공공의 안전과 질서유지라는 공익적 목적을 실현하려고 피규제자(기피 시설, 위험 시설의 설치자)의 자유와 재산을 제약하는 작용으로 보았고, 규제를 둘러싼 법률관계는 공익 관리를 담당하는 행정관청과 자유권의 주체인 피규제자와의 이면적 대립관계로 파악되었다. 규제로 지켜지는 국민 일반의 이익은 행정이 관리하는 공익 속에 포함되고 해소되어 독립적 법익으로 인정되지 않았던 것이다. 하지만 규제로 대한 국민 일반의 이해관계가 커지면 커질수록 규제로 지켜지는 국민 일반의 권리 주체성도 어느 정도 승인하지 않을 수 없게 된다. 이렇게 되면 규제 행정은 단지 공익 지향 작용만이 아니라 사회적 위험으로부터 사람들(위험 시설 인근 주민)의 생존 이익(안전, 건강, 쾌적한 생활환경)을 지키는 작용으로 자리 잡게 된다. 규제를 둘러싼 법률관계도 행정관청과 피규제자 간의 이면적 대립관계가 아니라 규제로 지켜지는 사람들을 포함한 삼면적 관계로 재구성되는 것이다.

또 하나 지적할 것은 이 사건은 삼면적 법률관계를 대상으로 할 뿐 아니라 국가와 지방자치단체의 이른바 '자기 허가'를 다투는 사안이라는 점이다. 이러한 사안에서 원고 적격 판단은 기존의 이면적 관계에서 적용하던 원고 적격 법리와는 다른 접근이 필요하다.

이번 판결은 기존 대법원 판례의 노선을 따르긴 했지만 대법원이 지향하는 판례 발전의 지향성과는 배치된다. 최근 대법원은 원고 적격 판단의 기준이 될 법률상 이익을 도출할 때 의거하는 법규를 확대하고, 행정 작용을 다투는 경우 적격자의 범위를 되도록 넓게 인정하고 있다. 판례는 당해 처분의 근거 법규나 관련 법규에 의해 보호되는 개별적, 직접적, 구체적 이익이 있는 경우 원고 적격을 인정한다. 구체적으로 몇 가지 사례를 살펴보자.

1. 면허나 인허가를 받아 영업을 하고 있는 기존 업자가 있는데 새로운 면허나 인허가 처분이 나서 그의 이익을 침해하는 경우다. 인허가 처분의 근거가 되는 법률이 업자들 사이의 과도한 경쟁으로 생기는 경영의 불합리를 막는 것도 그 목적 중 하나라면 기존 업자는 새로운 면허나 인허가 처분의 취소를 구할 원고 적격이 있다. 이를 경(쟁)업자 소송이

라 한다.

2. 방송국 면허처럼 신청자 여럿 중 한 사람에게만 영업을 인정해야 하는 경우 방송국 면허 신청이 거부된 A가 자신에 대한 거부 처분을 다투는 건 당연하다. 그런데 A가 경쟁자였던 B에게 부여된 면허의 취소를 구하는 것도 가능할까? B에 대한 면허 부여 처분과 A에 대한 면허 거부 처분은 표리 관계에 있고, B에 대한 면허가 위법하면 A가 면허를 받을 수도 있으므로 A의 원고 적격을 인정한다. 이를 경원자競願者 소송이라 한다.

3. 개발 허가, 시설의 설치 허가 등과 관련한 인근 주민의 이익에 대해 살펴보자. 처분의 근거 법규가 인근 주민의 절차적 참가권을 정하고 있는 경우 인근 주민의 개별 이익도 보호한다는 취지이므로 이들에게는 원고 적격이 인정된다. 이를 인인隣人소송이라고 한다. 대법원은 속리산 국립공원 사건(1998년)에서 처분의 실체적 요건에 관한 법규뿐 아니라 그 절차적 요건인 환경영향평가에 관한 법규도 처분의 근거 법률에 해당한다고 보고 이에 의거해 법률상 이익을 도출했다. 이후 최소한 환경영향평가 대상 지역의 주민들에게는 예외 없이 원고 적격을 인정하고 있다.

4. 절차적 참가권 규정이 없더라도 인근 주민의 건강, 안전과 관련한 경우 비교적 넓게 원고 적격을 인정한다. 원자로 시설 부지 사전 승인 처분을 다툰 영광 원자력발전소 사건(1998)을 예로 들 수 있다. 대법원은 원전의 냉각수가 순환하면서 발생하는 온배수로 인한 환경 침해와 방사성물질에 의한 생명·신체의 안전 침해를 나누어 각각 원고 적격을 검토한 뒤, 전자를 이유로 취소를 구하는 부분은 환경영향평가 대상 지역의 주민이, 후자를 이유로 취소를 구하는 부분은 '방사성물질에 의해

좀 더 직접적이고 중대한 피해를 입으리라고 예상되는 지역'의 주민이 원고 적격을 갖는다고 판시했다.

5. 건강 피해 이외의 것, 즉 환경 이익이나 소비자 이익처럼 넓고 엷게 불특정 다수에게 관련되는 이익에 대해서는 원고 적격을 부인한다.

1심 재판부는 이번 사안이 5번 사안에 해당해 원고 적격이 없다고 봤거나, 절대보전지역 변경 처분 자체가 해군 기지 건설에 대한 승인을 의미하지는 않으므로 기지 건설로 인근 주민에게 안전상 불이익이 생긴다고 하더라도 이 사안과는 무관하다고 판단한 것으로 보인다. 그렇다면 남은 가능성은 3번이다.

현행 법령에 독일 건설법전Baugesetzbuch의 3조 1항 같은 주민참여제가 있다면 인근 주민의 원고 적격은 비교적 쉽게 인정될 것이다. 이 조항은 "일반인(일반 주민)은 가능한 한 이른 시기에, 계획의 일반적인 목적·목표, 지역의 신개발 및 발전에 대한 기본적인 점에서 다른 해결(방안), 계획의 예측되는 효과에 대해, 공개의 방법으로 보고를 받을 수 있다. 일반인에게는 의견 표명과 청문의 기회가 주어져야 한다"고 규정하고 있다. 여기서 '이른 시기에'란 '계획이 이미 기본적인 부분에서는 변경의 여지가 없고, 세부 사안을 미세 조정하는 것밖에는 달리 할 게 없는 것과 같은 단계에 달하지 않았을 것'을 의미한다. 일반(주민)의 개념도 반드시 토지의 권리자로만 한정되지 않고 넓게 해석되고 있다.

현행 법령하에서도 주민의 원고 적격 인정이 불가능하지는 않다. 제주도조례 3조(주민의 의견 청취 등)를 근거로 주민의 원고 적격을 인정할 수는 없었을까? 재판부는 이 점에 대해 아무런 판단도 하지 않았다.

제주 해군 기지 건설을 중단하라

일본 후쿠시마 지방법원은 2008년 공유 수면 매립 면허와 관련해 인근 주민이 제기한 예방적 금지 소송 및 가처분 신청 사건(토모노우라 세계유산 소송)에서 결과적으로는 신청을 각하했지만, 관습법상의 배수권자와 인근에 거주하는 거주자가 갖는 경관 이익을 근거로 신청인 적격(원고 적격)을 인정한 바 있다. 경관 이익을 근거로 항고 소송의 원고 적격을 인정한 판례는 일본에서도 거의 유례가 없다. 그럼에도 이러한 판결이 나온 것은 사법부도 전통적인 원고 적격 법리를 고수하다가는 생태적·환경적으로 뛰어난 '절대'보전지역을 '절대로' 보존할 수 없다는 인식에 이르렀기 때문일 것이다.

절대보전지역은 이번 판결도 밝히고 있듯이 인근 주민이 주거하거나 생활하는 지역이 아니라 지하수, 생태계, 경관 자체가 보전되어야 하는 지역이다. 그런데 막상 이러한 지역이 개발되는 순간에는 주민이든 누구든 인간 중에는 그 누구도 이를 다툴 법률상 이익을 갖고 있지 않으므로 관련 소송은 각하되고 만다. 그렇다면 절대보전지역에 사는 동식물이 나서서 소송을 할 수밖에 없는데 이것도 현행 법리상 인정되지 않고 있으니 절대보전지역은 말만 그렇지 행정부의 개발 의지 앞에서는 절대로 보존될 수 없는 지역으로 전락하고 만다. 이는 오랜 세월 자연 속에서 더불어 살면서 지속 가능한 삶을 유지해온 지역 주민—이 사건의 주민 외에도 화전민을 생각해볼 수 있다—을 절대보전지역에서 축출하던 순간부터 예견된 일인지도 모른다. 이러한 현실에서 벗어나려면 사법부는 어떠한 판단을 내리는 게 옳았을까? 이 사건 재판부는 이러한 고민은 국회나 행정부의 몫이지 자기네가 알 바 아니라고 생각한 것 같다. 그렇다면 도대체 정부 정책을 다투는 행정소송 사건을 법원에게 맡긴 이유가 무엇인지 다시 한 번 묻지 않을 수 없다.

제주도가 제주 해군 기지 건설을 진행할 목적으로 서귀포시 강정마을 해안 지역의 절대보전지역 지정을 변경 처분한 사건에서 처분을 취소해달라고 청구한 인근 주민은 소송으로 얻는 법익이 없어서 소송을 제기할 자격이 인정되지 않고 지정 해제 자체가 해군 기지 건설을 승인한 것은 아니라며 각하한 판결.

강정마을 주민들은 제주도가 2009년 12월 23일 서귀포시 강정동 해안 10만 5295제곱미터를 절대보전지역에서 해제하자 2010년 1월 도지사를 상대로 소송을 제기했다. 광주고등법원 제주부는 2011년 5월 18일 1심의 판단을 그대로 유지하며 항소를 기각했다. 2012년 7월 5일 대법원 3부(주심 신영철)는 상고를 기각해 원심을 확정했다.

한편 대법원 전원합의체는 2012년 7월 5일 제주 해군 기지 건설 계획을 취소해달라며 강정마을 주민 438명이 국방부장관을 상대로 낸 '국방·군사 시설 사업 실시 계획 승인 처분 무효 확인' 소송에서 피고 패소한 부분은 파기하고 돌려보냈고, 원고 패소한 나머지 부분에 대해서는 주민들의 상고를 기각해 결국 국방부의 손을 들어줬다.(2011두19239) 국방부가 2009년 1월 국방·군사 시설 사업 계획을 승인하자, 강정마을 주민들은 환경영향평가가 없는 사업 승인은 무효라며 2009년 4월 소송을 냈다. 1심과 2심은 2009년의 실시 계획 승인은 환경영향평가를 거치지 않아 무효라고 판단했지만 2010년의 실시 계획 변경 승인은 이를 보완했으므로 적법하다고 판결했었다.

헌법재판소는 군대 안에서 국방부장관이 정한 '불온서적'을 소지할 수 없도록 한 군인복무규율을 합헌이라고 결정했습니다. 불온서적 지정 및 반입 금지 조치가 장병들의 기본권을 직접적으로 침해하지 않는다는 겁니다. 헌법소원을 낸 군법무관들은 이후 징계 처분을 받았습니다. 군은 헌법의 힘이 미치지 않는 곳일까요? 헌법재판소는 군을 헌법의 통제를 받지 않는 '국가 속의 국가'로 만들어버렸습니다. 아무리 군대 안이라고 불온서적 지정은 국가적 수치입니다.__**군 불온서적 지정**

/

'불온'이란 말은 결국 21세기 한반도에서 종식되지 못했다

결국 한반도에서 '불온'이라는 말은 다시 확대 재생산될 기로에 접어들었다. 헌법재판소는 2010년 10월 28일 재판관 6대 3의 의견으로 국방부 불온서적 지정 사건에서 합헌을 선언했다. 이로써 대한민국 장병은 국방부가 지정한 불온서적 23종은 물론 추가로 지정될 도서도 읽을 수 없게 되었다.

2008년 7월 22일 국방부는 한총련이 '군 도서 보내기 운동'을 벌였다는 정황을 포착하고 책 23종을 이른바 불온서적으로 지정했다. 동시에 이 책들을 영내로 반입하거나 열독하지 못하게 하고 장병 및 독신 간부의 숙소를 단속해 모두 수거하라는 지시를 내렸다.

국방부가 지정한 불온서적 23종

북한 찬양: 1. 북한의 미사일 전략, 2. 북한의 우리식 문화, 3. 지상에 숟가락 하나, 4. 역사는 한번도 나를 비껴가지 않았다, 5. 왜 80이 20에 지배당하는가?, 6. 북한의 경제발전 전략, 7. 통일 우리 민족의 마지막 블루오션, 8. 벗, 9. 미국이 진정으로 원하는 것은, 10. 대학시절, 11. 핵과 한반도

반反정부·반미: 1. 미군 범죄와 한미 SOFA, 2. 소금꽃나무, 3. 꽃 속에 피가 흐른다, 4. 507년, 정복은 계속된다, 5. 우리 역사 이야기, 6. 나쁜 사마리아인들, 7. 김남주 평전, 8. 21세기 철학 이야기, 9. 대한민국사, 10. 우리들의 하느님

반자본주의: 1. 세계화의 덫, 2. 삼성공화국의 게릴라들

그러자 2008년 8월경 출판사와 저자들은 일제히 공동 기자회견을 열어 국방부의 조치를 비난했다. 또 명예를 훼손했다며 국방부를 상대로 손해배상 소송을 제기했다. 국가인권위원회는 2008년 8월 28일 군인권 전문위원회의 논의와 상임위원회 의결을 거쳐 이 조치를 헌법 정신에 맞게 근본적으로 재검토해야 한다는 의견을 국방부장관에게 전달했다. 시민들은 해당 도서들에 대한 관심이 커져서 책을 구입하러 나섰다(이미 절판된 책도 있었다). 책들은 평소보다 많게는 열 배, 적게는 두세 배나 팔려나갔다. 어떤 시민은 불온서적 읽기 운동 캠페인을 벌이기 시작했고, 저자 중 한 사람인 노엄 촘스키에게 대한민국의 우스꽝스러운 상황을 담은 내용의 메일을 보냈다. 촘스키는 '대한민국 시민들의 위대한 저항에 찬사를 보낸다'는 메시지의 답변을 보내왔다. 또 한 사람의 저자인 장하준은 여야 정당이 초빙한 강연에 나가 자신의 책이 불온서적이 아님을 역설했다. 문화관광부장관인 유인촌은 한 강연회에서 고 권정생 선생의 책을 읽어보라고 권하며 그의 삶을 칭송했다. 국가인권위원회는 2009년 10월 다시 국방부 불온서적 지정이 위헌성을 가지고 있고 장병의 알 권리 등 기본권을 침해한다는 의견을 헌법재판소에 전달했다.

2008년 10월 22일 군법무관 7명은 불온서적 지정이 장병의 알 권리,

학문의 자유, 양심 형성의 자유, 행복 추구권 등을 침해했다며 헌법소원을 제기했다. 그러자 국방부는 2009년 3월 17일 이들을 징계했다. 법무관 2명은 파면하고 나머지 5명은 감봉이나 근신 등 경징계 조치했다. 군 법무관들은 이에 반발해 2009년 4월 서울행정법원에 징계 처분 취소 소송을 제기했다. 하지만 2010년 4월 서울행정법원은 파면·징계 처분은 정당하다고 판결했다. 이 사건은 현재 서울고등법원에 계류 중이다.

이번 사건은 헌법재판소가 공개 변론으로 심리를 진행할 만큼 사회적 의미가 크다. 군 인권을 침해한 경우 생기는 법리상 문제점이 종합적으로, 낱낱이 드러난 사례라 할 수 있다. 사실관계와 법리적 쟁점도 모두 명확하다. 하지만 놀라울 정도로 헌법재판소의 다수의견은 이에 대한 판단을 모두 회피했다. 쟁점을 하나씩 살펴보자.

군인사법 47조의2(복무규율)

군인의 복무에 관하여는 이 법에 규정한 것을 제외하고는 따로 대통령령이 정하는 바에 의한다.

군인사법 47조의2의 위헌성, 특별권력관계론

군인사법은 군인 복무에 관한 한 이 법에 규정한 것 이외는 대통령령이 규정하고 있다. 군인 복무에 관한 사항으로는 신분 보장(44조), 평등 취급의 원칙(45조), 휴가(46조), 직업 보도 교육(46조의2), 복지 및 체육 시설(46조의3), 직무 수행 의무(47조), 복제 및 예식(47조의3), 휴직(제48조)이 있다. 따라서 열거된 일반적 사항 이외에 추가되는 복무수칙 사항은 모두 대통령령으로 포괄 위임하다는 것이다. 군인복무규율은 군인

복무와 병영 생활의 기본 사항을 규율하고 있어서 군인에게 부과되는 여러 의무와 금지 행위, 명령과 복종 사항, 고충 처리 사항, 비상소집, 병영 생활, 휴가 등에 해당한다.

그런데 법은 핵심 권리의 제한과 의무 부과 사항에 대해서는 어떠한 규율도 하지 않고 있다. 이러한 규율 태도는 이른바 19세기 독일의 외형적 입헌군주제에서 생긴 '특별권력관계론'에서 비롯한 것이다. 특별권력관계론이란 군인이나 수형자, 공무원이 국가와 맺는 관계처럼 포괄적으로 기본권을 제한하는 관계에서는 기본권이나 법률 유보를 적용하지 않은 채 직무 명령을 내릴 수 있다는 이론이다. 이 이론은 독일 연방헌법재판소가 수형자의 기본권도 오로지 법률을 통하거나 법률에 근거해서만 제한할 수 있다고 판시함으로써 사망 선고를 맞게 되었다.

이 사건의 경우 군인사법 47조의 2은 규정하는 바가 없고 대통령령인 군인복무규율 16조의2에 포괄 위임하고 있다. 이러한 포괄 위임은 위임입법의 범위와 한계를 설정한 헌법 조항에 정면으로 위배된다. 헌법 75조는 "대통령은 법률에서 구체적으로 범위를 정하여 위임받은 사항과 법률을 집행하기 위하여 필요한 사항에 관하여 대통령령을 발할 수 있다"고 규정하고 있다. '법률로 대통령령에 규정될 내용의 대강이라도 예측을 할 수 있어야 한다'라는 포괄 위임입법 금지 원칙에 위배되는 것이다. (헌법재판소 2004. 11. 25. 2004헌가15) 비록 국방을 위한 상명하복의 체계적 구조를 갖고 있는 군 조직의 특수성을 감안해 군인 복무와 병영 생활, 정신전력 등 밀접한 영역은 넓은 재량과 전문성을 인정할 수 있더라도, 어떠한 내용도 규율하지 않는 것은 명백히 위헌이다.

다수의견은 "이 사건 법조항이 군인의 복무에 관하여는 이 법에 규정한 것을 제외하고는 따로 대통령령이 정하는 바에 의한다고 규정하여 기본권 침해에 관하여 아무런 규율도 하지 아니한 채 이를 대통령령에 위임하고 있으므로, 그 내용이 국민의 권리 관계를 직접 변동시키거나 법적, 특히 지위를 결정적으로 정하여 국민의 권리 관계를 확정한 것이라고 보기 어려워 심판 청구의 요건을 충족하지 못하였다"고 판시했다.

그렇다면 앞으로 권리를 침해하거나 의무 부과 내용을 규율하는 데 있어서 법률 조항의 위헌 시비를 피해가려면 '국민의 권리를 침해하는 사항은 대통령령이 정한다'라고 규율하면 될 것이다. 국회가 일할 필요가 없다. 군이 마음대로 모든 것을 제정하면 된다. 결국 국가 안의 작은 국가를 만들어준 격이다. 이는 독일 나치 시대의 수권법(전권위임법)과 하나도 다를 바가 없다.

군인복무규율 16조의2(불온표현물 소지·전파 등의 금지)

군인은 불온유인물·도서·도화 기타 표현물을 제작·복사·소지·운반·전파 또는 취득하여서는 아니 되며, 이를 취득한 때에는 즉시 신고하여야 한다.

군인복무규율 16조의2의 위헌성

군인복무규율 16조의2는 군인이 '불온표현물'을 소지하고 취득하는 것을 금지하고 취득한 경우 신고 의무까지 부과하고 있다. 국방부가 이 복무규율에 근거해 내린 '불온도서 차단지시'는 불온서적의 내용을 구체적으로 지정하고 이를 영내로 반입하는 것을 금지하고 반입한 경우 물품을 통제하며 사무실을 비롯한 독신자 숙소를 일제 점검해 반입 여부를 확인하도록 규율하고 있다.

따라서 군인복무규율 16조의2와 '차단지시'는 함께(법령은 구체적인 위임이 없지만) 불온서적으로 지정된 도서를 소지하거나 영내 반입하는 것을 금지하는 공권력으로 작용하고 있다. 물론 구체적인 소지 및 취득을 제한하는 집행 행위가 전제되어야 하지 않느냐 하는 반대의견이 있을 수 있다. 하지만 구체적인 소지 및 취득에 대해 행정소송이나 헌법소원을 제기하기는 현실적으로 상상하기 어렵다. 반대의견도 이러한 현실적인 상황을 고려한 헌법재판소의 결정(헌법재판소 1997. 8. 21. 96헌마48)을 원용해 적법성의 근거를 찾고 있다.

다수의견은 이에 대해 "이 사건 지시 중 국방부장관이 각 군에 내린 것은 그 직접적인 상대방이 각 군의 참모총장 및 직할 부대장이고, 육군참모총장의 것은 그 직접적인 상대방이 육군 예하부대의 장으로, 청구인들을 비롯한 일반 장병은 이 사건 지시의 직접적인 상대방이 아니므로, 이 사건 지시를 받은 하급 부대장이 일반 장병을 대상으로 하여 이 사건 지시에 따른 구체적인 집행 행위를 함으로써 비로소 청구인들을 비롯한 일반 장병의 기본권 제한의 효과가 발생하므로, 기본권 침해의 직접성 요건을 흠결하였다"고 밝히고 있다.

이는 완벽한 논리적 모순이다. '군 지휘 조직 내부의 행위'로서 육군 예하 부대의 장에게만 지시가 하달되었고 이후 구체적 집행 행위가 없었다면, 병사들을 비롯한 하급 장교는 불온서적을 반입하고 열독해도 무방하지만 장성들은 지침의 수범자인 이상 불온서적을 읽을 수 없다는 뜻인가? 계급이 올라갈수록 훨씬 더 불온서적에 노출되어 국가 안보를 저해할 가능성이 높으므로 제한적으로 그들에 대해서만 차단해야 한다는 뜻인가?

불온의 싹, 사람들이 생각하기 시작한다는 것

또 책 23종을 지시에 따라 불온서적으로 규정한 이상 그 책들은 불온서적이 된 것이므로 군인복무규율 16조의2에 의해 소지 및 취득, 열독이 불가능하게 된다. 즉 '차단지시'는 별도의 구체적인 집행 행위를 예정하지 않고 있는 이상 법령 자체로 종국적인 처분성을 갖는다는 뜻이다. 그렇다면 헌법재판소의 다수의견은 불온서적 목록을 영내에 게시하는 경우 행정소송을 제기하라는 뜻인가? 헌법재판소가 기존의 판시까지 거스르면서 구체적 설명을 하지 않고 단 몇 줄로 각하한 저의를 알 수 없다.

'불온표현물'이란 무엇인가

불온표현물을 소지하거나 취득하는 것이 금지된 이상 열독은 당연히 불가능하다. 이는 군인이 된 자의 행복 추구권, 양심과 사상의 자유, 정보 수령권(알 권리)을 침해한다(그중 핵심적인 것은 알 권리다). 모두 정신적 기본권에 해당하는 영역이다. 따라서 정신적 기본권이 제한되려면 명확성 원칙이 적용되어야 한다. 불온표현물을 언제, 어디서, 어떻게, 왜 규율해야 하는지 조밀하게 규정하지 않으면 위헌성을 면할 수 없는 것이다.

우선 누가 불온표현물이라고 선언하고 지정할 수 있는지(지정권자), 불온한 표현물은 도대체 무엇을 뜻하는지 따져볼 만하다. 불온표현물이라고 지정하는 것 자체가 위헌일 테지만 그렇게 선언하고 지정할 수 있는 주체가 누구인지를 알 수 없다는 것은 더더욱 이 법령이 위헌임을 확신케 한다. 군 고위 관계자가 어떤 서적이 불온하다고 말하면 그것이 불온이 된다는 논리다. 실제로 국방부는 불온서적을 누가, 언제, 어떠한 절차를 통해 지정했는지 제대로 설명하지 못했다. 밝혀진 바로는 국군 기무사가 이적 단체인 한총련이 군에 교양 도서 23종을 보내는 운동을 추진한다는 정보를 경찰청 보안과로부터 보고받았고, 기무사로부터 이러한 정보를 전달받은 국방부 정훈문화공보과는 도서 23종이 부대 안에 반입되지 않도록 차단 조치를 했다. 정훈문화공보과는 정훈문화공보심의회를 열어 심의했고 심의위원들이 불온서적으로 지정했다는 것이다. 하지만 심의가 실제로 이루어졌는지도 의문이다. 심의위원의 수, 심의일, 심의된 책의 불온성 여부가 소송에서 대응하는 내내 바뀌었던 것이다. 예컨대 장하준 교수의 《나쁜 사마리아인들》은 처음 반자본주의 서적으로 분류되었다가 나중에는 반미 서적으로 바뀌었으며, 심의일도 처음엔 2008년 7월 말부터 8월 초이었다가 나중에는 8월 초부터 8월 말로 바뀌었다. 더 황당한 것은 심의위원 10명이 책을 2권씩 나누어서 읽고 '불온성'을 판단했다는 것이다. 불온서적 지정이 얼마나 자의적인 기준에 의해 이루어졌는지 알 수 있다. 반대의견의 표현을 빌리자면 '자의적인 집행 가능성을 보여주는 생생한 실례'다.

그럼 불온한 표현물이란 무엇인가? 국방부는 군의 정신전력을 명백히 훼손하는 북한 찬양, 반정부·반미, 반자본주의 내용을 담은 서적이라 밝히고 있다. 하지만 《지상에 숟가락 하나》와 《왜 80이 20에게 지배당하는가》에는 북한에 대한 내용이 나오지 않는다. 《나쁜 사마리아인들》은 저자의 표현대로 '1970년 대한민국의 국가 주도형 중상주의 경제개발 모델'을 긍정한 책으로 반정부적이라고 볼 근거가 전혀 없다. '불온성'은 구체적 사안과 개인의 가치관이나 윤리관, 시대적 상황에 따라 얼마든지 변할 수 있다. 정권의 이념적 가치관이나 특정 집단의 가치관에 따라 언제든지 달라질 수 있는 개념적 징표에 불과한 것이다. 즉 불온함이라는 말 자체에 명확성이 없다. 이렇게 추상적이고 명확성 없는 개념으로 군인이 된 자의 알 권리 등을 제한하는 것은 명백히 과잉 금지 원칙에 반한다.

다수의견은 "군인복무규율 16조의2는 국가의 존립과 안전이나 자유 민주주의 체제를 저해하고 반국가 단체를 이롭게 할 내용으로서 군인의 정신전력을 심각하게 저해하는 것을 막기 위한 목적의 정당성이 있다"고 밝혔다. 또 "이적 표현물 등 국가의 존립과 안전이나 자유민주주의 체제를 해하는 도서로서 군인의 정신전력을 심각하게 저해하는 불온도서에 대해 군인의 접근을 차단할 필요가 있고, 이를 위해 해당 도서의 소지 및 취득을 금지하는 것이 목적을 달성하기 위한 적절한 수단이며", "군인의 정신전력을 심각하게 저해하는 한정된 범위 내의 불온도서를 취득하는 행위를 금지하고, 그 인적인 범위 또한 군인들로 한정하고 있고", "국가의 존립·안전이나 자유민주주의 체제를 해하거나 반국가 단체를 이롭게 하는 등 군인의 정신전력을 심각하게 저해하는 내용의 도서가 군인들의 정신전력에 나쁜 영향을 미칠 가능성이 있다"고 했다.

다수의견은 군인이 국가의 존립과 안전을 보장하는 집단인 군에 속해 있으므로 일반인이나 일반 공무원에 비해 상대적으로 기본권 제한이 가중된다고도 했다. "군인은 국가의 존립과 안전을 보장함을 직접적인 존재의 목적으로 하는 군 조직의 구성원이므로, 그 존립 목적을 위해 불가피한 경우에는 일반인 또는 일반 공무원에 비해 상대적으로 기본권 제한이 가중될 수 있는 것이다."

"집체 생활을 하는 군인들에게는 구체적인 사회적 위험성의 결과를 가져올 가능성이 있고, 또한 군의 정신전력을 해할 목적으로 도서를 소지, 취득하는 행위가 발생할 가능성이 있"다는 점 등에서 침해의 최소성이 인정된다고 했다. "복무규율 조항으로 달성되는 군의 정신전력 보존과 이를 통한 군의 국가 안전 보장 및 국토 방위 의무의 효과적인 수행이라는 공익은 이 사건 복무규율 조항으로 인하여 제한되는 군인의 알 권리라는 사익보다 결코 작다 할 수 없어" 법익의 균형성이 인정된다고 밝혔다.

결국 헌법재판소의 다수의견은 '군인은 일반인과 다르므로 기본권 제한이 가중된다'라는 특별권력관계론을 무비판적으로 받아들인 것이다. 변론에 참여해 해괴한 이론을 편 강경근 교수의 말처럼 '기절해 있다가' 헌법재판소에 의해 다시 살아났다. 이는 지휘관이 결정하면 합리적인 이의 제기 없이 무조건 따르라는 말이나 다름없다. 군의 '문민 통제'를 부정했다.

이번 결정은 도저히 납득할 수 없는 논리적 모순이 가득하다. 다음과 같은 간단한 질문에도 답변하지 못하는 결정이 어떻게 한 국가의 사법적 판단이 될 수 있는가. 무조건 불온서적으로 지정한 책을 읽지 못하게 하면 정신전력이 되살아나는가? 휴가를 얻어 나가는 병사는 얼마든지 그 책을 읽을 수 있지 않는가? 여당 측 한 의원이 국회에서 발언한 대로 한총련이 군 장병에게 도서 보내기 운동을 전개하면 양서도 불온서적이 된다는 말인가? 한총련이 애국가를 부르면 애국가도 불온 가요가 되는가?

이번 결정은 국방부가 내세우는 특별권력관계론을 무비판적으로 수용한 것에 불과하다. 군의 합리적 지휘권 행사는 지휘권에 대한 무비판적 복종으로 유지되지 않는다. 우리 사회는 더 이상 군이 특수성을 고집하고 민간과의 차별성을 확보해 자신들의 기득권적, 고립적 질서를 지키려는 모습을 방치해서는 안 된다. 너무나 위험한 일이다.

군의 특수성이 지나치게 강조되면 사회적 갈등이 깊어지고 그 비용이 커진다. 군에 사건이 발생하면 언제든지 민간이 그 사건을 조사하고 진상을 규명해 사회의 동요와 갈등을 관리할 수 있어야 한다. 민간과 군의 역학 관계에서 민간이 군을 통제할 수 없는 상황이 되면 갈등은 고조된다. 민간이 군의 특수한 상황 때문에 정보 접근이 어려워 이를 요구하더라도 군은 실수 등을 인정하면 처벌을 받을까 봐 두려워 정보를 은폐하는 것이다. 더 나아가 왜곡이나 조작이 생겨날 수도 있다. 결국 사회는 군을 불신하고, 군은 사회로부터 더더욱 고립된다. 2010년 3월 발생한 천안함 침몰 사태와 관련해 군이 사실을 조작하고 은폐한 양상은 우리 사회의 단면을 적나라하게 보여준다.

아직도 우리 사회에는 군에서 일어나는 의문사와 폭력, 인권 침해 등을 당연하게 여기는 흐름이 있다. 군대니까 그럴 수밖에 없다는 사고방식이다. 언제까지 후진적 군사 문화의 잔재를 청산하지 않고 '군의 특수성'이라는 연구도 미진한 거대 담론에 기대어 의무를 방기할 것인가? 군에 입대한 우리의 아이들을 사회에서 누구나 읽는 베스트셀러도 읽지 못하는 바보로, 휴가를 나와 서점에 가서는 그 책을 뒤척이며 불안해하는 비겁쟁이로 만들 텐가?

판결에 대하여

헌법재판소 2010. 10. 28.
2008헌마638 군인사법 47조의2,
군인복무규율 16조의2 위헌 확인 등

국방부가 책 23종에 대해 내린 불온서적 지정 및 반입 금지 조치는 장병들의 기본권을 직접 침해하지 않는다며 군인사법 47조의2와 군인복무규율 16조의2는 합헌이라고 본 결정.

2008년 10월 22일 전·현직 군법무관 6명은 군대 내 불온서적 지정과 '불온도서 차단지시'가 표현과 학문의 자유를 침해한다며 헌법소원을 냈다. 헌법재판소는 군인복무규율 16조의2에 대한 심판 청구는 기각하고 나머지에 대해선 재판관 6대 3의 의견으로 각하 결정했다.

서울행정법원 행정3부는 2010년 4월 이들이 국방부를 상대로 낸 파면 처분 등 취소 소송에서 징계 처분은 정당하다며 국방부의 손을 들어주었다.(2009구합14781) 2011년 8월 서울고등법원 1행정부도 1심 판결을 유지했다. 두 법무관의 파면 처분은 취소됐지만, 다른 법무관의 징계 사유는 인정됐다. 대법원 3부가 4명의 감봉, 근신 처분에 대해 심리 중이다.

한편 '불온서적'을 낸 출판사와 저자들도 2008년 10월 명예훼손을 보상하라며 국가를 상대로 손해배상 청구 소송을 냈다. 1심에서 원고 패소 판결이 난 뒤 현재 대법원 1부가 심리 중이다.

교육과학기술부는 2008년 11월 금성출판사 교과서 등 6종의 고등학교 한국 근현대사 교과서에 대해 '좌편향' 논란이 있는 대목을 고치라며 수정 명령을 내렸습니다. 국가가 교과서 내용에 대해 관여하고 간섭해도 괜찮은지는 중요한 사회적 논점입니다. 하급심 법원은 일단 절차상 문제를 들어 정부의 수정 명령이 위법하다고 판단했습니다. 교육의 자주성·전문성·정치적 중립성을 지켜내려면 무엇보다 교육의 이해 당사자들 간의 합의라는 절차적 요소가 필요합니다._ **역사 교과서 수정 명령**

국가가 정사正史를 세우려 해서는 안 된다

이것은 반쪽뿐인 승리다. 아니, 승리도 아니고 우리가 앞으로 다뤄야 할 훨씬 중요한 문제가 남아 있음이 밝혀졌을 뿐이다. 2008년 11월 26일 교육과학기술부는 한국 근현대사 교과서의 소위 '좌편향'을 문제 삼아 교과서 출판사에게 '교과용도서에 관한 규정'(대통령령) 26조 1항에 의거해 수정 명령을 내렸다. 2010년 9월 2일 서울행정법원은 정부의 수정 명령은 위법하다며 다음과 같이 판단했다.

"우리 헌법 31조 6항('교육제도와 그 운영, 교육 재정 및 교원의 지위에 관한 기본적인 사항은 법률로 정한다')은 국가가 교육을 제공함에 있어 그 내용을 정할 수 있는 근거를 마련하고 있다. 이에 근거한 현행 초중등교육법 및 이로부터 위임받은 교과용도서에 관한 규정은 교과용도서의 검정에 관한 권한을 교육과학기술부에 부여하고 있다.

다른 한편, 교육의 자주성, 전문성 및 정치적 중립성을 보장하도록 한 헌법 31조 4항의 취지를 구현하기 위하여, 교과용도서에 관한 규정은 검정 권한을 전적으로 교육과학기술부에 맡겨두지 아니하고, 검정과 관련하여서는 학문적으로 전문적 식견을 가진 사람, 학부모, 시민단체에서 추천한 사람 등으로 구성된 교과용도서 심의위원회의 심의 절차를 거치도록 함으로써, 검정과 관련한 피고의 재량에 일정한 절차적 통제를 가하고 있다. 앞서 본 헌법 규정의 취지와 이를 구현하기 위하여 교과용도서에 관한 규정에서 심의위원회를 두고 있는 취지를 고려할 때 이 사건 처분은 그 실질에 있어 검정에 준하는 것으로 보아야 한다. 그렇다면 (이 사건 처분은) 검정에 관하여 정하고 있는 절차를 준수하여야 할 것이다. 피고가 이 사건 처분에 앞서 교과용도서 심의위원회의 심의를 거치지 않은 사실은 앞서 본 바와 같고, 역사교과서 전문가협의회를 교과용도서 심의위원회에 준하는 것으로 볼 수도 없다."

수정 명령은 교과용도서에 관한 규정이 정한 절차를 거치지 않았기 때문에 위법이라는 판단이다. 교과용도서에 관한 규정 26조 1항에 의한 수정 명령이었는데 이 조항은 해석상 탈자와 오기를 교정하는 데 한정되어 있으므로 내용에 대한 수정은 이에 의거할 수 없다. 법원은 결국 교육과학기술부가 심의위원회의 검정을 거치지 않은 점을 문제 삼은 것이다. 하지만 이 규정이 정한 절차가 바뀌면 어떻게 될까?

실제로 교육과학기술부장관은 곧바로 9월 24일 '교육과학기술부장관은 교과서 내용이 수정할 필요가 있다고 인정될 경우 검정 도서에 대해선 저작자나 발행자에게 수정을 명할 수 있다'라는 내용의 초중등교육법 개정안을 입법 예고했다. 상위법을 개정해 장관이 심의위원회를 거치지 않고 '내용적인 수정 명령'을 내릴 수 있도록 절차를 바꾸려는 것이다.

이렇게 법률이 바뀌게 되면 교육과학기술부가 똑같은 내용의 수정 명령을 내려도 전혀 하자가 없다. 6월 30일 교육과학기술부의 요청으로 사회 교과서의 반反대기업적인 내용이 삭제된 사건 역시 이번 판결을 기준으로 하면 위법일 가능성이 농후하다. 하지만 법률 개정안이 통과되면 교육과학기술부는 2011년 3월 교과서를 인쇄하기 전에 '합법적인' 수정 명령을 내릴 수 있다.

교육과학기술부가 단독으로 내용적인 수정 명령을 내릴 수 있는 제도는 아무런 흠결이 없는가? 현재까지의 판례를 보면 이미 국정교과서에 대해서는 합헌 결정이 내려져 있다.(헌법재판소 1992. 11. 12. 89헌마88) 교육과학기술부가 스스로 교과서를 처음부터 만드는 것이 합헌이라면 이미 만들어진 교과서에 수정을 가하는 것은 당연히 합헌일 것이다.

우리나라에서 교육에 대한 국가 권한의 헌법적 한계는 헌법 31조 4항이 규정하고 있는데 그 내용은 '교육의 자주성, 전문성, 정치적 중립성'으로 집약된다. 그런데 이 조항은 '법률이 정하는 바에 의하여 보장된다'라고 되어 있다("교육의 자주성·전문성·정치적 중립성 및 대학의 자율성은 법률이 정하는 바에 의하여 보장된다"). 헌법재판소의 국정교과서 합헌 결정은 이에 대해 다음과 같이 설명했다.

"헌법이 교육의 자주성·전문성·정치적 중립성을 보장하고 있는 이유는 교육 방법이나 내용이 종교적 종파성과 당파적 편향성에 의해 부당하게 침해 또는 간섭당하지 않고 가치중립적인 진리 교육이 보장되어야 한다는 점 때문이다. 특히 교육의 자주성이 보장되기 위해서는 **교육행정기관에 의한 교육내용에 대한 부당한 권력적 개입이 배제되어야 할 이치인데, 그것은 대의정치, 정당정치하에서 다수결의 원리가 지배하는 국정상의 의사 결정 방법은 당파적인 정치적 관념이나 이해관계라든가 특**

수한 사회적 요인에 의하여 좌우되는 경우가 많기 때문이다. 인간의 내면적 가치 증진에 관련되는 교육 문화 관련 분야에 있어서는 다수결의 원리가 그대로 적용되는 것이 바람직하지 않다는 의미에서 국가의 교육 내용에 대한 권력적 개입은 가급적 억제되는 것이 온당하다고 본다.”

정리하면 교육의 자주성·전문성·정치적 중립성에 대한 보장은 국가에 대한 외재적 한계를 말하는 게 아니라 입법자는 행정권의 개입을 최대한 배제해야 할 의무가 있다는 것으로 해석된다. 정치적 중립성이란 ‘다수결 원리가 지배하는 국정 의사 결정’으로부터 교육 내용을 보호하는 원리이며, ‘행정 관료에 의한 영향’을 배제하는 게 정치적 중립성의 목표인 것처럼 설시하고 있는 것이다. 그런데 법률을 만드는 국회가 교육행정기관보다 더욱 다수결 원리나 당파적인 정치적 관념에 좌지우지될 수 있음을 고려하면 참으로 이해하기 어려운 설시다. 행정 관료가 교육 내용에 대해 자의적인 개입하지 못하도록 입법부가 교육의 내용과 양태를 법률로써 확립하기만 하면 정치적 중립성이 모두 보장될까.

물론 이렇게 해석되면 교육의 자주성·전문성·정치적 중립성은 하위 규범을 통제하는 헌법으로서의 규범성이 없어지게 된다. 무엇보다 헌법 31조 4항의 규범성을 복원시켜야 한다. 어디에서부터 시작할 수 있을까? 미국 판례를 살펴보자.

견해차에 따른 차별

우선 교육의 정치적 중립성을 살펴보자. 미국 판례는 국가가 정치적으로 중립을 지켜야 국민들의 표현의 자유가 보호된다고 판시하고 있다. 국가가 자신들과 견해가 다른 국민을 차별하는 것을 사상 통제의 시

교과서를 둘러싼 전쟁

작이라고 본다. 차별은 국가가 운영하는 국립극장, 공영·국영 TV, 예술진흥기금, 과학진흥기금 등에서 자신들과 견해가 같은 사람에게만 발언 기회와 재정적 지원을 주는 데서 생길 수 있다. 이러한 차별을 견해차에 따른 차별viewpoint discrimination이라고 한다. 그리고 견해차에 따른 차별 금지 원리는 공립 교육에도 똑같이 적용되어왔다. 국가가 제공하는 교육의 내용에 국가와 견해가 같은 입장만 반영해서는 안 된다는 것이다. 연방대법원은 국가에 의한 교과서 선정이 아무리 절차적으로 올바르다고 할지라도 그 결과가 견해차에 따른 차별이라면 선정 자체가 위헌이라고 결정했다.

1982년 피코 판결Island Trees Union Free's Board of Education v. Pico에서 연방대법원은 교육위원회가 학교 도서관에서 특정한 책들을 장서에서 제외한 것은 학생들의 알 권리를 침해한 것이라고 판시했다. 학교는 교육이라는 특수한 목표를 수행하려면 '저급하거나vulgar' '교육적 적절성educational suitability'이 없는 자료는 제외할 수 있다고 했다. 하지만 교육위원회가 책에 담긴 사상에 동의하지 않는다는 이유로 또는 '**정치, 국가관, 종교 또는 다른 견해의 분야에서 정설을 확립하려고**'(사례는 아래 인용 단락) 도서관 장서에서 책을 제외해서는 안 된다며 위헌 판결한 것이다.

1943년 바네트 판결West Virginia State Board of Education v. Barnett에서 연방대법원은 제2차 세계대전이 한창 진행되고 있던 와중임에도 국기에 대한 경례를 강제한 교육위원회의 결정이 학생의 양심의 자유에 반한다며 위헌 판정을 내렸다. "국가는 모든 학생들에게 역사와 국가 조직 그리고 시민적 자유의 보장에 대해 가르침으로써 애국심을 유발시킬 수는 있다. 그러나 여기서의 문제는 학생에게 어떤 신념을 천명하도록 강제하는 것이다. 학생들에게 국기에 대한 경례의 양태와 의미에 대해 가르치는 것이 아니다. 여기서의 논점은 느리기도 하고 쉽게 간과되는 충성심 함양으로의 길을 강제 경례를 통해 질러가는 것이 헌법적으로 허용되는가이다."

피코 판결을 좀 더 자세히 살펴보자. 1975년 당시 뉴욕주의 아일랜드 트리 교육구 내의 공립학교를 담당하는 주정부기관인 교육위원회의 교육위원들이 한 보수적 학부모 단체의 회의에 참가했다가 그 단체가 만든 거부되어야 할(objectionable) 책들의 목록을 입수했다. 자신들의 교육구 내의 고등학교 도서관에 이 책들 중 9권이 비치되어 있음을 확인하고 교육위원회는 이 책들이 음란하지는 않지만 '반미국적, 반기독교적, 반유대교적이며 명백히 저급하다'고 하며 도서관에서 수거하라고 명령했다. 그러자 교장들은 도서관 장서에 대해 이의가 들어올 경우 위원회를 구성해 검토하는 정책을 시행해왔다며 이의 제기했다. 교육위원회는 학교 직원 4명과 학부모 4명으로 구성된 도서평가위원회를 구성했다. 그런데 도서평가위원회가 책들은 대부분 적합하다는 판정을 내리자 교육위원회는 도서평가위원회의 권고를 무시하고 책 9권은 도서관에 소장되거나 수업 교재로 사용될 수 없다고 명령했다. 이에 대해 학생들이 소송을 제기했다.

1975년 당시 아일랜드 트리 교육구 내의 보수적 학무모 단체가 거부한 책 9권

1. 《Slaughter House Five》, Kurt Vonnegut, Jr., 2. 《The Naked Ape》, Desmond Morris, 3. 《Down These Mean Streets》, Piri Thomas, 4. 《Best

Short Stories of Negro Writers》, edited by Langston Hughes, 5.《Go Ask Alice》, anonymous authorship, 6.《Laughing Boy》, Oliver LaFarge, 7.《Black Boy》, Richard Wright, 8.《A Hero Ain't Nothin' but a Sandwich》, Alice Childress, 9.《Soul On Ice》, Eldridge Cleaver

연방대법원은 "판례의 교훈은 명백하다. 교육위원회는 도서관 장서를 구성함에 있어 상당한 재량을 가지고 있다. 하지만 그 재량은 편협한 정치적 방식으로 행사되어서는 안 된다. (…) 우리의 헌법은 국가에 의한 사상의 탄압을 허용하지 않는다. (…) 교육위원회가 도서를 수거함으로써 자신들이 찬동하지 않는 사상에 소송 원고인 학생들로 하여금 접근하지 못하도록 하려는 의도"였다면 이는 위헌이라고 판시했다. 교육위원 2명은 하급심에서 '반미국적'이라는 말의 의미를 말해보라는 질문에《A Hero Ain't Nothin' but a Sandwich》라는 책이 건국 공신인 조지 워싱턴이 노예 소유주였음을 밝힌 점을 들었는데 이것만 봐도 정치적 의도가 있음을 의심할 수 있다는 것이다.

1980년 로웬 대 터닙시드 사건Loewen v. Turnipseed에서 주정부가 임명한 교과서검정위원회는《미시시피: 분쟁과 변화》라는 책이 흑인과 노예들의 처우에 대한 묘사가 너무 부정적이라며 검정을 거부했다. 학생과 교사들이 제기한 소송에서 연방지방법원은 위헌 처분을 내리며 이렇게 밝혔다. "국가의 권한을 행사하는 자들은 특정 책이 논란이 될 만한 견해를 담고 있다고 하여 이를 검열해서는 안 된다."

1982년 프랫 판결Pratt v. Independent School District에서 교육구는 〈로터리The Lottery〉라는 영화를 모든 학년의 수업 교재에서 빼도록 결정했다.

몇몇 학부모한테서 영화가 폭력적이며 종교와 가정의 가치를 폄하한다는 민원이 들어오자 해당 교육구는 규정된 절차에 따라 시민 2명, 교사 2명, 미디어 전문가 1명, 교육 당국자 1명, 학생 1명으로 구성된 심의위원회로 하여금 심의하게 했다. 심의위원회가 공청회 등을 거쳐 영화를 중학교 교재에서는 빼되 고등학교 교재에는 포함시키기로 결정했는데 교육위원회는 이 권고를 거부한 것이다. 제8순회지구 연방항소법원은 교육위원회의 결정이 종교적 배경을 지니고 있고 영화의 사상적 내용을 문제 삼아 내려졌다는 사실판단을 존중한다며 위헌 처분했다. 교육위원회는 실제로 수업 교재에서 영화를 뺄 때는 그 이유를 제시하지 않았다가 추후 소송이 제기된 뒤에야 폭력을 결정의 근거로 들었다. 하지만 하급심은 이를 '사후적으로 급조된 아전인수적 근거self-serving statement . . . made after the fact'라며 받아들이지 않았다.

물론 이러한 교과서 선정에 대한 위헌성 주장이 항상 받아들여진 건 아니다. 2005년 치라스 대 밀러 사건Chiras v. Miller 사건에서 텍사스주 교육위원회는 《Environmental Science: Creating a Sustainable Future》라는 고등학교 환경과학 교과서에 대해 심의위원회와 공청회, 교육기관 관리국Educational Agency Commissioner 등이 채택 권고했음에도 보수주의적 싱크탱크 기관 두 곳이 재검토를 요구하자 공청회를 다시 연 뒤 문제된 교과서를 부적격 처리했다. 그러자 교과서의 저자와 몇몇 학생들이 견해차에 따른 차별이라며 헌법 소송을 제기했다. 제5순회지구 연방항소법원은 우선 교과서는 어떤 의미에서도 공적 공간이 아니라는 연방대법원의 1988년 헤이즐우드 판결(Hazelwood v. Kuhlmeier, 고등학교 교장이 교육적 목적으로 학생기자들의 기사를 검열한 건 언론 자유를 침해하지 않는다는 판결)에 어긋나는 판단을 내리면서 그렇기 때문에 견해차에 따른 차별이 허용된다고 판시했다. 그래도 연방항소법원은 적어도 피코 판결에서처럼 민주당원이 장악한 교육위원회가 당적에 따라 공화당원이 저술하거나 지지하는 교과서를 제외했다면 학생들의 헌법적 권리를 침해한 것이라는 원리에 대해서는 동의했다. 하지만 실제로 교육위원회 위원들이 이러한 정치적 동기를 가지고 해당 교과서를 배제했다는 증거가 없다고 했다. 실제로 위원 1명이 환경 문제의 근본 원인이 경제발전이라는 교과서의 주장은 잘못됐다는 논설을 쓴 적이 있지만 법원은 이것이 과학적 주장이 아니라 정치적 주장이라는 증명이 없다고 했다.

교육의 당사자는 다섯이다

다음으로 교육의 자주성과 전문성 부분에서 규범적 내용을 채워줄 미국 판례를 살펴보자. 교육의 이해 당사자는 국가와 학생만이 아니다. 학부모는 자녀에 대한 양육권으로부터 파생되는 교육 내용 선택권이 있고, 교사는 자신의 학문의 자유와 직업의 자유에서 파생되는 교권이 있으며, 학교는 교육기관으로서 자율권을 갖고 있다. 결국 교육 내용을 규정하는 헌법적으로 올바른 방법은 교육의 자유의 다섯 당사자인 국가, 학부모, 교사, 학교, 학생의 의사를 모두 반영하는 것이다.

물론 이들의 의사는 충돌할 수 있는데 이 충돌은 다양한 방식으로 조정된다. 특정 교과서의 검인정에 대한 최종 결정은 국가가 내리더라도 그 교과서가 실제 학교에서 사용되도록 강제할 수는 없다. 실제 그 교과서를 선택하는 이는 일선 교사다. 그런데 그 교사에 대해 인사권은 학교에게 있다. 그 교과서를 사용한 교사의 교육 능력에 대해 평가하고 조치할 수 있다. 또 학부모는 교사가 선정한 교과서가 마음에 들지 않으면 같은 과목을 가르치는 다른 교사의 강좌로 학생을 보낼 수 있다.

미국과 우리나라를 비롯한 대부분의 국가들은 특정 교과서를 검인정하는 과정에서 가장 중요한 이해 조정 장치로서 공청회처럼 이해 당사자들의 의견을 반영할 수 있는 절차를 두고 있다. 미국의 경우 교과서의 검인정은 국가기관이 주관하되 학생과 모든 교육 당사자들이 의견 제시할 수 있는 공청회를 거쳐야 한다. 이 절차적 요소는 학부모와 교사, 학교 등에게 교육에 대한 권리를 보장하는 헌법적 의미를 가지고 있다. 실제로 프랫 판결과 피코 판결을 보면 교육 당국이 학부모와 학생, 교사들이 참여하는 심의위원회를 구성해 심의하게 한 뒤 당국 스스로가 그 심의 기구의 권고를 따르지 않았던 사례임을 유의할 필요가 있다.

1983년 존슨 대 스튜어트 사건Johnson v. Stuart에서 제9순회지구 연방항소법원은 오레곤주의 교과서 검정 제도가 학생들에게 특정 책에 대한 의견을 제시할 기회를 주지 않음은 물론 승인이 되지 않은 이유도 밝히지 않는다며 제도의 위헌성에 대한 소송을 허락했다.

"위헌 제청의 대상이 된 제도는 학생들에게 특정 책이 합법적으로 검인정되거나 거부되는지를 입증할 합리적 기회를 주지 않는다. 2년마다 주 교육위원회는 출판사들에게 법의 내용을 전달하고 계약에 따라 출판사들이 법을 준수해야 함을 상기시키고, 자신들은 법률을 염두에 두고 책을 선정한다. 검인정이 거부될 때 주 교육위원회나 교과서위원회는 그 이유를 제공하지 않는다."

법원은 학생의 권리는 물론 학부모의 권리도 침해될 수 있다고 판시했고, 교사의 교육권은 그들이 교과서 외의 다른 자료를 수업 시간에 사용할 수 있으므로 침해되지 않는다고 선언했다.

이 절차적 요소는 학생의 표현의 자유뿐 아니라 다른 이해 당사자가 가진 교육에 대한 권리를 위해서도 기능한다. 2007년 푸에르토리코 사립교육위원회 대 가르시아-파디야 사건Asociacion de Educacion Privada De Puerto Rico v. Garcia-Padilla에서 제1순회지구 연방항소법원은 교과서를 선정할 때 부모들이 다른 이해 당사자의 이의 제기가 불가능하도록 비토권을 갖는 교과서 선정 제도에 대해 위헌 처분했다. 푸에르토리코에서는 그 지방 전체에 적용되는 검인정 제도는 없고 학교마다 개별적으로 교과서를 선정하는데 이때 학부모들이 교과서 가격 등을 이유로 교과서 선정을 통제할 수 있다. 법원은 다른 이해 당사자의 의견이 반영될 기회를 주지 않았다며 위헌 판정한 것이다.

결론적으로 말하면 교육은 학생뿐 아니라 국가, 학교, 교사, 부모 모두 일정한 헌법적 권리를 가지고 있는 분야다. 교과서 검인정 제도가 공청회와 같은 절차적 요소를 거쳐 이해 당사자들의 의견을 반영하는 것은 이들이 가진 교육에 대한 권리를 존중하는 헌법적 당위다.

미국 판례에서 보았듯이 교육과학기술부는 내용적인 수정 명령을 내릴 때 견해차에 따른 차별을 해서는 안 된다. 자신들의 입맛에 맞지 않는다고 내용을 솎아내서는 안 된다. 그렇지 않으면 교육의 정치적 중립성이 훼손된다. 이는 '좌편향된' 내용을 솎아내려 하는 데에도 똑같이 적용된다. 또 교육과학기술부는 교과서를 선정할 때 단독으로 결정해서는 안 된다. 교육의 다른 이해 당사자들, 특히 교육의 전문가라고 할 수 있는 교사들이 참여하는 선정 절차를 거쳐 견제와 균형을 이뤄야 한다. 그렇지 않으면 교육의 자주성과 전문성이 훼손된다. 교육과학기술부의 입법 예고대로 행정기관이 단독으로 내용적인 수정을 명령할 수 있게 되는 방향으로 법이 개정되면 교육의 자주성과 전문성을 위반하는 제도가 된다.

판결에 대하여	서울행정법원 5부 2010. 9. 2. 2009구합6940 수정 명령 취소	판사 이진만(재판장), 김강산, 백주연

교육과학기술부가 고등학교 한국 근현대사 교과서의 내용 중 좌편향 부분에 대해 교과서 집필자와 출판사에게 수정 명령을 내린 것은 절차상 교과용도서 심의위원회의 심의를 거치지 않았으므로 위법하다는 판결.

2008년 8월 교육과학기술부는 55개 항목을 수정하라고 금성출판사에 권고했다. 출판사는 교과서 집필자들의 반대에도 수정을 강행했다. 집필자 3명은 2009년 교육과학기술부를 상대로 수정 명령 취소 소송을 냈다. 1심은 원고 승소 판결했지만 항소심은 판단이 달랐다. 2011년 8월 서울고등법원 1행정부는 검정권자의 재량권이 인정된다며 원고 패소 판결했다. 대법원 2부는 2013년 2월 15일 1심 판결의 취지에 따라 수정 명령은 부당하다며 파기환송했다. 서울고등법원 3행정부는 2013년 11월 교육부의 항소를 기각했지만 교육부가 재상고해 다시 대법원의 판결을 기다리게 되었다. 2014년 3월 대법원은 심리를 속행하지 않고 재상고를 기각했다.

참여연대 공익법센터는 이 사건에 대한 소송 지원, 이후 교육 부처의 수정 명령에 대한 행정소송을 계속 진행하고 있다.

법원은 뇌물수수 혐의로 기소된 한명숙 전 총리에게 무죄판결을 내렸습니다. 이번 판결은 재판부의 결론보다 공판 과정이 더 주목을 끌었습니다. 공판중심주의입니다. 수사권과 공소권을 남용하는 검찰의 정치적 행태가 낱낱이 드러나면서 공판중심주의와 집중심리제가 새롭게 조명되는 계기였습니다. 증거라고는 증인의 진술밖에 없는데도 무리하게 기소해서 당시 야권의 유력한 서울시장 후보였던 한 전 총리에게 흠집을 냈습니다. 책임을 물어야 하지 않을까요?__**한명숙 뇌물 수수 사건 1심**

한명숙 전 총리 재판의 몇 가지 쟁점

유무죄를 놓고 검사와 피고인이 격렬한 다툼을 벌인 한명숙 전 총리 사건의 1심 판결이 선고되었다. 결과는 무죄. 피고인 측의 완승이다. 판결이 가져올 정치적 파장을 놓고 여야 정치권은 계산이 한창이다. 특히 지방선거에 미칠 영향에 대한 다양한 분석이 나오고 있다. 혐의 유무를 둘러싼 공방도 여전하다. 검찰은 항소심에서 1심 판결을 뒤집겠다고 단단히 벼르고 있다. 선고를 하루 앞두고 압수수색을 벌여 논란을 빚은 소위 '신건' 수사가 어디로 흘러갈지도 주목의 대상이다.

법률적 관점에서 보면 이 사건은 정치적 여파나 한 개인의 유무죄를 떠나 간단치 않은 여러 쟁점을 안고 있다. 전직 총리가 뇌물을 받은 혐의로 기소되기는 처음이다. 사건의 중요성과 피고인의 신분 그리고 때마침 다가온 선거로 인해 이번 재판은 철저히 공판중심주의를 따라 이뤄졌다. 피고인이 행사할 수 있는 법적 권리도 최대한 보장되었다고 할 만하다. 그 과정에서 형사사건 절차의 현 실태를 점검할 기회를 가질 수 있었다. 이번 사건의 쟁점을 전부 다룰 수 없지만 놓쳐서는 안 될 몇 가지 쟁점을 짚어본다.

1. 수사 과정은 전부 기록되는가. 판결문에 의하면 한명숙 전 총리에게 뇌물을 줬다는 곽영욱 전 대한통운 사장은 뇌물 액수와 관련해 적어도 다섯 차례는 진술을 바꾼다.

그는 구속되기 전 수사 검사가 미국에 송금한 10만 달러의 행방을 추궁하자 한 전 총리에게 10만 달러를 줬다고 진술한다(첫 번째 진술).

그 후 부장검사를 만난 자리에서는 "(검사가) 무서워서 10만 달러 주었다고 했는데 사실은 사실이 아닙니다"라며 돈을 준 적이 없다고 부인한다(두 번째 진술).

그러다가 2009년 11월 6일 검찰에 구속되자 이번에는 한 전 총리에게 3만 달러를 준 사실이 있다고 진술한다(세 번째 진술).

며칠 뒤인 11월 19일 그는 검사에게 "구속되기 전에 변호사들한테 다른 범죄행위에 대해 제보하면 아무래도 검찰이 저를 선처하지 않겠느냐는 얘기를 들었습니다. 그래서 그런 얘기들을 하게 되었고 사실은 거짓말을 한 것입니다"라며 돈을 준 사실이 없다고 말한다(네 번째 진술).

닷새 뒤인 11월 24일 곽 전 사장은 다시 태도를 바꿔 이번에는 한 전 총리에게 5만 달러를 준 것이 사실이라고 말한다(다섯 번째 진술).

검찰은 이 중 마지막인 다섯 번째 진술을 토대로 한 전 총리를 기소한 것이다. 그런데 수사 기록에는 다섯 차례의 서로 다른 진술 중 마지막 두 진술만 기록되어 있다. 재판부와 변호인들이 이러한 진술 변경 과정을 알게 된 것은 법정에서 곽 사장이 증언을 하면서 이를 밝혔을 때다. 이 문제에 대한 근본적인 검토가 있어야 한다는 것은 굳이 설명할 필요가 없을 것이다. 이솝의 우화 〈양치기 소년과 늑대〉의 예를 들지 않더라도 거짓말을 반복하는 사람의 말을 믿기 어렵다는 것은 상식에 속한다. 조사를 받으면서 번번히 진술을 바꾼 사람의 말을, 그 과정은 떼어놓고 결과만 보여주면서 믿으라고 하는 것이 과연 정당한가.

과거 강압 수사가 문제되던 시절에는 진술의 신빙성 문제는 주로 임의성이 인정되는지에 달려 있었다. 이번 사건에서도 검찰은 강요하지 않았는데 곽 전 사장이 스스로 자백했다는 점을 강조했다. 진술 과정을 녹화한 영상 녹화물을 보자는 제안을 하기도 했다. 그렇다고 임의성이 인정된다고 해서 곽 전 사장의 말이 반드시 신뢰성이 있다고 볼 수는 없다. 어떤 사람이 거짓말을 하게 되는 것은 반드시 강압 때문만은 아니다.

검찰의 공소사실을 그대로 받아들이더라도 곽 전 사장이 처음 한 전 총리에게 10만 달러를 송금했다고 한 진술이나 나중에 3만 달러를 주었다고 한 진술은 거짓말이다. 설마 검찰 조사에서 곽 전 사장이 검사의 강요에 못 이겨 거짓말을 했다고 할 리는 없을 것이다. 그렇다면 곽 전 사장은 강요받지 않더라도 거짓말을 할 수 있는 사람이라는 뜻이 된다. 최종적으로 한 전 총리에게 5만 달러를 주었다고 한 진술이 임의적으로 이루어졌다고 해서 거짓말이 아니라는 보장이 어디 있는가.

그러므로 수사의 전 과정은 기록되어야 하고 적어도 재판 단계에서는 피고인이 볼 수 있어야 한다. 용산 참사 재판에서도 문제된 것처럼 검찰은 '검찰이 필요하다고 판단해서 증거로 사용하려는 자료'만 법정에 제출한다는 태도를 고치지 않고 있다. 이 사건에서도 검찰은 곽 전 사장의 진술 일부를 아예 기록조차 하지 않았을 뿐만 아니라 재판부가 곽 전 사장의 진술 동기를 파악하려고 요구한 증권거래법 위반 사건 내사 기록도 제출하지 않았다. 이러한 일들이 결국 재판부로 하여금 곽 전 사장의 진술을 믿을 수 없다는 판단을 하게 한 근거가 되는 것이다. 수사 과정의 기록 문제와 피고인의 접근권은 이 사건 이후에도 반드시 다시 검토해봐야 한다.

2. 야간수사의 문제. 곽 전 사장은 2009년 11월 16일 월요일부터 24일 화요일까지 9일 동안 토, 일요일을 제외하고 매일 조사를 받았다(그 전후에도 여러 차례 조사를 받았지만 특히 문제된 때가 이 기간이다). 월요일인 16일에는 아침 9시에 검찰청에 나와서 조사를 받고 새벽 1시 45분에 구치소로 돌아갔다. 다음 날에도 아침 9시에 검찰에 소환되어 조사를 받다가 밤 12시 10분에 구치소로 갔다. 수요일에는 오후 1시에 소환되어 저녁 7시 10분에 구치소로 갔지만, 목요일에는 다시 아침 9시에 불려 나와서 새벽 3시 10분이 되어서야 구치소로 돌아갔다. 이날 곽 전 사장은 한 전 총리에게 돈을 준 사실이 없다고 부인하는 진술을 한다.

금요일에는 오후에 소환되어 조사를 받고 토, 일요일을 쉰 뒤 월요일인 23일에는 오후 1시에 소환되어 조사를 받다가 밤 12시 35분에 구치소로 돌아갔다. 그리고 다음날인 24일 곽 전 사정은 마침내 한 전 총리에게 5만 달러를 줬다는 진술을 하게 된다. 그다음 날과 다음다음 날도 곽 전 사장은 밤 10시, 밤 11시 30분이 되어서야 구치소로 돌아갈 수 있었다.

2002년 서울지방검찰청에서 피의자가 사망한 사건이 일어났을 때 법무부는 인권보호 수사준칙을 만들어서 심야 조사를 금지했다. 당시 특별한 사정이 없는 한 퇴근 시간인 오후 6시 이후 사건 관계자들을 조사하지 말라는 지시가 내려왔다. 일선 검찰청에서는 부장검사들이 야간 조사가 없도록 감독하기도 했다. 그런데 아직도 이렇게 며칠씩 쉬지 않고 아침부터 심야에 이르기까지 조사하는 일이 일어나는 것이다.

인권보호 수사준칙에도 예외 규정은 있다. "조사받는 사람이나 변호인의 동의가 있거나, 공소시효의 완성이 임박하거나, 체포 기간 내에 구속 여부를 판단하기 위해 신속한 조사가 필요할 때 등 합리적 이유가 있는 경우에는 인권보호관의 허가를 받아 자정 이후에도 조사할 수 있다."

이 사건은 한 전 총리의 뇌물 혐의에 대한 공소시효의 완성이 임박하지 않았고 곽 전 사장은 이미 구속된 상태였기 때문에 결국 심야 조사를 한 근거는 조사받는 사람인 곽 전 사장의 동의밖에 없다. 물론 검사가 곽 전 사장이 거부하는데도 강제로 심야 조사를 했으리라고는 생각하지 않는다. 당연히 동의를 받아서 조사했을 것이다. 그런데 상식적으로 생각해보자. 구속이 되어 검사의 수사를 받는 입장인데 밤에 조사 좀 하자면 누가 거부할 수 있겠는가.

인권보호 수사준칙을 위반하지 않았다거나 피의자의 동의가 있었다는 이유를 들기에는 앞에서 본 조사 시간은 그 자체로 우리의 수사 현실을 보여주는 부끄러운 모습이다. 이 사건 수사와 재판 과정에서 한 전 총리가 진술거부권을 행사하자 검찰은 "17세기 영국에서 진술거부권은 힘없고 박해받는 종교적 소수자의 보호를 위해 출발했는데 21세기 우리나라에서 사회 지도층의 진술거부권 행사가 언론의 주목을 받는다는 것은 아이러니"라면서 "적어도 공인으로서 책임을 져야 하는 사회 지도층은 진실을 주장한다면 당당히 검사의 신문에 응하는 것이 정도"라고 강조했다.

같은 말을 검찰에게도 해주고 싶다. 과거 심야에 조사하는 관행이 있었다고 하더라도 21세기 검찰이라면 바뀌어야 하지 않을까. 왜 아직까지 진술의 임의성이 문제되고 공개 법정에서 피고인이 "검사님이 너희들 전주고 나온 놈들 대라고 말씀하셨잖아요. 정치인 대라고 그랬고…

대다 보니까 시간이 지나버렸잖아요"라고 털어놓을 때 검사는 아무런 반박도 못 할까.

1심 재판부는 '이와 같은 중요한 수사 과정'에 대해 검사가 아무런 기록도 제출하지 않고 있다고 질책했다. 그 상태에서 곽 전 사장이 뇌물공여 사실을 자백한 부분만을 녹음·녹화한 영상 녹화물을 틀어본들 자백 진술의 임의성이 있다고 인정하기는 어렵다고 했다. 설사 검사가 반박 자료를 제출했다하더라도 특별히 심야 조사할 필요가 없는 상태에서 문제된 조사 시간을 놓고 볼 때 곽 전 사장의 진술의 임의성에 대해 시비가 일어나는 것은 피할 수 없었을 것이다.

3. 피고인의 진술거부권과 검사의 신문권. 한 전 총리는 이 사건 수사 과정에서 검사의 신문에 진술을 거부했고 법정에서도 진술거부권을 행사하겠다는 의사를 명확히 밝혔다. 그러자 검찰은 설사 피고인이 진술을 거부하더라도 검사는 질문할 수 있어야 한다고 주장했다. 재판 중인 사건에 대해 이례적으로 대검찰청이 성명을 발표한 것이다. "진술 거부는 피고인의 방어를 위한 것이지 검사의 입을 막을 권리가 아니다."

하지만 진술거부권을 행사하는 피고인에게 질문을 못 하게 한다고 해서 '검사의 입을 막는'것은 아니다. 검사가 입을 열고 의견을 말하는 것은 재판 첫머리의 모두진술과 마지막 단계의 의견 진술(구형)에서 가능하다. 이 기회를 통해 검사는 범행의 입증과 죄질의 경중 등에 대해 충분히 의견을 개진할 수 있다. 피고인에 대한 신문을 통해 검사가 어떠한 말을 한다고 생각하는 것은 공판중심주의에 따른 재판 진행에 익숙하지 못한 검찰이 '신문'의 성격을 오해한 것이다. 피고인과 증인에 대한 신문에서 수집되는 증거는 그들이 답변한 내용에서 나오는 것이지 답변을 이끌어내려는 질문에서 나오는 게 아니다. 오히려 질문 자체는 법관에게 어떠한 심증을 갖게 해서는 안 된다. 검사나 변호인의 질문은 증거가 아니다.

진술을 거부하겠다는 뜻을 명백히 밝힌 피고인에게 질문하는 것이 의미가 없다는 것은 증언거부권이 있는 증인이 증언을 하지 않겠다고 할 때 검사나 변호사가 증인신문을 하지 않는 것을 보면 쉽게 알 수 있다. 우리 형사소송법은 자신의 가족이 피고인으로 재판을 받을 때 증언을 거부할 수 있도록 하고 있다. 예컨대 남편이 싸움을 해서 폭행죄로 재판을 받는데 마침 아내가 현장을 목격했다고 하더라도 증언하지 않을 수 있는 것이다. 이때 증인이야 답변을 하든 말든 '검사의 입'을 막을 수 없다고 주장하면서 계속 질문하겠다고 하는 것은 부당하지는 않더라도 적어도 아무런 의미가 없는 것이다. 법에 의해 진술거부권이 보장된 피고인이 답변을 하지 않겠다고 하는데 답변을 하든 말든 수십 차례 질문을 하겠다는 것은 증언거부권을 행사하는 증인에게 어쨌든 질문을 퍼붓겠다고 하는 것과 마찬가지다.

신문의 성격을 충분히 이해하지 못하고 법정에서 주신문과 반대신문을 통한 공방에 익숙하지 못한 우리 검찰은 증인신문 과정에서도 문제를 여러 차례 드러냈다. 증인신문은 기본적으로 증인이 '경험한 사실'을 묻는 것이지 증인의 '의견'을 묻는 게 아니다. 재판 과정에서 검사는 증인에게 "한 전 총리가 재직하는 동안 공무 수행 목적으로 한 해외 출국일이 100일이고 출장비 200달러를 받아서 쓰지 않고 모았다 해도 2만 달러에 불과하다"면서 "아들 1년 유학 비용 10만 달러에 턱없이 모자라는 것 같은데"라고 질문했다. 이는 증인에게 할 수 있는 질문이 아니다. 증인이 '경험한 사실'이 아니기 때문이다. 이 질문의 내용은 그야말로 '검사의 입'을 통해 나와야 하는 것, 즉 재판을 마무리할 때 검사가 의견으로 진술해야 하는 것이다.

이 글은 한 전 총리의 유무죄를 따져보는 게 아니다. 모처럼 최대한 공판중심주의에 충실하게 이루어진 재판 과정에서 어떤 문제점이 드러났는지 짚어보는 것이다. 한 전 총리에 대한 1심 재판이 끝난 뒤 몇몇 신문은 취재 기자들의 소회 형식으로 '평범한 피고인이라면 이렇게 법적인 권리를 보장받으면서 공판중심주의에 충실한 재판을 받을 수 있을까'라는 기사를 실었다. 이 사건 재판이 과거부터 지금까지 관행적으로 이뤄져온 재판의 현실과 차이가 있는 것은 사실이다. 앞으로 재판의 현실은 좀 더 이 사건 재판의 경우에 가까워질 것이고 또 그래야 한다. 그런 의미에서라도 이번에 문제된 쟁점에 대해서는 좀 더 깊은 검토가 있어야 한다.

정치권에서 어떤 말이 나오든 간에 적어도 이 사건을 수사한 검사는 한 전 총리가 5만 달러를 받았다고 확신해서 기소했을 것이다. 하지만 그렇게 확신했다면 치밀한 수사와 흠 잡기 어려운 공판 수행을 통해 유죄판결을 받을 수 있도록 했어야 한다. 이 사건은 피고인의 신분이나 사안의 성격상 정치적 시비가 일어나기 쉬운 사건이다. 재판부가 공판중심주의에 충실한 재판을 하고 집중 심리를 한 것도 그 때문이다. 이와 마찬가지로 검찰도 예상해서 교과서적인 수사와 재판 관여를 했어야 한다. 수사 과정의 기록 누락, 조사 시간, 진술거부권을 행사하는 피고인에게 장외에서 비난한 일 등을 생각해볼 때 검찰이 과연 이 사건을 교과서적으로 수사하고 기소했다고 자부할 수 있을까.

1심 판결 이후 검찰은 '한명숙 전 총리 사건 판결의 문제점'이라는 문건을 배포하면서 판결의 문제점을 지적했다. 검찰이 정말 이 사건 1심 재판의 결과에 대해 남의 탓만 할 수 있을지 의문이 든다.

판결에 대하여	서울중앙지방법원 형사합의27부 2010. 4. 9. 2009고합1500, 1357 병합, 특가법(특정범죄 가중 처벌 등에 관한 법률 위반, 뇌물, 횡령), 뇌물 공여	판사 김형두(재판장), 염경호, 박승혜

뇌물을 받은 혐의로 기소된 한명숙 전 총리는 무죄라는 판결.

2013년 3월 14일 대법원 3부(주심 김신)는 곽영욱 전 대한통운 사장으로부터 공기업 사장직 인사 청탁과 함께 5만 달러를 받은 혐의로 기소된 한 전 총리의 상고심에서 상고를 기각하고 무죄 선고한 원심을 확정했다.

2008년부터 시행되고 있는 국민참여재판은 1심 형사재판에서 배심제를 채택해 배심원들로 하여금 사실판단에 대한 평결과 양형 의견을 내도록 하고 있습니다. 배심원 다수의 평결과 판사의 판단이 일치하는 경우가 90퍼센트를 넘는다고 조사됐습니다. 최근 국민참여재판의 배심원 결정을 뒤집은 항소심 판결을 대법원이 파기환송했습니다. 배심원의 결정을 존중해야 한다는 이유였습니다. 새롭게 도입된 국민참여재판은 어떤 방식이 되어야 할까요?__**국민참여재판 배심원 평결의 효력**

/

이웃의 법률문제를 주인 입장에서 스스로 해결하는 재판

사건 1: 2008년 8월 피고인은 모텔에서 미성년자와 성관계를 가진 피해자를 찾아가 주먹으로 때리고 시가 290만 원 상당의 금목걸이를 강취했다.

피고인은 강도 상해와 범인 도피 교사 혐의로 기소되었다. 피고인은 상해 혐의는 인정했지만 강도 상해에 대해서는 재물을 강취할 고의나 불법 영득의 의사가 없었다고 주장했고 범인 도피 교사 혐의도 부인했다.

1심은 피고인의 신청에 따라 국민참여재판으로 진행되었다. 피해자와 공범과 참고인 등이 증인으로 출석해 증언했고, 피고인의 피의자 신문조서와 관련자들의 수사기관 작성 진술서가 증거로 제출되었다. 심리한 결과 배심원들은 9명 만장일치로 강도 상해와 범인 도피 교사 혐의에 대해서는 무죄, 상해 혐의에 대해서는 유죄 평결했다.

재판부는 배심원들의 평결을 수용해 강도 상해와 범인 도피 교사에 대해 무죄를 선고하고 상해에 대해 유죄를 인정하여 징역 10월을 선고했다.(서울남부지방법원 2009. 5. 7.) 유죄를 인정하려면 공소사실이 합리적 의심을 할 여지가 없을 만큼 진실하다고 확신할 증명력 있는 증거가 있어야 한다. 이러한 증거가 없으면 설령 피고인이 유죄라는 의심이 가더라도 피고인의 이익으로 판단할 수밖에 없다. 이 사건에서 강도 상해나 범인 도피 교사 혐의는 합리적 의심의 여지가 없을 만큼 진실하다고 확신할 정도로 증명되었다고 볼 수 없다는 것이다.

2심은 피해자를 다시 증인으로 신문한 뒤 결론을 바꾸어 강도 상해와 범인 도피 교사에 대해 유죄를 선고하고 3년 6월의 징역을 선고했다.(서울고등법원 2009. 11. 26.) 형사재판에서 유죄로 인정할 정도로 심증 형성이 되려면 합리적 의심을 할 여지가 없어야 한다. 그렇다고 모든 가능한 의심을 배제할 정도까지 요구하지는 않는데 증명력이 인정되는 증거를 합리적 근거 없이 의심해 배척하는 것은 자유심증주의의 한계를 벗어나므로 허용할 수 없다. 이 사건의 경우 여러 정황 증거에 의해 강도 상해와 범인 도피 교사를 인정할 수 있음에도 합리적 근거 없이 의심해 증거를 배척하고 무죄 선고한 것은 자유심증주의의 한계를 벗어나므로 위법하다는 것이다.

대법원은 강도 상해와 범인 도주 교사에 대해 유죄 판결한 원심을 파기했다. 범인 도피 교사 부분은 공소사실을 모두 인정하더라도 범인도피죄가 성립하지 않는다고 판단했다. 강도 상해 부분은 국민참여재판으로 진행된 1심이 배심원이 만장일치로 한 평결 결과를 받아들여 무죄로 판단했음에도 항소심이 피해자에 대해서만 증인신문을 추가 실시한 다음 1심 판단을 뒤집고 유죄로 인정한 것은 공판중심주의와 실질적 직접심리주의 원칙을 위반하고 증거재판주의에 관한 법리를 오해한 것이라고 보았다.

대법원은 "사법의 민주적 정당성과 신뢰를 높이려고 도입한 국민참여재판의 형식으로 진행된 형사 공판 절차에서 엄격한 선정 절차를 거쳐 양식 있는 시민으로 구성된 배심원이 사실의 인정에 관해 재판부에 제시하는 집단적 의견은 실질적 직접심리주의 및 공판중심주의하에서 증거의 취사와 사실의 인정에 관한 전권을 가지는 사실심 법관의 판단을 돕기 위한 권고적 효력을 가지는 것인 바, 배심원이 증인신문 등 사실심리의 전 과정에 함께 참여한 후 증인이 한 진술의 신빙성 등 증거 취사와 사실 인정에 관해 만장일치의 의견으로 내린 무죄의 평결이 재판부의 심증에 부합해 그대로 채택된 경우라면, 이러한 절차를 거쳐 이루어진 증거 취사 및 사실 인정에 관한 1심의 판단은 실질적 직접심리주의 및 공판중심주의의 취지와 정신에 비추어 항소심에서 새로운 증거 조사를 통해 그에 명백히 반대되는 충분하고도 납득할 만한 현저한 사정이 나타나지 않는 한 한층 더 존중될 필요가 있다"고 밝혔다.

국민이 재판 과정에 배심원이나 참심원이라는 심판자의 지위로 참여하는 것은 선진 민주주의국가에서는 일반적이다. 한국에서 국민은 그동안 재판 과정에 심판자의 입장으로 참여해본 적이 없고 재판의 객체나 대상의 지위에 머물렀다. 국민들로부터 유리되고 폐쇄된 법관은 종종 일반 상식에 부합하지 않는 판단을 내렸고 이른바 '조서 재판'으로 불릴 정도로 투명성이 부족하고 전관예우가 생기는 바람에 사법에 대한 불신이 컸다. 이를 극복하기 위해 국민참여재판 제도가 형사재판에 도입되어 2008년부터 시행되고 있다. 직접민주주의 원리를 사법 분야에 실현하고 국민의 상식과 경험을 재판 절차에 반영해 법관의 독선적 판단과 법조 비리를 예방하려는 취지다. 또 동료에 의한 판단으로 승복 효과를 높임으로써 사법에 대한 신뢰를 회복하려는 방안이다. '국민을 위한' 사법을 넘어 '국민에 의한' 사법으로 발전한 것이다.

국민참여재판 제도를 도입할 때 과도기 상황을 고려해 배심원의 평결에 법원을 기속하는 효력을 인정하지 않고 권고적 효력만 인정했다. 다만 배심원의 평결 결과와 다른 판결을 선고할 때 재판부는 판결서에 그 이유를 밝혀야 한다. 배심원의 평결이 구속적 효력을 갖지 않더라도 해당 재판부와 상급심 법원은 배심원의 평결을 존중할 필요가 있다. 특히 배심원이 만장일치로 평결한 경우 그 평결은 더욱 존중되어야 한다. 법원이 배심원의 평결을 아무런 거리낌 없이 무시한다면 국민참여재판 절차는 비용만 들고 효과가 없는 무용한 것으로 전락해버리고 제도를 도입한 취지는 무색해지는 것이다.

미국식 배심 제도에서는 배심원이 무죄 평결하면 사실 오인을 이유로 한 검사의 항소가 제한된다. 한국의 국민참여재판 제도는 아직 항소 제한이 채택되지 않은 상태다. 그래도 상급심 법원이 배심원들의 만장일치 평결을 존중할 때 비로소 제도를 도입한 의의가 지켜질 것이다. 과도기인 현 단계에서 제도를 합리적으로 운영하고 조만간 완성된 모습을 갖추는 데 배심원의 결정에 대한 상급심의 존중 의무는 중요한 사안이 될 것이다.

사건 2: 2007년 12월 피고인은 피해자와 함께 술을 마시던 중 말다툼 끝에 목을 졸라 실신케 하고 과도로 찔러 사망하게 했다.

피고인이 살인죄로 기소된 사안에서 1심은 국민참여재판으로 진행

Welcome to the real world

Don't

Need

To

See

Each

Other

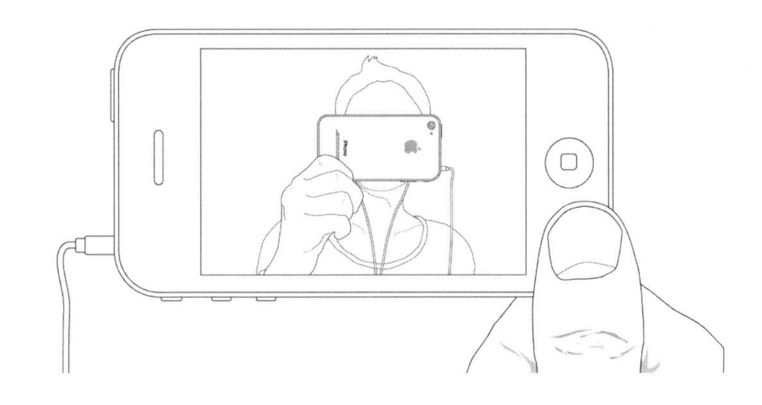

인터넷 속 세상은 갈수록 즐거워진다. 하지만 지금은 잠시 휴대전화를 꺼둔다.
오늘 당신은 이웃의 재판에 나온 배심원이다.

되었는데 피고인이 범행을 자백해 양형만 문제되었다. 배심원 5명은 징역 5년부터 징역 7년 6월에 이르는 양형 의견을 제시했는데 그중 징역 6년의 의견이 다수였다. 1심은 배심원들의 양형 의견을 수용해 피고인에게 징역 6년을 선고했다.(청주지방법원 2008. 2. 18.)

2심을 맡은 대전고등법원은 법원은 국민참여재판에서 배심원이 내린 평결이 실질적 효력을 갖도록 할 책무가 있다고 판단했다. 심신이 미약하다는 피고인의 주장을 받아들여 이를 배척한 1심 판결을 파기하면서도 배심원들의 양형 의견은 적정하다고 보아 양형은 그대로 유지했다. 재판부는 "국민참여재판 제도는 사법권에 대한 직접민주주의 이상을 실현하고, 국민의 상식과 경험을 재판 절차와 결과에 반영하여 사법서비스의 질적 수준을 높여 사법에 대한 신뢰를 증진시키는 기능을 수행하게 될 것이다. 이제 이웃의 법률문제를 주인 된 입장에서 스스로 해결할 수 있게 된 대한민국 국민은 명실상부한 주권자의 지위를 회복하게 되었다"고 국민참여재판 제도의 의의를 설명했다.

또 "권고적 효력에 그치고 있는 배심원의 평결이 종국에 가서 실질적 효력을 갖도록 하기 위해서는 배심원 평결과 의견의 합리성, 정확성, 적정성 보장이 긴요하다. 이 재판에 관여하는 전문가들의 헌신적 노력이 필요하다. 법원은 그 심급을 불문하고 배심원들의 건전한 상식과 합리적인 판단에 기초한 의견을 존중해야 한다. 무엇보다도 1심 법원은 재판 결과가 상급심에서 무산되지 않도록 각별한 주의와 세심한 배려가 필요하다. 상급심도 배심원 판단 존중의 기조를 유지하는 것은 두말할 나위가 없되, 국민참여재판의 적정한 운영을 조력하기 위해 혹시 생길 수 있는 오류가 반복되지 않도록 지도적 엄정 심사를 다할 책무를 부담한다"고 판단했다.

사실과 가장 가까운 원본 증거 사용 원칙

앞서 살펴본 대법원 판결은 국민참여재판에서 배심원이 만장일치 의견으로 내린 무죄 평결이 재판부의 심증에 부합해 그대로 채택된 경우 증거 취사와 사실 인정에 관한 1심의 판단을 항소심이 뒤집을 수 있는지에 대해 원칙적 소극의 입장을 채택한 최초의 판결이다. 1심의 판단을 뒤집으려면 항소심에서 새로운 증거 조사를 통해 명백히 반대되는 충분하고도 납득할 만한 현저한 사정이 나타난 경우라야 한다. 피해자에 대해서만 증인신문을 추가 실시한 다음 진술의 신빙성이 인정된다는 이유로 1심 판단을 뒤집을 수는 없다는 것이다. 재판부는 공판중심주의와 실질적 직접심리주의, 증거재판주의를 근거로 제시했다.

공판중심주의는 형사사건의 실체에 대한 유무죄의 심증 형성은 법정의 심리에 의해야 한다는 원칙을 말한다. 이는 공개 재판 원칙, 구두변론주의, 직접심리주의 등 공판 절차의 기본 원칙으로 구체화된다. 실질적 직접심리주의는 법원이 사실의 증명 여부를 판단할 때 증명할 대상이 되는 사실과 가장 가까운 원본 증거를 재판의 기초로 삼아야 하고 원본 증거의 대체물은 원칙적으로 사용해서는 안 된다는 원칙을 말한다. 증거재판주의는 형사재판에서 사실 인정은 증거에 의해 합리적 의심이 없는 정도로 증명해야 한다는 원칙을 말한다.

태도와 뉘앙스 등 증인신문조서에는 없는 것

판결문에 잘 나타나듯이 신문 절차에서 나온 증인 진술의 신빙성에 대한 평가 방법은 1심과 항소심이 차이가 있다. 대법원은 항소심이 증인 진술의 신빙성에 관한 1심의 판단을 뒤집을 수 있는지에 대해 원칙적 소극의 입장을 취하고 있다.

1심은 진술 내용 자체의 합리성, 논리성, 모순, 경험칙 부합 여부나 물증이나 제삼자 진술과의 부합 여부 등은 물론, 법관의 면전에서 선서한 뒤 공개된 법정에서 진술하는 증인의 모습이나 태도, 진술의 뉘앙스 등 증인신문조서에는 기록하기 어려운 여러 사정을 직접 관찰함으로써 얻게 된 심증까지 모두 고려해 신빙성 유무를 평가하게 된다. 반면 항소심은 원칙적으로 증인신문조서를 포함한 기록만을 자료로 삼게 되므로 진술의 신빙성 유무를 판단할 때 가장 중요한 요소 중 하나인 진술 당시 증인의 모습이나 태도, 진술의 뉘앙스 등을 반영할 수 없다는 본질적 한계를 지닌다. 그러므로 공소사실을 뒷받침하는 증인 진술의 신빙성을 배척한 1심 판단을 뒤집으려면 충분하고도 납득할 만한 현저한 사정이 나타나는 예외적 경우여야 한다.

이러한 법리는 국민참여재판뿐만 아니라 법관 재판에도 요청되는 원칙이다. 국민참여재판은 사법의 민주적 정당성과 신뢰를 높이려고 도입되었고, 엄격한 선정 절차를 거쳐 양식 있는 시민으로 구성된 배심원이 증인신문 등 사실심리의 전 과정에 참여한 뒤 합리적 토론을 거쳐 평결에 이르기 때문에 마땅히 존중되어야 한다. 특히 배심원의 만장일치 의견을 수용한 1심의 판단은 한층 더 존중될 필요가 있다.

비록 배심원 평결의 구속적 효력과 배심원 만장일치 평결을 거친 무죄 판결에 대한 검사의 항소 제한이 명시적으로 채택되지 않았더라도 그렇다. 이번 대법원 판결은 형사 공판 절차의 기본 원칙인 공판중심주의, 실질적 직접심리주의, 증거재판주의 원칙을 지켜 배심원이 만장일치로 무죄 평결을 내린 이상 상급심도 원칙적으로 존중해야 한다는 점을 명확히 했다.

국민참여재판 제도를 도입할 때 5년간 과도기로 운영한 뒤 시행 경과를 분석해 최종 모습을 결정하기로 했다. 이를 위해 대법원에 국민사법참여위원회를 두었다. 원래 예정된 5년이 2012년으로 끝나므로 그전에 최종 모습을 결정해 2013년부터 시행해야 한다. 제도의 도입 취지와 민주적 기능에 비춰보면 그 모습은 배심원의 결정에 구속적 효력을 인정하고 국민참여재판의 결과 무죄가 선고되면 사실 오인을 이유로 한 검사의 항소가 제한되는 형태가 되어야 한다. 그런 의미에서 이번 판결들은 국민참여재판의 최종 모습을 결정하는 데 중요한 밑받침이 될 것이다.

판결에 대하여	대법원 1부 2010. 3. 25. 2009도14065 강도상해, 범인도피교사 등	대법관 민일영, 김영란, 이홍훈(주심), 김능환
	대전고등법원 1형사부 2008. 5. 28. 2008노123, 2008감노18 살인, 감호청구	판사 김상준(재판장), 이미선, 손삼락

국민참여재판에서 배심원들이 전원 일치로 무죄 평결하고 1심도 무죄 선고한 경우 항소심이 1심의 무죄 판단을 뒤집을 수 없다며 파기환송한 판결.

미국의 배심제는 배심원들이 유무죄 여부를 결정하고 판사는 형량만 정하고, 독일의 참심제는 시민과 법관이 함께 재판부를 구성해 유무죄 여부와 형량까지 정한다. 현재 한국의 국민참여재판 제도에서 배심원의 평결은 법원을 기속하지 않고 권고적 효력만 가진다. 2012년 대선에서 투표를 앞두고 당시 박근혜 후보가 안중근 의사 유묵 도난에 관여하지 않았느냐는 의혹을 자신의 트위터에 제기해 공직선거법상 허위사실 유포죄로 기소된 안도현 시인의 1심이 국민참여재판으로 진행되었다. 배심원들은 만장일치로 무죄 평결을 내렸지만 전주지방법원은 일부 유죄 선고했다. 허위사실 공표 혐의는 무죄, 후보자 비방 혐의는 100만 원 선고유예 처분의 유죄판결이었다. 2014년 3월 25일 광주고등법원 전주1형사부는 안 시인의 항소심에서 모두 무죄 판결했다.

법무부가 2014년 6월 국회에 제출한 국민참여재판법(국민의 형사재판 참여에 관한 법률) 개정안은 공직선거법 위반 사건을 대상 사건에서 제외하고 검사에게 국민참여재판 회부 또는 배제 신청권을 주는 내용을 담고 있다. 이러한 주장은 국민이 법정에서 사법 주권을 행사할 수 있는 기회를 크게 축소시키고 제도의 도입 취지를 몰각한 것이다.

2009년 6월 노무현 전 대통령의 서거를 계기로 전국적으로 추모의 물결이 일면서 시국선언이 잇따랐습니다. 민주주의의 위기, 정부와 여당의 일방적 국정 운영에 대한 비판이 주된 내용이었습니다. 처음엔 대학교수와 학생들이 선언의 주체였지만 작가와 종교인, 법조인 등 광범위한 인사들이 참여했습니다. 시국선언을 발표한 교사들은 국가공무원법 위반 혐의로 기소됐습니다. 정치적 표현의 자유는 그 어떤 표현의 자유보다 우선 보호되어야 합니다. __**전교조 시국선언**

/

시국선언의 정치학

시국을 논할 자격

교수라는 호칭이 아직 몸에 길들지 않은 새 옷처럼 느껴지던 지난여름 처음으로 시국선언이라는 것에 참여해보았다. 대법관 한 분이 결격 요건으로 점철된 이력에도 굳이 자리를 보전하겠다는데 '그만하시라'고 용퇴를 촉구하기가 인간적으로 좀 씁쓸했지만, 명색이 대한민국 사법부의 정점인 대법원의 구성 멤버라면 가급적 덜 '정파적'인 사람이어야 정의가 바로 설 것이라 믿어 필자 나름대로 호기를 부려 서명했다.

임용된 지 반년도 안 된 초짜 교수가 시국선언에 이름을 올린 호기에는 다 이유가 있었다. 국립과 사립을 막론하고 교수라는 이름으로 나라 걱정을 천명하면 정부나 학교도 어찌해볼 수 없는 튼튼한 헌법적 보호막이 쳐진다는 걸 알고 있었다. 이것이 필자가 밥벌이로 늘 학생들에게 가르치는 헌법상의 기본권이요, 구체적으로는 표현의 자유라는 것이다. 물론 어느 누구도 필자가 누린 자유에 대해 왈가왈부하지 않았다.

책 속에만 있던 기본권이 실제로 작동한다는 사실에 안도할 무렵 중·고등학교 선생님들이 우리의 주장과 내용은 달랐지만 맥락은 거의 비슷한 시국선언을 주도했다가 징계를 받았다는 소식을 접했다. 교수와 교사이기 전에 같은 나라에 함께 사는 시민인데 무슨 차이가 있어서 머릿속의 '정치적' 생각을 밖으로 표출하는 같은 행위를 이렇게 달리 취급할까?

한 사건에 대해 상반된 결론을 내린 두 법원의 판결을 읽으며 바로 '정치적'이라는 말에 대한 한국 사회의 이중적 태도가 문제의 발단이라는 생각을 지울 수 없었다. 정치를 떠나서는 살 수 없을뿐더러 실제로 정치 생활을 실천하고 있으면서도 정치적이라는 말에는 염증을 느끼는 바로 그 태도 말이다.

교원의 정치적 중립

시국선언을 주도한 교사들은 모두 전교조 간부이자 전임자였다. 전교조는 2009년 6월 현 정부의 정책을 비판하고 국정 쇄신을 요구하는 시국선언을 하기로 결의하고 인터넷 홈페이지에 조합원, 비조합원 서명자를 모집해 '6월 교사 시국선언'을 발표했다. 선언에는 표현의 자유를 억누르는 지나친 공권력, 정권의 독단적 태도, 민주주의의 위기를 지적하고 국정 쇄신을 촉구하는 내용이 담겨 있었다.

전주지방법원과 인천지방법원의 재판에서 검찰이 기소한 내용 중 공통된 쟁점은 교사들이 **국가공무원법 66조 1항의 '집단 행위 금지' 규정을 위반**했다는 것이다. 그런데 공무원에게 '공무 외의 일을 위한 집단적 행위'를 금지한 이 조항 표현은 상당히 광범위해 공무원의 다른 기본권을 침해할 가능성이 크다. **대법원과 헌법재판소는 판례로써 이 조항은 '공익에 반하는 목적을 위해 직무 전념 의무를 태만히 하는 등의 영향을 가져오는 집단적 행위'를 금지**하는 것이라고 그 의미를 한정했다.

국가공무원법 66조(집단 행위의 금지) 1항

공무원은 노동운동이나 그 밖에 공무 외의 일을 위한 집단 행위를 하여서는 아니 된다. 다만, 사실상 노무에 종사하는 공무원은 예외로 한다.

그렇다면 우리는 교사의 시국선언 발표 행위가 국가공무원법상 금지되는 집단적 행위인지 가려야 한다. 두 사건 모두 공무원에 적용되는 국가공무원법을 다루는 판결이지만 교육 문제에 대한 '교사인 공무원'의 행동이라는 점을 감안하면, 헌법에 명시된 교육에 대한 기본 원칙에 비추어 판단해야 한다.

헌법 31조는 "교육의 자주성, 전문성, 정치적 중립성 및 대학의 자율성은 법률이 정하는 바에 의해 보장된다"고 밝히고 있다. 이제 헌법이 말하는 정치적 중립성이 과연 무엇인지 해석해야 하는데 흔히 학계는 교육에 정치적 이념이나 이해관계가 개입되지 말아야 한다는 뜻으로, 또는 교육이 정치에 관여하지 말아야 한다는 내용으로 설명한다. 여기서 말하는 '정치적 교육'이란 교육의 기회를 통해 일방적인 특정 사상을 주입하는 것이라는 설명 또한 덧붙이고 있다.

시국선언을 주도한 교사들에게 유죄를 선언한 인천지방법원의 판결문에도 시국선언 내용 중 "정부 정책에 관한 부분은 정파 간 이해관계가 첨예하게 대립되어 있어 필연적으로 특정 정파의 주장과 일치하게" 된다는 판단이 나온다. 그렇다면 **교육의 정치적 중립성이란 '특정 정파의 정치적 이해관계에 따른 일방적 사상의 주입'을 회피한다는 맥락**에서 이해하면 무방할 것 같다.

일단 이번 시국선언에서 '일방적 사상의 주입'이라는 멍에는 비교적

We Love
Democracy

쉽게 벗길 수 있을 듯싶다. **선언문이 전교조 자체의 이름이 아니라 참여한 모든 교원들의 명의**로 행해졌고 여기에는 전교조 조합원이 아닌 교원도 포함되어 있기 때문이다. 또 이들은 **수업 시간에 학생들을 상대로 일방적인 생각을 주입한 게 아니라 불특정 다수를 향해 선언**이라는 형식으로 주장한 것이다.

인천지방법원 재판부는 "자주적이고 독자적인 정치적 판단 능력이 아직 미숙한 초·중·고교 학생들의 경우 타인의 정치적 주장 등을 여과 없이 수용할 가능성이 크고 특히… 교사들이… 표현하는 경우… 오늘날 인터넷 등 대중매체의 전파력 등을 고려할 때 감수성이 예민한 학생들에게 미치는 영향이 적지 않다"고 판단했다. 매체를 통한 주장을 일방적인 주입 방법과 동일하게 보는 이러한 판단은 억지스럽고 이를 문제 삼아 정치적 표현의 자유를 제한할 수 있다는 논리는 위험해 보인다.

다음으로 시국선언의 내용이 특정 정파의 정치적 이해관계를 따른 것인지를 규명해야 한다. 보통 시국선언이라 하면 현재 집권하는 정부나 다수당을 비판하는 경우가 많다. 정치 무대의 주류에 대한 비판은 체질적으로 정치 집단인 야당이 늘 하는 일이다. 정부 정책에 직접 영향을 받는 이익집단이나 운동 단체도 비판자의 역할을 담당한다. **만약 공무원과 교원이 정부를 비판한 내용이 조금이라도 이들 정파의 주장과 같으면 정파적 이해관계를 따른 것으로 보아야 할까**? 이러한 해석은 공무원과 교원은 정부 정책을 절대 비판하지 말라는 이야기와 다를 바 없다. 정부 정책에 대해서는 아예 입을 닫고 시키는 대로 묵묵히 따라오라는 압력에 지나지 않는다.

표현의 자유는 공무원이든 교원이든 국민이면 누구나 누릴 수 있고,

누려야 하는 헌법상의 기본권이다. 특히 정치적 표현의 자유는 그 어떤 표현의 자유보다 우선적으로 보호돼야 한다. 민주주의라는 몸의 피를 돌게 하는 가장 중요한 권리이기 때문이다. 그런 의미에서 **인천지방법원의 판결에는 위험한 내용**이 담겨 있다. 시국선언의 표현이 **"다소 단정적이고 과격한 점" 때문에 유죄이고, 교사의 정치적 의사 표현은 "가장 신중히 행사되어야 할 것으로 보인다"**는 것이다. 이는 너무나 주관적인 판단 기준이다. '과격한' 언사는 무엇을 뜻하는지, '신중히' 행사하는 정치적 의사 표현이란 무엇인지 알기 어려워 필자는 부족한 상상력만 탓하게 된다.

물론 기본권을 제한할 수는 있다. 제한하되 국가는 가장 '헌법적인' 방법으로 제한해야 한다. 그래야 국가권력에 의한 제한이 남용되는 걸 방지할 수 있다. 헌법 37조 2항은 국가가 개인의 기본권을 제한하더라도 국가 안전 보장, 질서유지, 공공복리 증진이라는 마땅한 이유가 있어야 하고, 제한의 형식은 반드시 국회가 제정한 법률에 의해야 하며, 제한하더라도 기본권의 본질적 내용에는 손댈 수 없도록 명시하고 있다.

교사와 공무원의 정치적 중립성은 확보되어야 하지만 이를 제한해 기본권의 본질적 내용이 침해될 위험이 있다면 전주지방법원의 판결대로 제한은 필요 최소한도에 그쳐야 한다. 교원의 정치적 표현의 자유가 교육 관련법에 의해 본질적으로 침해될 위험에 있다면 법원은 이를 손쉽게 '정파적'이라고 덧칠해 정당화하지 말고 기본권을 먼저 살리는 데 앞장서야 한다. 그것이 법치주의의 이념이다.

전교조 교사들이 처벌되는 모습을 지켜보는 대신 이번 기회에 정부 정책에 찬성하는 교사들도 시국선언을 한번 하면 좋겠다. 여러 주장이

나와서 합리적 토론이 이루어져야 민주주의가 자리를 잡는다. 다만 비판이 아니어서 상대적으로 '과격하지 않을' 정부 지지 시국선언에 대해 법원이 '정파적'이어서 '감수성이 예민한 학생들'에게 위험하므로 처벌하라는 판단을 내릴지 궁금할 따름이다.

판결에 대하여	전주지방법원 형사4단독 2010. 1. 19. 2009고단1119, 2009고정1105 국가공무원법 위반	판사 김균태
	인천지방법원 형사3단독 2010. 2. 4. 2009고단4623, 2009고단6734, 2009고단6958 국가공무원법, 집시법 위반	판사 권성수

교사들이 시국선언을 발표한 것은 공무원인 교원의 정치적 중립 의무를 위반한 행위로 국가공무원법에 위배한다는 판결.

1차 시국선언은 2009년 6월 18일 '6월 민주 항쟁의 소중한 가치를 기리는 정진후 외 1만 6171명의 교사' 명의로 발표되었다. 당시 촛불 시위 수사와 노무현 전 대통령의 죽음, 용산 참사, 4대강 사업과 관련된 정권의 비민주성을 비판하는 내용이 담겼다. 교육과학기술부는 시국선언을 이끈 전교조 간부들을 고발하고 시도 교육청에 징계를 요청했다. 7월 19일 '교육자로서 양심과 표현의 자유를 지키고 부당한 공권력의 탄압에 당당히 맞서겠다'라는 내용으로 교사 2만 8634명이 서명한 2차 시국선언이 발표되었다.

2010년 1월 19일 전주지방법원은 시국선언 사건의 첫 재판에서 교사들에게 무죄 선고했다. 70여 건이 전국 12개 법원에 걸쳐 진행되었고 비슷한 사실관계를 두고 유무죄가 엇갈렸다. 2010년 2월 대전지방법원 형사5단독 재판부는 이찬현 전교조 대전지부 지부장 등 간부 3명에게 무죄 선고했다. 반면 항소심인 대전지방법원 1형사부는 2010년 5월 무죄 선고한 1심을 깨고 모두에게 벌금형을 선고했다. 2012년 4월 19일 대법원 전원합의체(주심 김용덕)는 국가공무원법과 집시법 위반 혐의로 기소된 이지부장 등 교사 3명의 상고심에서 벌금형을 선고한 원심을 확정했다. (2010도6388)

교원노조법 3조는 '교원의 노동조합은 일체의 정치 활동을 해서는 안 된다'고 규정하고 있다. 시국선언을 주도한 전교조 간부 3명이 서울시 교육감을 상대로 낸 징계 처분 취소 소송에서 서울행정법원 행정4부는 2011년 2월 교원노조법 3조에 대한 위헌법률심판 청구를 제청했다. 헌법재판소는 2014년 8월 28일 교원노조법 3조에 대해 재판관 4대 3(각하) 대 2의 의견으로 합헌 결정했다. 전교조 교사들이 낸 국가공무원법 66조 1항에 대한 헌법소원도 이때 병합해 판단했는데 재판관 7대 2의 의견으로 합헌 결정했다. (2011헌가18 병합) 2014년 10월 서울행정법원 행정4부는 전교조 간부들에 대한 징계 처분은 정당하다며 원고 패소 판결했다.

2009년

헌법재판소는 야간 옥외 집회를 금지하는 집시법 10조가 헌법에 위배되나 2010년 6월 30일을 시한으로 입법자가 개정할 때까지 계속 적용하라는 헌법불합치 결정을 내렸습니다. 집시법이 개정되기 전까지 집회와 수사, 재판은 어떻게 진행해야 할지 법적 논란과 혼란이 가중되고 있습니다. 또 이번 헌법재판소의 심판 대상에 포함되지 않은 야간 '시위' 부분 역시 과잉 금지 원칙과 명확성 원칙에 어긋난다는 주장이 나오고 있습니다.__**야간 집회 금지 집시법 규정 위헌**

/

집회는 폭력적이라는 근거 없는 공포, 15년 걸려서 깼다

2009년 9월 24일 야간 집회를 금지하는 집시법 10조는 위헌(헌법불합치도 위헌이다)이라는 판결을 받았다. 그동안 이 규정의 위헌성이 끊임없이 논란이 되었지만 결국 위헌 결정이 나오기까지 무려 15년이나 걸렸다. 무엇 때문인지 이번 헌법재판소의 판단을 계기로 한번 고민해보자.

야간 집회를 금지하는 집시법 10조는 왜 위헌일까? 법적으로 파고들면 헌법, 야간 집회 금지, 위헌, 헌법불합치, 소급효 등 변호사인 내가 보기에도 어려운 내용이 나오니 일단 상식과 국어 실력만 가지고 판단해보자. 단, 한 가지 염두에 둘 게 있다. 헌법은 모든 법보다 우월하다는 것 그래서 헌법에 어긋나는 법은 그 효력이 없다는 것이다. 먼저, 헌법은 집회를 다음과 같이 규정한다.

헌법 21조 2항

언론·출판에 대한 허가나 검열과 집회·결사에 대한 허가는 인정되지 아니한다.

헌법은 집회에 대한 허가를 금지하는데 '허가'라는 말의 사전적 의미는 '어떤 행위를 원칙적으로 금지하고 예외적으로만 허용하는 것'이다. 그럼 문제가 된 집시법 10조를 보자.

집시법 10조(옥외 집회와 시위의 금지 시간)

누구든지 해가 뜨기 전이나 해가 진 후에는 옥외 집회 또는 시위를 하여서는 아니 된다. 다만, 집회의 성격상 부득이하여 주최자가 질서유지인을 두고 미리 신고한 경우에는 관할 경찰관서장은 질서유지를 위한 조건을 붙여 해가 뜨기 전이나 해가 진 후에도 옥외 집회를 허용할 수 있다.

'~아니 된다'(원칙적 금지)라고 밝힌 다음 '다만~ 허용할 수 있다'(예외적 허용)라는 말을 덧붙였다. 국어 실력과 상식을 동원해서 보면 집시법 10조는 명문상 헌법 21조 2항에 반하는 구조임을 금방 알 수 있다. 국어 실력과 상식만 있어도 알 수 있는 위헌 사항이다.

이렇게 뻔한 위헌적 규정이 계속 살아남을 수 있었던 이유는 무엇일까? 사람들이 무관심했을까? 아니다. 이 조항은 여러 차례 문제됐고 1991년에 법원이 이미 한 번 위헌법률심판을 제청한 적이 있다. 그때는 합헌이라는 다수의견이 압도적이었다. 집시법 10조는 헌법과 상식을 비웃으며 도도하게 존재해왔고 엄청나게 많은 사람들을 범법자로 만든 가해자였다.

어떻게 이런 일이 가능했을까? 바로 폭력 집회에 대한 공포, 두려움 때문이었다. 위헌인 줄 알면서도 이를 없애면 혹시 온 도시가 불법과 폭력 집회로 넘쳐나지 않을까 하는 두려움이 이 조항을 눈감아주게 만들었다. 헌법재판소가 1994년 4월 이 규정의 위헌 여부를 판정할 때(91헌

이것은 화염병이 아니다

바14) 헌법 21조 2항을 바로 건드리지도 않고 헌법 37조 2항('기본권은 질서유지 등을 위해 제한할 수 있다. 그러나 과도하게 제한하지는 못한다')을 근거로 삼은 것도 이 때문이었다. 집시법 10조는 그 존재 필요성에 비해 그렇게 과도한 제한은 아니라는 취지의 합헌 판결이 나오게 된 배경이다.

과연 한국의 집회는 폭력적이고 야간이 되면 더 폭력적으로 변할까? 한국에서 집회를 가장 싫어한다고 할 수 있는 조직인 경찰청이 발표한 통계에 따르면 전체 집회 중 물리적 충돌이 발생한 집회는 2007년 0.54퍼센트, 촛불 집회가 활발히 벌어진 2008년에도 0.66퍼센트에 불과하다. 독일은 2.4퍼센트이니 독일의 4분의 1 수준이라고 할 수 있다. 이 정도를 가리켜 우리나라의 집회가 폭력적이라고 말할 수는 없다. 게다가 이번 헌법재판소 심판 과정에서 검찰이 제출한 의견서에 따르면 경찰 병력이 많이 투입될수록 물리적 충돌이 더 많이 일어난다고 나타났다. 집회에서 폭력이 일어나는 실질적 원인이 시위 참가자에게 있는 게 아니라 오히려 경찰의 과도한 억압에 있지 않은지 의구심이 든다. 미국 린든 존슨 대통령이 만든 1967년의 '사회혼란에 관한 자문위원회'나 1968년의 '폭력의 원인과 방지에 관한 위원회'가 조사한 결과 역시 집회와 시위를 통제할 때 과도한 물리력이 동원되면 시위가 과격해지고, 조사된 24개 폭동 중 절반 이상이 경찰의 잘못된 시위 관리 때문에 일어났다고 나왔다. 그렇다면 폭력 집회에 대한 공포(더 나아가서는 폭력적으로 변하리라고 염려되는 시민에 대한 공포)는 어느 정도 부풀려진 실체 없는 것이라고 볼 수 있다.

이 근거 없는 공포가 이번 헌법재판소 결정에서는 일단 한풀 꺾였다. 이전과 달리 압도적 다수가 집시법 10조의 위헌성을 인정한 것은 집회는 폭력적이라는 두려움은 근거 없다는 상식이 좀 더 대중의 상식에 가까워졌기 때문이다. 하지만 많은 비난을 사고 있는 바와 같이 이번 헌법재판소 결정 역시 '사회적 혼란이 있을 수 있다'라는 근거 없는 공포에 휘둘려 '개정 전까지는 법을 잠정적으로 계속 적용'하도록 결정했다. 결국 위헌적 법률로 국민이 계속 처벌받는 길을 열어줌으로써 헌법재판소 스스로 자신의 존재를 부정하는 모순된 결과를 낳고 말았다. 이 모순적 결정은 법원, 검찰, 경찰로 내려갈수록 혼란을 가중시킬 것이고 더 많은 국민이 위헌적 법률 때문에 자신의 기본권이 침해되는 결과를 낳을 수 있다.

이번 결정을 보면서 인권과 기본권을 지키는 일은 두려움과 편견에서 벗어나는 데서 시작함을 알게 된다. 이는 자신의 머리로 차분히 비판적 사고를 할 수 있어야 가능하다. 물론 쉬운 일이 아니다. 하지만 어렵다고 포기하면 명백히 위헌인 규정을 고치는 데 또 15년이 걸릴 수 있다.

판결에 대하여

헌법재판소 2009. 9. 24. 2008헌가25
집시법 10조 중 '옥외 집회' 부분 위헌 확인

야간 옥외 집회를 금지한 집시법 10조는 집회와 시위를 허가제로 운영할 수 없다는 헌법 21조 2항에 정면으로 위반되므로 위헌이지만 법 개정 시효인 2010년 6월 30일까지는 계속 적용하라는 헌법불합치 결정.

2008년 5월 안진걸 당시 참여연대 팀장은 야간에 미국산 쇠고기 수입 반대 촛불집회를 주최했다는 이유로 집시법 위반 혐의로 기소되어 재판을 받는 중 해당 법조항에 대한 위헌법률심판 제청을 신청했고, 서울중앙지방법원은 10월 심판을 제청했다. 헌법재판소는 2009년 이날 집시법 10조의 '옥외 집회' 부분에 대한 위헌 심판에서 재판관 5(단순위헌) 대 2(헌법불합치)의 의견으로 헌법불합치 결정했다. 2010년 6월 30일까지 법 개정이 이뤄지기 않았기 때문에 헌법재판소는 2011년 6월 소급 적용해 이 조항은 효력을 잃었다고 판단했다.

한편 2008년 5월과 6월 광우병 쇠고기 수입 반대 야간 시위에 참여했다가 집시법 10조 위반 혐의로 기소된 2명이 각자 재판 중 위헌법률심판 제청을 신청했고 서울중앙지방법원과 공군 보통군사법원이 이를 제청했다. 헌법재판소는 2014년 3월 27일 집시법 10조의 '시위' 부분에 대한 위헌 심판에서 재판관 6(한정위헌) 대 3(전부위헌)의 의견으로 한정위헌 결정했다.(2010헌가2, 2010헌가13) '시위' 부분이 '해가 진 뒤부터 같은 날 24시까지의 시위'에 적용되는 한 헌법에 위반된다는 것이다. 24시 이후의 시위를 금지할지는 국회의 재량에 맡긴다는 취지였다. 즉 법조항이 정한 '해가 뜨기 전이나 해가 진 후'라는 시간대에서 24시를 전후해 법 적용의 위헌 여부가 달라질 수 있다는 판단이었다. 마침내 대법원은 이 결정은 소급효가 인정되는 일부 위헌 결정이라고 판단했다.(2014. 7. 10. 2011도1602) 이후 각급 법원은 2008년 촛불 시위에 참여했다가 기소된 시민들에게 24시 이후의 시위에 가담한 사실만 적시한 채 유죄 인정하는 판단을 계속 내리고 있다.

* 2008년 판결비평 '잃어버린 국민의 기본권 되찾기: 야간 집회 위헌법률심판 제청의 의미' 참조

용산 참사의 현장인 남일당을 기억하십니까? 재개발 구역의 상가 임차인에게 보상 문제는 절박한 문제였습니다. 바로 재개발사업을 위해 임차인의 권리를 제한하는 그 법조항에 대한 위헌법률심판 제청 청구를 법원이 받아들였습니다. 영세 세입자들의 주장에 귀를 기울인 것입니다. 그동안 관할 관청의 인가만 나면 재개발 지역에 거주하는 사람들은 자신들의 권리를 주장하지 못한 채 무기력하게 쫓겨날 수밖에 없습니다._**강제 철거의 근거였던 도시정비법 조항 위헌법률심판 제청**

재개발을 위해 세입자를 내쫓고 보상은 뒷전인 법률 조항은 위헌!

용산 참사, 기억에서 아직 잊혀지지 않는 쉽사리 잊어서도 안 되는 일인데 벌써 4개월이 지났다. 여태껏 참사 현장에서 돌아가신 철거민들의 장례도 치르지 못했고 기소된 이들의 재판은 검찰이 수사 기록 열람과 등사를 거부하는 바람에 파행되고 있다. 경찰이 과잉 진압을 했는지에 대한 진실도 여전히 규명되지 않고 있다. 조합은 사업이 지연될수록 엄청난 금융 비용을 부담하게 된다고 철거 작업을 재개했다. 게다가 '철거민들이 농성을 해 사업이 지연되었다'고 주장하며 8억 원의 손실을 배상하라고 민사소송을 제기했다. 경찰은 용산 범대위의 모든 집회 신고를 불허함으로써 하루라도 빨리 국민들의 기억에서 용산 참사라는 이름을 지우려고 애쓰고 있다.

철거민들은 망루까지 세우면서 '생존권을 보장하고 장사를 계속할 수 있게 해달라'고 요청했지만 사실 이는 뒷전으로 밀려났다. 사업의 효율적 진행을 위해 세입자들을 우선 내고 보는 재개발은 서울과 전국 곳곳에서 계속되고 있다. 돌아가신 분의 장례라도 치르게 해달라는 유족의 요구와 정당한 보상을 받지 못한 채 내쫓길 수는 없다며 개발에 반대하는 세입자의 목소리에 사람들은 더 이상 귀를 기울이지 않고 있다.

도시정비법 49조 6항

현재 진행되는 도심 재개발사업(주택 재개발사업, 주택 재건축 사업, 도시환경 정비 사업)은 대부분 도시정비법(도시 및 주거환경 정비법)이 정한 절차와 방식에 따르고 있다. 이 법은 2002년 제정될 당시부터 재개발사업의 효율적이고 조속한 시행에 중점을 둔 나머지 영세 원주민이나 세입자를 위한 대책은 소홀하다는 비판을 받아왔다. 문제 규정 중 하나가 49조 6항이다. '조합이 관할 관청으로부터 관리 처분 계획을 인가받으면, 정비 사업 구역의 토지와 건축물의 소유자와 지상권자, 전세권자, 임차인은 이를 사용하거나 수익할 수 없다.' 임차인은 조합으로부터 정당한 보상을 못 받더라도 일정한 시기가 되면 바로 명도해야 하는 것이다. 임차인으로서는 무기력하게 쫓겨나거나, 아니면 조합과 용역 깡패에 맞서 (이른바) 투쟁에 나설 수밖에 없다.

이러한 현실은 용산 참사를 계기로 극명하게 드러났다. 조합은 이 법 조항을 악용해 상가가 세입자에게 터무니없는 보상금을 제시하다가 나중에는 돈을 약간 더 얹어주는 방식으로 그들을 내 쫓았다. 보상 협의를 거부하는 세입자는 생떼를 쓰는, 보상금을 많이 받으려고 혈안이 된 사람으로 매도되었다.

조합이 문제를 일으키는 세입자를 상대로 명도 소송을 제기하면 법원은 천편일률적으로 조합의 손을 들어주는 판결을 해왔다. 세입자의 억울한 사정이 다소 인정되지만 법률 규정이 존재하는 한 어쩔 수 없다는 것이 법원의 태도였다. 조합은 개발 이익을 극대화하려고 하루가 아깝다는 듯이 일방적으로 밀어붙였고, 경찰과 관할 관청은 폭행과 협박,

심지어 성희롱까지 서슴지 않는 용역 깡패들을 처벌하기는커녕 왜 나가지 않고 버티느냐며 편들기에 급급했다. 더 이상 기댈 곳을 찾지 못해 좌절한 세입자는 어쩔 수 없이 '망루 투쟁'을 선택하거나 철거 작업에 나선 포크레인에 맨몸으로 맞서기도 했다(이는 철거 업체의 업무를 방해하는 행위로 형사처벌의 대상이다).

용산 참사로 인한 세입자들의 희생이 헛되지 않았을까. 계란으로 바위를 치는 것 같던 세입자들의 주장에 마침내 법원이 귀 기울이기 시작했다. 서울서부지방법원은 2009년 5월 22일 도시정비법 49조 6항에 대한 위헌법률심판 제청 신청을 받아들였다. 재판부는 '이 법조항이 임차인들에게 적용될 경우 실질적, 형식적 재산권 박탈의 효과가 발생함에도 불구하고 도시정비법상 아무런 보상 규정이 없다', '공동의 필요에 의해 재산권을 박탈하는 경우 그에 대해 정당한 보상을 하도록 한 헌법 23조 2항에 위배된다', '도시정비법이 거주자들의 주거 환경 개선을 목적으로 하고 있지만 이 사건 조항으로 인해 보상도 없이 침해되는 일부 임차인들의 재산권, 주거권, 인간다운 생활을 할 권리 등 기본권 제한이 과도하다', '재개발 절차를 신속하게 진행하기 위해 필요한 것은 사실이지만, 이로 인해 임차인들은 아무런 보상 없이 쫓겨나게 되고, 적법 절차 원리에도 반한다'고 판단했다. 뒤늦은 결정이지만 환영한다. 이로써 개발 이익 극대화를 위해 세입자의 처지를 살피지 않고 사업 진척만 서둘러온 재개발사업은 일대 전환이 불가피할 것이다. 보상 없이 세입자들을 내쫓던 조합의 관행에 제동이 걸릴 것이다.

법원의 위헌법률심판 제청은 문제 해결의 첫 발을 내딛은 것일 뿐이다. 재개발사업의 모든 문제가 이로써 해결되지는 않는다는 말이다. 국토해양부는 5월 26일 재개발, 재건축 사업지구에서 세입자의 권리를 강화하는 내용의 도시정비법 개정안을 마련해 11월 말부터 시행하겠다고 밝혔다. 개정안에는 위헌법률심판 제청된 조항을 개정한 내용이 반영된다는 것이다. 보상이 이뤄지지 않는 경우 세입자는 종전 거주지에 계속 머물 수 있는 권리를 갖는다는 내용이다.

보상의 내용

'보상 내용' 문제가 여전히 남아 있다. 용산 참사 때도 상가 세입자에 대한 보상 문제가 컸다. 현행법상 보상금은 '3개월의 영업이익 상당액'으로 책정되어 있다 보니 '2년 전 권리금 1억 2000만 원을 주고 들어오면서 수천만 원을 들여 인테리어까지 새로 했는데 조합이 정한 보상금은 불과 3000만 원이다'라는 하소연이 끊이지 않는다. 개정안은 보상 절차를 일부 개선했을 뿐 실질적인 보상 내용은 전혀 달라진 게 없다. 통상 개발이 이뤄지면 이주 수요가 몰려서 인근 지역의 소형 주택과 전세의 가격이 폭등하게 된다. 순환 개발 방식이 아니라 동시다발적으로 재개발이 진행되는 한 이러한 사태는 피할 수 없다. 주거 세입자는 조합으로부터 받은 주거 이전비로는 인근 지역으로 옮기는 건 꿈 꿀 수 없고 전세 값이 싼 외곽으로, 외곽으로 밀려 날 수밖에 없게 된다. 상가 세입자는 권리금 등이 전혀 반영되지 않은 영업 보상금으로는 새로 입주할 가게에 지급할 권리금, 인테리어 비용을 감당할 수 없어 결국 문을 닫게 된다. 문제의 심각성은 여전하다.

도심 재개발사업이 개발 이익 추구가 아니라 주거 환경 개선이라는 본래의 목적에 부합하려면 이러한 문제를 우선 해결해야 한다. 재개발사업의 공공성을 확보하는 데 다음 같은 조치가 필요하다.

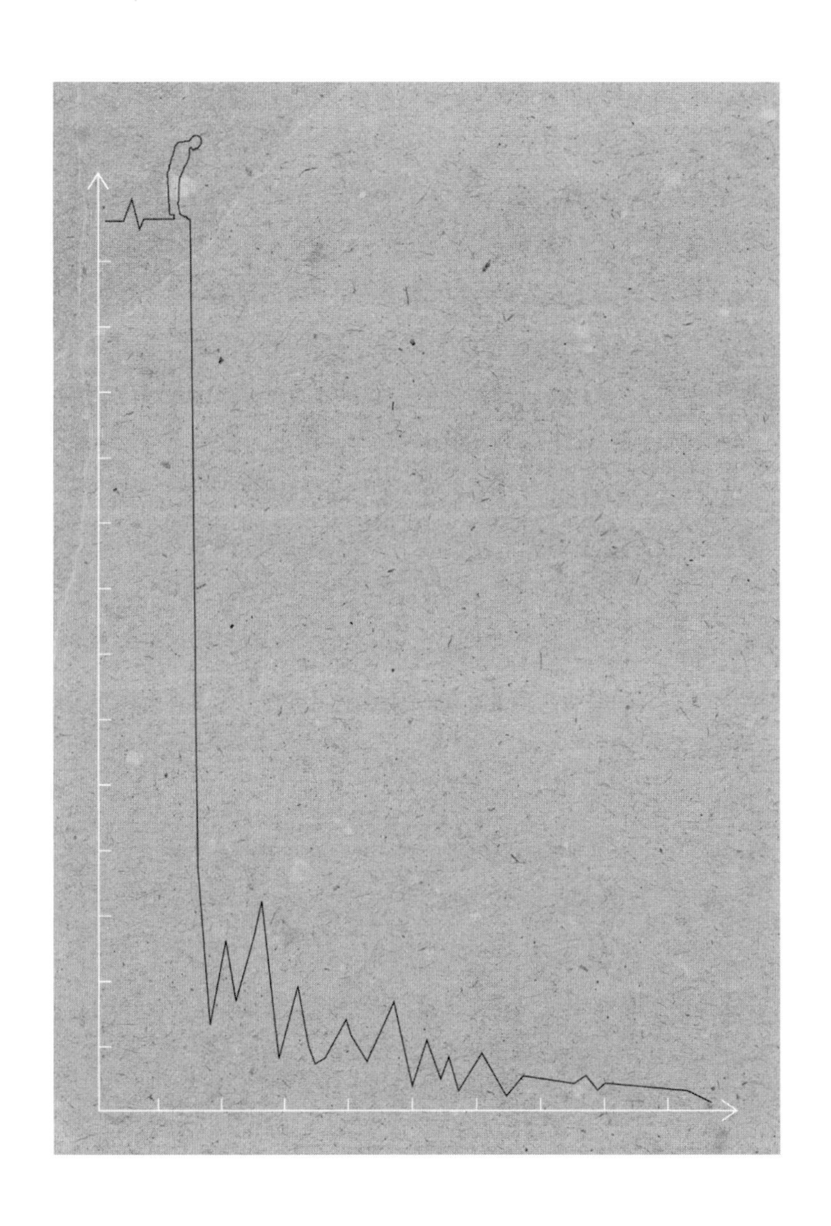

빈곤과 자살

1) 재개발사업과 뉴타운 개발 사업의 목표는 개발 이익(수익성)을 극대화하고 건설 경기를 부양하며 강남을 대체할 고급 도시를 개발하는 게 아니다. 본래 목적인 '영세한 원주민의 낙후된 주거 환경을 개선하는 것'으로 나아가야 한다. 2) 원주민은 영세한 가옥주와 세입자가 대부분이라 이들의 재정착률은 현재 20퍼센트가 못 된다. 원주민의 소득 능력과 주거 수요에 맞춰 소형 저가 주택과 임대 주택을 더 많이 공급해야 한다. 3) 동시다발적 개발 방식은 주변 전세와 소형 주택 가격의 상승을 불러온다. 개발 속도를 조절해야 한다. 과속 개발 방식을 수정해 이주 수요를 재개발사업 지역 안에서 해결할 수 있도록 순환 재개발이나 순차적 개발 방식으로 바꿔야 한다. 4) 민간이 주도하는 개발 사업인 재건축과 달리 재개발사업, 뉴타운 개발 사업은 공공 부문이 추진하는 공익사업이다. 그 취지에 맞게 관할 행정 관청인 시장과 구청장이 사업 주체와 영세 가옥주, 세입자 사이의 분쟁에 적극 개입해 사전에 분쟁을 예방하고 해결하는 책임 행정을 펼쳐야 한다. 5) 뉴타운 개발 사업을 추가로 지정하고 개발 속도를 줄이는 개발 드라이브 정책은 또 다른 용산 참사를 불러올 단초가 된다. 정치권은 이를 중단하고 보궐선거와 지방자치단체장 선거에서 표를 얻기 위한 재개발 공약을 남발하지 말아야 한다. 6) 건축물을 부수는 철거 행위와 철거 현장에서 철거민의 퇴거와 격리 등 인명을 다루는 경비 업무는 전혀 다른 업무다. 경비업 허가를 받지 않은 단순 철거 업체가 철거민의 퇴거와 격리 등 인명을 다루는 과정에서 불법과 폭력을 일삼고 있다. 경비 업체를 감독하는 관청의 책임을 강화하기 위해 경비업법과 행정대집행법 등을 개정해야 한다.

특히 재개발사업으로 영업의 근거지를 옮겨야 하는 상가 세입자를 위해선 단순히 영업 보상금을 조금 올려주기보다는 대체 상가 등을 건설해 이들이 인근 지역에서 계속 영업할 수 있도록 보장해야 한다. 어떤 이는 반문할지 모른다. 그렇게 이런저런 사정 다 들어주고 개발은 언제 하느냐고. 대답은 명확하다. 개발 과정에서 주거권과 영업권을 빼앗기는 세입자에 대한 충분한 대책이 없다면, 개발 이익을 챙기려고 오랫동안 생활 터전으로 삼고 살아온 원주민을 쫓아내는 재개발사업이라면 하지 않아도 된다. 아니, 그와 같은 재개발사업은 법의 이름으로 금지되어야 옳다.

판결에 대하여	서울서부지방법원 민사12부 2009. 5. 22. 2009카기195 결정 도시정비법 49조 6항에 대한 위헌법률심판 제청	판사 김천수(재판장)

재개발사업 조합이 시한을 넘겨서도 건물을 내주지 않는 사업 구역의 임차인들을 상대로 낸 건물 명도 청구 소송에서 도시정비법 49조 6항은 재산권을 제한받는 이들에 대한 정당한 보상 규정이 없어 위헌 여지가 있다며 임차인들의 위헌법률심판 제청 신청을 받아들인 결정.

서울서부지방법원 민사12부는 이날 용산2구역 조합 측이 서울 용산구 한강로2가 일대 임차인들을 상대로 낸 명도 소송에서 임차인 14명의 위헌법률심판 제청 신청을 받아들였다. 재판부는 공공 필요에 의해 국민의 재산권을 제한할 때는 정당한 보상이 있어야 한다며 '보상 규정 없는 공용 수용'은 헌법에 위배된다고 밝혔다. 2009년 1월 용산 참사가 일어난 곳은 재개발 용산4구역이었다. 용산 참사 재발 방지를 위해 발의된 정부의 도시정비법 개정안(2009년 5월 27일)은 그해 11월부터 시행되었다. 이때 재개발로 인한 상가 세입자의 영업 손실을 보상할 때 인정하는 휴업 기간이 종전 3개월에서 4개월로 상향 조정되었다. 하지만 법안이 통과되기 전에 관리 처분 인가를 받은 재개발 구역은 적용되지 않는다. 2011년 5월 12일 심판 청구는 취하되었다.

2008년

왜 해가 진 뒤에는 집회나 시위를 할 수 없을까요? 늘 궁금했습니다. 서울중앙지방법원은 이번에 위헌법률심판 제청 신청을 받아들였습니다. 헌법재판소의 결정이 나올 때까지 경찰과 검찰은 촛불 집회 참가자에게 야간 집회 금지 규정을 적용해 진행하던 무분별한 수사를 즉각 중단해야 합니다. 헌법재판소는 국제 인권법과 헌법 정신에 합치하도록 집시법 10조에 대한 심판 청구에서 위헌 결정을 내려주기를 기대합니다.

__야간 집회 금지 집시법 규정 위헌법률심판 제청

잃어버린 국민의 기본권 되찾기:
야간 집회 위헌법률심판 제청의 의미

2008년 10월 9일 서울중앙지방법원 7단독부의 박재영 판사는 안진걸 당시 참여연대 민생희망팀장이 집시법 위반죄로 기소된 사건에서 일출 전 또는 일몰 후의 옥외 집회를 금지하고 있는 집시법 10조에 대한 위헌법률심판 제청 신청을 받아들였다. '피고인이 법원에 위헌법률심판 제청 신청을 하고, 법원이 위헌법률심판을 제청했다'라는 말은 발음하기도 어려워서 비법률가한테는 '간장 공장 공장장은 강공장장이고, 된장 공장 공장장은 공공장장이다'라는 문장처럼 들릴 수 있다. 좋은 일이라는 반가움에서 더 나아가 기왕이면 이번 기회에 법률적 의미까지 알면 더 좋을 듯하다.

2008년 6월 25일 안팀장은 이정희 당시 민주노동당 의원과 집회에 참석한 초등학생까지 연행하는 경찰의 대응에 항의하다가 서울 경복궁역 앞에서 강제로 연행되어 구속 기소되었다. 안팀장은 구속되기 불과 1년 전인 2007년《시민과 세계》라는 잡지에 '소통과 연대의 집회를 위하여'라는 제목으로 과거 집회 시위 문화를 반성하고 어떻게 평화적 집회 문화를 정착시켜나갈지를 다룬 글을 쓴 적이 있다. 이 글에서 그는 대의제의 한계를 넘어서려면 국가는 때로는 시끄럽고 불편하더라도 국민들의 집회와 시위를 절대적으로 보장해야 하고, 주최 측도 불필요한 교통 체증을 유발하는 시위는 피하고, 전경들과의 충돌은 최대한 피해야 하며, 소음과 깃발, 거친 언어 등은 자제해야 한다고 주장했다. 그동안 국민들과 연대해 평화적 집회와 시위 문화를 정착시키려고 노력한 그에게 국가는 구속 기소로 답했다.

변호인단은 김남근, 필자, 권정순, 박주민 등 참여연대와 민변(민주사회를 위한 변호사모임)에서 활동하는 변호사들로 꾸려졌다. 집시법 10조 위헌 주장은 주로 박주민 변호사가 맡았다. 7월 24일 1차 공판, 8월 11일 2차 공판이 진행되었고, 2차 공판 그날 저녁 재판부는 보석을 허가했다. 10월 9일 재판부는 위헌법률심판을 제청하기로 결정하면서 헌법재판소의 결정이 나올 때까지 선고를 연기했다.

조선일보의 사법부 길들이기

재판은 순조롭지 않았다. 조선일보 등 보수 언론은 담당 재판부의 발언 중 일부를 떼어내어 이를 비판하는 기사를 보도했다. 급기야 안팀장이 보석으로 풀려난 뒤인 8월 14일 조선일보는 '불법 시위 두둔한 판사, 법복 벗고 시위 나가는 게 낫다'라는 제목의 사설로 담당 판사를 인신공격했다. 이 사설에서 "이 판사는 자신이 그동안 촛불 시위에 나가지 못하게 했던 거추장스러운 법복을 벗고 이제라도 시위대에 합류하는 게 나을 것"이라는 극언도 서슴지 않았다. 조선일보는 담당 판사의 발언을 근거로 제시했지만 이는 전형적인 문맥 자르기 식의 왜곡 보도였다. 박 판사가 '(촛불 시위의) 목적이 아름답고 숭고하다' 등 촛불 시위를 두둔하는 발언을 했다고 보도했지만 사실 이는 1목적이 아름답고 숭고하다고 하더라도 현행법 테두리 안에서 집회를 할 수 없었느냐'라는 질문의 앞 부분만 잘라 인용한 것이다.

8월 23일 KBS 〈미디어 포커스〉는 당시 방청석에서 재판을 지켜본 다른 방송사 기자의 증언까지 소개하면서 조선일보의 왜곡 보도를 지적했다. 9월 1일 법률신문은 조선일보의 지나친 보도 행태에 거부감을 표출한 홍기태 부장판사의 글을 실었다. "영국과 같이 법원과 재판에 대한 비난을 법정 모독죄로 엄하게 다스리는 나라였다면, 객관적인 보도와 비평을 넘어서서 특정 재판이나 특정 법관에 대한 공격의 형태를 띠는 사설이 형사처벌의 대상이 되었을지도 모를 일"이라고 지적했다. 검찰은 조선일보 등 보수 언론의 비판에 부담을 느꼈는지 법원의 보석 허가 결정에 대해 이례적으로 항고를 제기했다. 항고장에는 조선일보의 사설 기사가 첨부되었다. 그러나 2008년 9월 8일 항소심 재판부는 검찰의 항고를 기각했다.

집시법 10조는 헌법 21조 2항 위반

광우병 촛불 문화제는 많을 때는 50만 명이 넘을 정도로 다양한 개인과 단체, 네티즌 모임 등이 서로 다른 방식과 내용으로 자발적으로 참여한 행사다. 그런데 왜 이 행사가 위법일까. 현행 집시법 10조는 야간 옥외 집회를 원칙적으로 금지하고, 23조는 이를 위반한 자를 처벌하고 있기 때문이다.

어떤 이는 미리 경찰에 야간 옥외 집회를 신고하면 되지 않는가 하고 반문할 수 있다. 광우병국민대책회의는 야간이 아닌 주간으로, 하나가 아닌 여러 장소를 동시에 지정해 신고했지만, 경찰은 집회 예정 일자에 일률적으로 금지 통고를 받았다.

집회 예정 날짜를 5월 26일부터 6월 1일까지 일출에서 일몰 간으로 정해 신고한 경우

_보신각 앞 집회에 대한 사전 신고: 5월 26일 장애인생존권 쟁취결의 집회와 경합한다며 금지 통고

_세종문화회관 앞 집회에 대한 사전 신고: 5월 26일 환경정리 캠페인과 경합한다며 금지 통고

_동아일보사 앞 집회에 대한 사전 신고: 5월 26일 환경정리 캠페인과 경합한다며 금지 통고

야간 촛불 문화제이든 주간 집회든 광우병 반대 집회는 사실 봉쇄된 것이다. 이러한 집시법 규정이 과연 합헌일까. 헌법 21조 1항은 "모든 국민은 언론·출판의 자유와 집회·결사의 자유를 가진다"고 규정하고, 2항은 "언론·출판에 대한 허가나 집회·결사에 대한 허가는 인정되지 아니한다"고 규정하고 있다. 문언상 야간 집회 금지를 규정하고 있는 집시법 10조는 집회 사전 허가 금지를 규정하고 있는 헌법 21조 2항을 정면으로 위반한 것이다. 그런데 법률적으로 큰 장애물이 가로막고 있다. 14년 전인 1994년 이미 헌법재판소는 "야간 집회나 시위의 경우에는 불순 세력의 개입이 용이하고 난폭화될 우려가 있으며 이를 단속하기가 어렵다는 점" 등을 이유로 집시법 10조에 대한 위헌법률심판에서 합헌 결정을 내렸던 것이다. 헌법재판소가 과거의 결정에 기속되지는 않지만 지난날 한 번 판단한 것을 다시 뒤집기는 쉽지 않다.

참고로 법률의 위헌 여부를 결정하는 절차를 요약하면 법률의 위헌 여부는 헌법재판소가 최종 판단한다. 헌법재판소에 위헌 여부를 판단해달라고 요청할 수 있는 기관은 일차적으로 법원이고 이를 '법원이 헌

계속해서 사람들이 촛불을 들고 나오는 이유

법재판소에 위헌법률심판을 제청했다'고 한다. 국민들은 법원에게 헌법재판소에 위헌법률심판 제청을 해달라고 요청할 수 있고 이를 '법원에 위헌법률심판 제청을 신청했다'고 한다. 안팀장과 변호인은 법원에게 다시 한 번 헌법재판소에 위헌법률심판 제청을 해달라고 신청했고, 재판부는 종전에 이미 헌법재판소가 합헌 결정했음에도 집시법 10조가 위헌 여지가 있다고 판단해 단호히 위헌법률심판을 제청한 것이다.

재판부는 결정문에서 헌법상 집회의 자유가 어떤 의미를 갖고 있는지 군더더기 없는 언어로 명쾌히 설명하고 있다. 이번 광우병 촛불 문화제가 헌법상 집회의 자유와 무슨 관련이 있는지를 음미해볼 기회로 결정문의 주요 내용을 그대로 인용한다.

"집회의 자유란, 집회를 통하여 단순히 자신의 의사를 표명하는 자유에 그치는 것이 아니라, 타인과의 의견 교환을 통하여 공동으로 인격을 발휘하는 자유를 보장하는 기본권임과 동시에 국가권력에 의해 개인이 타인과 사회 공동체로부터 고립되는 것을 막아주는 기본권으로서 자유민주국가에 있어서 국민의 정치적·사회적 의사 형성 과정에 효과적인 역할을 수행하는 수단이다. 특히 간접민주주의의 한계를 차츰 드러내고 있는 대의제 민주주의의 위기, 주권자인 국민이 선거가 끝난 후 다음 선거시까지 더 이상 정치적·사회적 의사 표현을 할 방법이 없다는 임기제의 폐해를 보완하기 위한 방편으로서도 중요한 기능을 담당한다."

대의기관이 국민을 위한다는 미명하에 독자적으로 권력을 행사하면서 정치적 소수와 사회적 약자의 의견을 무시하는 상황에서 집회의 자유는 국가적·사회적 의사 형성에 능동적으로 참여하려는 국민이 갖는 가장 공공성 강한 기본권이다. 집회의 자유는 이미 표현의 자유를 충분히 누릴 수 있는 정치적 다수와 사회적 강자보다는 표현의 자유가 위축되고 억압될 가능성이 높은 정치적 소수와 사회적 약자에게 절대적으로 필요한 권리다. 이들에게 집회를 통한 의사 표현의 자유가 보장될 때 비로소 온전한 의미의 민주주의와 실질적인 사회 통합이 가능해진다.

위헌법률심판 제청이 몰고온 것

A 재판부가 해당 법률에 대한 위헌법률심판을 제청했다고 B 재판부가 판결을 보류할 의무는 없다. 최근 제기된 위헌법률심판 제청 사건으로는 간통죄와 양심적 병역 거부 사건이 있다. 이 경우를 떠올리면 된다. 그런데 만일 B 재판부가 유죄로 판결을 했는데 이후 헌법재판소가 근거 법률은 위헌이라고 결정한 경우 피고는 재심을 신청할 수 있는 등 B 재판부는 복잡한 절차에 휘말릴 수 있다. 집시법 10조에 대한 위헌법률심판 제청이 결정된 뒤 법원에 계류 중인 수많은 촛불 사건을 어떻게 처리할지에 대해 아직까지 법원은 통일된 지침을 발표한 바 없다. 다만 이번 위헌법률심판 제청이 결정된 뒤 서울중앙지방법원 형사3단독부는 구속되어 있던 박석운 진보연대 상임운영위원장과 네티즌 나 모 씨를 보석으로 석방하고 판결 선고를 헌법재판소의 결정 이후로 미뤘다. 서울중앙지방법원 형사16단독부도 판결 선고를 헌법재판소의 결정 이후로 미루었는데 '집시법 10조 위반 부분이 피고인의 유무죄와 형량에 중요한 영향을 미칠 것 같으면 선고를 연기하고 그렇지 않으면 선고를 계속할 계획이다'라고 사건 진행 기준을 밝힌 바 있다.

조선일보는 위헌법률심판을 제청한 법원에 대한 불만을 박재영 판사에 이어 다른 판사에까지 넓히는 집요함을 보이고 있다. 10월 17일 조선일보는 '법원, 촛불 시위 재판 갈팡질팡 판결'이라는 기사에서 "대법원 관계자는 '이번에 위헌 제청한 집시법 10조는 이념적, 사상적으로 민감한 부분인 데다, 무작정 선고를 보류할 경우 야간 불법 집회가 확산될 우려가 있어 판사들이 신중해야 한다'라는 입장을 밝혔다"고 씀으로써 대법원 관계자의 입을 빌려 일선 판사는 신중히 처신하라고 사실 압박하고 있다.

현 정부가 특정 계층의 이해관계를 위해 자의적으로 권력을 행사하고 언론·출판의 자유를 제약하며 사회 안전망마저 무너뜨리려 하는 징조가 보이는 오늘, 집회의 자유는 정치적 소수와 사회적 약자에게 더욱 더 중요한 기본권이다. 집시법 10조가 차지하는 사회적 비중을 고려하면 헌법재판소는 집시법 10조의 위헌 여부를 두고 치열한 법리 다툼을 벌이리라 예상된다. 이번 위헌법률심판 제청은 정치적 소수와 사회적 약자가 잃어버린 중요한 기본권을 되찾는 데 중요한 디딤돌이 되었다. 이제 이를 발판으로 삼아 그동안 잃어버린 국민의 기본권을 되찾아야 한다.

판결에 대하여 | 서울중앙지방법원 형사7단독부 2008. 10. 9. 2008초기2418 결정, 집시법 10조에 대한 위헌법률심판 제청 | 판사 박재영

광우병 촛불 문화제에 대한 경찰의 대응에 항의하다 집시법 위반 혐의로 구속된 안진걸 광우병국민대책회의 조직팀장의 사건에서 집시법 10조가 집회 사전허가제라고 판단하고 이 법조항에 대한 위헌법률심판 제

청 신청을 받아들인 결정.

박재영 판사는 2008년 8월 11일 안팀장의 재판을 중단하고 그를 보석으로 석방했다. 이후 박판사는 헌법재판소에 위헌법률심판을 제청했고 이는 헌법재판소의 헌법불합치 결정으로 이어졌다.

한편 2009년 5월 형법 185조 일반교통방해죄에 대한 위헌법률심판 제청도 법원 역사상 처음으로 서울중앙지방법원에 받아들여지면서 국민의 집회와 시위의 자유를 제한하는 데 악용되는 두 법조항 모두 헌법재판소의 심판을 받게 됐다. 2010년 3월 25일 헌법재판소는 재판관 전원 일치 의견으로 합헌 결정했다.(2009헌가2) 일반교통방해죄 혐의까지 받고 있던 안팀장의 공판(2008고단3949)은 한동안 멈췄다가 2014년 하반기부터 재개되었다.

● 2009년 판결비평 '집회는 폭력적이라는 근거 없는 공포, 15년 걸려서 깼다' 참조

1996년 에버랜드 이사회는 지배주주 일가의 경영권 승계를 위해 전환사채를 발행했습니다. 이재용 씨에게 삼성그룹의 정점에 있는 에버랜드의 최대 주주 자리를 넘겨줌으로써 그룹 전체를 지배하게 하려는 의도였습니다. 법원은 이건희 회장에게 에버랜드 전환사채 발행과 관련한 배임 혐의에 대해서는 무죄, 삼성SDS 신주인수권부사채 발행에 대해서는 공소시효가 지났다는 이유로 면소 판결했습니다. 사실 총체적 면죄부를 발부한 이번 판결로 삼성의 치외법권적 지위가 확인됐습니다.__**삼성 에버랜드 전환사채 헐값 배정 이건희 무죄 1심**

삼성 특검 1심 판결의 법리 판단 비판

주주배정과 제삼자배정

판결에 따르더라도 전환사채CB와 신주인수권부사채BW를 제삼자에게 발행하면서 전환가나 행사가를 헐값으로 책정한 것은 이사가 임무를 위배한 행위로 배임죄가 성립한다. 전환가나 행사가를 책정할 때는 회사 주식의 적정가에 따라야 한다.

재판부는 주주배정 방식으로 전환사채를 발행하면 아무리 헐값이라도 주주 간에 형평이 어긋날 리 없고 회사는 손해를 입지 않으므로 배임 문제도 발생하지 않는다는 입장이다. 에버랜드는 전환사채를 주주배정 방식으로 발행했으니 배임죄가 성립하지 않는다고 무죄 판결한 것이다.

주주배정이더라도 주주가 실권한 지분은 제삼자에게 다시 배정하게 된다. 지분 비율에 따라 신주인수권을 받는 기존 주주의 입장에서는 주당 인수가를 어떻게 책정하든 상관없지만 저가로 발행할 경우 실권한 지분을 인수할 제삼자가 부당히 특혜를 받을 여지가 생긴다. 주주배정으로 신주를 발행하더라도 실권한 지분의 비율이 높을수록, 총 주식에서 차지하는 실권 지분의 비율이 높을수록, 발행가의 불공정성이 높을

수록, 배정받는 제삼자의 수가 제한될수록 결과적으로 제삼자 배정 방식과 다를 바 없게 된다. 주주배정으로 신주를 발행하면서 저가로 책정했더라도 손해 보는 주주가 없으니 회사의 손해도 없고 따라서 배임죄도 성립하지 않는다는 법리는 교과서적이다. 현실에서는 여러 조건이 충족되지 않는 이상 효력을 갖기 어려운 추상적 법리일 뿐이다.

적정가는 규범적이다

회사의 이사는 신주를 발행할 때 가액을 객관적인 기업 가치를 반영하는 공정한 적정가로 책정할 의무가 있다. 불공정하게 저가로 발행하면 회사는 소극적 손해를 입는 것으로 해석한다. 에버랜드는 전환사채를 발행하면서 객관적 주가를 찾아내 책정한 게 아니라 객관적 주가와 아무 상관없이 100억(자금 소요액)을 130만주(30만주를 200만주로 늘릴 계획)로 나눠서 얻은 금액으로 책정한 것이다. 본래 신주 발행할 때 적정 주가를 기준으로 자금 조달 목표액을 정하고 나면 발행할 주식 수가 산출되는 것과는 전혀 다르다.

10만 원에 100주를 발행하든 100만 원에 10주를 발행하든 회사 입장에서는 똑같고 가격을 어떻게 책정하든 회사는 아무런 손해가 없고 주주 입장에서 차이 날 뿐이라는 설명은 규범적으로는 용납되지 않는 설명이다. 주가는 적정가, 공정가라는 규범적 가격을 찾아내 책정해야 하는데 10만 원도 괜찮고 100만 원도 괜찮다는 식의 설명은 그 가정 자체가 성립할 수 없는 것이다.

객관적인 적정 주가를 찾아내면 자본 조달 목표액에 따라 당연히 발행할 주식 수가 정해지는 것이므로 '자본 조달 목표액-적정 주가-발행 주식 수' 조합의 경우 규범적으로는 언제나 하나의 정답만이 있을 뿐이다. 나머지 조합은 모두 잘못된 것이다. 이는 적정 주가가 규범적이기(이론적으로는 고무줄이 아니기) 때문이다. 물론 현실적으로는 일정 범위의 적정 가격대를 인정해야 하겠지만 이는 인식 능력의 한계에서 오는 집행상의 문제일 뿐이다.

이를테면 회사가 자금 100억 원이 필요한 경우 회사 금고에 100억 원만 들어오면 발행가를 어떻게 책정하든, 즉 발행 주식 수를 어떻게 책정하든 회사에 손해가 없다는 일부의 주장은, 규범적으로는 자금 소요액이 얼마가 되든지 단 하나의 적정 주가와 적정 발행 주식 수 조합이 존재할 뿐이라는 엄연한 법리를 망각한 것이다. 규범적으로는 동등하게 평가할 수 없는 무수한 조합 놀이의 가능성을 들어서 규범적 판단을 혼란하게 할 뿐이다.

회사법은 이러한 자의적인 고무줄 해석을 용납하지 않는다. 신주를 발행할 때는 객관적인 기업 가치를 반영하는 적정가로 발행할 의무, 자금 소요액을 적정가로 나눠서 기계적으로 정해지는 적정 주식 수만큼만 발행할 의무, 그럼으로써 신구 주주를 평등히 대우할 의무, 결국 회사에 소극적 손해를 입히지 않을 의무를 부과하고 있다.

회사의 소극적 손해란 신주를 발행하려고 특정 액수의 자본을 조달할 때 적정 주가와 적정 발행 주식 수에서 벗어남으로써 생기는 회사가 떠안아야 할 손해를 말한다. 만약 적정 주가에 비해 발행가가 낮고 적정 주식 수에 비해 발행한 주식 수가 많으면 신구 주주 간의 평등 원칙이 침해되어 이사가 자신의 임무에 태만한 것이 된다.

이재용에게 지배주주의 지위를 만들어줄 목적으로 먼저 그에게 발행해야 할 주식 수를 정한 것으로 볼 수 있다. 그다음 조달 금액을 정하고 주가는 결과적으로 정해진 것이다. 만일 그가 같은 목적을 달성하는

데 필요한 주식을 적정가를 지급하고 사들였다면 회사에는 이론적으로 어마어마한 돈이 들어왔을 것이다. 이번 사건은 이 상상 속의 차액을 회사의 손해로 볼 수 있는지가 관건인 셈이다. 상법에 따르면 이른바 통모 인수인은 공정 인수가와 실제 인수가의 차액을 회사에 반환해야 한다. 분명히 불공정 차액만큼을 회사의 손해로 파악하고 있다. 이때 회사의 손해란 구주주의 손해를 통칭한다.

에버랜드 무죄판결에 대하여

1. 절차상 흠이 있었다. 주주배정을 결의한 1996년 10월의 이사회는 정족수 미달이었음이 밝혀졌다. 김용철 변호사의 증언에 따르면 1996년 10월과 12월 모두 이사회는 열리지 않았고 회의록도 나중에 조작했다.

2. 97퍼센트 지분을 가진 주주들이 일제히 실권하고 실권한 지분 전부(전환 후 62.5퍼센트 지분)를 제삼자가 인수하는 상황에서 기존 전환가를 그대로 적용하는 게 타당할까?

주주배정에서 실권한 지분은 다시 제삼자배정 방식으로 발행하는 게 일반적이다. 그때는 처음부터 제삼자배정 방식을 채택하는 경우처럼 적정한 발행가를 책정해야 한다. 주주배정 방식에서는 주가(전환가격)를 아무렇게나 책정해도 무방하다는 법리는 에버랜드의 경우처럼 97퍼센트 지분을 가진 주주들이 실권해 제삼자배정으로 바뀌는 상황에서는 통하지 않는다. 주주배정을 전제로 책정한 전환가를 그대로 적용해서는 안 된다. 제삼자를 특정하기 위한 이사회(1996년 12월)는 사실 제삼자배정이라는 실질에 부합하도록 다시 적정한 발행가를 산정했었어야 한다.

3. 기존 주주들의 실권이 삼성그룹 비서실의 지시에 의한 것이고 처

음부터 제삼자배정이 예정돼 있지 않았는가, 그렇다면 (법인)주주에게 실질적으로 신주 인수권을 부여했다고 할 수 있을까?

재벌 체제에서는 법인주주(계열사)가 실권할지 말지를 자유롭게 결정할 수 없다. 그룹 비서실의 지시는 계열사 입장에서 거역할 수 없는 지상명령이다. 비서실이 개입해 지시했더라도 법인주주가 인수 아니면 실권을 자유로이 선택할 수 있었고 주주배정의 실질이 계속 유지됐다고 전제하는 건 한국의 재벌, 특히 삼성그룹의 의사 결정 구조의 특징을 완전히 무시한 판단이다. 비서실의 지시 때문에 법인주주는 선택권이 실질적으로는 제약되어 있었음은 물론 특검이 입증할 사항이지만, 법원이 특검의 증거 제시가 미흡했다고 곧바로 주주배정의 실질을 인정한 것은 구체적 사건에서 실체적 진실을 밝히고 사법 정의를 구현해야 할 책임을 방기한 것이다.

4. 3대 주주이자 개인 최대 주주인 이건희 회장은 무슨 이유로 자신이 100퍼센트 실권한 전환사채를 네 자녀, 특히 세 딸에게 인수 대금까지 증여하면서 인수하게 했는가?

에버랜드 전환사채 발행은 주주배정은 겉모습일 뿐 실질적으로는 제삼자배정이었다. 따라서 적정한 주가와 전환가 간의 차이만큼 회사는 간접적 손해를 입었으므로 회사의 이사는 배임죄로 의율해야 한다.

삼성SDS 신주인수권부사채 발행 면소 판결에 대하여

1. 인터넷 거래가인 주당 5만 5000원을 객관적 교환가치가 반영된 정상적 시가로 인정하지 않은 이유는 과연 타당한가?

먼저, 유통량이 적어서 거래 가격이 왜곡됐을 가능성이 높다는 판단.

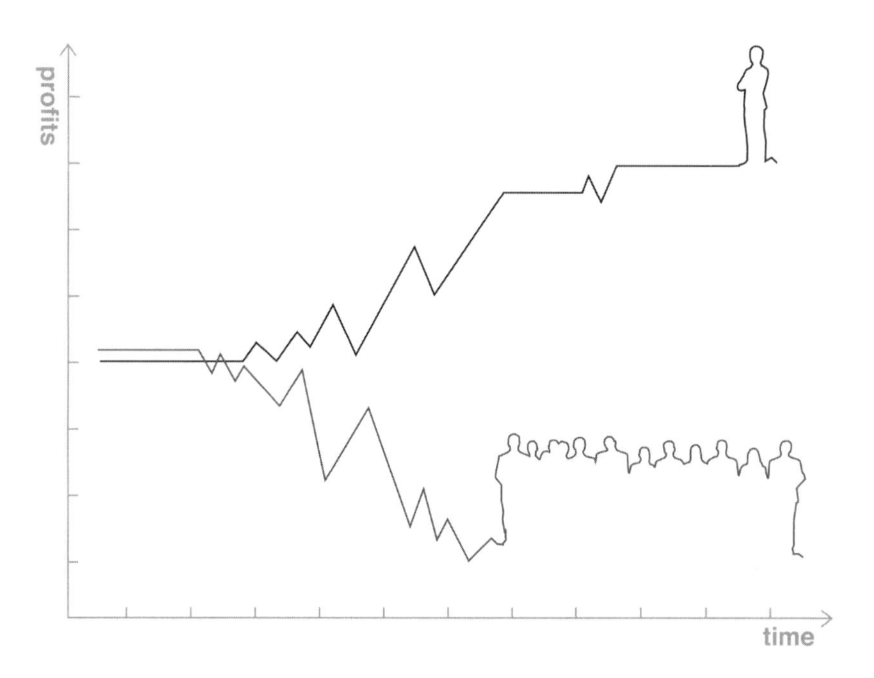

자본주의는 불평등을 지향한다

삼성SDS 주식은 당시 직원들이 가진 우리사주 중심으로 거래되어서 1일 유통량이나 건당 거래량이 크지는 않았지만 날마다 끊이지 않고 활발히 거래되고 있었다. 그러므로 믿을 만한 실거래 가격이라고 볼 수 있다. 회사 직원들 간에 형성된 우리사주의 실거래 가격은 회사의 재무 상황에 대한 정확한 내부 정보에 기초하기 때문에 왜곡되기는커녕 훨씬 믿을 만하다.

다음, 실거래 가격 5만 5000원에 대해 합리적 의심을 배제할 정도로 입증하는 건 검사의 책무인데 특검의 입증이 부족했다는 판단. 허태학 에버랜드 전 사장 등에 대한 에버랜드 전환사채 사건의 1심, 2심 재판부는 수년에 한 번 존재했던 실거래 가격, 특히 계열사 간의 거래 가격도 실거래 가격으로 인정한 적이 있다. 계열사 간 거래 가격에 비하면 삼성SDS 직원들 간의 거래 가격은 훨씬 객관적이다. 개인 보유의 우리사주 매매에 관한 한 직원들은 철저히 서로 독립된 거래 당사자였던 것이다.

2. 상증법상의 평가액(8000원에서 8800원)을 적정 가격으로 보고 부당이득액을 산정한 것은 타당한가?

설령 인터넷 거래가인 5만 5000원이 객관적인 기업 가치를 완전히 반영하지 못한다고 가정해도 당시 이 가격대에서 꾸준히 거래된 것은 사실이다. 따라서 부득이하게 조정해야 한다면 이를테면 30퍼센트 정도 할인하는 선에서 적정가를 정하는 게 자연스럽다. 재판부가 이러한 길을 마다하고 느닷없이 상증법(상속세 및 증여세법)상 평가 방법을 동원해 8000원 상당을 적정가로 채택한 것은 부당이득의 규모를 대폭 줄여서 공소시효의 혜택을 주려는 의도로밖에 볼 수 없다. 특검 수사와 법정 증언에 따르면 이건희 회장이 특별히 배려해 이재용 남매 외에 이학수 실장과 김인주 팀장까지 신주인수권부사채를 인수할 수 있었는데, 이들이 큰돈을 들여 이를 인수한 것을 보면 최소한 행사 가격인 7150원보다 실제 가치가 엄청나게 높았음을 알 수 있다. 당시 삼성SDS 주식의 인터넷 장외 거래가는 우리사주를 보유하고 있는 모든 직원들에게는 커다란 관심사여서 누구나 쉽게 확인할 수 있었고, 더러는 일반 언론에 보도되기도 했다.

3. 경영권 프리미엄을 고려하면 재판부의 방식대로 산정해도 이사의 배임액은 50억 원이 넘는다.

재판부는 배임액으로 30~44억 원을 인정하는 입장인데 이 액수에는 이재용 남매가 취득한 지분을 모두 합할 경우 최대 주주가 된다는 사실을 반영하지 않은 것이다. 재판부가 계산한 방식을 따르더라도 이재용 등이 취득한 지배 지분의 경영권 프리미엄을 반영하면 배임액은 50억 원을 초과한다. 만약 주당 7150원으로 325만주를 취득하는 데 260억 원이 들었다면 경영권 프리미엄은 최소한 30퍼센트인 78억이 된다. 이 경우 배임액(30+78억 원)은 간단히 50억을 넘기므로 특경법(특정경제범죄가중처벌 등에 관한 법률)상의 공소시효가 남아 있게 되어 배임죄로 처벌할 수 있다(배임액이 50억 원 이상인 배임죄는 공효시효가 10년).

삼성SDS 신주인수권부사채 발행으로 생긴 배임액은 1539억 그대로 인정돼야 한다. 즉 재판부는 5만 5000원을 적정가로 인정해야 한다. 2004년 과세 소송에서 행정법원도 적정가를 5만 5000원으로 판단했는데 형사 법원이 과세 당국과 행정법원의 판단을 그렇게 간단히 무시해서는 안 된다. 배임 고의가 확실한 헐값 발행임이 정황과 진술상 여러모로 분명하므로 가능한 한 엄중히 처벌해야 한다.

양도소득세 포탈죄에 대한 양형 판단에 대하여

재판부는 양도소득세 포탈죄는 시세 차익을 은닉한 경우가 보통인데 대주주의 지분을 유지하려는 계획에 따라 차명 주식을 운용하는 와중에 생긴 이 사건은 이에 해당하지 않고 불법의 정도도 중하지 않다고 판단했다. 하지만 현행법상 재벌 그룹의 지배주주가 다량의 계열사 주식을 차명 보유하고 운영해 시세 차익을 발생시킬 경우 그것을 차명으로 은닉해 양도소득세를 포탈하는 것은 필연적이다. 차명 주식을 보유한 기간 동안 이러한 범죄가 일어날 가능성은 얼마든지 있는 것이다. 그뿐 아니라 양도세를 포탈해 기업공개촉진법의 규제를 회피하려는 것 자체가 위법하고, 차명 주식을 보유하는 건 당연히 금융실명제법을 위반한, 그것도 장기간 위반한 것이다. 또 이번 양도세 포탈은 그 수단이 일회적이지 않고 차명 계좌를 통해 구조화되어 장기간 지속되었다는 점에서 전형적인 시세 차익 실현형 양도세 포탈 범죄보다 더 죄질이 나쁘다고 할 수 있다. 비록 특검이 비자금의 원천이 선대 회장의 상속재산이라는 삼성 측 주장을 수용했다고 하더라도 그 주장의 신빙성에 많은 의문이 제기되고 있는 현실에서 양도소득세 포탈 혐의에 대해 가볍게 처벌하는 건 사법 정의 실현에 크게 어긋난 것이다.

판결에 대하여	서울중앙지방법원 형사합의23부 2008. 7. 16. 2008고합366 특경법 위반(배임), 특정범죄 가중처벌 등에 관한 법률 위반(조세), 증권거래법 위반	판사 민병훈 (재판장)

에버랜드가 전환사채를 주주배정 방식으로 발행하면서 주식 가격을 헐값으로 책정함으로써 주주들이 대부분 포기한 주식을 사들인 특정한 제

삼자에게 특혜를 주었고 결국 회사에게 손해를 입혔다는 사건에서 주주배정으로 발행하면서 저가로 책정했더라도 주주와 회사가 입은 손해는 없으므로 회사의 이사는 배임죄가 성립되지 않는다는 판결.

1996년 10월 에버랜드 이사회는 에버랜드 전환사채를 주당 7700원에 125만 4천여 주(96억 원)를 발행했고, 12월 법인주주 등이 주주배정을 포기하자 이 실권한 지분을 이재용 남매에게 배정했다. 2000년 6월 법학 교수 43명이 이건희 회장 등을 특경법상 업무상 배임죄 혐의로 고발했는데 검찰은 2003년 12월 공소시효 만료를 하루 앞두고 여론에 떠밀려 허태학, 박노빈 전·현직 에버랜드 사장을 기소했다. 2008년 1월 우여곡절 끝에 삼성 특검이 출범했다.

서울중앙지방법원 형사합의23부는 이건희 회장에게 차명 주식 거래를 통한 양도소득세 포탈 혐의 중 일부만 유죄로 판단해 징역 3년에 집행유예 5년을 선고했다. 2009년 5월 29일 대법원 2부(주심 김지형)는 삼성 특검에 의해 기소된 이건희 삼성 회장에게 에버랜드 전환사채 발행 부분에 대해 1심, 2심과 마찬가지로 무죄 선고했다. 재판부는 '에버랜드 전환사채 발행은 주주배정이 분명하고 기존 주주는 스스로 실권했다고 봐야 한다'고 판단했다. 이날 대법원은 별도로 열린 전원합의체에서 같은 혐의로 1심, 2심에서 유죄를 선고받은 허태학, 박노빈 사장에게 무죄 취지로 파기 환송했다.

대법원 2부는 조세 포탈 혐의에 대해선 징역 3년에 집행유예 5년, 벌금 1100억 원을 선고한 원심을 확정했다. 하지만 삼성SDS 신주인수권부사채 저가 발행 혐의에 대해선 유죄 취지로 파기환송했다. 1심 재판부는 이 부분에 대해 배임액을 44억 원으로 산정해 업무상 배임 혐의의 공소시효인 7년이 완성됐다고 보고 면소 판결했다. 항소심은 이 부분에 대해 무죄 판결했다. 대법원 2부는 삼성SDS 신주인수권부사채는 제삼자배정 방식으로 발행되면서 행사가가 시가보다 현저히 낮았다며 배임액을 다시 산정하라고 사건을 돌려보냈다. 2009년 8월 14일 서울고등법원 형사4부는 면소를 선고한 1심을 파기하고 배임액을 227억 원으로 산정해 이건희 회장에게 유죄 선고했다.

2007년

아직 발생하지 않은 미래의 범죄를 예방하려고 사전에 공권력을 발동하는 것은 정당할까? 헌법이 보장하는 국민의 기본권을 제한하려면 명백하고 현존하는 위험이 있어야 하는데 현실에서 과연 이 원칙은 잘 지켜지고 있을까? 농민들이 서울에서 열리는 집회에 참석하려고 마을회관을 출발하려는데 경찰차가 가로막았습니다. 경찰이 이른바 원천봉쇄를 한 것입니다. 화가 난 농민들은 경찰차를 부수었고 결국 공무집행 방해 등 혐의로 구속되었습니다.__**상경 집회 원천봉쇄**

법원, 마음속까지 판단하는가

2007년 3월 10일 충북 제천시 농민회 등 농민 단체의 회원 20여 명은 서울시청 앞 광장에서 개최될 예정인 '한미 FTA 반대 집회 범국민대회'에 참석하려고 막 준비된 승용차에 올라타고 있었다. 그런데 경찰이 농민 단체 회원들이 모여 있는 봉양읍 주민자치센터의 입구를 봉쇄해버렸다. 화난 농민 둘이 입구를 막고 있는 순찰차 1대와 경비 지프차 1대를 파손했다. 농민들은 구속되었다.

청주지방법원 제천지원은 많은 사람들의 예상을 깨고 공무집행방해(특수공무집행방해 치상) 혐의로 기소된 농민들에게 무죄 선고했다. 상경 자체를 막아 집회를 원천봉쇄 한 경찰의 행위를 적법한 공무집행으로 보아온 이전 법원 판단과는 정반대의 것이었다. 이 판결은 불행히 항소심에서 곧바로 뒤집어졌다. 항소심을 담당한 대전고등법원은 원심과 달리 유죄 선고한 것이다.

1. 마이너리트 리포트. 전직 경찰이던 한 남자는 지금 경찰에 쫓기고 있다. 재직하던 당시 상당한 엘리트였고 지위도 높았던 그가 경찰에 쫓기는 이유는 바로 살인 예정자이기 때문이다. 살인 예정자? 그렇다. 범

죄 예측기가 그가 곧 살인을 저지르리라고 예측한 것이다. 그는 얼마 전까지만 해도 목숨을 걸고 범죄 예측기의 예측을 집행했지만 이제는 자신이 살기 위해 자기가 살인을 저지르지 않을 것임을 입증해야 한다. 수많은 우여곡절 끝에 그는 범죄 예측기에도 오류가 있을 수 있고 인간은 자유의지에 따라 예측과는 다른 선택도 가능하다는 진실을 밝혀내게 된다. 그런데 이는 그동안 그가 범죄 예측기의 예측을 집행할 때 집행당하는 많은 사람들이 외치던 항변이었다.

이것은 많은 이들이 본 영화 〈마이너리티 리포트〉의 줄거리다. 영화는 인간이 자유의지와 선택 가능성을 가지고 있음을 역설하지만 다른 관점에서는 경찰력이라는 공권력이 과연 어느 지점에서부터 인간의 자유를 침해할 수 있는지도 보여준다.

2. 인과관계와 객관적 귀속의 문제. 범죄자를 낳은 어머니까지 처벌할 수 있을까? 비록 헌법이 도둑질을 기본권으로 정하고 있지는 않지만 도둑을 예로 들어보자. 어떤 사람이 도둑질을 하려고 마음먹었다. 과연 어느 시점에서부터 이 사람의 행위를 제한할 수 있을까? 마음먹는 순간 도둑 예정자가 되니 그때부터 처벌하거나 행위를 제한해야 할까? 도둑질과 직접 연관된 실질적인 행위를 하는 시점부터 처벌이 가능할까?

형법 등 국가의 강제력을 규정한 법을 적용할 때 가장 어려운 문제 중 하나가 바로 이러한 것이다. '어떤 행위가 범죄 결과를 낳았다면 그 결과를 낳은 행위를 행위자에게 객관적으로 귀속시켜 책임을 물을 수 있는가' 하는 문제다. 이를 인과관계와 객관적 귀속의 문제라고 한다. 인과관계의 폭을 한없이 넓히면 범죄자를 낳은 어머니나 아버지까지 처벌할 수 있다. 반대로 그 폭을 너무 좁히면 범죄행위로 처벌할 수 있는 행위가 아예 없거나 무척 적게 된다.

형법의 역사는 인과관계와 객관적 귀속이라는 측면에서 보면 그 폭을 합리적으로 줄여나가는 과정이었다고 할 수 있다. 예전에는 범죄자뿐만 아니라 그 가족까지 비난받거나 처벌되었다. 범죄자를 낳았다는 것이다. 시간이 가면서 범죄자 개인의 행위만을, 나중에는 그중에서도 범죄와 좀 더 직접 연관된 행위를 처벌의 대상으로 삼게 되었다. 객관적 귀속이 인정되는 폭이 줄어든 것은 바로 인간의 권리에 대한 인식이 커졌기 때문이다. 인간의 자유와 권리를 보장하려면 공권력의 작용은 최소한도에 그쳐야 했다. 범죄자의 행동 중 범죄와 직접 연관된 중요 행위만 처벌하거나 금지해야 했던 것이다.

헌법이 기본권으로 인정하는 집회와 시위, 파업 등을 예로 들어보면 어떨까? 인과관계와 객관적 귀속의 문제가 기본권에 적용되어 발전한 것이 바로 '명백하고 현존하는 위험 원칙'이다. 이는 어떤 행위를 제한하려면 행위와 그로 인한 해악이 밀접한 연관이 있어야 하고, 행위로 인한 해약의 발생이 절박해야만 한다는 것을 뜻한다. 기본권 중에서도 보장 정도가 강한 정신적 기본권(언론의 자유, 집회와 결사의 자유 등)을 보호하려고 적용되는 원칙이다. 헌법재판소는 이 원칙에 입각해 국가가 강제력을 동원해 국민의 행동을 통제하는 경우 그 공권력 행사가 합헌인지 아닌지를 심사하고 있다.

그럼 이제 본론으로 들어가보자. 경찰은 지금까지 대규모 집회가 예정되어 있으면 이른바 원천봉쇄라는 것을 해왔다. 집회에 참가하려고 지방에서 서울로 올라오는 사람들을 그 지방에서부터 제지한 것이다. 올해는 한미 FTA 저지나 평택 미군 기지 이전 반대 등을 위해 대규모 집회가 잇달아 개최되었다. 경찰은 그때마다 원천봉쇄 차원에서 지방에서 상경하는 사람들을 막았다. 올해 초에는 제주도에서 한미 FTA 저지 집회에 참여하려고 상경하는 농민들을 막기 위해 막 이륙하려는 비행기까지 강제로 세워 세간의 비난을 받기도 있다.

경찰의 이러한 행위는 사실 문제없다는 법원의 법률적 판단에 기댄 것이다. 바로 2001년 대우자동차 파업 때 거제도에 있던 노조원들은 시위를 하러 상경하다가 저지당하자 서울중앙지방법원에 국가를 상대로 경찰들의 행위로 인한 손해를 배상하라고 소송을 제기했다. 이때 법원은 경찰의 행위가 적법하다고 판단했다. 처음부터 금지된 집회나 금지통고를 받은 집회를 개최하거나, 금지된 줄 알면서도 집회에 참가하는 행위는 범죄행위에 해당하므로 경찰관은 경찰관직무집행법에 따라 '범죄 예방' 조치를 취할 수 있다고 보았다. 경찰관이 노조원들의 상경을 저지한 것은 경찰이 취할 수 있는 예방 조치로 봐야 하고 적법한 공무집행 행위에 해당한다고 판단한 것이다.

그렇다면 동일한 경찰의 행위에 대해 이전 법원의 판단과 청주지방법원 제천지원의 판단이 달랐던 이유는 무엇일까? 바로 경직법에 대한 해석의 차이다.

경찰관직무집행법 6조(범죄의 예방과 제지) 1항

경찰관은 범죄행위가 목전에 행해지려고 하고 있다고 인정될 때에는 이를 예방하기 위해 관계인에게 필요한 경고를 발하고, 그 행위로 인하여 인명, 신체에 위해를 미치거나 재산에 중대한 손해를 끼칠 우려가 있어 긴급을 요하는 경우에는 그 행위를 제지할 수 있다.

이전 재판부는 '단순히 불법 집회가 예상되고 그에 참가하려는 것이 예상되는 상황'이라면 경찰이 경찰관직무집행법에 의해 강제력을 행사할 수 있다고 판단한 반면 청주지방법원 제천지원은 해당 법상 경찰 강제력 행사 요건을 엄격하게 해석했다.

청주지방법원 제천지원은 '범죄행위가 목전에 행해지려 하고 있다고 인정될 때'에 해당하는지에 대해 "목전이라 함은 말 그대로 '눈앞에서'라는 명백, 현존성의 의미"라고 했다. 이번 사건의 원천봉쇄 조치는 집회 예정 시간인 15시로부터 무려 5시간 30분 전인 9시 반에 서울에서 150킬로미터나 떨어진 제천에서 취해졌다. 따라서 농민들이 미리 준비한 승합차로 바로 상경하려 했다는 사정까지 감안하더라도 이른바 "불법 집회 참가라는 범죄행위가 '목전'에서 행해지려 하고 있다고 인정될 수는 없다"고 판단했다.

또 '인명, 신체에 위해를 미치거나 재산에 중대한 손해를 끼칠 우려가 있어 긴급을 요하는 경우'에 해당하는지에 대해서는 이 사건의 서울 집회가 금지 통고된 이유는 "추상적으로 추론될 뿐 이 사건에서 구체적으로 입증된 바가 전혀 없고, 금지 통고된 집회에 참가하려고 준비하는 행위에 불과한 상경 행위가 그 자체로 인명, 신체에 위해를 미치거나 재산에 중대한 손해를 끼칠 우려가 있어 긴급을 요하는 경우에 해당한다고 할 수 없다"고 판단했다. 서울 집회가 "인명, 신체에 위해를 미칠 우려가 있다고 단정할 수 없을 뿐만 아니라 그 집회가 교통 소통에 장애를 일으켜 심각한 교통 불편을 줄 우려가 있다고 하여도 이로써 재산에 중대한 손해를 끼칠 우려가 있다고 단정하기 어렵다"는 것이다.

재판부는 집회의 자유는 헌법이 보장하는 국민의 기본권이기에 이에 대해 경찰 강제력이 행사되려면 단순히 불법적 상황이 예상되는 정

한미 FTA 고시 철회 집회

도를 넘어 기본권 행사로 인한 불법이 명백하고 현존해야 한다고 판단했다. 따라서 각 지역에서 출발하는 집회 참가자를 제지하는 이른바 상경 저지, 또는 원천봉쇄하는 경찰관의 직무 집행은 적법하지 않다는 것이다. 이는 어떤 행위가 사회적 해악을 끼칠 것이 명백하고 그로 인한 위험이 현존해야만 그 행위를 통제할 수 있다는 기본 원칙을 다시 한 번 확인한 것이다. 많은 사람들이 이 판결을 환영했고 법원이 집회의 자유와 공권력 행사의 한계에 대해 새로운 시각을 가지게 되었다며 반겼다. 그리고 부당한 공권력 행사가 줄어드리라고 기대했다.

대전고등법원은 전혀 다른 판단을 내렸다. 예방하려는 범죄행위와 경찰권 발동 대상인 행위 사이에 시간적·장소적 접근성이 있는지가 중요한 판단 요소이지만, 명백하고 현존하는 위험을 판단할 때 그러한 접근성을 반드시 고려할 필요는 없다는 것이다.

"경찰권 발동 대상인 행위가 예방하려고 하는 범죄행위와 시간적, 장소적으로 밀접하지 않다고 하더라도 그 행위를 하려는 자들의 의사의 내용 및 명백성, 의사의 번의 가능성 유무 및 정도, 행위의 내용 등을 비롯한 제반 정황에 비추어 범죄행위가 저질러질 것이 명백, 현존하여 그 요건을 갖추었다고 볼 수 있는 경우가 있다"고 판단했다. 명백하고 현존하는 위험 원칙의 내용에 대해 청주지방법원 제천지원보다 훨씬 폭넓게 판단했다. 특히 '행위자의 의사의 내용 및 명백성, 의사의 번의 가능성' 등 행위자의 주관적 사정을 기준으로 위험이 명백하고 현존하는지를 판단할 수 있다고 보았다.

그런데 행위자의 주관적 사정은 그 사람의 마음속에 들어가지 않고서는 정확히 알 수 없다. 행위자의 주관적 사정을 공권력을 발동하는 근거로 삼으면 결국 공권력 행사가 자의적이 될 수 있다는 문제가 생긴다. 정말 자신을 잘 이해하는 친구가 '네 맘, 내 다 알지' 하면 고맙고 즐거운 위로가 되겠지만 뭔가 삐딱하게 자신을 바라보는 군대 고참이 '네 맘, 내 다 알지' 하면 참 답답한 것이 사실이다. 이번 대전고등법원 판결은 경찰이 행위자의 주관적 사정을 살펴 공권력을 행사할 근거를 제시함으로써 자의적 공권력 행사에 다시 한 번 힘을 보태준 꼴이 되었다.

예전에 경찰이 몇몇 단체의 성향을 문제 삼아 해당 단체가 집회를 열려고 하면 개별적 사정을 고려하지 않고 무조건 금지 통고한 것에 비추어보면 이제는 특정 단체가 무슨 일을 하려고만 해도 바로 통제할지도 모른다는 우려가 든다. 혹시 집에서 나오는 것조차 막지 않을까?

경찰권은 국민에게 일방적으로 명령하고 강제하는 권한이고 근본적으로 이익을 침해하는 작용이므로 국민의 자유와 권리를 침해할 가능성이 높다. 그러므로 경찰권을 발동하고 행사할 때는 반드시 법률에 기초해야 하고 이를 적용할 때도 엄격한 해석을 거쳐야 한다. 이번 대전고등법원 판결은 이러한 원칙을 다시 한 번 무너뜨렸다. 제천지원의 지극히 상식적인 판결이 상급 법원에서 뒤집어진 현실 앞에서 앞으로 행정편리만을 내세워 국민의 행동의 자유를 경찰력으로 침해하는 일은 없었으면 하는 바람은 얼마나 부질없는가? 이제 대법원 판결을 기대하는 수밖에 없다.

판결에 대하여	청주지방법원 제천지원 2007. 7. 6. 2007고합13 폭처법(폭력행위 등 처벌에 관한 법률) 등 위반	판사 신용석(재판장), 차영민, 이세라
	대전고등법원 1형사부 2007. 10. 31. 2007노284 폭처법 등 위반	판사 김상준(재판장), 신동헌, 손삼락

집회에 참가하려고 상경하는 농민들을 저지한 경찰의 원천봉쇄에 대해 엇갈린 판단을 한 1심, 2심 판결.

1심은 공무집행 방해 혐의는 무죄로 판단하고 폭처법상 상해, 공용물건 손상 혐의만 유죄를 인정해 벌금 300만 원을 선고했다. 2심은 공무집행을 방해했다며 혐의 전부를 유죄로 인정해 농민 김씨에게 징역 8월에 집행유예 2년을 선고했다.

대법원 형사1부(주심 차한성)는 2008년 11월 13일 특수공무집행 방해 치상 혐의로 기소된 농민 김씨에 대한 상고심에서 유죄로 인정한 원심을 파기하고 사건을 대전고등법원으로 돌려보냈다. 재판부는 판결문에서 "위법한 집회·시위가 개최될 것이 예상된다 하더라도 시간·장소적으로 근접하지 않은 다른 지역에서의 집회·시위에 참석하기 위해 출발 또는 이동하는 행위를 함부로 제지하는 것은 경찰관직무집행법 6조 1항에 의한 행정상 즉시 강제인 경찰관의 제지의 범위를 명백히 넘어서는 것으로 허용될 수 없다"며 경찰의 원천봉쇄는 적법하지 않다고 밝혔다. 금지 통보된 집회라도 먼 거리에서 상경하는 것까지 경찰이 저지해서는 안 된다는 판단이고 상경 집회 원천봉쇄의 적법성 여부를 판단한 대법원의 첫 판결이다.

한 카드 회사의 지점장은 평소 여직원에게 어깨를 주물러달라 하거나 뒤에서 껴안고 토요일 밤에 집이 비었으니 놀러오라고 전화했습니다. 회식 자리에서는 귓속말을 핑계로 귀에 입을 맞추는 등 불쾌한 행위를 일삼았습니다. 회사는 인사 규정에 따라 지점장을 해고했습니다. 그런데 법원은 성희롱은 맞지만 일부 여직원들이 '격려'의 의미로 받아들이고 있고 또 직원에 대한 '애정 표현'에서 비롯된 것이므로 해고는 너무 가혹하다고 판단했습니다. __**성희롱으로 해고된 카드 회사 지점장**

성평등 작업장을 실현하려는 사용자의 고민

해고하는 자와 해고당하는 자

사용자가 직원을 해고할 수 있는 정당한 사유는 어디까지 인정될까? 해고는 직원의 생존을 위협하는 아주 중대한 조치이니 섣불리 판단해서는 안 될 것이다. 근로기준법은 '정당한 이유' 없이 직원을 해고하지 못하도록 명시하고 있다. 해고라는 극단적 징계는 직원에게 그에 상응한 잘못이 있을 때에만 인정된다. 헌법재판소는 다음처럼 판시한 바 있다.

"근로기준법은 사용자가 근로자를 해고함에 있어서 무엇이 정당한 이유인가에 대해 더 이상 구체적으로 규정하지 아니하고 있으며, 현실적으로는 취업규칙이나 단체협약을 통해 당해 사업장의 근로자에 대한 해고 사유들이 정해지고 있다. 그러나 취업규칙이나 단체협약에 규정되었다고 하여 모두 타당한 내용을 가지는 것이라고는 할 수 없고 그 구체적 의미에 관하여는 별도의 법적 평가가 필요한 바, 이에 대하여는 오랜 기간 학문적 연구의 성과가 쌓이고 **행정 해석 및 관련 판례들이 집적되어 다음과 같은 요지의 해석이 이루어져** 있음이 일반적으로 인정되고 있다."(2005. 3. 31. 2003헌바12)

정당한 이유의 유무는 개별 사안에 따라 구체적으로 결정될 일이지만 그 일반적 내용은 **근로자와 사용자가 근로관계를 계속 유지할 수 없을 정도, 즉 사용자가 근로자와의 근로관계를 유지하리라고 더 이상 기대할 수 없을 정도**가 되어야 한다. 일반적으로 업무 적성에 흠이 있거나 직무 능력이 부족한 경우, 계약상의 노무 급부를 곤란하게 하는 질병, 사업 기밀을 누설할 가능성, 무단결근이나 지각·조퇴, 근로 제공 거부, 업무 능력을 갖추었음에도 불완전하거나 열등한 급부를 제공한 경우, **범법 행위를 초래한 경우**, 특정 신조나 사상과 밀접히 연관된 소위 경향 사업에서 근로자가 경향성을 상실한 경우 등이 정당한 이유에 해당한다고 인정되고 있다.

이러한 해석 기준이 있기는 해도 해고가 정당한지 부당하지는 항상 개별 사례에 따라 구체적으로 판단된다. 근로자가 직장을 잃게 됨으로써 받게 되는 손해와 사용자가 근로관계를 끝냄으로써 얻게 되는 이익 사이에서 신중하고 포괄적인 이해 형량이 이루어져야 한다. 사용자 측의 이해를 따질 때는 사업 기능 유지, **재산 손해나 위험 방지**, 대외적 위신의 추락, **다른 근로자에 대한 보호** 등이 고려되어야 한다. 근로자 측의 이해는 문제된 의무 위반의 종류와 중요성 및 빈도, 근로자의 이전 행태와의 관련성, 사용자와의 공동 과실 책임, 근무 연한, 연령, 부양 의무 범위, 해직 시점의 근로 시장 상황, 전직의 가능성 등이 고려되어야 한다.

그렇다면 근로자가 해고 사유를 명시한 업무 규칙을 위반하거나, 범법 행위를 초래하고, 사용자에 재산 손해를 입히거나 그럴 가능성을 높이고, 다른 근로자를 공격하면 사용자가 해고할 수 있지 않을까?

직장 상사의 '애정 표현'과 '격려'

문제된 사건은 여직원 10명이 근무하는 한 카드 회사 지점에서 지점장이 그중 여직원 8명에게 다음과 같은 행동을 한 경우다. 물리적이고 강제적 행동만을 열거해본다.

2002년 7월 점심시간에 팩스를 보내는 여직원을 갑자기 뒤에서 껴안았다. 2003년 6월 11일 회식을 하다 자리를 옮기는 중 계단에서 갑자기 여직원의 볼에 입을 맞추었다. 2003년 7월 영업 실적이 전국적으로 뛰어나 최우수 지점으로 선정된다는 사실을 알게 되자 이를 컴퓨터에서 확인하던 여직원을 옆에서 갑자기 껴안았고, 축하하는 회식 자리에서는 귓속말을 핑계로 한 여직원의 귀에 입을 맞추거나 엉덩이를 쳤고, 한 여직원에게는 자신이 먹던 상추쌈을 먹도록 했으며, 자리를 옮기는 중 여러 여직원들을 차례로 껴안고 돌렸고 한 여직원은 가슴 부위를 안아 들어올렸다.

회사의 인사규정 29조는 '성적인 언어나 행동 등으로 또는 이를 조건으로 고용상의 불이익을 주거나 성적 굴욕감을 유발하게 하여 고용 환경을 악화시키는 경우'를 징계 사유로 규정하고 있다. 상벌규정 32조는 '위반의 범위가 크고 중하며 고의성이 현저한 경우'는 해직에 처할 수 있다고 했다. 남녀고용평등법 2조 2항도 직장 내 성희롱을 이와 비슷한 취지로 정의하고 있고, 12조엔 직장 내 성희롱 금지 규정이 마련되어 있다.

피해 여직원들은 회사 인사과에 지점장의 행위에 대해 진술했고, 회사는 지점장을 해고했다. 헌법재판소의 판시에 비추어보면 지점장의 행위는 1) 성적 굴욕감을 유발하면 징계에 처한다는 업무규칙을 위반하고, 2) 사용자를 남녀고용평등법을 위반한 상황으로 밀어넣었고, 3) 피해 직원들이 사용자에게 남녀고용평등법을 위반한 혐의로 손해배상을 청구할 근거를 만들어 사용자에게 재산 손해를 끼칠 여지를 만들었다. 사용자는 성적 피해를 입은 여직원을 보호할 필요가 있었고 지점장을 해고할 근거가 충분하다고 판단한 것이다.

지점장은 해고에 대해 이의를 제기하는 법적 절차를 밟았다. 사건을 맡은 서울고등법원 재판부는 2007년 10월 10일 다음과 같이 판시했다.

"원고의 위와 같은 행동이 비록 여직원들로 하여금 성적인 수치심을 일으킬 만한 것이었다 하더라도 일부 여직원의 경우 격려의 의미로 받아들일 정도로 그 정도가 중하다고는 보이지 않을 뿐만 아니라, 원고의 위와 같은 행동이 노골적인 성적 표현이나 성적 의도에서 비롯된 것이라기보다는 지점을 책임지는 관리자로서 나름대로 직원에 대한 애정을 표시하여 직장 내 일체감과 단결을 이끌어낸다는 의도에서 비롯된 것으로 보이는 점, 위와 같은 원고의 행동이 도저히 수인할 수 없을 정도였다면 6개월이라는 단기간에 참가인의 전국 최우수 지점이라는 실적을 내기 어려웠을 것으로 판단되는 점, 한편 원고의 이 사건 성희롱 행위 중 많은 부분이 2003년 7월 11일 전국 최우수 지점 선정을 축하하는 회식에서 비롯된 것인데, 원고가 위와 같은 실적에 지나치게 흥분하고 들뜬 상태에서 술에 취하여 우발적으로 여직원들에게 지나친 행동을 하게 된 것으로 그 경위나 동기에 참작할 만한 사정이 있는 점 등을 종합하여 보면, 원고의 위와 같은 행동은 그동안의 왜곡된 사회적 인습이나 직장 문화 등에 의해 형성된 평소의 생활 태도에서 비롯된 것으로서 특별한 문제의식 없이 이루어진 것으로 봄이 상당하여 참가인의 상벌규정에서 정한 해직 요건인 '고의성이 현저한 경우'에 해당한다고 보기 어렵다.”

성희롱을 바라보는 법원의 '불온한' 시선

관련 판례들은 성희롱을 크게 조건적 성희롱과 환경적 성희롱으로 구분하고 있다. 전자는 성적 언행을 조건으로 불이익이나 혜택을 주는 경우를, 후자는 성적 굴욕감이나 혐오감을 느끼는 것을 뜻한다. 지점장의 경우는 환경적 성희롱에 해당한다. 결국 지점장이 저지른 환경적 성희롱에 회사의 상벌규정이 해직 요건으로 정한 '현저한 의도성'이 있는지가 해고의 타당성을 다투는 준거가 된다.

해고의 타당성보다 더욱 중요한 것은 법원이 해고는 정당하지 않다며 제시한 사유다.

1. 법원은 일부 여직원들이 피고의 행위를 '격려의 의미'로 받아들였다고 진술한 것이 성적 수치심을 느꼈다고 인사과에 진술한 여직원 8명의 피해를 '반증하는' 것처럼 언급하고 있다. 지점장이 '격려'를 받은 여직원에게 한 행동과 '성적 굴욕'을 느낀 피해 여직원들에게 한 행동은 달랐을 가능성을 고려하지 않은 것이다. 일부 여직원에게 정중하게 격려 표시로 한 행동은 피해 여직원에게 성적 굴욕감을 준 행동을 상쇄하지 않는다.

법원의 판시가 피해 여직원들에 대한 지점장의 행동을 제삼자인 여직원들은 '격려의 의미'라고 생각한 점을 언급한 것일 수도 있다. 그렇다면 더욱더 큰 문제다. 제삼자인 여직원들과 피해 여직원들, 지점장 등 모두의 진술을 종합해 내린 사용자의 결정을 파기하는 것이기 때문이다. 또 피해 당사자들의 성적 수치심에 대한 진술을 부인하기에는 너무나 빈약한 증거이기 때문이다.

2. 법원은 지점장의 "직장 내 일체감과 단결을 이끌어낸다는 의도"가 지점장의 '성적 의도'를 상쇄하는 것처럼 판시했다. 모든 리더는 자신의 세계관에 따라 조직을 단결시키려 하고 그러한 행위가 잘못된 것은 아니다. 하지만 성희롱 법리의 취지는 리더의 세계관이 남녀를 차별하거나 여성에게 적대적이거나 여성을 성적 대상화해서는 안 된다는 것이다. 리더의 세계관에 그러한 차별적 요소가 들어 있어서는 안 된다는 것이다. 성희롱 법리는 차별금지법임을 잊어서는 안 된다. 지점장은 왜 남성들에게는 똑같이 껴안거나 입을 맞추지 않는가?

3. 법원은 지점장의 행동이 고용관계를 지속하기 어려울 정도로 심했다면 "6개월이라는 단기간에 참가인의 전국 최우수 지점이라는 실적을 내기 어려웠을 것"이라고 판시했다. 여성들에게 적대적인 작업장이었다면 피해 여성들이 그렇게 열심히 일했겠느냐는 취지다.

업무 실적이 성희롱의 심대함을 부인하는 증거가 될 수 있다는 이러한 판시는 아주 위험하다. 실적 좋은 기업일수록, 실적 좋은 작업장일수록 성희롱의 심대함에 대한 입증 책임이 더욱 높아진다는 뜻이 된다. 물론 실적 좋은 작업장일수록 성희롱이 더 쉽게 허용된다는 뜻은 아니겠지만, 어찌됐든 해고를 정당화할 수 있을 정도의 심대함을 입증하기는 더욱 어려워진다. 법원이 실적이 좋을수록 성희롱이 심하지 않았다고 유추하려 할 것이기 때문이다.

더욱이 실적이 좋고 나쁨은 사용자가 판단해야 한다. 어떤 사용자는 자신의 창업 이념 등에 비추어 아무리 실적이 좋아도 여직원들을 성적 대상화하는 것은 회사의 장기적 이미지나 직장의 사기 진작에 악영향을 미친다고 생각할 수도 있다.

그러므로 법원이 사용자의 판단을 재평가한다는 것은 아니 될 말이다. 물론 법원이 실적은 성희롱의 면죄부라고 판시한 것은 절대로 아니다. 하지만 적어도 성희롱의 의도성에 대한 입증 책임을 높이는 판시를 했다. 실질적으로 사용자는 실적 좋은 관리자를 해고하기가 더욱 어려워질 것이다. 해고를 결정할 때 사용자가 전권을 가질 수 있다는 뜻이 아니다. 적어도 작업장 전체의 실적에 대한 가치 평가는 사용자가 자유롭게 할 수 있어야 하는데 이렇게 되면 실적보다는 '인간다운 작업장'을 지향하는 사용자는 어쩌란 말인가?

4. 법원은 "왜곡된 사회적 인습이나 직장 문화 등에 의해 형성된 평소의 생활 태도에서 비롯된 것으로서 특별한 문제의식 없이 이루어진 것"이라서 '의도성'이 없다고 했다. 성희롱 금지 법리는 주류(남성)의 주도로 만들어진 사회적 인습과 직장 문화에 의해 형성된 생활 태도가 직장에서 비주류(여성)에게 부당히 심대한 피해를 줄 수 있다는 이념에 기반하고 있고 이러한 사회적 인습과 직장 문화를 바꾸려고 도입한 법리임을 기억해야 한다. 법원의 논리를 따르자면 많은 사람들이 같은 잘못을 하고 있거나 사회적 인습이나 문화를 이룰 정도로 그 잘못이 확산되어 있다면, 그 잘못의 의도성은 부인되어야 한다.

더 위험한 것은 이번 판결이 남성 상사에게 '저 정도의 행위는 해고 사유에 이르는 의도성을 요구하지 않는다'라는 인식을 심어준다는 것이다. 법원은 기존의 직장 문화와 사회적 인습을 고착하는 역할마저 자임하고 있다. 더욱이 헌법재판소의 논증 자세에도 보이듯이 '해고에 이르는 정당한 이유'에 대한 법리는 형이상학적 논증보다는 판례를 중시하는 추세다. 이 판례는 하급심이긴 하나 다른 법원이 '해고에 이르는 정당한 이유'에 대해 판시할 때 자료로 이용될 것이다.

실제로 최근 30여 년 동안 정직하고 성실하게 교직 생활을 하고 사회봉사 활동을 열심히 한 음악 교사가 성희롱을 저질러 해고됐다가 피해 학생을 포함한 대다수 학생의 탄원으로 구제된 적이 있다.(서울행정법원 2007. 10. 10. 2007구합12866) 2006년 3월 그는 수학여행을 인솔해 가서 다음 행동을 했다. 여학생 숙소에서 누워 있는 학생의 엉덩이를 두드리며 간지럼을 태웠고, 버스 안에서 치마 입은 학생의 손을 잡고 다른 손으로는 다리를 만졌고, 살짝 올라간 학생의 옷 속에 손을 넣으려는 동작을 취했고, 버스 안에 누워 있는 학생의 머리를 들어서 창문 쪽으로 밀어냈고, 여학생들이 원치 않는데 노래방에 가자며 여학생 숙소의 문을 두드리고 소리를 질렀다는 것이다.

법원은 '성적인 의도나 동기'보다는 '과도한 친밀감'의 표현이고 '노골적인 굴욕감'보다는 학생이 '감수성이 예민하기' 때문이며 '과음하는 바람에 우발적'으로 한 행위라고 판단했다. 교사가 '평상시에는 교직 생활을 성실히 수행해' 1978년 이래 30여 년간 많은 표창을 받은 점 등을 들어 해고가 부당하고 판시했다. 이 판결 역시 해고가 부당하다는 결론보다 법원이 부당함을 논증하려고 제시한 논거가 문제다.

사용자는 지난 30여 년간 실적까지 포괄적으로 판단하고 실적의 중요성보다는 모범적인 성 문화를 가진 학교(여자고등학교) 이미지를 더욱 중요시해 교사를 해직했는데, 법원은 실적을 더 중요시할 것을 요구하는 판결을 내렸다. 이는 사용자의 재량을 심대하게 침해한 것으로 보인다.

만약 이 학교의 설립 이념이 '양성평등'이고 학교 교칙에 '성희롱으로 판단되는 모든 행위는 해고 사유가 된다'고 명시되어 있었다면 법원은 해고 무효 판결을 했을까? 또 성희롱 법리는 성차별을 금지하는 취지로 만들어졌듯이 '친밀감'의 표현에 성 차별적 요소가 있으면 안 되는 것이다. 학생의 옷 속에 손을 넣고 다리를 만지거나 잠자리에 누운 학생의 엉덩이를 두드리는 행위에 성적인 면이 없다고 말할 수는 없다. 실제로 이러한 판결들이 성 규범보다 실적을 우선시하는 경향을 만들고 친밀감을 표현하거나 격려할 때 상대의 성별을 고려하는 사회적 인습을 고착화하지 않을지 참으로 걱정이다.

판결에 대하여	서울고등법원 5특별부 2007. 10. 10. 2006누9285 부당해고 구제 재심 판정 취소	판사 조용호(재판장), 유승룡, 박우종

카드 회사 지점장이 여직원들에게 한 성희롱은 인정되지만 그를 해고한 것은 지나치다는 판결.

판결은 엎치락뒤치락했다. 2003년 9월 회사는 지점장이 여직원들을 성희롱해 조직력을 저해했다며 징계 해고했다. 이후 서울지방노동위원회가 구제 결정을 내리자 회사는 다시 그를 해고했다. 노동위원회도 더 이상 그의 구제 신청을 받아들이지 않자 서울행정법원에 중앙노동위원회를 상대로 소송을 제기했다. 2006년 3월 1심 재판부는 원고 패소 판결했다. 지점장의 성희롱 행위는 회사의 해고 사유에 해당한다는 판단이다. 이 판결은 2심에서 뒤집혔다. 대법원 특별3부는 2008년 7월 10일 회사가 지점장을 해고한 것은 정당하다며 파기환송했다. 또 지점장의 행위는 고의성이 현저하다고 판단했다. 파기환송심에서도 기각이 되자 지점장은 재상고를 했고, 대법원 특별1부는 2009년 7월 23일 심리를 속행하지 않고 기각함으로써 원심을 확정했다.

사회경제적 지위에 따라 재판의 결과가 달라져서는 안 됩니다. 정몽구 현대차그룹 회장과 김동진 대표이사가 비자금 1000억 원을 조성해 그중 700억 원을 사용한 횡령 혐의, 부실 계열사인 현대우주항공을 지원하게 해 1600억 원가량 손해를 끼친 배임 혐의 등으로 기소되었습니다. 법원은 이들에게 징역 3년에 집행유예 5년을 선고했습니다. 기업의 불법행위에 면죄부를 줌으로써 돈과 사법 정의를 맞바꾼 판결입니다.__**정몽구 회장 집행유예**

/

고개를 끄덕이며 수긍할 수 있는가?

패턴이 바뀌었다. 쫑긋 세우고 부릅뜬 이목이 있으니 더 이상 유전으로 무죄가 되지는 않는다. 유죄는 유죄로되 유전이면 자유이고 무전이면 교도소 수감이다. 외신의 비아냥거림처럼 피고인 쪽에서 보면 '돈으로 산 자유'다. 그 보도가 '돈에 팔린 사법 정의'로 읽히는 것은 무슨 이유일까.

법률을 해석 적용한 결과인 판결은 옳고 그름을 따질 수 있는 게 아니다. 얼마나 설득력이 있느냐를 판단할 문제다. 대다수 국민이 납득시키려면 결정의 합리적 근거를 제시하고 논증이 있어야 한다.

정몽구 회장 항소심 판결은 설득력이 있는가. 대다수 국민이 재판부의 판단에 고개를 끄떡이며 수긍할까. 기업 총수를 교도소로 보내면 그 기업이 망하고 한국 경제가 흔들리리라는 예측은 근거가 있는가. 아니면, 재판장이 접촉했다는 몇몇 시민의 순진한 생각인가.

일반 서민은 당장 먹고사는 데 급급하기 때문에 '기업 총수가 없으면 기업이 망하고 결국 경제가 나빠지고 살기 힘들어진다'는 식의 생각은 머릿속의 막연한 도식이 아닐까. 여기에 사법부도 책임이 없지 않다. 그러한 논리로 경제 단체가 사법부를 협박하면 사법부는 기업인들에게 솜

방망이 처벌로 혜택을 주어왔으므로 도식이 되어버린 것이다.

사회봉사 명령

집행유예를 선고한 것도 비판해야 하지만 사회봉사 명령의 내용은 또 어떤가. 과연 재산을 사회에 환원하고 준법 경영을 주제로 강연하고 언론에 기고하는 것이 형법 62조의2에 규정된 사회봉사에 해당할까. 해당 조문에는 형 집행을 유예할 때에는 보호관찰이나 수강 또는 사회봉사 명령을 내릴 수 있다고 규정하고 있다. 이는 자유를 제한하는, 자발적으로 하기 어려운 일을 하도록 법원이 강제하는 것을 말한다.

봉사의 사전적 의미를 살펴보면 국어사전은 국가나 사회 또는 남을 위해 자신을 돌보지 않고 애쓰는 것이라고 정의하고 있다. 대법원 예규는 자연 보호 활동, 복지 시설 및 단체 봉사, 공공시설 봉사, 대민 지원, 지역사회에 유익한 공공 분야 봉사 활동 등을 사회봉사 명령으로 규정하고 있다. 한마디로 봉사란 자신을 희생해 남을 위해 애쓰는 것이다. 자기희생이 따르기 때문에 자발적으로 하기 힘든 일을 법원이 형 집행을 대신해 억지로 시키는 것이다.

사회봉사 명령 중 사회에 환원하라는 8400억 원은 불로소득이거나 불법 소득이나 마찬가지다. 당연히 사회에 환원해도 아깝지 않은 돈이다. 과징금 등으로 추징되어야 할 재산이다. 준법 경영에 관한 일회성 강연을 하거나 관련 글을 언론에 기고하는 것도 봉사하고는 거리가 멀다.

이러한 사회봉사 명령은 법문언의 가능한 해석 범위를 벗어난 것이다. 우리가 이해하고 사용하는 일상 언어적 의미의 봉사와도 거리가 멀다. 죄형법정주의의 핵심 내용인 유추 적용 금지 원칙에 어긋나는 해석이다. 허용된 해석의 한계를 넘어선 금지된 유추다.

정몽구 현대차그룹 회장

유리한 양형 사유와 형의 집행유예도 문제다. 재벌 총수는 구속되거나 실형을 선고받은 적이 없다는 선례를 악용하지 않았는지, 비자금을 조성할 때부터 재판부가 경제 논리로 실형 선고를 하지 않으리라 기대하고 불법행위를 하지 않았는지는 아예 언급도 없다. 그랬다면 더욱더 비난받아 마땅하다. 기업 경영인이라는 직업이나 사회적 환경은 오히려 강한 책임 의식이 요구되므로 감경 양형 사유가 되지 않는다.

형량을 줄여준 이유와 형 집행을 미룬 이유는 엄연히 다르다

판결문을 읽어보면 양형상 유리하고 불리한 사정에 대한 언급은 있다. 그런데 형의 양을 정한 사유와 집행유예를 선고한 사유가 구분되어 있지 않다. 집행유예를 선고한 이유를 알 수 없다. 집행유예의 사유가 충분하지 않거나 언급조차 없는 것이다. 형 집행을 유예하려면 특별한 사유가 있어야 한다. 형량을 줄이는 데 끌어들인 사유만으로 집행유예를 선고해서는 안 된다.

집행유예를 선고하려면 일반 예방적 관점에서 형을 집행할 필요성이 없고, 특별 예방적 관점에서 형벌을 완화할 요구가 있어야 한다. 집행유예를 선고하기 위한 특별한 사정은 선고형이 높으면 높을수록 중요한 사정이어야 한다.

재판부는 고령이나 건강 상태 때문에 책임 능력이 떨어진다는 점을 인정해 감경 사유로 고려했는데 이는 오히려 집행유예 사유에 해당한다. 다시 말하건대 판결문을 읽어보면 감경 양형 사유인지, 집행유예 사유인지 분간이 되지 않는다. 피고인의 나이와 성행, 학력, 건강 상태, 전과 관계, 가족관계 등의 사정을 참작해 형 집행을 유예한다는데 그 각각의 요소를 어떻게 고려했는지에 대해서는 언급하지 않고 '종합적으로 참작'했다며 넘어간다.

피해액을 반환하지 않으면 안 될 상황 등 자발성 유무를 따지지도 않고 감형이나 집행유예 사유로 끌어들인다. 기업 범죄의 경우 기업 총수는 초범일 수밖에 없는데도 그러한 사유를 일률적으로 감형이나 집행유예 사유로 고려해도 되는지 의문이다.

마지못해 수사에 협조하고 반성하는 척하는 기업인은 집행유예에 적합하지 않다. 그런 범죄자는 형벌 감수성이 높으니 단기라도 자유가 박탈되거나 제한되는 고통을 맛보아야 한다. 그들은 교도소 안에서 범죄를 학습할 가능성 같은 폐해도 없을 테니 단기자유형에 적합하다. 법질서를 지키기 위해서라도 실형에 처해야 한다. 법이 살아 있음을 기업인에게 보여주어 범죄 예방의 효과를 얻을 수 있는 것이다.

어느 사회든 법질서가 무너지면 공동체의 존립이 위태로워진다. 기업인을 수사하고 재판을 거쳐 처벌하는 것도 좋지만 먼저 국가 경제를 살리고 봐야 한다는 일각의 주장이나 법원의 판단은 근시안적인 임시방편이다. 이번 판결은 어설픈 경제 논리를 끌어들여 현대차그룹의 일인 지배를 만천하에 인정해준 꼴이다. 그 사람이 수감되어 경영에서 물러나면 기업이 쓰러지고 한국 경제가 휘청거린다고 판결문에 명시했으니 말이다. 법원은 법질서를 방위하고 법이 살아 있음을 보여주기 위해서 예외적으로 과감하게 단기자유형을 선고하고 집행해 형벌의 적극적 일반 예방의 효과를 꾀해야 한다.

벌금형과 집행유예를 남용하면 법의 효력과 사법 정의에 대한 믿음이 떨어진다. 집행유예 제도도 형의 일부는 집행하고 나머지를 유예할 수 있는 제도로 바꿔야 한다.

판결에 대하여	서울고등법원 형사10부 2007. 9. 6. 2007노586 특정경제범죄 가중처벌법 위반(횡령, 배임, 증재) 등	판사 이재홍(재판장), 이상원, 호제훈

수백억 원의 회사 자금을 횡령한 혐의 등으로 유죄가 인정된 정몽구 현대차그룹 회장에게 허술한 경제 논리를 들어 집행유예 선고한 판결.

정몽구 회장은 2006년 4월 900억 원대 회사 돈을 횡령한 혐의로 기소되어 구속됐지만 2개월 만에 보석으로 풀려났다. 2007년 2월 정회장은 1심에서 징역 3년을 선고받았다. 2007년 9월 항소심은 징역 3년에 집행유예 5년, 사회봉사 활동 명령을 선고했다. 이때 재판장이 정 회장에게 실형이 선고되어 경영 일선에서 잠시라도 물러나게 되면 현대차그룹이 부도되고 국가 경제에 큰 위기를 불러온다며 판결 결과를 설명해 논란이 되었다. 준법 경영을 주제로 한 강연과 언론 기고를 명령하고 검찰 수사 도중에 밝힌 개인 재산을 사회에 기부할 것을 전제로 정회장에게 집행유예를 선고했다.

대법원 1부는 2008년 4월 11일 사회봉사 명령의 내용이 부적절하니 양형을 다시 판단하라며 사건을 서울고등법원으로 돌려보냈다. 재판부는 "현행 형법에 의해 명할 수 있는 사회봉사는 시간 단위로 부과될 수 있는 일 또는 근로 활동을 의미한다"며 재산 출연을 명한 부분은 사회봉사 명령으로 허용되지 않는다고 밝혔다. 강연과 기고 부분도 취지가 분명하지 않고 내용이 특정되지 않아 양심의 자유를 침해할 수 있다고 판단했다. 2008년 6월 파기환송심은 징역 3년에 집행유예 5년, 300시간의 사회봉사 활동 명령을 선고했다.

파견이 금지된 업무·업종임에도 사실 파견 근로자처럼 직접 일을 시켜 왔다면 '2년 이상 파견 근로의 경우 정식 근로자로 인정한다'라는 파견법을 적용하는 게 정의에 가까울까요, 적용하지 않는 게 정의에 가까울까요? 현대차 아산공장과 울산공장에서 협력업체에 소속되어 2년 이상 일해온 노동자들은 사실 파견이 금지된 자동차 생산 업무에서 파견 근로를 해왔습니다. 현대차의 정식 근로자로 고용되어야 하는지에 대해 하급심 법원은 엇갈린 판결을 내렸습니다. __**현대차 사내 하청 노동자들 1심**

사법부가 불법을 조장하다

위장 도급의 실체

근로자와 사용자 사이의 사용 종속 관계에서 실제와 법적 형식이 괴리된 경우가 있다. 이때 근로자는 사용자에게 근로 제공 의무를 다했더라도 권리를 누릴 수 없고, 사용자는 근로자의 노동력을 사용하면서도 의무는 면제된다. 이른바 위장 도급이 대표적 예다.

위장 도급이란 말 그대로 실제로는 근로자와 사용자 사이의 사용 종속 관계인데 이를 사용자와 하청 업체 사이의 도급계약으로 위장하는 것을 뜻한다. 실제로는 사용자가 하청 업체 소속의 근로자를 직접 사용하지만, 외형적으로는 사용자가 하청 업체와 도급계약을 맺고 근로자를 하청 업체 소속으로 두어 사용자와 근로자는 아무런 법적 관계가 없는 것으로 은폐하는 것이다.

위장 도급은 근로자 파견이 허용되지 않는 사업장에서 자주 벌어진다. 그 대표적 예가 현대자동차다. 파견법(파견근로자 보호 등에 관한 법률) 5조 1항에 따르면 '제조업의 직접 생산 공정 업무'는 근로자 파견이 허용되는 업무가 아니다. 현대자동차는 자동차 생산 업무에 파견 근로자를 사용할 수 없는데도 하청 업체와 도급계약을 체결했다는 명목으로 하청 업체의 근로자를 이 업무에 투입하고 있다.

위장 도급에서 논란의 여지가 없는 사실은 원청 사용자(현대자동차)가 하청 근로자를 사용한다는 점이다. 하청 근로자를 어떻게 사용할지의 문제가 하청 업체가 아니라 원청 사용자에게 맡겨져 있다. 원청 사용자가 직접 하청 근로자를 사용하기 때문에 도급이 아니라 '위장 도급'인 것이다. 다시 말해 위장 도급에서 하청 근로자는 원청 사용자에 소속된 근로자이거나 적어도 원청 사용자에게 파견된 파견 근로자일 뿐이다. 이때 원청 사용자에 소속된 근로자인지 아니면 파견 근로자인지를 나누는 기준은 하청 업체가 적어도 파견 사업주로서 실체를 갖추고 있느냐 없느냐이다.

하청 업체는 허수아비에 불과해 원청 사용자의 노무관리자 역할만 담당하고 있다면 하청 근로자는 원청 사용자에 소속된 근로자로 보아야 한다. 하청 업체가 적어도 파견 사업주로서 실체는 갖추고 있다면 하청 근로자들은 파견 근로자가 될 것이다. 후자의 경우 파견법을 위반한 불법파견이 된다.

현대자동차 공장에서 부품을 조립하는 근로자의 진짜 사용자는 누구일까?

이제 문제는 위장 도급 여부다. 우선 원청 사용자가 하청 근로자를 '사용하고' 있다는 점이 밝혀져야 한다. 어떤 경우를 '사용한다고' 볼 수 있을까. 일차 기준은 하청 근로자가 어떤 일을 하는가이다. 예컨대 하청 업체가 자동차 부품을 만들어 현대자동차에 납품하는 경우와 하청 업체가 현대자동차의 공장에서 자동차를 조립하는 경우를 비교해보자. 각각의 경우 하청 근로자를 사용하는 자는 누구일까? 전자의 경우 현대자

진짜 사장이 고용해!

불법파견, 사람 가지고 장난치는 사람 장사는 이제 그만!

동차가 하청 근로자를 사용하고 있다고 보는 이는 아무도 없을 것이다. 그렇다면 후자는? 자동차를 생산하는 공장에서 부품 조립하는 업무에 종사하는 근로자를 사용하는 자는 도대체 누구일까? 굳이 답할 필요가 없으리라.

실제로 현대자동차의 울산·아산·전주공장의 하청 근로자는 각 공장의 컨베이어벨트 생산 라인에서 현대자동차가 배포하는 사양식별표·사양일람표에 따라 차체에 각종 부품을 조립하는 일을 하고 있다. 이는 서울행정법원도 인정한 사실이다. 그리고 현대자동차는 하청 근로자에게 지급할 임금 총액을 하청 업체에 지급하고(임률 도급이라고 하는데 이 역시 법원이 인정한 사실이다), 하청 업체는 그 돈으로 근로자에게 임금을 지급한다(지급한다기보다 전달한다는 표현이 정확하다). 하청 근로자는 현대자동차에 근로를 제공하고 현대자동차로부터 임금을 받는 것이다. 현대자동차가 하청 근로자를 사용하고 있음은 너무나 명백하다. 하지만 현대자동차는 하청 근로자를 사용하고 있지 않는 것처럼, 하청 근로자와 자신들은 아무런 관계가 없는 것처럼 보이고 싶어 한다.

현대자동차가 하청 근로자와의 사용 종속 관계를 감추려고 갖가지 외형을 만들어내는 건 그 때문이다. 현대자동차가 하청 업체에 자동차 조립 업무를 지시하지 하청 근로자들에게 직접 업무 지시를 내릴 리 없다. 또 하청 업체로 하여금 임금을 전달하게 하지 자신들이 직접 임금을 지급할 리도 없다.

그럼에도 서울행정법원은 '근로의 실제로 보면 외견상 근로관계가 있는 듯 보이나, 도급계약에 기초한 각종 외형에 비추어보면 현대자동차는 하청 근로자를 사용하고 있다고 볼 수 없다'는 취지로 판시했다. 나아가 근로자 파견도 인정하지 않았다. 하청 근로자가 어디에서 무슨 일을 어떻게 하고 있는지는 전혀 중요히 다루지 않은 것이다. 실제는 외견일 뿐이고, 본질은 외형이라고 평가한 것이다. 그렇다면 묻지 않을 수 없다. 정규직과 뒤섞인 채 컨베이어벨트 옆에 늘어서서 한 대씩 지나가는 차체에 볼트 조이는 일을 도급주는 게 가능하다고 믿는가. 더 나아가서 현대자동차의 4만 명 정규직 근로자는 현대자동차와 도급계약을 체결하고 모두 개인사업자가 될 수도 있다고 믿는가.

본질과 외형을 구분 못 한 서울행정법원 판결

현대자동차가 하청 근로자를 사용하고 있음을 전제하면 그 근로자는 현대자동차와 묵시적 근로관계에 있거나 적어도 파견 근로자의 지위에 있다고 보아야 하고, 정규직 근로자인지 파견 근로자인지는 하청업체가 적어도 파견 사업주로서 실체로 가지고 있는지에 따라 달라진다고 앞서 지적했다. 하청 업체가 일단 최소한의 실체는 갖추고 있다고 가정하자. 그렇다면 하청 근로자는 파견 근로자일 수밖에 없는데 이때 근로자 파견은 불법을 면할 수 없다. 현대자동차는 하청 근로자를 제조업의 직접 생산 공정 업무에 투입했기 때문이다.

파견이 허용되지 않는 업무에 파견되어 일하는 근로자은 어떻게 보호할 것인가. 그 논의의 핵심에 파견법 6조 3항의 적용 문제가 있다. 서울행정법원은 이 법조항은 적법한 근로자 파견에만 적용된다고 보았다. 불법파견, 즉 파견이 허용되지 않는 업무에 파견된 파견 근로자의 경우에는 적용되지 않는다는 것이다. 이것이 얼마나 형식적이고 비현실적인 논리인지 살펴보자.

파견법의 목적

파견법의 입법 취지는 명확하다. 근로자 파견을 제한하고 파견 근로자를 보호하는 것이 파견법의 목적이다. 파견법은 일정한 범위 안에서만 근로자 파견을 허용하고 허용된 근로자 파견의 경우에도 2년 이상 사용할 때는 고용의제(직접적으로 고용하지 않았더라도 고용된 것과 동일하게 보는 것)라는 제한을 받도록 규정해놓았다. 이러한 파견법 6조 3항은 이미 제한되어 있는 근로자 파견을 다시 한 번 제한하는 규정인 셈이다.

자, 그렇다면 일차 제한을 위반한 근로자 파견, 즉 불법파견에는 이차 제한, 즉 고용의제를 적용하지 말아야 할까. 답은 너무나 명백하다. 적법하게 행해진 경우에도 제한하는 마당에 불법적으로 행해진 경우는 더더욱 강한 제한을 가해야 한다. 만약 불법적으로 행해진 근로자 파견의 경우 고용의제라는 제한을 가하지 않는다면, 이는 결국 불법파견에 대해 아무런 제한도 가하지 않는 것이며 더 나아가 적법한 파견보다 불법파견을 더 보호하는 것이다.

고용의제는 파견 근로자에게 부여된 권리라는 관점에서 본다면 근로자 파견이 적법한 경우에만 그 권리가 부여된다는 논리도 생각해볼 수 있다. 하지만 이러한 논리는 고용의제는 근로자 파견에 대한 제한이지 파견 근로자가 행사해야 하는 권리가 아니라는 점은 차치하더라도, 파견 근로자의 권리 발생이 사용자에 의해 좌우된다는 점에서 도저히 수긍할 수 없다.

고용의제를 파견 근로자의 권리로 볼 경우 그 권리 발생의 전제 조건인 파견의 적법 여부는 전적으로 사용자에 의해 좌우된다. 불법파견의 주체는 사용자이지 파견 근로자가 아니다. 파견 근로자가 파견법을 위반한다는 것은 불가능하다. 결국 파견이 적법한 경우에만 고용의제라는 권리가 인정된다는 논리는 사용자가 법을 어기면 근로자의 권리는 부정되는 문제를 안고 있다. 사용자는 고용의제라는 부담을 면하고 싶으면 법을 어기면 된다는 것, 그 이상도 이하도 아니다.

불법파견에는 파견법 6조 3항이 적용되지 않는다고 하면 불법파견이 더욱 확대되리라는 것을 쉽게 예상할 수 있다. 고용의제라는 부담에서 벗어나 마음껏 파견 근로자를 사용할 것이기 때문이다. 형사처벌이라는 위험이 남아 있긴 하지만 그것도 그리 걱정할 일은 아닌 듯하다. 실제 검찰은 현대자동차와 하청 업체의 파견법 위반 혐의에 대해 실질적인 도급이라는 이유로 모두 무혐의 처분했다.

설사 현대자동차와 하청 업체의 사업주가 파견법 위반 혐의로 기소된다 하더라도 실형이나 집행유예를 선고받을 가능성은 제로에 가깝다. 벌금형이 선고되더라도 사용자들은 세금 낸다고 생각하는 게 현실이다. 불법파견에 대한 제재는 실효성 없는 형사처벌이 전부다. 이제 모든 제조업 사업장에서 모든 근로자를 비정규직 근로자로 만들 수 있는 법적 기반이 만들어졌다고 할 수 있다.

판결에 대하여	서울행정법원 13부 2007. 7. 10. 2006구합28055 부당해고 및 부당노동행위 구제 재심판정 취소	판사 정형식(재판장), 김선희, 장찬
	서울중앙지방법원 42민사부 2007. 6. 1. 2005가합114124 근로자 지위 확인	판사 박기주(재판장), 이지민, 문종철

현대차의 파견 근로자는 위법한 파견이지만 파견법 6조 3항은 적법한 파견에만 적용되므로 현대차는 그들의 사용자가 아니라는 판결.

현대차 울산공장의 사내 하청 노동자들은 2005년 노조 활동을 했다는 이유로 해고되자 실질적인 사용자가 현대차라며 노동위원회에 구제 신청을 냈다. 이후 소송을 제기했고 서울행정법원은 원고 패소 판결했다. 하지만 대법원 3부(주심 차한성)는 2010년 7월 22일 원고의 항소를 기각한 원심을 깨고 사건을 서울고등법원으로 돌려보냈다. 재판부는 직접고용 간주 규정을 적법한 근로자 파견에만 축소 적용한 것은 파견법의 입법 취지에 어긋난다고 판단했다.

비슷한 시기에 서울중앙지방법원은 서울행정법원 판결의 취지와는 다른 판단을 내렸다. 2007년 6월 1일 재판부는 현대차 아산공장 사내 하청 노동자들이 현대차를 상대로 낸 근로자 지위 확인 소송에서 현대차의 노동자라고 확인했다. 현대차와 사내 하청 업체의 도급계약은 근로자 파견이고 파견 형태가 불법이라고 하더라도 2년이 지나면 정규직으로 인정해줘야 한다는 것이다. 불법파견이라도 파견법 6조 3항의 고용의제가 적용된다는 결론이다. 양쪽이 항소했지만 재판부는 기각했고, 현재 대법원 민사1부는 4년 넘도록 사건을 심리 중이다.

직접고용 간주 규정은 2006년 12월 파견법이 개정되면서 직접고용 의무 규정으로 대체되었다. 다시 2012년 2월 개정을 거쳐 현재의 모습이 되었다.

"구 파견법 6조 3항(직접고용 간주): 사용사업주가 2년을 초과하여 계속적으로 파견근로자를 사용하는 경우에는 2년의 기간이 만료된 날의 다음날부터 파견근로자를 고용한 것으로 본다."

"파견법 6조의2(고용의무): 사용사업주가 다음 각 호의 어느 하나에 해당하는 경우에는 해당 파견근로자를 직접 고용하여야 한다."

2007년 서울행정법원 판결에서 원고인 현대차 사내 하청 해고 노동자 15명 중 한 사람이 최병승이었다. 그는 7년간의 소송을 거쳐 2012년 2월 23일 현대차가 부당 해고했다는 대법원 확정판결을 받았다. 2012년 10월에는 울산공장의 송전탑에 올랐다. 그의 요구는 현대차는 불법파견을 인정하고 모든 비정규직을 정규직으로 전환하라는 것이었다.

상지대는 김문기 전 이사장의 공금 횡령 등 사학 비리 문제로 몸살을 앓았습니다. 비리 혐의자들이 사임한 뒤에는 교육부가 파견한 임시이사들에 의해 운영되었습니다. 2003년 학교가 정상화되었고 임시 이사들은 정식 이사 9명을 선임해 교육부의 승인을 받았습니다. 그런데 김 전 이사장을 비롯한 구 재단 측 이사들이 자신들과 협의하지 않고 정이사를 선임한 것은 무효라며 소송을 제기했습니다. 임시 이사들은 정식 이사를 선임할 권한이 없다는 겁니다.__**상지대 정이사 선임 무효**

상지대 판결과 유훈 통치

사람들은 언어를 사용해 의사소통한다. 사전에 공통된 의미가 부여된 기호를 서로 주고받음으로써 생각을 나누는 것이다. 가끔 기호의 의미를 의도적으로 바꾸거나 왜곡해 사용하는 경우 상대방은 당혹감을 느끼게 된다. 최고 국가기관이 언어를 그렇게 사용하면 사회적으로 큰 혼란을 야기할 수 있는 질곡이 되기도 한다.

2007년 5월 17일 상지대의 임시이사들이 정이사를 선임한 것을 무효라고 선언한 대법원 판결은 그런 점에서 차라리 당혹스럽다. 일반적으로 주식회사 같은 영리법인이든 학교법인 같은 비영리법인이든 관계없이 법인은 주주와 설립자의 개인적 재산이나 의사와는 독립된 별개의 존재로 취급되는 것이 원칙이다.

주주가 일단 회사에 투자했다면 그 돈은 이미 주주의 것이 아니다. 동시에 어떤 사람이 정관을 정하고 이를 바탕으로 법인을 만들었다면 그 법인의 생각은 이미 그 사람의 생각과는 전혀 별개의 것이 된다. 주주가 자신의 돈으로 회사를 만들었다고 회사의 공금을 마음대로 가져가면 절도죄나 횡령죄로 처벌받는다. 이사든 사원이든 법인을 구성하는 사람은 법인의 결정이 자신의 생각과 다르다고 해서 그것을 부정하거나 위반할 수 없다. 이것이 법률적 상식이다. 이는 학교법인의 경우도 마찬가지다.

어떤 사람이 자신의 재산을 내어(이 사건의 경우 소송을 제기한 이는 설립자도 아니다) 학교법인을 만들었다면 그 재산과 법인은 이미 설립자의 개인적, 주관적 의사로부터 독립한 것이 된다. 그것은 법인을 만들 때 정한 정관에 따라 운영되고 운용 주체는 법인의 이사회다. 즉 정관에서 정한 법인 설립의 목표와 이념을 어떻게 해석하고 실천하는가의 문제는 오로지 이사회가 의결해 정하는 것이다. 이 부분에 대해 설립자가 어떻게 생각하고 무엇을 원하는가는 아무런 법률적 관련이 없다.

그런데 대법원의 상지대 판결은 이러한 법률적 상식을 정면으로 위반한다. 법조계에서는 전혀 알려지지 않은 논리를 끌어와 설립자나 후계자가 직간접적으로 학교법인의 운영에 관여할 수 있는 권리가 있는 듯이 판결했다. 다음은 이번 판결문에서 따온 것이다.

"학교법인은 (…) 그 설립 당시의 설립자의 의사, 즉 설립 목적을 존중함이 마땅하고, 이러한 학교법인의 설립 목적은 그 의사 결정 기관 및 의사 집행 기관을 구성하는 자연인인 이사들에 의해 실현된다."

법률적 상식이 통하는 세계에서는 이러한 주장을 하지 않는다. 다음과 같은 설명이 법률적 상식에 맞다.

"학교법인은 (…) 그 설립 당시의 설립자의 의사, 즉 설립 목적을 존중함이 마땅하나, 이러한 학교법인의 설립 목적은 정관에서 정하는 바에 따라야 하며 이 정관의 해석과 집행은 자연인인 이사들로 구성되는 그 의사 결정 기관 및 의사 집행 기관에 의해 실현된다."

달리 말하면 자기 재산을 내어 학교를 세운 뒤 운영하는 설립자가 있다면 그의 건학 이념이나 세계관, 가치관은 당연히 학교 운영 과정에서 존중해야 한다. 그것은 일반적인 도덕적 요청이기도 하다. 그런데 설립자가 학교법인을 만들고 이사회를 구성해 학교를 운영하게 한다면 이야기는 달라진다. 학교법인의 운영자인 이사회를 구속하는 것은 설립자의 주관적, 개인적 생각이 아니라 정관에 적혀 있는 학교법인의 존재 목적이나 운영 목표다. 물론 양자가 일치한다면 더할 나위 없이 좋겠지만 서로 다르다면 이사회(정확하고 정의에 부합하는 규정은 이사회와 교직원, 학생, 학부모, 지역공동체)는 설립자의 개인적 생각보다는 정관 규정에 따라야 한다. 그것이 법이다.

대법원 판결은 학교법인의 설립 목적을 '정관-이사회'라는 재단법인 제도의 차원에서 검토하지 않고 '설립자-이사'라는 개별적 인간의 차원에서 처리한다. 이는 오랜 역사에 걸쳐 개개인의 주관적 의사와 사람들이 모여서 의논한 끝에 내린 집단적 의사를 엄격하게 구분해온 법인 제도를 그 본질에서부터 부정한 것이다. 로마법 이래 수천 년 동안 상식이 되어온 이러한 틀을 무참히 깨버리고 말았다.

이러한 상식 파괴보다 더 큰 문제는 대법원의 억지 논리다. 이번 판결의 논리 구조는 비교적 간단하다.

1) 우리 헌법은 교육의 자주성을 보장한다 → 2) 사립학교법은 사립학교의 자주성을 보장한다 → 3) 사립학교의 자주성은 곧 학교법인(사

학재단)의 자주성이다 → 4) 사학재단의 자주성은 그 재단의 정체성을 의미한다 → 5) 사학재단의 정체성은 설립자나 그에 의해 순차적으로 선임된 이사들에게 있다.

대법원은 이에 따라 교육부장관이 파견한 임시이사가 새로운 정이사를 선임한 상지대 사건은 설립자나 그에 의해 순차적으로 선임된 이사들에 의해 확립되어야 할 사학재단의 정체성을 침해한 것이고, 헌법 31조에 보장된 교육의 자주성이라는 기본권을 침해한 것이므로 무효라고 판결했다. 과연 이러한 논거는 타당한가?

논거 중에서 1)과 2)의 연결은 올바르다. 교육의 자주성은 당연히 학교의 자주성으로 이어져야 한다. 하지만 학교의 자주성이 곧장 사학재단의 자주성으로 연계된다고 보는 3)의 명제는 누가 봐도 억지 논리에 지나지 않는다. 우리의 교육법상 학교법인이나 사학재단은 학교를 '설치·경영'의 주체일 뿐 학교 '교육'의 주체는 아니다. 물론 교육의 주체가 누구인가라는 문제는 국가냐 학교냐 교사나 학생 같은 학교 구성원이냐 등 논란이 있지만 어떤 주장에 의하든 사학재단은 이러한 주체로부터 권한의 일부만 위임받았을 뿐 스스로 교육의 주체가 될 수는 없다.

우리 교육법은 사학재단과 학교를 구분하고 학교법인은 학교를 '설치·경영'만 하는 것으로 규정하고 있다. 또 사학재단의 이사는 그에 의해 설치·경영되는 사립학교의 교원이나 직원을 겸할 수 없게 하고 있다. 사립학교법은 사립학교의 자주성을 확보하기 위해(1조) 사학재단에 관한 사항과 학교 교직원의 인사나 재무·회계 등 '경영'에 관한 사항만 규정한다.

사학재단으로부터 사립학교 교육의 자주성을 확보하는 것이 목표이기 때문이다. '교육'에 관한 사항은 교육기본법에서 시작해 초중등교육법, 고등교육법 등 철저하게 별도 법령을 만들어 규정하고 있다. 이에 따르면 1)과 2)에서 3)으로 넘어가는 것은 우리 교육법 체계를 완전히 왜곡하는 것이다. 오히려 우리 교육법 체계는 '사학재단의 자주성'을 보장하기는커녕 일반적인 재단법인과 사단법인에 비해 훨씬 강력히 규제하고 있다. 일반적인 재단법인과 사단법인에 대해서는 별다른 국가 규제 장치가 없다는 점이 이를 대변한다('사회단체 등록 등에 관한 법률'이 폐지된 것만 봐도 알 수 있다).

3)에서 4)로 넘어가면서 자주성과 정체성의 문제를 동일시하는 부분은 더욱 가관이다. 물론 자주성의 개념에는 이사 선임의 자주성이 포함된다. 그렇다고 자주성으로부터 법률 용어도 아닌 '정체성'이라는 모호한 개념을 도출할 수 있는 건 아니다. 오히려 이사회의 '동일성'이라는 개념이 좀 더 법률적이다. 하지만 대법원은 이를 사용하기 거부한다. 동일성이라는 개념에는 의연히 제도적 동일성이 포함되니 이 말을 쓰는 순간 앞서 말한 법률적 상식에 구속되기 때문이다.

5)의 명제에 이르게 되면 판결문은 거의 희화 수준에 이르게 된다. 북한의 저 유명한 '유훈 통치'라는 신화가 이제 우리 대법원의 판결에서 완성되는 것이다. 사학재단은 설립자의 의지에 따라 통치되어야 하고 설립자가 사라지면 그의 유훈을 이어받은 후계자를 따라야 한다는 장엄한 미사가 울려 퍼진다. 그것도 모자라 대법원은 이러한 통치는 헌법상의 기본권이고 민법 1조에서 말하는 조리이자 사물의 본질적 법칙이며 사람의 이성에 기초한 규범이라고 미화한다.

대법원 결정은 이 지점에서 파국에 이른다. 객관적 제도에 따라 설립된 학교법인이 설립자나 그에 의해 순차적으로 선임된 이사라는 주관적 인격에 의해 지배되어야 한다는 것이다. 정당한 법적 논리 없이 무리하게 법을 판단해, 사학재단의 재산을 횡령하고 설치·경영하는 학교의 교육마저도 위태롭게 만든 장본인들의 손을 들어주었다. 실질적으로 이 판결은 부정의하다고 할 수 있다.

이 판결은 무섭다. 너무도 뻔한 억지 논리를 쓰면서까지 대법원이 특정 세력의 손을 들어주었기 때문이다. 보기에 따라선 상지대 판결은 최근 우리 사회의 보수화 국면을 선도하기 위한 정치적 의도와 관련짓게 된다. 우문과 자답의 걱정에 빠져들게 된다. 법공동체의 일반적 이해와 너무도 동떨어진 나머지 미리 결론을 정해놓고 그에 맞는 법해석을 짜맞춘 게 아닐까 하고 오해할 정도다. 그러다보면 이번 판결이 새로운 사법 독재의 전조일 수도 있다는 기우에 시달리게 된다.

우리 사법부를 개혁해야 한다는 주장에는 세 가지 관점이 있다. 지난날 권위주의 시대에 그랬던 것처럼 사법부가 정치의 시녀가 되어 정치권력을 법률적으로 포장하는 정치 사법이 첫 번째 문제다. 정치권력의 주변에서 그 수혜자가 되어 폐쇄적 권력 집단으로 성장해온 관료 사법이 두 번째다. 마지막으로 사법 권력이 자본 권력과 결탁할 때 나타나는 계급 사법으로 최근의 유전 무죄 무전 유죄 현상이나 노동 사건에 대한 법원의 보수화 경향이 첨예하게 보여준다.

물론 민주화가 된 이래 정치 사법의 문제는 상당히 희석되었다. 사법부는 민주화 과정에서 법치를 강화하라는 국민적 요구에 편승해 자기 나름의 세력을 확보할 수 있었다. 지금 사법부는 그 권력을 국민의 것으로 되돌리지 않고 전용함으로써 아주 중차대한 문제를 야기하고 있다. 1920년대 미국에서 자본 축적이 본격화되는 시기에 사법부가 보수적 정치 세력과 결탁해 자본 권력의 이익을 도모하는 하나의 정치권력으로 등장했던 것과 유사한 일이 생길 우려도 있다. 법치라는 이름으로 법 권력을 장악하고 국가 운영까지 법관들이 좌지우지하는 사법 독재도 엿보인다.

실제 우리 사법 체계는 이미 '강한 사법'의 모습을 보이기도 했다. 헌법재판소는 2001년 제주도 4·3 사건의 진상 규명을 위한 법률을 입법하는 행위에 대한 헌법소원 사건에서 청구를 각하하면서 법 판단과는 무관한, 4·3 사건에 대한 역사적·정치적 해석을 내놓아 물의를 일으킨 적이 있다. 스스로를 정치 기관으로 자리매김한 것이다. 이러한 정치 개입은 대통령 탄핵 소추와 행정수도 사건에까지 확대된다.

이번 상지대 판결은 헌법재판소의 정치적 판단이 대법원 차원에서 재생산된 것으로 볼 수 있다. 어렵게 이뤄낸 학원 민주화의 성과가 이번 판결로 좌절되었다는 이유만으로 이러한 판단을 하는 건 아니다. 이번 판결이 자리한 정치 환경적 맥락을 보면 특정 종교 교단과 특정 정파를 중심으로 완강히 제기되고 있는 사립학교법 재개정 요구와 결탁되어 있다는 점에서 우려가 큰 것이다. 이번 판결로 대법원이 중립적이고 객관적인 법 판단 기관으로 뚜렷이 서는 게 아니라 특정 이해관계와 자신의 권력을 대변해 법을 남용·오용하지 않는가 하는 시선에 설득력이 생겼다.

최근 10여 년간 시민사회를 중심으로 논의된 사법 개혁의 문제는 정치권력에 의해 찌그러져버린 사법부를 제대로 세우는 데에 초점이 맞춰져왔다. 법치의 실현이 논의의 핵심이었다. 안기부와 국정원, 보안경찰 같은 유사 사법 권력을 공격하고 검찰 권력의 위세를 꺾어내 그 잉여의 법 권력을 법원에 귀속시키려 노력했고 일부분 성과를 거두기도 했다.

하지만 이제는 법원 권력을 통제하는 것도 주요한 의제가 되어야 한다는 요청이 현실적 힘을 얻게 되었다. 법치의 실현 자체만으로는 국민의, 국민에 의한, 국민을 위한 사법이 되지 못한다는 인식이 이 사건 판결로 인해 자리 잡은 것이다. 형식적인 법률 도그마로 어느 누구로부터도 도전받지 않는 권력을 구축하고 이를 통해 국민 위에 군림하려는 법원의 모습이 드러났다. 관료 사법의 폐해가 이번 판결을 대표단수로 삼아 적나라하게 드러난 것이다.

1987년 6월 민주 항쟁이 이제 20주년을 맞이하고 있다. 하지만 그 결실은 국가기구에 의해 독점되고 신자유주의의 위세를 빌린 자본 권력의 희생물로 전락한 게 현재의 실정이다. 이제는 대법원까지 끼어들어 법의 이름으로 이들을 따라나서고 있다. 사법 개혁에 대한 논의는 이제 대법원 개혁으로 집중되지 않을 수 없다. 우리 법원 체계의 중심에서 정치 사법, 관료 사법, 계급 사법을 주도하는 대법원을 개혁과 변혁의 대상으로 삼아야 한다. 민주적 법치와 민중의 사법이 실현되는 지점을 향해서 말이다.

상지대 정상화를 위해 파견된 임시이사들이 구 재단 측 이사들을 배제한 채 정이사를 선임한 이사회 결의는 무효라는 판결.

비리 혐의로 물러난 전 상지학원 이사장과 이사들이 '교육부가 파견한 임시이사들이 일방적으로 정이사를 선임한 것은 무효'라며 학교재단을 상대로 낸 소송에서 대법관 8대 5의 의견으로 원고 승소 판결한 원심을 확정했다. 다수의견은 구 재단 측 이사들이 사립학교의 자주성과 정체성을 대변하고 임시이사들은 단순한 위기 관리자라고 밝혔다.

춘천지방법원 원주지원은 2004년 4월 구 재단 측 이사들은 이미 임기 만료되었거나 사임한 상태라 정이사 선임에 관여할 자격이 없다고 기각했다. 서울고등법원 민사5부(재판장 조용호)는 2006년 2월 14일 "학교법인의 형성과는 전혀 관계가 없는 사람들을 정이사로 선임해 학교 경영권을 박탈하는 것은 학교법인의 지배 구조의 변경을 초래하는 것"이라며 비리로 물러난 구 재단 측 이사들의 손을 들어주었다.

2010년 6월 24일 대법원은 경기도 신성학원 판결에서 이와는 전혀 다른 결정을 내렸다. 재판부는 설립자와 종전 이사들이 자신들에게 이사 선임권을 주지 않은 것은 위법하다며 제기한 소송에서 구 재단의 정이사 선임 의견은 받아들이지 않아도 된다고 명백히 밝혔다.(2010두6069) 또 2010년 10월 15일 서울행정법원은 조선대 설립자 측 종전 이사들이 사분위(사학분쟁조정위원회)가 학교 설립과 관련 없는 자들을 이사로 선임하자 제기한 소송에서 종전 이사들에게 의결정족수를 충족하는 정식 이사 정수를 추천할 권한이 없다고 명시했다.(2009구합54741)

이후 상지대 사태는 끝을 모르는 미궁으로 빠져들었다. 2010년 사분위가 구 재단 측에 이사 과반 추천권을 보장하면서 이들은 정이사로 선임되었고 다시 재단의 운영권을 장악했다.

행정자치부는 2004년의 전공노 파업에 참가한 공무원에 대해 강력 대응하라는 지침을 내렸습니다. 울산 북구청장은 파업에 참가했더라도 사안이 경미한 공무원은 승진 임용의 결격사유가 없다고 판단해 승진시켰습니다. 상급자인 울산시장은 파업 참가자를 중징계하기는커녕 승진까지 시킨 것은 재량권을 벗어나 법령을 위반한 것이라며 직권으로 승진을 취소했습니다. 지방자치단체의 자율권과 중앙정부의 통제권이 충돌할 때 어떻게 조율해야 할까요?__**파업에 참가한 울산 북구청 공무원 승진 취소**

'2할 자치'의 사법적 정당화 논리

오랫동안 지방자치 분야를 연구해온 학자에게 대한민국 지방자치의 현실을 물어보면 단박에 돌아오는 한마디가 있다.

2할 자치!

지방자치의 본래적 의미에 비추어보면 겨우 자치가 20퍼센트 정도 이뤄지고 있다는 뜻이다. 여기에는 결정권이나 세원, 인재를 여전히 중앙집권적 '국가'가 독차지인 상황이라 지방정부는 굴욕스럽더라도 분배 권한을 움켜쥔 중앙정부의 비위를 맞출 수밖에 없다는 뜻도 있다. 대한민국의 지방자치는 그냥 허울일 뿐이라는 자조 섞인 표현이다. 이번 대법원 전원합의체 판결은 2할 자치의 현실을 법적으로 확인한 것이나 다름없다.

분쟁의 핵심은 이렇다. 울산 북구청 소속 하급 공무원들이 전공노(전국공무원노동조합)의 불법 집단행동에 가담했다. 울산광역시장은 이들을 징계하라고 거듭 요청했는데도 북구청장이 받아들이지 않고 오히려 이들을 승진시키자, 관계 법령에 의해 마땅히 징계 의결이 요구되어야 할 대상자들을 승진시킨 것은 재량권의 범위를 일탈한 것이라며 지방자치법 157조 1항에 근거해 승진 임용 처분을 직권 취소했다. 그러자 북구청장은 시장을 상대로 직권 취소 처분의 취소를 요구하는 소송을 제기했다.

지방자치법 157조 1항

지방자치단체의 사무에 관한 그 장의 명령이나 처분이 법령에 위반되거나 현저히 부당하여 공익을 해친다고 인정되면 시·도에 대하여는 주무부장관이, 시·군 및 자치구에 대하여는 시·도지사가 기간을 정하여 서면으로 시정할 것을 명하고, 그 기간에 이행하지 아니하면 이를 취소하거나 정지할 수 있다. 이 경우 자치 사무에 관한 명령이나 처분에 대하여는 법령을 위반하는 것에 한한다.

일단 이 사건에서 시장은 한나라당 소속이고, 북구청장은 민주노동당 소속이라는 점은 괄호 안에 넣어두기로 하자. 법적 분석에선 이 둘을 바꾸어놓아도 결론은 마찬가지이고 정당 문제를 빼더라도 국가와 지방자치단체 간의 견해 대립은 피할 수 없기 때문이다(정당 문제가 개입하면 세계관적 대립이 정치적으로 강화될 여지가 있을 뿐이다). 이 사건에서 기초지방자치단체장의 승진 임용 처분을 직권 취소한 광역 지방자치단체장은 행정자치부장관과 법무부장관으로 대표되는 중앙정부의 강력한 지원을 받고 있다. 반면 승진 임용 처분을 취소당한 기초자치단체장은 자신을 선출한 울산 북구의 유권자들과 사법부 외에는 어디에도 기댈 곳이 없는 처지다. 이러한 점은 반드시 기억해두기로 하자. 이것이 바로 북구청장이 대법원을 찾아온 이유다.

대한민국의 대법원은 대법관 13명 중 8명(이용훈, 고현철, 김용담, 양승태, 김황식, 박일환, 김능환, 안대희)이 가담한 다수의견으로 중앙정부-광역 지방자치단체장으로 이어진 피고 측의 승소를 결정했다. 이 결론을 정당화한 논리의 핵심은 다음과 같다.

"**지방자치단체의 자치 행정은 국가 통치 질서 내에서 인정되는 것이므로 지방자치는 국가 법질서의 한계 내에서 인정되어야 함은 물론, 지방자치 행정의 국가 법질서에 대한 위반은 통제되어야 하고**, 따라서 위와 같은 통제의 일환으로 피고가 전국적으로 발생한 위와 같은 위법행위를 한 공무원들에 대해 징계 의결을 요구하라고 계속 촉구했으면 특별한 사정이 없는 한 그 관할 구역 안의 지방자치단체는 이를 준수할 것인 점."(강조는 비평자)

이는 한마디로 지방자치는 대한민국이라는 국가를 전제로 가능하므로 국가 법질서에 의해 통제되는 것이 당연하다는 주장이다. 국가가 법률로 정했다면 2할 자치는 당연하고 심지어 1할 자치나 그보다 못해도 전혀 문제되지 않는다는 논리다. 대단히 흥미로운 점은 다수의견의 간단명료한 논리에는 대한민국 헌법이 별개의 장(8장)을 두어 지방자치를 명하고 있다는 것이 전혀 언급되어 있지 않는다는 것이다. 그래서 대법관 5명(김영란, 박시환, 김지형, 이홍훈, 전수안)이 제시한 반대의견이 헌법해석에서부터 반대 논리를 이끌어내고 있는 점은 이채롭기까지 하다.

"우리 헌법은 국민주권의 기본 원리에서 출발해 **주권의 지역적 주체로서의 주민에 의한 자기 통치를 실현하기 위해 지방자치단체에 포괄적**

인 자치권을 보장하고 있다.”

반대의견이 주목하는 바는 국가나 상급 지방자치단체의 관여와 통제를 규정한 지방자치법이 ‘위임 사무’와 ‘자치 사무’를 구별하고 있다는 사실이다. 법조항에 의하면 위임 사무의 경우 ‘지방자치단체장의 명령이나 처분이 법령에 위반되거나 현저히 부당해 공익을 해한다고 인정될 때’ 이를 취소하거나 정지할 수 있다. 자치 사무의 경우엔 그 명령이나 처분이 ‘법령에 위반할 때’에 한해 취소하거나 정지할 수 있다.

반대의견은 법문의 구조상 두 규정은 서로 연계해 해석하는 것이 마땅하고 자치 사무에 관련된 법령 위반은 그 의미를 엄격히 제한해 해석해야 한다고 주장한다. 지방자치법 157조 1항에 담긴 지방자치의 본질적 내용을 침해하지 않는, 헌법 취지에 합치하는 해석은 그렇다는 것이다. 결국 반대의견은 지방자치법 157조 1항 후문의 자치 사무에 관한 법령 위반에 ‘재량의 일탈·남용’은 포함되지 않는다고 해석한다. 이 사건에서 울산 북구청장의 승진 임용 처분은 자치 사무에 해당하고 엄격한 의미의 법령 위반에 해당하지 않는다는 것이다. 따라서 승진 임용 처분을 직권 취소한 울산시장의 처분이 오히려 위법이라고 판단한다.

이 사건의 반대의견은 지방자치법을 해석하는 과정에서 지방자치를 명한 헌법의 취지를 적극 반영하면서 그렇지 않은 다수의견의 맹점을 지적한 점에서 공로가 크다. 다만 지방자치법을 입법한 대한민국 국회가 그런 헌법 취지를 철저히 따랐는지는 전혀 고려하지 않고 항상 자의적 해석이라는 비판에 직면할 수밖에 없는 사법적 해석에 치중했다. 이 점은 결정적 한계라 할 수 있다. 다수의견이 반대의견의 도전에 맞서 낸 두 개의 보충의견이 거듭 지적하는 것이 그 부분이다.

첫 번째 보충의견(김용담, 김황식)은 반대의견의 요지를 경청하면서도 현행 헌법 117조 1항이 "지방자치단체는 주민의 복리에 관한 사무를 처리하고 재산을 관리하며, **법령의 범위 안에서** 자치에 관한 규정을 제정할 수 있다"고 규정하고 그 정신이 지방자치법에 그대로 이어지고 있음을 지적한다. 자치가 중요한 것은 헌법상 명백하지만, 자치가 법령의 범위 내에서 보장된다는 사실도 마찬가지로 명백하다는 뜻이다. 따라서 법률(지방자치법)이 '법령 위반'으로 규정한 것을 사법부가 일방적으로 '재량권의 일탈·남용을 제외한 법령 위반'이라고 바꾸어 해석하면 안 된다는 것이다.

사법적 (초)국가주의 시국선언문

두 번째 보충의견(양승태)은 반대의견을 공박한다는 목표를 공유하면서도 사법부의 최종 권위를 열렬히 옹호한다는 점에서 첫 번째 보충의견과 다르다. 이 의견에 따르면 자치가 법령의 범위 안에서 이뤄지는지를 감시하고 결정할 수 있는 최종 권위는, 헌법이 규정하고 있는 대로, 오로지 대법원에 있다. 국가나 상급 지방자치단체가 하급 지방자치단체에 대한 감독 권한을 행사할 때 분쟁이 일어나면 그 분쟁은 대법원이 해결한다. 그 판단 기준이 헌법 117조 1항의 규정대로 '법령의 범위 안에' 있을 수밖에 없기 때문이다.

이 점에서 보충의견은 반대의견에 내포된 비사법적 함의를 맹렬히 공격한다. 반대의견은 법치주의, 즉 대법원의 사법적 통제권마저 무력하게 만들 수 있는 논리를 내포하고 있다는 것이다. 바로 이 부분에서 다음 문장은 가히 사법적 (초)국가주의 시국선언문이라고 평가할 만하다.

“나는 **이러한 사건에서 국가의 부당한 간섭을 걱정하는 것보다는 오히려 지방자치단체장의 재량권 일탈·남용을 방치하는 것을 훨씬 더 걱정해야 할 것**으로 본다. 왜냐하면 전자의 경우에는 이를 시정할 방법이 있지만, **후자의 경우에는 국가나 상급 지방자치단체의 개입이 없이는 유효·적절한 시정 방법이 없어** 결과적으로 정치·정략에 따른 지방자치단체장의 개인적 권한이 법의 상위에 위치할 여지를 제공함으로써 법질서가 훼손될 것이고, 이는 종국적으로 법치주의라는 기본적인 헌법 질서의 일각이 무너진다는 것을 의미한다. 반대의견의 논거는 이 점에서 우리 헌법과 조화될 수 없는 위험한 견해라고 생각한다.”

두 번째 보충의견은 결국 헌법 8장의 지방자치를 ‘법령의 범위 안에서’라는 한마디만 제외하고 모두 삭제해버리는 것과 같다. 결국 반대의견은 이러한 반反헌법적 논리와 그들이 지향하는 정치적 전망을 맞세울 수밖에 없었던 것 같다.

반대의견에 대한 보충의견(이홍훈)은 지방자치단체의 자치권을 국가의 통치권의 일부가 위임된 것으로 보는 다수의 견해를 19세기 법실증주의의 영향이라고 일축한 뒤 본격적으로 속내를 드러내기 시작한다.

“지방자치단체의 자치권은 주권재민 원칙에 터 잡아 종래의 중앙집권 체제에 저항하는 과정에서 비로소 얻어지게 된 국민들의 천부적 권리로서의 고유적 권리라는 역사성을 부인할 수 없다. 따라서 지방자치단체의 자치권은 국가나 상급 지방자치단체라고 하더라도 함부로 침해하거나 통제할 수는 없는 것이다.”

이 보충의견에 따르면 국가와 광역 지방자치단체, 기초 지방자치단체는 기본적으로 상호 대등한 협력 관계에 놓여 있다. 기초 지방자치단체의 자치 사무, 즉 고유 사무에 대해서는 국가나 광역 지방자치단체가 기본적으로 간여할 수 없는 것이 헌법적 원칙이다. 이러한 헌법적 원칙을 관철시키려면 부득이 지방자치법 157조 1항을 소수의견처럼 제한적으로 해석할 수밖에 없다. 국가나 광역 지방자치단체가 재량권의 일탈·남용을 문제 삼으며 개입하면 기초 지방자치단체의 자치 사무는 유명무실해지기 때문이다.

소수의견의 공헌

이번 판결은 향후 지방자치단체와 국가 간에 권한을 다툴 때 기준이 될 만한 여러 쟁점을 시사해준다. 이 논쟁을 전면에 끌어낸 것은 단연 소수의견의 공로다. 이와 관련해 몇 가지 비평을 추가해본다.

1. 이번 판결에서 국가와 지방자치단체의 관계를 바라보는 상반된 두 시각이 제기되었다. 하나는 수직 관계(다수의견)이고, 다른 하나는 수평 관계(반대의견)다. 그런데 민주 정치를 '자치'로 보고 그런 정치가 헌법 정신에 부합한다는 입장은 이와는 전혀 다른 세 번째 시각을 가지고 있다. 흔히 '보충성 원칙'으로 불리는 이러한 시각은 국가 또한 자치의 한 단위로 본다. 자치는 가능한 한 작은 범위에서 이뤄지는 게 바람직하고 그래야 민주 정치의 전통에 충실한 것이라는 주장이다. 가장 기초적이고 직접적인 자치의 단위는 기초 지방자치단체가 되어야 하고, 상급 지방자치단체나 국가는 기본적으로 자치가 불가능하거나 적절치 않을 때에 한해 '보충적으로' 개입해야 한다는 것이다.

이러한 주장을 따를 경우 이번 사건은 정반대로 논의될 수 있다. 지방자치법 157조 1항의 헌법적 정당성은 국가가 기초 자치단체의 고유 사무에 개입하는 데 필요한 '보충적 필요'를 입증하는 방식으로 증명되어야 하는 것이다. 개입이 원칙이 아니라 예외가 되므로 예외를 주장하는 측이 원고가 되어 이를 입증해야 한다. 이렇게 되면 이번 판결의 소수의견이 지향하는 바가 더욱 명확히 드러난다. 사실 그것은 서로 다른 두 개의 수직 관계론, 즉 국가주의와 자치주의의 모순적 길항 관계를 전제로 삼되 균형점을 찾자는 논의다.

2. 현행 헌법은 지방자치단체의 자치권을 '법령의 범위 안'으로 제한하고 있는 것처럼 해석될 여지가 있다. 무엇보다 헌법 117조 1항에 그렇게 언명되어 있기 때문이다. 지방자치단체의 자치권이 대통령이나 행정부 장관의 명령에 의해 제한될 수 있다고 해석될 수 있다면 이는 중대한 문제가 아닐 수 없다. 헌법을 개정할 때는 반드시 '법률의 범위 안에서'로 바꾸어 혼란을 방지할 필요가 있다.

현행 헌법을 해석하는 데 오류 가능성이 있더라도 지방자치단체의 자치권을 '법령의 범위 안'으로 제한하는 것을 합헌적이라고 보기는 어렵다. 무엇보다 그 법령이 헌법이 보장하고 있는 지방자치단체의 자치권을 존중하는 방향으로 입법되어야 하기 때문이다.

이처럼 헌법에 법령의 내용적 제한 또는 한계가 선언되어 있는 상황이라면 결국 이 사건은 지방자치법 157조 1항이 이러한 제한 또는 한계를 충족하는지의 관점에서 논의되는 게 마땅했다. 다시 말해 국회가 자신에게 주어진 입법 재량권을 이러한 제한 또는 한계 속에서 행사했는지를 따져봐야 한다는 것이다. 하지만 대법원은 이 점은 전혀 고려하지 않고 시종 지방자치법 157조 1항의 '법령 위반'을 어떻게 해석할지를 다투는 좁은 의미의 해석 문제로 다뤘다. 이는 소수의견에도 동일하게 적용될 수 있는 한계다. 크게 보면 법원의 판결을 헌법소원의 대상에서 제외함으로써 사법 과정에서 일어나는 헌법적 논증의 일반화를 제한하고 있는 현행 법체계의 한계에서 유래하는 것이기도 하다. 사실 이번 판결의 소수의견은 지방자치법 157조 1항에 대한 위헌법률심판 청구 사건에서 제시되는 것이 훨씬 바람직하지 않았을까?

3. 이번 판결에서 다수의견과 반대의견이 그토록 애써 다투고 있는 '재량권의 일탈·남용'의 법리에 대해 생각해볼 필요가 있다. 다수의견은 반대의견이 확립된 재량권의 일탈·남용의 법리를 왜곡해 법문상의 '법령 위반'을 축소 해석한다고 주장한다. 그런데 지방자치법 157조 1항을 살펴보라. 어디에도 '재량권의 일탈·남용'이라는 개념은 나오지 않는다. 주지하듯이 이 법리는 행정법 일반이론에서 이른바 자유재량론을 극복하려고 개발된 논리다. 출발점에서부터 법문에 없는 내용을 덧붙이는 일종의 해석법학 일반 조항의 논리였던 것이다.

그러므로 이러한 해석법학 일반 조항의 논리가 필요 없는 상황이라면 당연히 이를 쓰지 않는 게 옳다. 재량권의 일탈·남용의 법리가 일반화되어 입법자가 이를 충분히 고려할 수 있는 상황이라면, 특별한 사정이 없는 한, 사법부는 이 법리에 기초해 판결해서는 안 된다. 법문에 '법령 위반'이라고 쓰여 있는데 굳이 "그 내용은 '재량권의 일탈·남용'을 제외하는 것이다"라고 해석할 필요가 없다는 말이다. 오히려 그 내용에 '재량권의 일탈·남용'도 포함된다고 주장하는 쪽이 정당성을 입증해야 하는 것이다. 이 점에서는 반대의견 역시 해석법학 중심주의의 틀 속에서 전혀 자유롭지 못하다.

결국 이번 판결에서 시민들이 목도하게 되는 것은 '2할 자치'의 사법적 정당화 논리일 뿐이다. 대법원은 여전히 국가를 원칙으로, 자치를 예외로 이해하고 있다. 법령을 위반하면 그런 자치도 언제든지 회수할 수 있다고 선언하고 있다. 그나마 반대의견이 엄혹한 초집권주의 논리에 자치의 헌장인 헌법의 이름으로 이의를 제기하고 해석법학 일반 조항의 논리를 통해 희망을 준다고 할까. 이번 판결의 최대의 성과라면 자기 나름대로 애국심을 담고 있는 사법적 초국가주의 시국선언문(양승태)을 시대착오적인 판단으로 읽을 수 있는 여유를 확보해준 것이 아닐까.

판결에 대하여	대법원 전원합의체 2007. 3. 22. 2005추62 승진 임용 직권 취소 처분 취소	대법원장 이용훈, 대법관 김용담(주심)

중앙정부의 불허 지침에도 전공노의 총파업에 참가한 울산 북구청 공무원들을 북구청장이 징계하지 않고 승진시킨 것은 재량권을 벗어나 법령을 위반한 것이므로 상급자인 시장이 이를 취소한 것은 정당하다는 판결.

대법원 전원합의체는 이상범 울산 북구청장이 상급 지방자치단체가 부당하게 하급 지방자치단체의 권한을 침해했다며 박맹우 울산광역시장을 상대로 낸 소송에서 원고 패소 판결했다. 울산 북구청은 2004년 11월의 전공노 총파업에 참가한 213명 중 7급 공무원 3명과 9급 공무원 3명을 2005년 2월 승진시켰으나 울산시는 6월 이를 취소했다

한편 이 사건의 와중에 울산시장은 북구청장을 직무유기죄로 고발했다. 대법원 1부(주심 전수안)는 2007년 7월 12일 행정자치부의 지시

에도 관련 공무원을 중징계하지 않은 혐의로 기소된 이상범 북구청장에게 징역 4월에 집행유예 2년을 선고한 원심을 깨고 무죄 취지로 사건을 울산지방법원으로 돌려보냈다. (2006도1390)

2007년 5월 지방자치법이 개정되면서 157조의 내용은 현재 169조가 되었다.

'교통 불편'과 집회의 권리를 맞바꿀 수 있을까? 2006년 6월 범국본은 한미 FTA 협상 추진을 반대할 목적으로 청와대 주변 경복궁 인근에서 1000명 정도 참가하는 행사를 기획하고 관할 경찰서에 집회 신고를 했습니다. 그런데 관할 경찰서장은 집회 장소가 주요 도로이고 인간띠잇기를 개최한다는 등 공공질서를 해칠 우려가 있다며 금지 처분했습니다. 교통 불편이 우려된다는 이유로 집회를 금지하는 건 지나치게 형식적인 법 논리가 아닐까요?__**교통 불편 우려로 경복궁 인근 집회 금지**

빼앗긴 광장

"모든 주의와 주장이 이 땅 위에서 자유로이 활동하게 하라."

_밀턴 《아레오파지티카》

우리 헌법이 보장하고 있는 언론·출판의 자유와 집회·결사의 자유는 인류 문명이 이룬 최대의 성과이자 인간에 대한 무한한 신뢰를 바탕으로 삼는다. 자유롭게 말한다는 것 자체가 인간의 존엄과 가치를 실현하는 수단이고 인간의 실존을 증명하는 인식 지표다. 사람은 자유로운 발언과 비판을 통해 민주적 질서에 편입되고 한 사회의 구성원으로 자리 잡게 되므로 이러한 자유는 일종의 시민권일 수 있다. 동시에 자신의 인격을 발현하기 위한 수단이라는 점에서 인간 실존의 구성요건이기도 하다.

언론·출판의 자유와 집회·결사의 자유는 정치적 의미가 사뭇 다르다. 언론·출판의 자유는 근대 초기 부르주아가 구체제에 대항할 때 내세운 권리로서 자본주의식의 자유와 창의, 이성적 의지의 자유로운 발현에 중점을 둔다. 집회·결사의 자유는 근대국가가 성립한 뒤 자본주의적·부르주아적 지배층에 맞서는 무산대중의 항변으로서 갖는 의미가 더 크다. 노동자들의 조직인 노동조합이 합법화되어가는 과정에서, 또 미국에서는 흑인들이 조직을 만들고 대중 집회를 통해 자신들의 주장을 자유로이 밝히는 가운데 실질적으로 형성된 것이다.

그런 까닭에 집회·시위의 자유를 법적으로, 제도적으로 규율할 때는 숙고해야 한다. 통상 헌법은 집회·시위의 자유에 우월한 가치를 부여하고 특별히 보호한다. 모든 집회와 시위는 많은 이가 모이게 되는 만큼 언제나 일정한 물리력 행사를 전제로 하고 사회질서나 타인의 권리 등과 대립할 위험이 상존한다. 따라서 질서유지를 위해 경찰이 개입할 필요가 생긴다.

이러한 충돌에 대해 우리 헌법이 보이는 태도는 명확하다. 집회·시위의 자유를 제한하려면 명백하고도 현존하는 (중대한) 위험이 존재해야 한다고 규정하고 사전 검열이나 허가제를 허용하지 않는다. 언제나 집회·시위의 자유에 힘을 실어주고 있다.

헌법 원칙이 이러한대도 현행 집시법은 집회와 시위를 범죄 취급하는 듯한 인상을 준다. 관할 경찰서장은 집회를 금지할 폭넓은 재량권을 가지고 있고, 집회 참가자는 자칫하면 범죄자로 전락해 형벌의 대상이 되어버리곤 한다. 집회·시위의 자유라는 뚜렷한 윤곽을 지닌 인권이 엉뚱하게도 교통질서나 업무 효율성을 침해하는 필요악으로 취급되고, 집회 참가자는 인권을 실천하는 자가 아니라 단순히 행정 규제의 대상으로 전락해버리고 만다.

이러한 점에서 이번 서울행정법원 판결은 반헌법적이다. 경찰청이 신고한 집회에 대해 교통이 지체될 우려가 있다며 금지 통고한 처분은 합법하다고 판단했다. 집회·시위의 자유의 헌법적 의미를 곱씹지도 않은 채 거의 기계적으로 경찰의 금지 통고 처분을 받아들이고 있는 것이다.

이 사건의 경우 논점은 세 가지다. 대중 집회로 교통이 지체될 우려가 있다는 이유로 집회를 금지할 수 있는가가 첫 번째 문제이고, 집시법 12조의 문언 중 '주요 도로'에 인도가 포함되는가와 법원이 법익의 경중을 따지지 않았다는 것이 남은 문제들이다.

집시법 12조(교통 소통을 위한 제한)

1항: 관할경찰관서장은 대통령령으로 정하는 주요 도시의 주요 도로에서의 집회 또는 시위에 대하여 교통 소통을 위하여 필요하다고 인정하면 이를 금지하거나 교통질서 유지를 위한 조건을 붙여 제한할 수 있다.

2항: 집회 또는 시위의 주최자가 질서유지인을 두고 도로를 행진하는 경우에는 제1항에 따른 금지를 할 수 없다. 다만, 해당 도로와 주변 도로의 교통 소통에 장애를 발생시켜 심각한 교통 불편을 줄 우려가 있으면 제1항에 따른 금지를 할 수 있다.

1. 이 사건에 적용된 법률인 집시법 12조를 보면 관할 경찰서장은 주요 도로에서 교통 소통을 위해 필요한 경우, 그리고 질서유지인이 있을 때는 해당 도로와 주변 도로에 '심각한 교통 불편을 줄 우려'가 있는 경우 집회와 시위를 금지하거나 조건부로 제한할 수 있다고 규정한다. 이 사건에서 경찰서장이 집회 금지 통고한 주된 이유는 대중 집회의 성격상 집회지인 광화문 주변의 교통에 심각한 불편을 줄 우려가 있다는 것이다. 2항이 2004년 집시법을 개정하던 당시 삽입된 개악 조항이라는

거리는 광장이자, 포럼이자, 카니발의 공간이다

점은 차치하더라도 경찰의 처분에 대해 고려해야 할 사항을 법원은 제대로 검토했는지는 여전히 문제로 남는다.

대체로 헌법재판소는 표현의 자유 등을 제한하려면 그로써 발생하는 위험이 명백해야 한다고 판단해왔다. 그런데 이 사건은 '심각한 교통 불편'이 일어난다는 것에 대해 명백히 증명되지 않았다. 도대체 집회로 인해 교통 불편이 어떻게 그리고 얼마나 일어나게 되는지, 더 나아가 교통 불편을 미리 막거나 줄일 대안은 없는지 등에 대해 아무런 입증도 없었다. 법원은 이 부분을 판단하지 않은 것이다.

교통 정체 문제는 시위라는 민주적 의견 표현 행위에 수반되는 필요 비용

2. 집시법 12조 1항의 '주요 도로'에 인도가 포함된다는 판단은 헌법정신은 아랑곳하지 않고 오로지 도로교통법을 기계적으로 적용한 것이다. 이러한 법원의 편향된 시선은 비판받아 마땅하다. 역사적으로 도로란 단순히 통행을 위한 물리적 공간만을 의미하지 않는다. 주민들이 집 밖으로 나와 서로 담소하며 교류하고 의사를 공유하는 사회적 공간이자 교환이 일어나는 경제적 공간이기도 하다. 경우에 따라서는 위세를 형성하고 권력을 도모하는 정치적 공간이 된다.

'정치가 살아 있는 국가에서 거리는 차도와 인도 그 이상이다. 그것은 광장이자, 포럼이자, 카니발의 공간이다.' 인도는 단순히 차량 통행만을 위한 차도와는 다른 헌법적 의미를 갖는다. 공적 포럼으로서 가장 중요한 헌법 정치의 공간이자 인권을 실현하는 공간이 된다. 그럼에도 법원은 인도를 차도와 동급에 둠으로써 인간과 차량을 동일시하는 오류를 범한다. 이러한 과정에서 우리는 차량에 빼앗기고 남은 길거리조차 '인도'라는 이름으로 빼앗기고 말았다.

3. 법원은 대중 집회의 헌법적 의미를 간과했다. 재판 과정에서도 거론되었듯이 3만 명이나 되는 대중이 모인다고 예정됐다면, 진정 법원이 고려해야 할 사항은 군중이 교통을 차단할지 모른다는 우려가 아니라 그토록 많은 군중이 모일 정도로 강력한 '주의와 주장'을 정치적 의사로 재구성해내고 정치적 의제로 설정할 방법, 그래서 이 땅에 제대로 된 민주주의를 구현할 대책이다. 다시 말하자면 군중이 모이기 때문에 교통 불편이 우려된다는 식의 사고가 아니라 그토록 많은 군중이 모여서 주장할 정도라면 정치권은 물론 모든 국민은 당연히 교통 불편을 감내하고 경청해야 한다는 식의 사고가 좀 더 헌법에 합치하는 태도라는 것이다.

실제 과거 권위주의 체제에서 우리가 끊임없이 경험했듯이 진정 무서운 것은 길거리에 나선 군중의 함성이 아니라 그것을 무서워하도록 강요한 지배 권력의 독단이었다. 1962년 제정된 집시법은 이러한 독단에 따라 집회와 시위를 기본권이 아니라 사회질서를 교란하는 행위, 아니면 사회 안전의 적이라는 관점에서 접근한 것이다. 이 법은 집회와 시위를 보호하기보다 공공의 안녕과 질서를 유지하는 데에 치중해 만들어졌고 이후 집회와 시위를 억압하는 수단으로 전용되어왔다. 신고제는 실질적으로 경찰서장의 재량에 따라 손쉽게 금지 통고될 수 있는 허가제로 운영되었다. 위반자에게 과태료를 물리는 게 아니라 형사 전과자라고 낙인찍어버리는 집회 금지법으로 작동한 것이다.

문제는 권위주의의 잔재가 민주화를 자랑하는 지금 이 순간에도 여전하다는 점이다. 민주화의 성과가 시장적 자유주의와 잘못 혼동됨으로써 정작 중요한 가치로 보호해야 할 인권 목록의 일부가 재산권에 종속되는 하위 가치로 오인되는 경우도 생겨났다. 집시법의 태도는 이러한 잘못된 인식의 대표적 예라 할 수 있다.

과거 권위주의와 행정 편의주의의 행태로부터 온전히 벗어나지 못한 경찰은 집회와 시위를 여전히 필요악으로 곡해하고 있다. 집시법의 전체 구조도 위헌성을 벗어나지 못하고 상태다. 더 나아가 최근의 경제 중심적 사고방식은 물질적 생산성의 논리를 집회와 시위로 표출되는 민주주의 가치보다 우선시하는 변태적 사고를 당연한 것으로 받아들이게 하고 있다.

원래 교통 정체의 문제는 시위라는 민주적 의견 표현 행위에 수반되는 필요 비용이다. 그런데 집시법은 거꾸로 교통 소통을 위해 민주주의를 희생하고 집회·시위의 자유를 제한하는 식으로 전도되어 있다. 이러한 방식으로 주민들에게 집회는 폭력적이고 불법행위라는 담론을 주입하고 있는 것이다.

여기서 현행 집시법의 문제가 불거진다. 집회·시위의 가능성을 너무도 좁게 규정해놓은 나머지 시민사회가 정치 과정에 자신의 의사를 제시하고 이를 통해 정치적으로 참여할 여지를 상당 부분 빼앗아버린 것이다. 게다가 법원은 형식적 법 논리를 벗어나지 못하는 근시안을 가지고서 위헌성을 합법성의 이름으로 포장해버린다. 이러한 과정에서 우리 사회의 민주화를 이끌어온 시민사회의 추동력이 관료들의 법률주의 아래 그대로 스러져버릴 운명에 놓이게 되었다.

판결에 대하여 | 서울행정법원 12부 2007. 3. 15. 2006구합24787 옥외 집회 금지 통고 처분 취소 | 판사 정종관(재판장), 정승규, 홍성욱

경복궁 앞 집회는 심각한 교통 불편을 줄 우려가 있다며 집회 금지 통고

한 경찰의 처분은 재량을 벗어난 것으로 볼 수 없다는 판결.

한미FTA저지 범국민운동본부는 2006년 6월 경복궁역과 서울 청운동사무소 인근에서 1000명이 참가하는 일정으로 집회 및 행진 신고를 종로경찰서에 냈다가 집회 금지 통고 처분을 받자 경찰서를 상대로 소송을 제기했다. 경찰은 집회 장소인 청운동사무소 앞 인도가 청와대에서 100미터 이내이고, 경복궁 앞 광화문 로터리 도로는 대통령령에 의해 정해진 주요 도로에 해당한다고 설명했다. 법원은 청운동사무소와 청와대 본관과의 거리는 100미터 이상임을 인정했지만 인도가 집시법상 주요 도로에 포함된다고 밝혔다.

현직 국회의원들이 한미 FTA 협상 과정에서 우리 정부와 미국이 이미 서로 교환한 협정문 초안을 공개하라고 청구를 냈습니다. 법원은 정보를 공개하면 '국가의 중대한 이익을 침해한다'며 정부의 손을 들어주었습니다. 국가의 중대한 이익이란 결국 협상 결과의 직접 당사자인 국민의 이익일 텐데 법원은 제대로 판단한 것일까요? 알고 보니 미국은 민간단체와 관련 기업에게까지 정보를 공개하고 있었습니다.__**한미 FTA 협정문 초안 비공개**

/

현실성 없는 위험을 내세워 진짜 국익을 외면한 판결

우리 정부는 미국과 자유무역협정(한미 FTA)을 체결하기 위해 2006년 5월경 22개 장으로 구성된 협정문 초안을 작성하고 5월 20일 서로 교환했다. 이를 안 권영길 의원은 5월 30일, 강기갑 의원은 6월 1일 각각 협정문 초안 전문을 사본이나 출력물로 교부하라고 외교통상부에 정보공개를 청구했다.

외교통상부는 6월 1일 협정문 초안에 관한 정보가 정보공개법(공공기관의 정보공개에 관한 법률) 9조 1항 1호, 2호, 5호에서 규정하고 있는 비공개 대상 정보에 해당한다며 공개를 거부했다. 한미 양국 정부는 협정의 최종 합의문은 타결되는 즉시 공개하지만 협상 중에 생성된 문서는 협정이 발효된 뒤 3년간 공개하지 않기로 합의했다는 것이다. 그러자 두 의원은 외교통상부의 비공개 처분은 부당하다며 서울행정법원에 비공개 처분 취소 소송을 제기했다.

서울행정법원 3부는 한미 FTA는 통상 문제이긴 하나 외교 관계로도 볼 수 있고 어느 통상협정보다 국익에 끼치는 영향이 크다고 전제했다. 협정문 초안을 공표하면 한미 양국이 합의한 비공개 사항을 우리나라가 어기게 되어 대외 신인도가 떨어지게 되고, 이후 다른 국가와 통상

교섭을 할 때 교섭 정보로 활용될 여지가 있는 등 국가의 중대한 이익을 현저히 해칠 우려가 있다고 판단했다. 법원은 공개하지 않아야 한다는 외교통상부의 손을 들어준 것이다.

미국 정부도 자국의 민간단체에 정보를 공개하지 않는가?

협정문이 공개되면 과연 국가의 이익을 침해하는가를 판단하려면 우리의 협상 상대방인 미국도 국익을 위해 협정문을 공개하지 않는지 살펴볼 필요가 있다.

미국 헌법은 대외 통상에 관한 권한과 관세와 조세를 부과할 권한을 의회에 부여하고 있다. 의회가 자신들의 권한을 행사하려고 행정부에 배치한 조직이 바로 미국통상대표부USTR다. 그런데 미국통상대표부는 통상 정책을 수립할 때 반드시 민간의 의견을 듣도록 되어 있다.

또 의회는 자신들의 관심 사항과 입장을 통상 협상 과정에서 효과적으로 반영하기 위해 민간 자문위원회를 구성하도록 통상법에 명문화했다(1974년 통상법에서 제정되었고 2002년에는 민간 자문위원회를 더욱더 강화했다).

2002년의 미국 통상법에 따르면 민간 자문위원회는 3개 층위로 구성되어 있다. 최상층엔 대통령 직속의 통상정책 및 협상자문위원회ACPTN가 있고, 그 밑에 정부간 정책자문위원회, 농업정책 자문위원회, 노동 자문위원회, 무역 및 환경정책 자문위원회 4개 정책 자문위원회가 있다. 마지막으로 22개 기술별·부문별 자문위원회가 있는데 이는 산업과 농업 2개 분야로 나뉜다. 현재 미국은 민간 자문위원회에 포함된 위원만 700명가량에 이른다. 이들은 회원사가 수천 개에 달하는 협회에 소속된 이부터 학계와 공익단체에 소속된 이까지 다양하다.

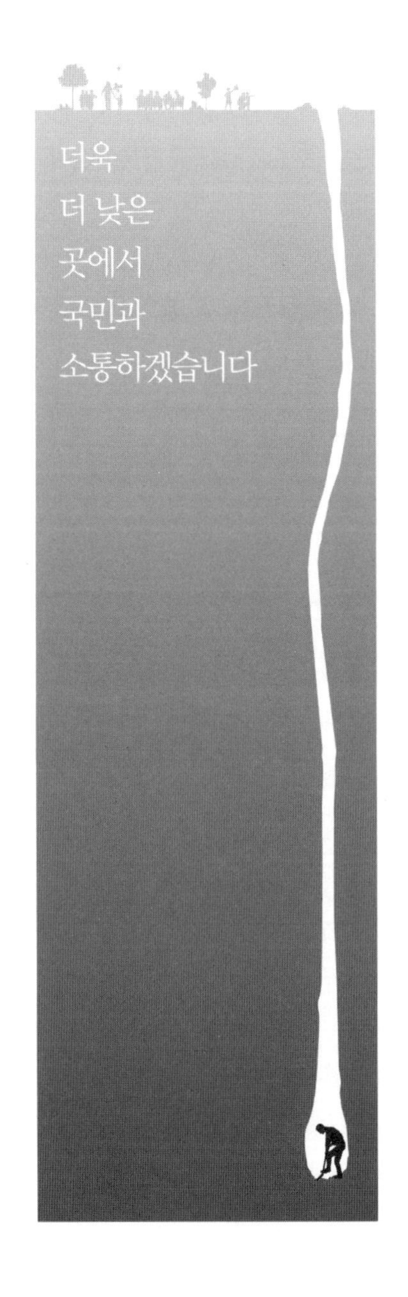

더 낮은 곳에서 국민과 소통하겠습니다
밀실 짬짜미

한미 양국은 한미 FTA 1차 본협상을 앞두고 2006년 5월 20일 협정문 초안을 교환했다. 그런데 미국은 수백 개 제약 관련 기업들이 연합한 한 협회가 협정문 초안을 교환하기 무려 11일 전인 5월 9일 ITAC 3(의약품 분야 산업자문위원회)에 의견서를 제출했다. 그 주요 내용은 의약품 허가를 위해 제출한 자료의 독점권, 특허 기간 연장, 의약품 허가 과정의 특허 연계 등에 대한 것이다. 의견서는 막연하게 한미 FTA에 어떤 사항이 포함되어야 한다고 의견을 제시하는 수준이 아니라 미국 측이 만든 협정문 초안의 특정 조항의 문구를 수정해달라고 제안할 정도로 구체적이다.

예컨대 '미국-한국 FTA 협정문에 대한 몇 가지 수정을 제안한다'고 하면서 지적재산권 장 9조의 '동일 또는 유사 품목'이라는 문구에서 '유사 품목'이란 표현은 삭제해야 한다고 주장하거나, '8조의 (7)(a)-(b)항은 특허 기간 연장을 최대 5년으로 제한해야 한다'고 제안하고 있다. 이는 의견서를 작성한 협회가 미국 측이 준비한 한미 FTA 협정문 초안 전문을 보았다는 것을 의미한다. 더구나 이 협회는 ITAC 3의 정회원도 아니다.

요컨대 미국 측은 한국 정부와 협상단이 그동안 주장해온 것과는 달리, 광범위한 민간 자문위원회를 운영하면서 관련 분야의 이해 당사자뿐만 아니라 자문위원이 아닌 일반 기업이나 관련 협회에도 협정문 초안의 내용을 있는 그대로 공개하고 있다. 미국은 우리나라와는 달리 오히려 정보를 공개하고 다양한 요구를 받아들임으로써 자신들에게 가장 이득이 되는 방향으로 협상안으로 만들려고 노력하고 있다. 정보공개는 자국의 협상을 방해하는 요소가 아니라 강력한 협상력의 배경이 됨을 알고 있는 것이다.

한미 FTA가 이전의 어떤 통상협정보다 중요한 협상이니만큼 더욱더 국민의 대표자인 국회의원에게 적절한 정보가 제공되어야 한다. 내용에 대해 활발히 논의함으로써 우리나라에 좀 더 유리한 방향으로 협상이 타결되도록 통제해야 할 것이다. 미국이 자국의 국회의원과 민간기업에게 협정문 초안을 공개하는 것에 비추어보더라도 국익이 침해되고 대외 신인도가 떨어진다는 법원의 우려는 현실적이지도 타당하지도 않다. 국익을 위한다면 오히려 외교통상부는 협정문 초안을 공개해야 한다.

미국과 힘을 합쳐 국민을 상대로 외교를?

법원은 협정문 초안이 내부 의사 결정 과정에 있어서 이를 공개하면 이익단체들이 영향을 받는 등 업무에 지장을 줄 수 있으므로 비공개처분이 타당하다고 판단했다. 그런데 현재 외교통상부는 미국과 협정문 초안을 토대로 협상을 진행하고 있다. 이미 본협상이 일곱 차례나 이뤄진 상태다. 아직 내부 검토 과정에 있다는 말은 도무지 납득이 가지 않는다. 협정문 초안이 미국과의 협상에 직접 이용되고 있는데도 내부 검토 과정에 있다며 공개하지 않는 것은 미국을 내부로 보는 시각이라고밖에 할 수 없다. 그렇다면 한 평자가 한미 FTA 협상에 나선 외교부의 태도를 두고 '국민과 힘을 합쳐 미국과 외교를 해야 하는데 미국과 힘을 합쳐 국민을 상대로 외교를 하고 있다'고 평가한 것이 조금도 틀리지 않는다.

외교통상부는 이익집단의 반발 같은 추상적 위험만을 내세워 많은 조언을 듣고 협상에 이용할 기회를 사실 원천 봉쇄하고 있다. 후진적인 외교 협상 태도다. 이제 늦었을지 모르지만 다양한 의견을 받아들여 자신의 이익에 부합하는 내용을 만들어가는 미국의 협상 태도를 본받아야 한다. 다양한 요구를 조화롭게 수용한 뒤 협상에 임하는 지혜를 배울 필요가 있다. 법원도 진정한 '국익'이 무엇인지 전향적으로 생각해봐야 한다.

판결에 대하여	서울행정법원 3부 2007. 2. 2. 2006구합23098 정보공개 거부 처분 취소	판사 안철상(재판장), 이종림, 이종채

현직 국회의원들이 정부를 상대로 한미 FTA 협정문 초안을 공개하라는 소송에서 공개할 경우 국익을 현저히 해할 우려가 있다며 기각한 판결.

외교통상부는 공개하지 않는 사유로 협정문 초안(협상용 제출 자료)은 정보공개법에서 규정한 '외교 관계에 관한 사항으로서 공개될 경우 국가의 중대한 이익을 현저히 해할 우려가 있다고 인정되는 정보'(9조 1항 2호)에 해당함을 들었다.

한국 측이 미국에 제시한 협정문 초안은 2007년 4월 2일 단 일주일간의 고위급 밀실 회담을 통해 협정이 타결될 때까지도 공개되지 않았다. 그 뒤에도 정부는 특위와 해당 상임위의 의원에 한해 1000쪽의 영문 협정문을, 그것도 컴퓨터를 통해 열람하는 것만 허용했다. 자구 수정과 미국 측 검토가 끝나지 않았다며 미뤄오다가 타결된 지 52일 만인 5월 25일 협정문을 공개했다.

2006년

1996년 당시 감사원 공무원이던 현준희 씨는 효산콘도 비리에 대한 감사가 외압에 의해 중단되자 기자회견을 열어 청와대의 외압을 폭로했습니다. 감사를 중단하라는 지시를 내린 감사원의 모 국장은 명예훼손 혐의로 그를 고소했습니다. 대법원이 무죄 선고한 원심을 파기환송한 뒤 파기환송심은 4년 넘게 진행되었습니다. 이번 재판부는 직접 감사원을 방문해 중요 자료를 직접 감정하는 등 진지한 자세로 재판을 진행했고 결국 무죄를 선고했습니다.__**감사원 내부 비리 고발자 현준희**

진실을 파헤치려는 노력으로
내부 고발자를 보호한 소중한 판결

YS 정권 시절인 1996년 4월 서초동 민변 사무실에서 기자회견을 열어 청와대의 외압으로 진행 중이던 감사 활동이 부당하게 중단되었다고 내부 고발한 감사원 공무원이 있었다. 그의 이름은 현준희다. 1989년 재벌 기업들의 비업무용 부동산 보유 실태를 고발한 이문옥 감사관에 이어 감사원 공무원에 의한 두 번째 '양심선언'이었다.

현씨에게 감사를 중단하라는 지시를 했다고 지목된 당시 감사원 4국장 남 모 씨는 '양심선언'으로 자신의 명예가 심각하게 훼손되었다며 현씨를 상대로 명예훼손 소송을 제기했다. 감사원 4국장 개인이 고소하는 형태를 취했지만 실상은 감사원 자체의 결백을 입증하려는, 더 나아가 YS 정권의 도덕성이 걸린 큰 싸움이었다.

검찰은 감사원 4국장을 비방할 목적으로 기자들에게 허위사실을 유포한 혐의로 현씨를 '출판물에 의한 명예훼손죄'로 기소했다. 1심은 서울중앙지방법원의 단독판사가, 2심은 같은 법원의 항소부가 재판을 맡았다. 1심, 2심 재판부는 현씨에게 무죄를 선고했다. 이들 재판부는 현씨의 고발 내용이 허위라고 보기 어렵고 내부 고발은 감사원이 외부 권력기관의 압력에 굴하지 않고 당당히 본연의 역할을 제대로 수행해야 한다는 충정에서 비롯했으므로 4국장 개인을 비방할 목적이 있었다고 볼 수 없다고 근거를 밝혔다.

이러한 판결은 내부고발을 당시 '부패 공화국'이라고까지 지탄받던 한국 사회의 고질적인 내부 병폐를 치유할 수 있는 유력한 대안으로 활성화해야 한다는 사회적 요구로 이어졌고 크게 환영받은 바 있다. 당시는 내부 고발자의 신분 보장을 규정한 부패방지법이 제정되기 전이라 공직자의 내부 고발은 양심선언 같은 극단적 형태를 취할 수밖에 없었다. 이후 시민단체를 중심으로 양심선언을 한 공직자를 보호하기 위한 입법을 서둘러야 한다는 움직임이 한층 더 힘을 받게 되었다.

가필 문제

사필귀정으로 순탄히 마무리될 듯하던 사건에 돌발 변수가 생겼다. 2002년 대법원이 원심 판결을 깨고 현씨가 허위사실을 유포해 감사원 4국장의 명예를 훼손했다는 취지의 판결을 내렸다. 현씨로서는 믿는 도끼에 발등이 찍히는 기막힌 상황에 처하게 된 것이다. 대법원 판결의 요지는 현씨를 제외한 감사원의 다른 직원들은 모두 4국장이 감사 기간 중 감사 중단을 지시한 사실이 없다고 증언하고 있으니 현씨의 주장이 허위라는 것이었다. 감사원 공무원들이 거짓말을 할 까닭이 없고 현씨 혼자만의 말보다는 다수의 증언이 훨씬 신빙성이 간다는 취지였다. 국가 사정의 중추 기관으로서 감사원이라는 조직의 위상이 힘을 발휘하는 순간이자, 개인의 힘으로 거대 조직에 맞서 싸워야 하는 내부 고발자의 수난이 시작되는 순간이었다.

대법원이 유죄 취지의 판결을 하게 된 결정적인 빌미는 아이러니하게도 현씨 스스로 제공한 것이었다. 현씨는 감사일보(감사 진행 사항을 적는 일종의 감사 일지)에 '4국장이 감사 사항을 5국으로 이송하라는 지시를 했다'라는 내용을 사후에 가필했는데 이를 기자회견 당시 4국장이 감사 기간 중 감사 중단을 지시했다는 자신의 주장을 뒷받침하는 증거로 제시한 일이 있었다. 그런데 1심 재판 과정에서 이 기사는 현씨가 사후에 가필한 것이라는 사실이 확인되었고 현씨는 출판물에 의한 명예훼손죄 이외에 공문서 변조죄로 기소되었다. 이러한 공문서 변조 행위는 현씨가 자신의 직근 상급자인 감사반장 조 모 씨가 진실을 은폐할 의도로 이미 감사일보에 가필하여 놓은 것을 보고, 진실이 은폐되지 않도록 할 목적으로 이뤄진 것이었다.

당시 감사반장 조씨는 감사 기간 마지막 날 감사반장 지시란에 '사업의 연계성 여부에 관하여 객관적으로 입증이 안 되고 있다'고 가필했다(이 또한 공문서 변조 행위일 것이다). 현씨는 이를 사후에 발견하고 감사반장의 가필 행위가 단순히 법리 해석상의 이견으로 감사가 종료된 것처럼 은폐하기 위한 기도라 판단한 뒤, 봉쇄하려는 방어 차원에서 적어놓았다. 1심, 2심 재판부는 현씨의 주장을 받아들여 공문서 변조죄에 대해서는 선고유예라는 거의 무죄나 다름없는 판결을 내렸다.

그런데 대법원은 현씨의 공문서 변조 행위를 중시해 현씨의 행동에 비추어보면 다른 모든 주장도 믿을 수 없다는 식으로 접근한 것이다. 대법원 판결로 사건은 한바탕 해프닝으로 끝나버리는 듯했다. 현씨는 주위로부터 손가락질 받는 가련한 신세로 전락하고 말았다. 이후 파기환송심은 서울중앙지방법원에서 2006년 10월까지 4년여 진행되었다. 현씨는 대법원에 의한 유죄판결이라는 엄혹한 현실 앞에서 4년 내내 위축된 마음으로 지낼 수박에 없었다. 이 기간에 현씨의 머리카락이 눈에 띄

양심의 호루라기를 부는 사람
내부 비리 고발자

게 많이 희어졌는데 인생에서 아마도 가장 어렵고 슬픈 시절이었으리라. 현씨는 독실한 종교적 믿음이 없었다면 정신적으로 파탄 상태를 면하기 어려웠을 것이다.

결정적 증거를 발견하다

마치 드라마 같은 일이 일어났다. 서울중앙지방법원이 2006년 10월 현씨에게 다시 무죄를 선고한 것이다. 현씨의 고발이 허위사실에 근거한 무모한 폭로가 아니라 순수한 동기에 의한 양심선언이었음이 다시 한 번 확인되었다. 공직 사회의 투명함을 위해 자신의 몸을 던져 용감히 내부 비리를 고발했는데 칭찬을 받기는커녕 직장에서 쫓겨나고 형사처벌까지 받게 된, 우스꽝스럽기조차 한 사태가 겨우 정상적으로 수습될 계기가 마련된 것이다. 천길 나락으로 떨어질 뻔한 현씨가 이번 판결에 감사의 눈물을 흘린 것은 당연하다. 자신과 가족의 명예를 일거에 되찾게 해주는 참으로 구사일생과도 같은 판결이었다.

재판부는 대법원이 현씨에게 유죄를 선고하게 한 빌미가 된 감사일보의 가필 사고를 근본에서부터 다시 조사하기로 했다. 이를 위해 감사원의 재정금융국과 행정안보국 소속의 2개 과에 보관된 최근 3년간의 감사일보 전체를 샅샅이 뒤지는 수고를 아끼지 않았다. 그 결과 감사 기간의 마지막 날에는 감사반장이 감사일보에 아무런 지시 사항을 적지 않는다는 것이 확고한 관례라는 점을 확인했다. 이렇게 문서를 검증한 끝에 감사반장 조씨가 감사 기간 마지막 날 감사반장 지시란에 '사업의 연계성 여부에 관해 객관적으로 입증이 안 되고 있다'라고 적은 것이 사후에 진실을 은폐할 의도로 가필한 것이라는 현씨의 주장이 타당하다고 입증하는 결정적 증거가 되었다.

감사원에 대한 문서 검증 결과는 대법원이 유죄판결의 근거로 삼은 현씨의 공문서 변조 행위가 사실 진실이 은폐되는 것을 막기 위한 불가피한 행동이었음을 인정할 수 있게 해주었다. 이후 사건은 방향을 크게 선회했다. 재판부는 이미 정년퇴직한 고소인인 남 전 국장을 다시 증인으로 불러 신문했다. 이 과정에서 남 전 국장은 자신이 감사 기간 중 감사 중단을 지시했다는 내용이 명시되어 있는 '감사자 견해서'라는 문서를 현씨에게서 받고도 꾸중이나 질책도 하지 않은 채 상당 기간 보관하다가 그냥 돌려주었다는 사실을 인정하는 결정적 증언을 했다. '감사자 견해서'라는 문서는 말하자면 남 전 국장의 주장과는 정면으로 반하는 내용이 기재되어 있었는데 이러한 '항명'과도 같은 문서를 부하 직원인 현씨한테 받고서도 꾸중이나 질책은 물론 아무런 반론도 제기하지 않고 그냥 보관하다가 현씨에게 돌려주었다는 것은 위계질서가 뚜렷한 공직 사회에서는 있을 수 없는 일이었다.

1심, 2심 재판부는 사건 기록에 이미 편철되어 있던 '감사자 견해서'의 내용을 파악하고 그 진정성을 인정해 현씨에게 무죄를 선고했는데, 대법원은 어찌하여 이 결정적 문서의 존재를 무시하고 유죄라는 결론에 이르게 되었을까. 관전자의 입장에서 볼 때 참으로 미스터리가 아닐 수 없다.

파기환송심에서 무죄판결이 나오게 된 과정에서 어려움이 없었던 것은 아니다. 제일 어려웠던 건 대법원 판결의 무게였다. 재판부가 몇 차례 바뀌었는데 전임 재판부는 대법원 판결을 심히 의식한 듯했다. 현씨의 증거신청에 소극적으로 대응한다든지 재판을 일찍 끝낼 듯한 태도는 현씨를 무척 조바심 나게 만들었다. 이러한 인상은 대법원에서 불리

삽살개와 함께한 현준희

한 판결을 받은 변호인이 가진 선입견에 의한 착각이었기를 바란다.

파기환송심을 처음 맡은 전임 재판부는 현씨가 감사원에 보관 중인 감사일보를 검증해달라고 애가 타도록 요청했는데 감사원에 대한 사실조회 이외에는 허용할 수 없다는 태도를 고집스럽게 견지했다. 참으로 실망스러웠다. 국가기관 간에 상호 위상을 존중해준다는 뜻으로 보이나 감사원의 명예가 걸린 사건에서 감사원으로부터 성의 있는 답변을 기대할 수 없는 현실을 너무 안이하게 판단하지 않았나 싶다. 전임 재판부가 감사원에 '감사 기간 최종일의 감사반장 지시란에 감사반장의 지시가 기재된 건수를 알려달라'고 조회했더니, 감사원은 '감사일보는 감사를 주관한 감사반장이 소속된 과별로 보관되어 있고 통합적으로 관리되고 있지 않으므로 최종일에 감사반장의 지시가 기재된 건수를 파악하기 곤란하다'고 회신한 것만 봐도 알 수 있다. 후임 재판부는 문서검증을 실시하기로 결정했다. 그 결과에 비추어볼 때 감사원의 회신은 의도적으로 진실을 은폐한 것이나 다름없다. 자신에게 유리하다면 날밤을 새워서라도 사실대로 회신했으리라 생각하면 법원이 일상적으로 행하는 사실 조회는 설령 그 대상이 국가기관이라 하더라도 왜곡될 수 있다는 경계심을 품어야 한다.

냉정히 평가하면 대법원 판결은 내부 고발자에 대한 인식과 배려가 부족한 상태에서 내려진 것이다. 어쩌면 내부 고발자에 대한 부정적 인식이 처음부터 자리 잡고 있었던 듯하다. 그렇게 해석하지 않으면 대법원의 판시 결론을 이해하기 어렵다. 그런 의미에서 파기환송심의 판결은 내부 고발자의 소중함에 대한 인식과 배려를 전제했다는 점에서 무척 건설적이고 희망적인 판결이라 할 수 있다.

내부 고발자를 조직의 배신자로 바라보는 시각과 사회의 소금으로 바라보는 시각이 혼란스레 공존하는 우리 사회의 현실에 비추어보면 내부 고발자에 대한 긍정적 인식을 바탕으로 한 이번 판결은 내부 고발자에 대한 부정적 인식을 교정하는 데 큰 역할을 할 것이다. 사법 관료화가 염려되는 작금의 상황에서 대법원 판결의 무게에도 불구하고 용기와 열린 마음으로 사건 심리를 진행한 파기환송심 법원의 자세 역시 높이 평가받아 마땅하다.

사건은 아직 종결되지 않았고 지금도 진행 중이다. 파기환송심 법원에서 다시 무죄판결이 내려졌다는 것은 적어도 현씨의 양심선언이 누구도 쉽게 무시하지 못 할 정당성을 갖고 있음을 재확인한 계기가 되었다. 재상고심에서도 이번 판결이 유지되어 현씨의 양심선언이 올바른 행동이었음을 최종적으로 평가받기 바란다.

판결에 대하여 | 서울중앙지방법원 5형사부 2006. 10. 18. 2002노8743 출판물에 의한 명예훼손 등 | 판사 김선혜(재판장), 고승일, 이중표

감사원의 내부 비리를 고발한 현준희 씨의 내부 고발은 허위라며 원심을 깨고 유죄 취지로 환송한 대법원 판결을 다시 뒤집고 무죄 판결한 파기환송심 판결.

대법원 1부(주심 전수안)는 2008년 11월 13일 1996년 효산콘도 비리에 대한 정기 감사가 청와대의 외압에 의해 중단되었음을 기자회견을 열어 폭로했다가 출판물에 의한 명예훼손 혐의로 기소된 감사원 공무원 현준희 씨에게 무죄를 확정했다. 1996년 12월 1심 재판 이후 공익제보자가 12년간의 법정 투쟁을 통해 공익 제보의 정당성을 보여준 것이다.

1995년 감사원에서 근무하던 현준희 씨는 효산그룹이 경기 남양주에 콘도를 짓기 위해 YS 정권 실세들과 결탁해 주무 기관에 압력을 행사했다는 제보를 받았다. 콘도 사업 허가는 관련 법규에 위반되었고 허가와 관련해 공무원들과 회사 사이에 유착 혐의가 있다고 결론짓고 상부에 보고했다. 하지만 감사원은 감사를 중단시키고 관련 공무원들을 징계하라는 현씨의 건의를 묵살했다.

한 건설 회사가 아파트를 분양할 때 인근에 곧 쓰레기 매립장이 만들어진다는 사실을 알리지 않고 분양을 했습니다. 입주를 2개월 앞두고 TV 뉴스를 통해 이 사실을 알게 된 입주 예정자들은 건설사가 아파트 가치를 높게 책정해 비싸게 분양받게 했다며 손해배상 소송을 냈습니다. 대법원은 비록 계약서에 명시되지 않았더라도 계약 체결의 중요한 결정 요인이라면 기업은 이를 알릴 의무가 있다며 건설 회사의 책임을 인정했습니다. __**선분양 하면서 인근 쓰레기 매립장 설치를 알리지 않은 건설사**

/

건설 회사에 불리한 정보라도 소비자에게 알릴 책임 있어

아파트 선분양 제도

1970년대 말부터 우리 정부는 건설사가 아파트를 건축하기 전에 미리 분양 계약을 체결하고 소비자한테 받은 분양 대금으로 아파트를 건축할 수 있게 하는 선분양 제도를 실시해왔다. 물론 이에 대한 대가로 건설사는 분양가에 대한 규제를 받아들여야 했다. 건설 회사로서는 건설 비용에 대한 부담을 지지 않고 아파트를 건축하고, 국가는 아파트를 짧은 기간 안에 대량 공급할 수 있었다. 선분양 제도가 정착된 상황에서 소비자는 미리 분양 계약을 체결하도록 강요받게 되었다.

건설 회사의 입장에서는 이미 판매된 제품을 건축하는 것이므로 하자로 미분양이 될 것을 우려해 철저히 품질 관리를 할 동기가 사라진다. 그래서 법은 아파트의 부분별로 1년에서 10년까지 하자 책임 기간을 정해놓고 그 기간에 발생하는 하자는 건설 회사가 보수할 책임을 지도록 강제하고 있다. 또 건설 회사가 부도가 나면 그 피해를 소비자가 전부 지게 되므로 보상을 위해 주택분양보증 제도를 함께 실시했다.

소비자는 제품을 보고 판단할 수가 없으니 모델하우스의 견본품이나 카탈로그의 광고 내용에 의존할 수밖에 없다. 그런데 보통 건설 회사

가 일방적으로 작성한 분양 계약서에는 분양 대금 지급기일과 책임 사항만 적혀 있고 광고 내용은 포함되지 않는다. 분양 계약을 규율하는 법령인 '주택공급에 관한규칙'도 분양 대금을 옥상 방수 공사를 기점으로 50퍼센트씩 나누어 지급하게 하는 등 분양 대금의 지급에 관한 소비자 보호 규정만을 규정하고 있을 뿐 계약 내용의 구성에 대해서는 따로 규율하고 있지 않다.

문제는 광고 내용이 분양 계약 내용으로 인정되지 않다는 점에 있다. 모델하우스와 광고에 나오는 것과는 다른 품질의 싱크대, 바닥재, 비디오폰, 천연페인트 등이 사용되었더라도 대법원은 모델하우스와 광고의 내용은 청약의 유인에 불과하고 계약의 내용이 아니므로 계약 위반 책임을 물을 수 없다고 판단하고 있다. 광고에 다소 허위나 과장이 있었더라도 상거래상 신의칙에 벗어나지 않는 한 기망 행위가 아니라며 소비자들의 피해 구제를 사실 봉쇄하는 판례를 계속 유지하고 있다.

경실련 같은 시민단체는 "선분양 제도는 전매 시장 형성으로 투기 이익을 노린 거품을 유발하고, 확정 분양가로 분양하여 분양가가 상승하며, 선비용 지불로 입주자가 사업 위험 및 건설비 이자까지 부담하는 불합리가 있다"고 비판하고 있다. 공급자의 도덕적 해이로 부실시공이 되거나 품질이 떨어지기 쉽고, 건설 회사가 부도나면 소비자가 위험을 부담해야 하며, 건설업의 경쟁력 약화로 공사도 하지 않는 위장 건설사가 난립하는 등 폐해가 많은 공급자 위주의 주택 정책이라는 비판이다.

이러한 폐해를 바로잡기 위해 정부는 대한주택공사 같은 공기업부터 시작해 공정률 40퍼센트(2007년), 60퍼센트(2009년), 80퍼센트(2011년) 시점에 분양하는 후분양 제도를 단계적으로 도입하겠다고 밝혔다. 민간의 경우도 서울 강남 등 투기 과열 지구의 재건축 아파트는 2003년 7월 1일부터 공정률 80퍼센트 시점에 후분양을 시행하고 있다. 일정 규모 이상의 대규모 상가는 2005년 4월부터 '건축물의 분양에 관한 법률'에 의해 후분양이 강제되고 있다. 하지만 민간이 분양하는 일반 아파트는 여전히 선분양 제도가 유지될 계획이어서 분쟁은 계속될 전망이다.

쓰레기 매립장 설치를 알리지 않은 건설사

한 건설 회사는 1994년 택지 개발 예정 지구로 지정된 택지에서 아파트 사업을 추진하면서 관할 지방자치단체와 택지로부터 1킬로미터 옆에 건설되는 쓰레기 매립장의 설치 비용을 1995년부터 1997년까지 분담하는 논의를 했으면서도 1996년 아파트를 분양할 때는 쓰레기 매립장이 설치된다는 사실을 알리지 않았다. 오히려 분양 광고에 "주거 환경 평가에서 최적의 전원 용지로 평가를 받을 만큼 삶의 공간을 열어주고 있는 ○○지구"라고 적었다.

입주 예정일을 2개월 앞둔 1999년 9월 TV 뉴스에 아파트 단지에서 1킬로미터 떨어진 곳에 쓰레기 매립장이 지어진다는 보도가 나왔다. 곧바로 인터넷 게시판에 소비자들의 항의가 빗발쳤다. 500여 세대는 분양 대금의 10퍼센트인 위약금을 물고 분양 계약을 해지했다. 미분양 사태가 벌어지자 건설 회사는 분양을 촉진하려고 할인 분양을 했다. 그러자 분양 예정자들은 건설사가 허위 과장 광고를 했고 아파트 단지 옆에 쓰레기 매립장이 들어선다는 사실을 알려주지 않음으로써 결과적으로 아파트 가치를 높게 책정해 비싸게 분양받게 한 것은 채무 불이행에 해당하다며 아파트의 가치 하락분의 손해를 구하는 소송을 제기했다.

미래는 모델하우스에 살지 않는다

서울중앙지방법원과 서울고등법원은 허위 과장 광고 부분에 대해서는 주거 환경 평가의 주체와 수량화한 평가의 구체적 결과를 밝히지 않았고 광고 말미에 '평가받을 만큼'이라는 가정 표현을 사용했으므로 일반인들로 하여금 '주거 환경 평가'라는 공식 제도가 있다고 오인하게 할 우려가 있다고 단정하기 어렵다고 판단했다. 또 '최적의 전원 요지'라는 표현은 다소 과장스럽지만 사회적으로 용인될 수 있는 정도라고 보았다.

쓰레기 매립지가 설치될 예정임을 알리지 않은 것에 대해서는 이는 분양 계약을 체결할 때 의미가 크므로 건설 회사는 원고에게 충분히 인식하도록 고지할 의무가 있다고 보았다. 이에 따라 손해배상 책임을 인정했다. 피고가 상고했지만 대법원은 이를 기각했다.

회사는 과연 설명 의무가 있는가

대법원 판결은 광고 내용을 계약 내용으로 인정하지 않는 기존 판례를 고수했고 광고 내용에서 허위나 과장으로 해석될 수 있는 범위도 좁게 보았다. 그렇지만 건설 회사는 분양 계약을 체결할 때 영향을 줄 수 있는 중요한 사실을 소비자에게 적극 알려야 할 의무가 있음을 밝혔다는 건 의미가 있다.

건설 회사 측은 '주택공급에 관한 규칙'에 따른 입주자 모집 공고에 관한 내용을 모두 따랐으므로 그 밖에 더 알릴 의무는 없다고 주장했다. 하지만 대법원은 이 규칙만을 지켰다고 소비자에 대한 모든 의무를 다한 건 아니라고 보았다.

건설 회사 측은 특정 사실을 적극 알리지 않았다는 이유로 고소된 사건에서 사기죄가 성립되지 않는다고 본 판례를 들었다. 거래 계약의 효력에 영향을 끼치지 않고 계약상 확보된 권리를 실현하는 데 장애가 되지 않는 사실은 상대방에게 알릴 의무가 없다는 내용이었다. 이 사건 재판에서 문제되는 사실도 매매와 소유권 취득에 영향을 주지 않으므로 알릴 의무가 없다는 취지다.

하지만 이러한 논리를 곧바로 민사상 손해배상 책임에 기계적으로 적용할 수는 없다. 분양 계약을 체결할 때 수분양자에게 알릴 의무가 있는 사항인가 아닌가의 문제는 법률관계가 무효나 취소가 되거나 취득한 권리를 실현하는 데 장애가 발생하는 정도까지 이르지 않더라도, 그 내용을 알렸다면 수분양자가 그와 같은 계약 내용, 적어도 그와 같은 가격으로 계약을 체결했을까를 기준으로 판단해야 한다.

이 사건에서 피고가 쓰레기 매립장을 설치할 예정임을 알리자마자 전혀 계약이 체결되지 않았다. 결국 3170세대 중 40퍼센트에 해당하는 세대에 대해 할인 분양을 할 수밖에 없었고 시가를 감정했더니 소비자가 1000만여 원이 넘는 재산적 손해를 입었다고 밝혀졌다. 이를 봐도 건설 회사가 소비자에게 사실대로 알렸다면 아예 계약을 체결하지 않거나 적어도 계약 내용의 분양 가격으로 분양 계약을 체결하지 않았을 것이 명백하다.

전에도 이미 비슷한 사건이 있었다. 대전지방법원은 2003년 9월 24일 "토지의 매매 당시에 다량의 암반이 존재한다는 사실을 원고와 피고 쌍방이 알았더라면 이 사건 토지가 당초 매매 가격대로 매매되지는 않았을 것인 점에 비추어보면 이 사건 토지의 매매 계약 당시 암 발생 예상 지역 여부 표시는 당사자 사이의 부수적인 계약 내용이었다고 봄이 상당하고, 피고가 이를 제대로 이행하지 아니한 이상 계약의 불완전한 이행으로 인한 손해를 배상할 의무가 있다 할 것입니다"라고 판시했

다. (2002가합4379)

대법원은 판시하면서 다음을 고려했다. 1) 통상적으로 아파트를 분양할 때 분양 대상이 되는 아파트는 일괄적으로 분양 안내가 되고, 분양 신청자들도 그 분양 안내된 아파트의 현황을 주로 참고해 구입 여부를 결정한다. 2) 피고는 다수의 주택을 건설하고 분양한 경험이 있는 주택 건설 전문 업체로서 쓰레기 매립장 설치 계획을 알고 있었던 반면, 원고는 이를 모르고 있었다. 이러한 차이는 분양 계약을 체결할 때 교섭 능력의 차이로 이어질 수 있다. 3) 쓰레기 매립장이 이 사건 아파트 부근에 설치될 예정임을 원고가 알았다면 분양 계약을 체결하지 않았거나 적어도 최초의 분양 가격으로는 분양받지 않았을 것이다.

또 재판부는 건설 회사는 분양 계약 전 남양주시와 협의하는 와중에 아파트 인근에 대규모의 쓰레기 매립장이 설치될 가능성이 있음을 잘 알고 있었으니 이를 원고에게 충분히 알릴 신의칙상 주의의무가 있다고 판시했다.

다만 쓰레기 매립장은 원고를 비롯한 지방자치단체 주민이 용인해야 할 시설인 점, 아파트 단지 안에 쓰레기 소각 시설을 설치하는 것에 비하면 아파트의 가치에 미치는 영향이 상대적으로 적다는 점, 쓰레기 매립장 전면부에 주민 편의 시설을 조성할 예정이어서 다소나마 아파트 시가 형성에 긍정적으로 작용하리라는 점, 쓰레기 매립장 설치가 지연되고 그 면적도 축소된 점 등을 들어 공평 분담 원칙에 따라 손해배상액을 손해액의 60퍼센트로 줄였다.

계약 조건으로 명시되지 않은 의무

계약 조건으로 명시되지 않은 의무를 위반한 경우라도 손해배상 책임을 물을 수 있는가? 계약 조건으로 명시되지 않은 사실을 상대방에게 알리지 않았다고 손해배상 책임을 물을 수 있는가? 독일 판례에 의하면 채무 불이행 책임은 주요 급부 의무와 그렇지 않은 부수적 의무(보호 의무)로 나뉜다. 후자를 위반한 경우 신의칙에 어긋나는 수준이라면 손해배상 책임을 물을 수 있다고 본다. 우리 대법원에도 부수적 의무라는 표현으로 신의칙에 근거한 보호 의무를 인정한 판례가 여럿 있다. 하지만 대부분 계약 상대방의 생명이나 신체상 안전을 배려해야 할 안전 배려 의무를 인정한 것이다. 재산적 손해 사항을 알리거나 설명할 의무를 인정한 판례는 좀처럼 없다. 따라서 이번 사건은 주요 급부 의무가 아니라 부수적 의무로서 알리거나 설명할 의무를 인정하고 이에 따른 재산적 손해배상 책임을 물었다는 점에서 법리적 의미가 있다.

허위·과장 광고

허위·과장 광고 부분에 대해선 고등법원과 지방법원의 판례는 다소의 허위와 과장은 허용된다는 대법원 판례의 취지를 충실히 따른 것이다. 하지만 하급심 판결 중에는 상가나 신규 아파트를 계약할 때 소비자인 수분양자는 분양자가 만든 모델하우스와 분양 광고에 전적으로 의존한다며 허위·과장 광고에 따른 손해배상 책임을 인정한 판례도 여럿 있다.

서울중앙지방법원 2000년 3월 31일 "상품의 선전, 광고에 있어 다소의 고장이나 허위가 수반되는 것은 그것이 일반 상거래의 관행과 신의칙에 비추어 시인될 수 있는 한 기망성이 결여된다고 하겠으나, 거래에 있어서 중요한 사항에 관하여 구체적인 사실을 신의 성실의 의무에 비추어 비난받을 정도의 방법으로 허위로 고지한 경우에는 기망 행위에 해당한다"고 판시했다. (97가합61423)

특히 현대 산업사회에서 소비자는 상품의 품질과 가격에 대한 정보를 대부분 생산자와 유통업자의 광고에 의존할 수밖에 없고, 독점규제 및 공정거래에 관한 법률 23조 1항은 소비자를 기만하거나 오해를 불러일으킬 표시와 광고를 금지하고 있는 점, 불특정 다수의 수요자에게 계약 내용을 일률적으로 미리 알리고 청약하게 한 뒤 정형화된 계약을 체결하는 점, 특히 대기업이 시공할 때 분양 광고에 기업명이 들어가 있으면 그 내용을 더 신뢰하게 된다는 점 등을 고려했다. 이러한 경우 일반인의 신뢰와 기대는 보호되어야 한다고 판시했다.

아직 만들지도 않은 제품을 미리 팔아놓고 그 판매 대금으로 제품을 만드는 선분양 제도는 소비자에게 강제성을 띠는 측면이 있다. 정부가 주거난을 해소하려는 정책상 건설 회사에게 특혜를 보장한 모습이기 때문이다. 소비자인 수분양자는 아파트 공사 현장에 가보지도 못하다가 입주 예정일 전에 사전 입주 점검을 하라고 통보를 받고서야 한 번 가볼 수 있는 형편이다. 따라서 분양자가 제시한 광고나 모델하우스의 내용과 차이가 있을 경우 법적 책임을 물어야 한다. 또 분양자는 분양 계약을 체결할 때 계약과 가격에 관한 중요한 정보를 소비자에게 알릴 의무가 있음을 법적으로 제도화할 필요가 있다.

판결에 대하여	대법원 1부 2006. 10. 12. 2004다48515 손해배상	대법관 양승태, 고현철, 김지형, 전수안(주심)

아파트 인근에 쓰레기 매립장이 들어선다는 사실은 계약 체결의 중요한 요인이므로 건설사가 분양 전 이를 입주자에게 알리지 않은 것은 신의칙에 어긋나 손해배상 책임이 인정된다는 판결.

대법원은 경기 남양주 청학지구 주공아파트 입주자들이 쓰레기 매립장이 들어선다는 사실을 미리 알리지 않았다며 대한주택공사를 상대로 낸 손해배상 청구 소송 상고심에서 모두 22억여 원을 지급하라는 원고 일부 승소 판결을 내린 원심을 확정했다.

한 기초생활수급자가 돈을 꾸거나 카드 현금서비스를 받아 생활해오가다 더 이상 빚을 갚을 수 없게 되자 법원에 파산 신청을 냈습니다. 그동안 채무 중 '카드깡'이나 '카드 돌려막기'를 한 부분에 대해선 면책이 허가되지 않았습니다. 이번에 대법원은 신청인의 사정을 적극 고려해 새로운 출발을 할 수 있도록 채무 전부를 면책해야 한다고 결정했습니다. 개인 파산 제도의 실효성을 살핀 판단이었습니다.__**개인 파산 제도에서 면책 불허가 사유인 카드깡과 카드 돌려막기**

/

성실하지만 불운한 채무자에게 따뜻한 손길을 줘야 할 법원

최근 거리 곳곳에서 심지어는 생활 정보지나 지하철 등에서 '개인 파산·회생' '채무 정리'라는 문구를 많이 볼 수 있다. 빚 독촉에 시달린 경험이 있는 사람이라면 이를 보고 무심코 지나치지 못할 것이다. 왜 최근 들어 개인 파산이라는 말이 많이 나올까? 개인 파산 제도란 무엇인지 살펴보자.

채무자가 자신의 재산과 현재, 장래의 수입으로는 채무를 변제할 수 없어 법원에 파산 신청을 하면, 법원은 일정한 요건을 심사해 채무자에게 파산선고와 면책 결정을 내려줌으로써 채무로부터 벗어날 수 있게 하는 제도를 말한다. 즉 채무자가 자신의 재산을 모두 청산하고 모든 수입을 모으더라도 채무를 변제할 수 없는 경우 법원이 면책 결정을 내려 채무가 탕감해주는 제도다.

개인 파산 제도가 인정되는 이유

대법원은 최근 '채무자의 경제적 갱생을 도모하려는 것이 개인 파산 제도의 근본 목적'임을 분명히 밝혔다. 이미 자신의 재산과 수입으로는 도저히 빚을 갚을 수 없는 채무자에게 아무리 채무 변제를 요구한들 상황은 나아나지 않는다(이를 두고 '마른 수건을 아무리 짜도 물은 나오지 않는다'고 표현하기도 한다). 이 경우 채권자가 가지고 있는 채권의 경제적 가치는 거의 없다고 할 수 있다(채권자가 금융기관이라면 이미 대손 충당이라는 방식으로 처리했을 것이다. 원금의 5퍼센트 미만의 가격으로 유동화 회사 등에 채권을 매각했을 수도 있다).

법원은 이러한 채무자를 명목뿐인 채무의 굴레에 가두어두기보다는 차라리 채무자가 변제 불능 상태에 있음을 인정하고(파산선고), 채무가 늘어난 경위 등을 살펴서 면책 불허가 사유가 없는 한 채무를 면하게 해 주는 것(면책 결정)이 사회·경제적으로 유익하다고 판단한다. 법원의 면책 결정으로 채권자는 언뜻 본인의 채권을 잃은 듯이 보이지만 본래 그 채권은 경제적 가치가 없었던 것임을 감안하면 실질적인 손해는 일어나지 않은 것이다. 그리고 채무자는 채무로부터 벗어나 경제적 재생fresh start을 도모할 수 있다.

2003년 기준으로 연간 소비자 도산 사건이 미국은 162만 4677건(개인 회생 46만 7298건 포함), 일본은 26만 6461건(개인 재생 2만 3612건 포함)에 이른다. 우리나라는 2005년 말 기준으로 3만 8000명이, 2006년 7월 기준으로 7만 명이 넘는 사람들이 파산 절차를 이용하는 실정이다.

'카드깡'과 '카드 돌려막기'

변제할 능력이 없다는 이유로 파산 신청을 한 모든 채무자가 완전 면책 결정, 즉 '채무 전부의 탕감'을 받는 건 아니다. 개인 파산 절차를 규율하는 법은 일정한 경우 채무자에게 면책을 불허하도록 규정하고 있다. 법에서 정한 면책 불허가 사유가 있으면 채무가 탕감되지 않는다. 그 주요 사유는 재산 은닉, 과다한 낭비, 도박 등이다. 그러므로 최근 파산 신청이 급증하면서 채무자의 도덕적 해이가 도를 넘고 있다는 언론 보도는 그야말로 기우에 불과하다. 법률 규정과 개인 파산의 요건을 엄격히 판단하고 있는 법원의 심사 절차를 간과한 것이다.

개인 파산 절차를 통해 채무를 탕감받으려는 채무자라면 본인에게 면책 불허가 사유가 있는지 면밀히 살펴볼 필요가 있다. 이와 관련해 논란이 되는 것이 '카드깡(카드 할인)'과 '카드 돌려막기'다.

카드깡은 여신전문금융업법이 규율하는 범죄행위다. 카드 돌려막기와 관련해서도 대법원은 2006년 3월 24일 '이미 과다한 부채의 누적 등으로 신용카드 사용으로 인한 대출금 채무를 변제할 의사나 능력이 없는 상황에 처했음에도 불구하고 신용카드를 사용한(돌려막기) 경우, 이를 사기죄로 처벌할 수 있다'는 취지로 판단했다.(2006도282) 그래서 이러한 불법행위를 저지른 채무자도 면책 결정을 통해 채무를 탕감받을 수 있는지 문제되는 것이다.

실제 관련 규정을 살펴보면 카드깡과 카드 돌려막기는 면책 불허가 사유에 해당할 여지가 충분하다. 과거 우리 법원은 카드깡 등을 이유로 면책을 불허하거나 일부 면책(채무액 중 일부에 대해서만 면책을 인정하고 면책되지 않은 나머지 채무에 대해서는 변제할 책임을 인정함) 결정을 내리기도 했다. 일부 법률 전문가들조차 이를 당연시하는 분위기다.

하지만 개인 파산 신청을 하는 채무자는 대부분 카드깡과 카드 돌려막기를 해본 이들이라는 점을 고려하면 사정은 달라진다. 일반적으로 신용카드를 쓰는 사람이라면 누구나 신용 불량의 멍에를 쓰지 않으려고 이러한 행위를 하는 게 현실이다. 당연히 갚을 수 있으리라는 기대로 카드 현금서비스를 이용하기 시작하지만 금방 서비스 한도가 줄어들면

내 삶의 찬란한

서 한계에 부닥치는 것이다. 이러한 현실을 염두에 둔다면 채무자 대부분은 개인 파산 제도를 통해서도 채무 중 일부는 탕감받지 못한다는 결과가 된다. 이는 개인 파산 제도의 근본 목적에 어긋난 것이다.

재량 면책 결정

법의 규정에 따라 파산선고를 내리고 면책 여부를 결정하면서도 '채무자의 경제적 재생을 도모한다'라는 개인 파산 제도의 목적을 잊지 말아야 할 법원으로선 고민이 깊지 않을 수 없었다. 결국 법원은 일부 면책 불허가 사유가 있더라도 '파산에 이르게 된 경위와 그 밖의 사정을 고려해 상당하다고 인정되는 경우'에는 면책을 허가했다. 2006년 4월 1일부터 시행되고 있는 파산법(채무자회생 및 파산에 관한 법률)은 이를 명문화했다. 그럼, 이번 대법원 판결의 사안을 살펴보자.

A씨는 돈을 꾸거나 신용카드로 현금서비스를 받아 생계를 꾸려오다가 대출금을 갚지 못할 처지가 되자 카드 돌려막기와 카드깡으로 이자를 변제했다. 그 후 현금서비스 한도가 축소되면서 파산 상태에 이르렀다. 한편 A씨는 만성 신장병과 당뇨로 계속 치료받아야 하고 직장도 구하지 못하는 상황에서 기초생활수급자로서 노모와 어린 자녀 둘을 부양해야 했다. 이러한 처지에서 A씨는 법원에 파산 신청을 냈다. 채무의 70퍼센트에 대해서는 면책이 인정되었지만 30퍼센트에 대해서는 여전히 변제 책임을 지는 일부 면책 결정을 받았다.

A씨가 일부 면책 결정에 수긍하지 못해 항고와 재항고를 거듭하자 대법원은 다른 결론을 내렸다. 채무자의 경제적 갱생을 도모하는 것이 개인 파산 제도의 근본 목적임을 다시 한 번 강조하면서 '채무자가 일정한 수입을 계속적으로 얻을 가능성이 있다는 등의 사정이 있어 잔존 채

무로 인해 다시 파탄에 빠지지 않으리라는 점에 대한 소명이 있는 경우에 한해 일부 면책이 허용'되나, 'A씨처럼 일부 채무를 남겨둘 경우 다시 파탄에 빠지는 사태를 초래할 가능성이 큰 경우에는 완전 면책을 허용함이 타당하다'라는 취지로 판결했다. 대법원의 결정은 재량 면책의 기준을 제시하면서도 개인 파산 제도의 근본 목적을 잊지 않았다는 점에서 의미가 있다.

흔히 '法'이라는 한자는 '水'과 '去'가 결합한 글자로 물이 흘러가듯 자연스러워야 한다라는 뜻으로 해석할 수 있다. 달리 표현하면 법은 법률 전문가의 전유물이 아니라 일반인 누구나 이해할 수 있을 만큼 상식에 부합해야 한다는 뜻일 것이다. 종종 우리 법원은 현란한 논리를 구사하면서도 막상 일반인을 설득하지 못하는 판결을 내 비난을 받기도 한다. 이번에 대법원은 서로 다른 판단의 여지가 있는 사안에 대해 개인 파산 제도의 근본 목적으로 돌아가 해석하는 지혜를 보여주었다. 이로써 제도는 더욱 실효성을 얻었고, 과중 채무에 시달리는 많은 '성실하지만 불운한 채무자'에게 경제적 재생의 기회가 활짝 열리는 계기가 되었다.

판결에 대하여	대법원 2부 2006. 9. 22. 2006마600 결정, 면책	대법관 박시환, 김용담, 박일환, 김능환(주심)

면책 불허가 사유가 있어 일부 면책 결정을 받은 파산자라 해도 파산에 이른 경위와 미래의 경제 사정까지 적극 고려해 타당하다면 완전 면책해야 한다는 결정.

대법원은 채무 중 30퍼센트를 제외한 부분에 대해서만 면책을 결정한 원심 결정을 파기하고 남은 채무까지 면책하라는 취지로 전주지방법원으로 사건을 돌려보냈다.

관급 공사에 만연한 부패를 추방하려는 노력이 과연 불공정한 처사일까요? 한국철도시설공단은 민간 건설업체와 공사 계약을 체결하면서 만약 공사와 관련해 공단 직원에게 금품을 건네면 공사 계약을 해지하고 일정 기간 입찰 참가를 제한한다는 '청렴계약' 조항을 넣었습니다. 그런데 공사 중 뇌물을 준 사실이 발각되었습니다. 공단 측은 계약을 해지하고 1년간 입찰하지 못하도록 조치했습니다. 법원은 청렴계약 조항을 불공정 약관으로 판단했습니다. __**관급 공사의 부패를 막는 청렴계약 조항**

부패 방지를 위한 '청렴계약'이 과연 불공정 약관인가

2006년 8월 11일 대전지방법원 8민사부는 S건설 회사가 한국철도시설공단을 상대로 낸 계약 해지 등 효력정지 가처분 사건에서 요즘 정부와 지방자치단체, 정부 산하 기관이 부패 방지를 위해 적극 실시하고 있는 청렴계약제와 관련해 결정을 했다. 결정은 본안 소송이 아닌 가처분 신청에 대한 것이라 이 사건과 관련한 법원의 최종 판단이라고 볼 수는 없다.

S건설 회사는 한국철도시설공단의 공사를 수주하면서 이른바 청렴계약을 체결했다. 그런데 건설 회사의 토목사업본부장이 공단의 직원에게 공사의 관리 감독 등에 편의를 봐달라고 부탁하며 회식비 명목으로 뇌물 200만 원을 건넸다. 이를 적발한 한국철도시설공단은 청렴계약의 내용에 따라 계약을 해지하고 1년간 공단이 발주하는 공사에 입찰하지 못하도록 자격을 제한했다. 법원은 양 당사자가 체결한 계약의 청렴계약 조항은 약관규제법에 위반되므로 무효이거나 제한적으로 해석해야 한다고 결정했다. 청렴계약제를 도입한 취지를 무색하게 만든 판단이다.

청렴계약제

청렴계약제는 에콰도르가 1990년대 중반 국제투명성기구Transparency International의 자문을 받아 정부 투명성, 특히 국제 교역에서의 투명성을 강화하려고 일관되고 집중된 국가 전략을 실시하는 와중에 처음 시행한 제도다. 상대적으로 부패에 대한 감시가 취약한 관급 계약에서 투명성과 청렴성을 높이는 대안으로 세계 각국이 채택해 실시하고 있다.

우리나라에서도 외환 위기 이후 각종 관급 공사의 부패가 부실 공사나 예산 낭비를 초래하고 국가 신인도와도 직결된다며 이를 근절하는 방안이 시급히 요구되었고 그 대안으로 청렴계약제가 주목받았다. 2000년 서울 동작구가 도입한 것을 시작으로 지금은 여러 중앙 행정기관과 지방자치단체, 정부 산하 기관이 실시하고 있다(국가청렴위원회의 조사 자료에 의하면 2005년 6월 30일 현재 90개 점검 대상 기관 중 청렴계약제를 실시하지 않는 기관은 15개에 불과하다).

이 제도의 근본 취지는 '청렴계약 입찰에 참가한 모든 업체는 어떠한 뇌물도 제공하지 않으며, 정부 발주 부서도 부패 방지를 위한 조치를 취하고 절차를 투명하게 하겠다는 정부(정부 기관)와 입찰자(기업) 간의 합의'로 정의할 수 있다. 입찰에 참가한 업체가 뇌물을 주지 않도록 하여 정부가 발주하는 공사와 조달 부문에서 부패를 없애고 정치·경제·사회적 비용을 줄이는 것이 목적이다.

구체적으로는 입찰 단계에서 청렴계약 서약서를 제출한 업체에게만 참가 자격을 주고 입찰 업체와 관계 공무원은 뇌물을 주거나 받지 않는다는 서약을 의무적으로 하게 한다. 계약 내용을 어기면 계약을 해지하거나 일정 기간 입찰 자격을 제한하는 특별한 제재를 취한다.

청렴계약 조항은 계약인가, 약관인가

대전지방법원 재판부는 먼저 이 사건의 공사 도급계약의 일반 및 특수 조건, 윤리실천 협약서에서 계약 해지와 입찰 참가 자격 제한을 규정한 계약 조항은 공단이 발주하는 공사에 참여하는 업체와 계약을 체결할 때 사용하려고 미리 마련한 계약 형식으로 통상적인 '계약'이 아닌 '약관'에 해당한다고 판시했다.

'약관'은 사업자가 여러 고객과 계약을 체결하려고 일방적으로 작성한 것이다. 고객이 구체적 조항 내용을 검토하거나 확인할 충분한 기회를 갖지 못한 채 약관에 의해 계약이 이뤄지면 고객은 예상치 못한 손해를 입게 된다. 그래서 불공정 약관으로 고객의 정당한 이익을 침해한 경우 약관 규제의 법리에 따라 약관 효력에 대해 일정한 제한을 가한다. 약관 내용이 형식적으로는 사적 자치의 영역에 속하고 계약에 편입한다는 고객의 동의를 얻고 있지만 실제 고객의 정당한 이익과 합리적인 의사에 반하거나 고객의 권리를 본질적으로 제한한 경우는 사적 자치의 한계를 벗어나는 것으로 보고 법원이 실질적인 사적 자치를 실현하기 위해 간섭하는 것이다.

청렴계약제는 계약에 참여한 당사자들이 자발적으로 청렴 서약을 한 것이므로 약관과는 본질적으로 차이가 있다. 청렴계약은 계약에 참여하는 모든 당사자들, 즉 정부와 지방자치단체, 정부 산하 기관, 입찰자, 기업이 계약 내용을 성실히 이행하고 이를 어기면 제재 조치를 감수한다는 것을 서약한 것이다. 그리고 위반하는 경우 쉽게 불이익을 줌으로써 기업은 뇌물을 제공하지 않고 정부와 정부 산하 기관은 뇌물을 강요하지 않으리라는 확신을 심어주어 계약의 신뢰성을 높였다.

더 나아가 부패의 연쇄 고리를 끊음으로써 공공 조달 계약이나 건설

계약 분야에서 불필요하게 지출되는 고비용을 줄이고 왜곡된 영향을 줄이는 게 청렴계약제의 목적이다. 청렴계약을 체결하는 과정에서 공정성을 기하려면 참여 기업이 공공 부문과 대등한 주체로서 계약을 체결·수행할 정도로 대등성을 확보하는 게 필요하다. 또 절차적 공정성이 보장되는 게 아주 중요하다. 통상 입찰 공고 시점에 청렴계약제 시행에 따라 유의 사항이 있음을 안내하고, 현장에서 설명할 때 청렴계약 이행서약서 서식을 교부하고, 입찰 등록 시점에는 업체와 발주 기관이 작성한 청렴계약 이행서약서를 서로 교환하고, 계약을 체결할 때에 이르러선 이행서약서 내용을 계약의 특수 조건으로 약정하는 과정을 거치게 된다.

이러한 계약 체결 절차가 충실히 이뤄졌다면 양 당사자는 충분히 교섭한 것이 되므로 일방적으로 계약 내용을 제시했다고 볼 수 없고, 더 이상 약관 규제의 법리에 따라 제한받을 필요가 없으며, 청렴계약의 내용은 온전히 법적 효과를 갖는다. 이 사건에서 이러한 절차가 충분히 보장되었는지는 분명치 않다. 계약에 참여한 기업에게 대등성과 절차적 공정성이 제도적·법적으로 충분히 보장되어 있지 않고 기업의 입장에서는 오히려 절차적 과정에 청렴계약이 추가되어 업무가 더 힘들고 복잡해졌다면, 청렴계약 조항이 사실 약관의 성질을 가지고 있음을 부인하기는 어려워진다.

청렴계약제는 공공 계약의 본질적 요소

재판부가 청렴계약 조항은 약관이라고 전제한 이상 구체적 내용에서 약관 규제 법리의 적용을 받는 건 불가피하다. 재판부는 윤리실천 협약서에 규정된, 금품 수수 사실만 인정되면 계약을 해지할 수 있다는 계약 해지 조항, 제소하지 않는다는 합의 조항, 입찰 참가 제한 기간에 관

그리고 우리는 변화시킬 것이다, 영치기 영차

한 조항은 불공정 약관으로 무효라고 보았다. 또 공사 도급계약의 일반 및 특수 조건으로 규정된 계약 해지 조항에 대해서도 금품 수수 같은 불법행위로 계약 목적이 달성되기 어렵다고 판단되는 경우에 한해 계약 해지하는 것으로 해석하는 것이 계약 체결 당시 양 당사자의 객관적 의사와 신의 성실 원칙에 부합한다고 보았다. 공사 도급계약을 해지하고 입찰 참가를 제한한 조치는 양 당사자 사이의 이익 형평을 고려할 때 정당하지 않다고 판단했다.

청렴계약제는 공공 계약 부문에서 청렴성을 확보할 목적으로 계약에 참여하는 모든 이해 당사자들에게 새로운 규칙으로 제도상 제시된 것이다. 그리고 자발적으로 서명한 계약 당사자들은 실효성을 확보하는 차원에서 좀 더 엄격한 제재를 감수하게 되어 있다. 참여 업체 간의 담합이나 뇌물 제공 같은 부패 행위는 구조적 은밀성으로 적발하기가 지극히 어렵고, 금액의 많고 적음에 상관없이 아주 작은 부패 행위라도 연쇄 반응을 일으켜 사회적 신용성에 치명적인 해를 끼친다. 따라서 부패 행위 금지를 약속하는 당사자는 엄격한 제재에 동의하는 게 필요하다. 이는 사회적 신용을 유지하고 궁극적으로는 경제적 효율성을 달성하는 길로 이어진다. 즉 청렴계약제는 양 당사자 간의 단순한 계약 내용을 넘어 계약의 공정성과 절차의 투명성을 보장하는 본질적 요소로 기능한다. 청렴계약 조항이 약관규제법에 위반되어 공정을 잃었고 무효라고 판단하기 전에 이를 좀 더 적극 평가해야 할 것이다.

청렴계약을 지키는 일은 그 자체로 계약 목적 달성에 필요 불가결하다고 할 수 있다. 이를 어기는 행위는 계약의 주요 채무를 위반하는 것이므로 계약을 해지하고 입찰 참가를 제한하는 조치는 적법하다고 볼 여지도 충분하다. 대전지방법원 민사부는 "계약의 이행 과정에서의 금품 제공 행위는 계약 체결 과정에서 이루어진 금품 제공 행위에 비해 그 비난의 정도가 가벼운 점", "비교적 적은 규모의 뇌물을 교부했고", "이 사건 계약을 해지하는 것은 (…) 추가적 비용이 발생할 뿐 아니라 공사가 지연되는 결과 국민 경제 전체적으로도 큰 경제적 손해를 입을 것으로 보이는 점", "거래 관행"과 같은 사정을 고려해 공단의 계약해지권 행사를 제한했다. 이는 당사자 간의 이익 형평의 기준에 충실한 나머지 청렴계약제의 근본 취지를 소홀히 한 것이다.

이번 결정은 그 시비를 떠나 청렴계약제를 실시하는 과정에서 드러난 한계와 문제점을 깨닫게 한다. 먼저 계약에 공정성과 절차적 정당성을 기하려면 계약 당사자들이 청렴계약에 대한 전문성을 확보하는 게 중요하다. 계약 정보를 완전히 공개하고 계약 과정에서 당사자 간의 대등성을 확보하는 것이 필수적이다. 또 청렴계약제가 실효적이려면 위반 행위를 엄중히 제재하고 예외를 두지 않고 집행해야 한다. 처음 청렴계약제를 제안한 국제투명성기구는 이를 위해 계약 해지, 계약 공급자와 경쟁자들에 대한 손해배상, 입찰 자격 제한 조치를 취하고, 시민사회가 계약을 실행하는 과정에 참여해 감시하도록 권고한다. 이번 결정에서 드러나듯 지금의 계약 현실에서는 청렴계약 이행 서약과 계약 이행 특수 조건만으로는 실행하는 데 한계가 있다. 법령이나 조례를 제정하거나 개정하는 법적 뒷받침이 필요하다.

판결에 대하여	대전지방법원 8민사부 2006. 8. 11. 2006카합774 결정 계약 해지 등 효력정지 가처분	판사 금덕희(재판장), 최진영, 김상일

건설업체가 공사와 관련해 금품을 제공하면 계약을 해지한다는 청렴계약 조항은 일방적인 불공정 약관이므로 한국철도시설공단이 건설업체에게 내린 계약 해지 조치의 효력을 정지한 결정.

1997년 한국철도시설공단과 S건설사는 '철도 이설 건설 공사 도급계약'을 체결하면서 청렴계약 조항을 포함시켰다. 또 50만 원 이상의 금품을 공단 직원에게 주면 계약 해지한다는 윤리실천협약도 체결했다. 업체의 임원이 2006년 1월 공단 직원에게 뇌물 200만 원을 건네주다 적발되자, 공단은 윤리실천협약에 따라 6월 계약을 해지했다. 법원은 공사 금액이 600억 원에 이르고 공사도 44퍼센트 이상 진행되어 공사를 중단할 경우 양쪽 모두 손실이 크다고 설명했다.

의류 회사를 경영하던 조카는 외환 위기로 사업이 어려워지자 채권자들한테 집이 넘어가지 않게 하려고 외삼촌 앞으로 등기했습니다. 나중에 채무 소멸 시한이 지나자 이 집을 돌려달라고 요구하며 소유권 이전 등기 청구 소송을 제기했습니다. 그동안 대법원은 신탁자가 재산을 돌려받을 수 있도록 구제해주는 판결을 내려왔는데 이번 하급심은 소유권을 주장할 수 없다고 판결했습니다. 반사회적 목적의 명의 이전은 용납되어서는 안 된다는 취지입니다.__**명의 신탁과 불법원인급여**

불순한 목적의 불법 명의 신탁, 법원이 도와줄 수 없다

2006년 6월 9일 서울서부지방법원은 부동산실명제법(부동산 실권리자 명의등기에 관한 법률)에 관한 무척 의미 있는 판결을 내렸다. 채권 변제와 납세를 회피할 목적으로 자산을 명의 신탁한 사람이 스스로 명의 신탁이 법 위반이므로 무효라고 주장하면서 명의를 되돌려달라는 소송을 제기했다. 법원은 원고의 명의 신탁이 '불법원인급여'에 해당한다며 이를 허용하지 않았다. 불법원인급여란 불법을 저지른 자가 스스로 그것의 무효를 주장하며 자신이 급여한 재산을 되돌려달라고 요구할 때 법원은 이를 구제할 이유가 없다는 원칙이다. 결과적으로는 부동산실명제가 시행된 이후 이뤄진 불법 명의 신탁까지도 법원 판결을 이용해 되찾아오던 종래 관행을 1심 법원이 거부한 것이다. 불법적 목적을 위해 남의 이름을 빌려 부동산 명의 신탁을 해온 사람들한테는 충격적인 판결일 것이다.

민법 746조(불법원인급여)

불법의 원인으로 인하여 재산을 급여하거나 노무를 제공한 때에는 그 이익의 반환을 청구하지 못한다.

판결문엔 판사의 법학적 소양과 양심, 가치관이 들어 있다

이번 판결은 기존의 대법원 판례를 변경하는 것으로서 부동산실명제의 정착을 위해 우리 법원이 취해야 할 바람직한 법리를 전개했다. 더 나아가 형식 측면에서도 의미가 있다. 하급심이 기존의 대법원 견해와 배치하는 판결을 선고할 경우 어떠한 태도를 취해야 하는지 하나의 모범을 보여주었다. 판결문은 A4 용지 50쪽에 달하는 방대한 분량인데 그 대부분을 법리 논증에 할애하고 있다. 판결 이유에서는 10개 항에 이르는 목차를 붙여 논리적 전개를 하고 있을 뿐 아니라 법학교수와 실무가의 논문과 평석을 명시적으로 인용하고 있다. 이는 기존 판결 형식에서는 찾아보기 힘든 무척 특별한 것이다.

우리나라의 판결에 대해 학자들은 일반적으로 '설시한 내용은 많으나 이유는 잘 모르겠다'라는 지적을 많이 한다. 판결 내용에 필수적으로 주문과 이유를 적도록 하고 있고 이유가 내용의 대부분을 차지하는데도 이러한 지적이 나오는 까닭은 무엇일까. 설시된 이유가 실질적으로는 논증이나 설득의 기능을 하지 못하기 때문이다.

우리 판결에서 흔히 보이는 극단적인 예를 몇 가지 들어보자. 판결 이유에서 '피고는 ~라고 항변하나 이는 받아들일 수 없다'라고 하는 경우 왜 받아들일 수 없는지에 대한 설명이 없으므로 실질적으로는 이유가 없는 것이나 마찬가지다. 또 '원고의 신청은 이유 없으므로 이를 기각한다'고 결정한 이유를 적었다면 이를 두고 이유를 설시한 것이라고 볼 수 있을까? 이에 비해 이번 판결은 부동산실명제법을 위반한 불법명의 신탁자가 부동산 명의를 되돌려달라고 주장하는 경우 법원은 왜 구제 수단을 부여해서는 안 되는지를 아주 구체적으로 논증하고 있다.

다음으로, 중요한 이론적 쟁점이 있는 판결에서 이유를 설시할 때 법학자의 논문과 평석, 저서를 인용하는 것은 선진국에서는 흔히 있는 일로 우리로서는 부러울 수밖에 없던 법률 문화 중 하나다. 우리나라 판결에서 대법원 판결은 무수히 인용되지만 법학자의 논문 등을 명시적으로 인용한 경우는 거의 없다. 우리나라의 실무가들은 '법학자의 논문 중에 실제로 재판에 도움이 되는 게 별로 없다'고 지적하기도 한다. 그런데 과연 도움이 되는 논문이 한 편도 없어서 지금까지 인용하지 않았을까? 이는 법조 실무계와 학계의 소원한 관계를 잘 보여주고 있다. 실무계와 학계가 긴밀하게 교류 협력하는 게 우리나라 법률 문화를 한 단계 발전시키는 길이라는 데 동의하는 사람이라면 이번 판결에서 학자들의 논문을 명시적으로 인용한 참신한 태도에 지지를 보낼 것이다.

이번 판결의 이유에 대해서는 실무가뿐 아니라 학자들 중에도 반대하는 사람이 있을 것이다. 더 나아가 상급심에서 파기될 가능성도 적지 않다. 하지만 적어도 우리는 왜 불법 명의 신탁을 자에게 다시 재산을 찾을 수단을 줘서는 안 되는지에 대한 담당 판사의 판결 이유를 충분히 알 수 있다. 판결문에는 판사의 법학적 소양과 양심, 가치관, 철학이 들어 있다. 이러한 판결은 설사 상급심이 파기한다 하더라도 기존의 대법원 판결을 기계적으로 받아들인 통상적 판결보다 훨씬 소중하다.

대법원의 기존 입장을 극복하려는 하급심 판결의 전범

이번 판결에서 지적하는 구체적인 이유를 반복할 필요는 없을 것 같다. 이에 대해서는 이미 적지 않은 논의가 있었다. 이 글에서는 판결을 잘 알지 못하는 일반인을 위해 간단히 경위와 쟁점을 설명하려 한다.

1. 부동산 명의 신탁은 대부분 탈세나 정당한 법적 규제와 강제집행을 피하려는 불법·편법 목적을 위해 사용된다. 투명한 선진 사회에서는

반드시 폐지되어야 할 잘못된 과거의 제도 중 하나다. 그런데 대법원은 시종일관 이에 대해 관대한 태도를 보여왔다. 예전부터 명의 신탁은 무효로 해석해야 한다는 게 대다수 민법학자들의 견해였다. 그럼에도 법원은 명의 신탁이 유효하다고 인정해왔다. 법원이 유효로 인정하는 한 우리 사회에서 사라질 리 없었고 도리어 중요한 관습법 중 하나로 굳어져갔다.

결국 국회는 명의 신탁을 금지하기 위해 '부동산등기특별조치법'(1990)을 제정해 형사처벌 조항을을 마련했다. 그런데 이 법은 명의 신탁이 민사적으로 무효라는 명시적 규정을 두지 않았다. 그 결과 형사처벌은 별개 논의로 하고 명의 신탁 자체는 민사적으로 유효하다는 견해와 명의 신탁은 형사처벌을 받는 반사회적 행위이므로 민사적으로도 당연히 무효로 보아야 한다는 견해가 대립하게 되었다. 대법원은 전자의 견해를 취했다. 법이 있음에도 불구하도 명의 신탁한 재산을 도로 되찾는 일이 여전히 가능했다.

한편 명의 신탁에 대한 형사처벌은 신탁자뿐 아니라 수탁자도 공범이나 방조범으로 처벌받을 수 있어서 현실적으로 고소가 제기되는 경우는 드물었다. 결국 형사처벌도 거의 이뤄지지 않았다고 알려져 있다. 결과적으로 부동산등기특별조치법 입법자들의 강한 의욕에도 불구하고 명의 신탁은 줄어들지 않았다.

2. 정부는 부동산등기특별조치법 중 해당 조항을 강화해 명의 신탁 계약이 민사적으로 무효임을 명시적으로 규정하는 '부동산실명제법'(1995) 입법안을 냈고 이는 국회에서 통과되었다. 물론 신탁자가 명의 신탁의 유효를 주장해 재산을 되찾지 못하도록 한다는 취지였다. 그런데 예상치 못한 문제가 나타나서 다시 견해가 대립하게 되었다. 이 법

에 의해 명의 신탁이 무효가 되면 명의 신탁에 의해 이전된 등기도 무효가 된다. 그렇다면 신탁자가 '명의 신탁한 재산이므로 돌려달라'라고 주장하는 대신 '명의 신탁은 무효이므로 돌려달라'고 청구하면 인정해야 하는지가 문제되는 것이다.

만일 이러한 청구를 인정하면 부동산실명제법을 제정한 취지는 몰각된다. 남의 이름으로 재산을 돌려놓은 뒤 필요한 때에 '명의 신탁은 무효'라고 주장하며 돌려달라고 청구하면 그만이기 때문이다. 이렇게 되면 명의 신탁을 유효로 인정하던 때와 비교해 달라지는 바가 없다.

3. 그렇지만 불법을 저지른 자가 스스로 그것의 무효를 주장하며 자신이 급여한 재산을 돌려달라고 요구할 때 법원은 이를 구제할 이유가 없다. 불법원인급여가 민법 746조에 명문으로 규정되어 있는 것이다. 만일 명의 신탁이 이에 해당하면 명의 신탁자는 명의 신탁의 유효를 주장하든 무효를 주장하든 재산을 돌려달라고 청구할 수 없다. 불법원인급여의 대표 사례로 도박 자금을 대여한 것을 들 수 있다.

결국 신탁자가 명의 신탁의 무효를 주장하며 재산을 돌려달라고 청구한 사안에 대해 이를 불법원인급여로 보아야 한다는 견해와 불법원인급여로 볼 수 없다며 구제해야 한다는 견해가 대립했다. 대법원은 후자의 견해를 취했다. 결과적으로 부동산실명제법이 제정된 이후에도 우리 사회에서 명의 신탁 관행은 의연히 살아남았다.

이 대법원 판결에 대해 문제 제기한 게 이번 판결이다. 상세한 논거를 제시하면서 적어도 부동산 명의 신탁을 모두 동일하게 평가하지 말고 그중 불법성이나 반사회성이 강한 몇 가지 유형은 불법원인급여로 보아야 하며 법원은 재산을 돌려받으려는 신탁자에게 협력을 거부해야 한다고 판단했다.

명의 신탁과 불법원인급여

대법원은 명백히 불법적인 명의 신탁에도 관대한 처분을 내려왔다. 이는 어떤 의미에서는 자산가들이 저지른 불법행위에 상대적으로 관대함을 뜻한다. 예컨대 도박 자금을 빌려준 것과 불법 명의 신탁을 비교해 볼 때 전자는 구제할 수단을 줘서는 안 되지만 후자는 구제해야 한다는 것이 대법원의 견해인 셈이다. 이렇게 달리 판단할 정당한 이유가 있을까? 이러한 불균형은 자칫 대법원이 국민에게 공평한 잣대를 적용하지 않는다고 비판하는 데 빌미를 준다. 명의 신탁에 대한 대법원 판결은 대법원의 보수성을 보여주는 대표적인 예다. 이번 하급심은 이에 대해 탄탄한 논리로 일침을 가했다.

1. 불법원인급여를 인정하면 결과적으로 수탁자가 재산을 차지하게 되는데 이는 또 다른 불법이나 불균형이 아니냐는 반론이 나온다. 이는 더 나아가 이번 판결의 견해가 헌법에 보장된 자유민주주의 재산법 질서의 근간을 흔들고 사적 자치라는 민법상의 대원칙을 부정하는 것이며, 개혁만을 의식한 무책임한 포퓰리즘이라는 원색적 비난으로까지 이어진다.

하지만 이는 불법원인급여에 대한 오해에서 비롯한 것이다. 법원은 불법 거래에 대해 법의 이름으로 협력하지 않음을 선언했을 뿐이지 수탁자가 재산을 차지해야 한다고 판단하지는 않았다. 불법원인급여로 인정하는 입장에서도 불법 목적으로 명의 신탁을 한 뒤 소기의 성과를 거두고 자기들끼리 원만히 명의를 돌려주고 돌려받는 경우 법원은 개입할 필요가 없다고 본다. 만일 수탁자가 재산을 돌려준 뒤 다시 돌려달라고 청구하면 이때도 법원은 수탁자의 손을 들어주지 않는 것이다. 법원은 불법 명의 신탁에 대해 어느 쪽이든 구제할 길을 열어주지 않는 것

Just ice

'정의'는 단지 얼어 있을 뿐… 추운 겨울, 따뜻한 봄바람을 기다린다

이지, 수탁자를 더 보호하는 게 아니다.

물론 법원이 신탁자에게 재산을 되찾을 수단을 주지 않은 결과 수탁자가 반사이익을 보는 경우가 있을 수 있다. 그래도 책임은 법원에 있는 게 아니다. 이번 판결은 "신탁자가 부동산실명제법의 규정을 정면으로 무시하고 위법하게 명의 신탁을 강행한 데서 생긴 자업자득"이라고 설명하고 있다.

2. 부동산실명제법은 불법 명의 신탁을 과징금과 형사처벌로 다룰 수 있는데 굳이 민사상 불법원인급여로 인정하는 것은 과도하다는 반론도 있다. 금융실명제법도 그렇게 한다는 것이다. 이는 금융실명제와 부동산실명제의 세부적 차이를 간과한 것이다.

우선 형사처벌에 대해 살펴보자. 앞서 지적한 대로 부동산실명제에서 형사처벌이 이뤄지는 경우는 드물다. 그러려면 금융기관이 직무상 고발을 하고 신탁자만을 처벌하는 규정이 마련되어야 한다. 현 제도에서 형사처벌만으로 명의 신탁을 억제하기는 어려워 보인다.

과징금은 어떨까. 금융실명제에서 과징금은 금융자산의 50퍼센트이고 이자소득세의 원천징수율은 90퍼센트다. 만일 금융기관이 과징금 납부를 소홀히 했다면 10퍼센트 가산금을 부과한다. 비실명 거래가 적발되면 원금의 절반 이상을 찾지 못하게 되는 것이다. 따라서 과징금은 훌륭한 억제 기능을 한다.

반면 부동산실명제에서 과징금은 부동산 가액의 30퍼센트 이내로 정하게 되어 있다. 시행령에 의하면 부동산의 가격과 의무 위반 기간을 함께 고려해 부동산 가격이 30억 이상인데 2년 이상 위반한 경우 30퍼센트, 5억 원 이하 1년 이하이면 10퍼센트에 불과하다. 게다가 과징금을 산정하는 데 기초가 되는 부동산 가격이란 실거래 가격이 아니라 과세표준 가격을 말한다. 또 조세를 포탈하거나 법적 제한을 회피할 목적이 아닌 경우 여기에서 50퍼센트까지 감경된다. 간단히 계산해보면 몇 년간 50퍼센트 이상 부동산 가격이 상승하면 명의 신탁으로 인한 과징금을 다 내고도 명의 신탁한 재산을 합법적으로 돌려받을 수 있다는 말이 된다.

우리나라에서 불과 몇 년 사이에 가격이 두 배 넘게 오른 부동산이 흔하다는 것은 상식이다. 규모가 작은 부동산이라면 가격이 10퍼센트만 상승해도 명의 신탁을 할 동기가 생기고 여기에 50퍼센트 감경 혜택을 누리는 경우도 있다. 인플레이션이 동반하면 더욱 그러하다. 부동산 가격 상승과 별도로 불법적 목적이 달성되면 이익이 큰 경우는 더 말할 필요도 없다. 이렇게 부동산실명제에선 금융실명제와 달리 과징금이 억제 기능을 하기 어렵다.

필자는 모든 명의 신탁이 불법이라고 주장하는 게 아니다. 부득이한 사정으로 위험을 무릅쓰면서 서로 믿고 명의 신탁을 하는 경우도 있다. 다만 위법임을 알면서도 스스로 불법한 목적을 위해 명의 신탁을 했다면 문제가 발생했을 때 스스로 책임을 져야 한다는 것이다. 명의 신탁의 무효를 주장하며 법원에 재산을 돌려달라고 호소하지 말라는 것이다. 명의 신탁의 동기를 고려해 사안에 따라 구제할 수단을 주지 않을 수 있다는 이번 판결의 결론에 찬동한다. 마지막으로 결론의 일부를 인용해본다.

"수천억 원의 형사상의 추징금을 받았던 전직 대통령이 자신은 29만 원밖에 없어 추징금을 국가에 납부할 수 없지만, 자식들은 수백억 원대의 부동산을 가지고 기업을 경영할 수 있는 것이 우리 사법 현실이다.

타인의 이름을 빌려 투기를 통해 부를 축적하고, 다시 자신이 얻은 부에 대한 정당한 세금을 타인의 명의를 빌림으로써 포탈하고, 그렇게 얻은 돈으로 다시 투기를 하다가 자신이 타인에 빚을 지게 되는 경우 자기의 재산을 타인 명의로 신탁함으로써 정당한 채권자가 아무런 권리도 행사하지 못하게 하는 이런 상황은 이제 끝내야 한다.

명의 신탁 제도가 이 모든 것을 가능하게 한 중요한 원인이었고, 이를 극복하려는 정부와 국회의 의지가 부동산실명제를 만들어냈으며, 이제 부동산실명제 시행 10년이 흐른 지금 법원은 그에 대한 명확한 해답을 내려야 할 것으로 본다."

판결에 대하여	서울서부지방법원 민사2단독 2006. 6. 9. 2005가단2182 소유권 이전 등기	판사 이종광

채권자들의 강제집행을 피하려고 부동산을 명의 신탁한 자가 나중에 무효이니 재산을 돌려달라고 낸 청구에서 반사회적 목적의 명의 신탁은 불법원인급여에 해당하므로 소유권을 주장할 수 없다는 판결.

명의 신탁이 불법원인급여에 해당하면 신탁자는 수탁자에게 반환을 청구할 수 없는데 불법원인급여의 '불법'을 어떻게 해석할지 문제였다. 대법원은 그동안 '불법'을 '선량한 풍속 기타 사회질서를 위반한 것'으로 좁게 해석했다. "부당이득의 반환 청구가 금지되는 사유로 민법 746조가 규정하는 불법원인이라 함은 그 원인 되는 행위가 선량한 풍속 기타 사회질서에 위반하는 경우를 말하는 것으로서, 법률의 금지에 위반하는 경우라 할지라도 그것이 선량한 풍속 기타 사회질서에 위반하지 않는 경우에는 이에 해당하지 않는다"(2003. 11. 27. 2003다41722)고 하여 강행법규 위반 중 사회질서를 위반하는 경우만 불법원인으로 보았다. 구체적으로 대법원은 '도박, (구)이자제한법 초과이자, 관세법을 위반해 관세 포탈의 목적으로 비밀 송금한 경우' 등은 불법원인급여로 보고 있지만, '강제집행을 면할 목적으로 부동산을 명의 신탁한 것, 건설 면허를 빌려주는 방편으로 건설업을 양도한 것'등은 불법원인급여가 아니라고 보아 소유권을 회복할 수 있도록 했다.

서울고등법원 민사합의23부는 2007년 7월 조카가 빌린 돈에 이자를 보태 외삼촌에게 주고 외삼촌은 집 명의를 조카 이름으로 바꾸기로 조정이 성립됐다고 밝혔다. 1심에서는 조카에게 5000만 원을 빌려주고 등기를 이전받았다는 외삼촌의 주장이 받아들여지지 않았다.

해양수산부 산하 기관에서 재직하다 퇴임한 한 공직자가 기관의 전산 시스템을 해마다 유지 보수하는 업무를 맡아온 물류회사에 대표이사로 취임했습니다. 공직 시절 수행한 업무와 연관성이 있는 기업체에 취업했다고 판단한 공직자윤리위원회는 취업 자체를 취소해야 한다고 결정했습니다. 그런데 재판부는 공직자윤리법의 퇴직 후 취업 제한 규정이 직업 선택의 자유를 침해해서는 안 되고 업무 관련성을 판단할 때는 유추해석을 해서는 안 된다고 판단했습니다. __**퇴직 공직자의 이해충돌 문제**

퇴직 공직자 취업 제한 규정의 입법 취지를 외면한 법원

2006년 4월 서울행정법원은 의미 있으면서도 기운 빠지게 하는 판결 하나를 냈다. 현행 공직자윤리법으로는 퇴직 공직자가 재취업할 때 일어나는 '이해충돌'을 방지하기 어렵다는 게 확인된 것이다. 재판부 또한 공직자의 이해충돌이 무엇인지에 대해 잘 이해하지 못하고 있음이 드러났다. 그동안 참여연대 등 시민단체가 공직자윤리법을 전면 개정해야 한다고 수차례 주장해왔는데 사태의 시급함을 다시 한 번 확인시켜준 판결이었다.

사건은 해양수산부에서 여러 공직을 두루 거친 뒤 산하의 한국컨테이너부두공단의 기획관리본부장으로 재직하던 A씨가 퇴직한 뒤 한 물류 회사의 대표로 취직한 데서 출발한다. 이 회사는 공단과 해마다 전산시스템을 유지 보수하는 용역 계약을 체결해왔고 인력을 파견해 전산업무를 담당하는 이를테면 '거래처'다. 공직자윤리위원회는 이를 공무원이 퇴직한 뒤 사기업에 취업할 때 업무 연관성이 있을 경우 일정 기간 취업을 제한하는 공직자윤리법의 규정에 대한 위반으로 보았다. 그리고 관계 중앙 행정기관인 해양수산부장관에게 A씨의 취업을 해제하는 방법을 취하도록 요청했다. 그러자 A씨가 공직자윤리위원회의 조치는 부당하다며 취소를 구하는 소송을 제기했다.

이번 판결의 핵심 쟁점은 공직자가 퇴직한 뒤 기업에 취업할 때 생기는 이해충돌 문제다. 이해충돌 유무를 따질 때 가장 중요한 준거가 되는 게 바로 '업무 연관성'인데 재판부는 이를 인정하지 않았다. 공직자윤리법 17조는 '대통령령이 정하는 직급 또는 직무에 종사한 공무원과 공직유관 단체의 임직원은 퇴직일로부터 2년간 퇴직 전 3년 이내에 소속했던 부서의 업무와 밀접한 관련이 있는 일정 규모 이상의 영리 사기업체 또는 사기업체와의 공동 이익과 상호 협력 등을 위해 설립된 법인·단체에 취업할 수 없도록' 규정하고 있다. 취업이 제한되는 영리 사기업체와의 관련성의 범위에 대해서는 시행령 32조가 '소속했던 부서의 업무'는 '과의 장 및 소속 직원은 당해 과의 업무를, 그 상위 직위에 있는 자는 직제, 정관, 규정 또는 직무상 지휘·감독하는 부서의 업무'를 말한다고 규정하고 있다. 밀접한 관련성의 범위에 대해서는 직접 또는 간접으로 보조금, 장려금, 조성금 등을 할당, 교부하는 등 재정 보조를 제공하는 업무 등 일곱 가지를 열거하고 있다.

이번 사건 판결에서 재판부는 세 가지 이유를 들어 이해충돌이 존재하지 않는다고 판단했다.

1. 공직자윤리법상 퇴직 후 취업 제한 규정이 직업 선택의 자유를 제한할 수는 없다는 것이다. 재판부는 업무 연관성을 따질 때 명확성, 비례 원칙을 따라야 하며 유추 해석은 해서는 안 된다고 밝혔다. 당연한 지적이다. 현행 공직자윤리법은 이미 적용하기 어려울 정도로 많은 조건을 제시하고 있다. 퇴직 후 취업은 당연히 허용된다고 전제하면서 이해충돌이 생길 가능성이 높은 경우에만 취업을 제한하도록 명하고 있

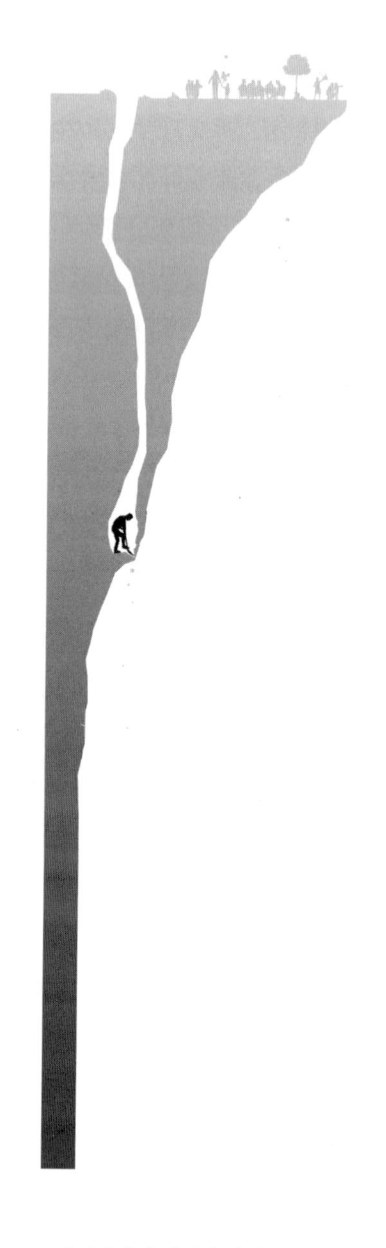

마지막까지 열심히 일하겠습니다

다. 업무 연관성 유무에 대해서도 지극히 좁게 규정하고 있다. 다만 모든 분야에서 연관성이 있는 직무를 일일이 열거하기 어렵기 때문에 사실 개별 사건에서는 유추해 적용할 수밖에 없다.

재판부도 공직자윤리법이 퇴직 후 취업을 제한하는 이유로 권한을 부려 부정하게 재산을 증식하는 걸 막고, 공무 집행상 공정성을 확보하고, 공직자와 영리 사기업체 사이의 부정한 유착 고리를 사전에 차단하며, 퇴직 공직자가 퇴직 전 근무한 기관에 부당하게 영향력을 행사하지 못하도록 하는 사유를 지적하고 있다. 그렇다면 업무 연관성을 사건에 적용할 때도 유추해 적용할 수 있는 근거가 충분히 있다는 말이 된다. 그런데 재판부는 취업 제한 규정이 직업의 선택을 제한하고 있으며 업무 연관성을 적용할 때 유추 해석을 해서는 안 된다고 판단했다.

재판부의 판단은 결국 이해충돌 문제 혹은 이해충돌 방지 원리 자체를 부정하는 것이다. 퇴직 후 취업 제한 규정은 취업 자체가 아니라 이해충돌을 일으키는 '활동'을 제한하는 데 그 목적이 있다. 오히려 퇴직 후 취업 제한 규정은 '퇴직 후 이해충돌을 일으키는 활동의 제한'으로 개정되는 게 더 적절할 것이다. 미국은 이해충돌 문제를 아주 포괄적으로 규정하고 있다. 연방 행정규칙에 따르면 당장 영향이 미치지 않지만 잠재적으로 이해충돌이 일어날 가능성이 있는 경우에도 이해충돌이 있다고 규정하고 있다. 이번 판결처럼 직접적이고 가시적인 경우에만 이해충돌을 적용하는 것과는 큰 차이가 있다.

이해충돌 문제의 핵심은 이해충돌 '예방'

2. 재판부는 공단과 한국물류 사이의 계약은 원고가 재직하기 전에 이루어졌고, 통상적인 계약이며, 그 규모도 크지 않을뿐더러, 거래 규모

가 줄어들면서 기업체의 재산상 권리에 직접적인 영향력이 없으므로 이해충돌은 없었다고 판단했다. 재판부가 적시한 사실관계는 맞을 수 있다. 이해충돌 문제의 핵심 개념은 이해충돌 '예방'과 '외관상' 이해충돌 여지 차단이라 할 수 있는데 재판부의 판단은 이 의미를 전혀 이해하지 못한 데서 비롯한다. 재판부는 업무 연관성을 판단할 때 직접적이고, 결과적인 사안만을 근거로 삼고 있다. 하지만 공직자윤리법의 입법 취지와 이해충돌 방지 제도의 의의는 공직자가 일으키는 직접적이고 현시적인 이해충돌을 확인하고 처벌하는 데 있는 게 아니라 이해충돌을 일으킬 가능성이 있는지를 확인하고 이를 사전에 방지하는 데 있다. 이미 이해충돌이 일어난 뒤 그것이 이해충돌인지를 확인하고 처벌하는 게 아니라는 말이다. 만일 이를 목적으로 한다면 구태여 공직자윤리법을 제정해 처벌할 게 아니라 기존의 형법에 관련 규정을 두어 처벌하도록 해도 전혀 문제되지 않는다. 왜 공직자윤리법을 별도로 제정했는지, 또 미국의 정부윤리법의 핵심이 왜 공직자의 이해충돌의 회피에 있는지를 전혀 고려하지 않고 있다.

어떤 이는 '일반적인 입법 취지에 따라 이해충돌 가능성이 있는 상황으로 볼 수 있더라도 법원이 사건의 특수한 정황을 감안해 이해충돌 가능성이 미미하다고 판단할 수 있지 않느냐'고 반문할 수 있다. 그와 같은 정황을 따져보기에는 법원의 논리가 미약하다. 기본적으로 이해충돌은 '규모'와 상관이 없다. 재판부는 거래 규모가 줄었으니 이해충돌 가능성이 없었다고 판단했지만 그것이 이해충돌 발생 가능성을 부인할 수 있는 것도 아니며 거래 규모는 향후 얼마든지 늘어날 수 있다.

3. 재판부는 법이 규정하는 이해충돌을 일으키는 직무의 범위에는

'용역 계약'이라는 명칭이 명시되어 있지 않고 가장 가까운 문구는 '공사 또는 물품 구입의 계약' 정도이므로 이해충돌을 적용할 수 없다고 판단했다. 앞에서도 지적했지만 현행 공직자윤리법은 이해충돌을 일으키는 직무 중 일부만 열거하고 있을 뿐이다. 사실 예시를 열거하고 있을 뿐이라서 시행령 32조 2항 7호는 기타 사항을 규정하고 있다. 시행령에 명시되어 있지 않다는 이유로 용역 계약은 업무관련성의 판단 대상에 포함되지 않는다고 판단하는 건 지나치게 기계적인 법 해석이다. 비록 현행법이 많은 흠결을 갖고 있지만 재판부는 입법 취지를 전혀 고려하지 않고 있다.

결국 재판부는 이번 사건과 관련해 이해충돌 문제의 핵심인 업무 연관성을 전혀 수용하지 않고 있다. 이해충돌이 실질적으로 발생하지 않았다는 이유로 이해충돌이 전혀 없는 정상적인 취업이라고 판결했다. 이와 같은 판단은 공직자의 윤리를 확보하는 데 가장 필요한 원칙이 이해충돌 방지 제도임을 놓치고 있는 것이다. 이번 판결로 그렇지 않아도 흠결투성이인 공직자윤리법이 더 이상 작동하지 않게 되었다. 수없이 일어나는 퇴직 공직자 이해충돌 사건에 면죄부를 준 판결이 되고 말았다.

재판부가 현행 공직자윤리법의 입법 취지가 무엇인지, 흠결이 무엇인지 그리고 이해충돌 회피가 왜 필요한지 조금만 제대로 인식했다면 이러한 판단을 하지 않았을 것이다. 이번 판결의 쟁점을 떠나서 현행 공직자윤리법의 퇴직 후 취업 제한 규정은 너무나 문제가 많다. 우선 이해충돌 회피가 왜 필요한지 등 기본적 의미를 담고 있지 않고, 이해충돌의 영역이 활동이 아니라 취업으로 최소화되어 있으며, 일정 규모 이상의 사기업으로 제한해 현실을 외면하고 있고, 일부 직무만 열거함으로서 명시적 규정이 없다는 이유로 적용되지 않고 있으며, 재산 등록 대상자로 한정해 대다수 공직자의 이해충돌에 대해선 눈감아버리고 있는 실정이다.

참여연대의 조사에 따르면 이미 많은 퇴직 공직자들이 이해충돌을 일으킬 수 있는 기업체에 취업한 상태다. 2006년 1월~6월 동안 공직자윤리위원회에 취업 제한 심사를 요청한 59명을 조사한 결과 취업이 허용된 58명 중 39명이 이해충돌 가능성이 있는 것으로 나타났다. 공직자윤리위원회에 취업을 요청하지 않았거나 재산 등록 대상자가 아닌 경우까지 포함하면 그 수는 상상을 뛰어넘을 것이다. 이해충돌은 취업 여부나 기업 규모, 담당 직무, 직급과 상관없이 얼마든지 일어날 수 있다. 이미 수없이 일어나고 있다. 현행법은 공직자의 이해충돌 문제에 효과적으로 대처하지 못하고 그저 형식적으로 운영되고 있다. 원래 법 자체가 지나치게 행정 편의주의 입장에 치우쳐 제정되었다. 이러한 문제점이 하루빨리 개정되지 않는 한 앞으로도 이번 같은 판결은 계속 이어질 것이다. 이번 판결은 꾸준히 문제 제기되고 있는 판검사의 전관예우 문제가 이해충돌 방지라는 측면에서 얼마나 실현되기 어려운지 짐작할 수 있는 계기이기도 했다.

판결에 대하여	서울행정법원 4부 2006. 4. 7. 2005구합34619 취업 제한 위반 심사 결정 처분 취소	판사 민중기(재판장), 김정숙, 이성호

퇴임 공직자가 퇴직 전 다니던 정부 기관의 거래처였던 사기업에 대표이사로 취업한 것은 공직자윤리법상 취업 제한 규정에 어긋난다는 공

직자윤리위원회의 결정에 대해 관련 규정이 직업 선택의 자유를 제한해서는 안 되고 기업의 직무는 업무 관련성의 판단 대상에 포함되지 않는다며 취소를 명한 판결.

2심 재판부는 2006년 11월 공직자윤리위원회의 결정은 원고의 퇴직 전 소속 기관인 해양수산부장관에게 취업 제한에 필요한 조치를 취하라고 요청한 것에 불과하므로 행정소송의 대상이 되지 않는다며 소송 자체를 각하했다. 그럼으로써 원고가 승소한 1심 판결의 효력은 없어졌다.

공직자윤리법 개정안, 이른바 관피아 방지법이 2014년 12월 국회에서 통과되었다. 2015년 3월부터 시행될 예정이다. 퇴직 후 취업 제한 기간은 2년에서 3년으로 늘어났으며 업무 관련성의 범위도 2급 이상 공무원의 경우 '부서'의 업무에서 소속 '기관'의 업무로 확대되었다. 또 변호사, 회계사 등 자격증을 가진 판검사가 퇴직 후 법무법인, 회계법인에 취직할 때는 재산 공개 대상자에 한해 취업 제한 심사를 받도록 규정을 강화했다.

내부 고발자가 고발한 사실은 1997년 안산시 종합운동장을 짓는 과정에서 당시 안산시장과 안산시 고위 공무원들이 38억원에 달하는 설계비를 불필요하게 낭비했고 업체와 결탁한 의혹이 있다는 것입니다. 내부 고발한 주인공은 안산시 시설공사과의 김봉구 계장입니다. 법원은 공공기관장이 보복할 목적으로 인사상 불이익 조치를 취했다는 점을 인정하면서도 사회 통념상 용인할 수 있는 인사라며 민사상 손해배상 청구를 인용하지 않았습니다. __ **안산시 공무원 내부 고발자 김봉구**

법원이 기댄 '사회 통념', 진짜 사회 통념일까?

공무원 신분인 내부 고발자가 부패방지위원회(현 국가청렴위원회)에 소속 단체장을 부패 혐의 대상자로 신고했다가 한직으로 좌천되었을 경우 민사상 손해배상 청구가 가능할까? 앞서 제보를 받은 감사원은 단체장과 관련자들을 주의 조치하도록 촉구했고 부패방지위원회는 보복성 인사 조치에 대해 원상회복 요청을 했다. 단체장이 요청을 거부하자 부패방지위원회는 과태료 처분을 내렸고, 법원은 과태료 처분의 합법성을 확인한 상태였다.

2006년 1월 19일 수원지방법원은 단체장의 인사 조치가 보복하려는 동기에서 비롯했음을 인정하더라도 그 조치가 '사회 통념'에 어긋나지 않는다면 민사적 책임을 물을 수 없다고 판결했다. 법원은 사회 통념을 알기 위해 주로 인사상 불이익에 또 다른 정당한 근거가 있었는지를 살폈다면서 고발자는 '다른 직원들과 불협화음'이 있었고 '다면적 업무 평가'에서의 낮은 점수를 받은 점을 언급했다. 하지만 이는 정상적 절차로는 조직 내부의 부패를 바로잡을 수 없어 조직의 박해와 따돌림을 무릅쓰고 조직과의 대결을 선언한 사람이 바로 내부 고발자라는 사실을 외면한 판결이다. 부패방지법의 입법 취지가 바로 조직의 박해와 따돌림으로 시달리는 내부 고발자를 보호하는 것임을 망각한 것이다. 부패방지위원회는 보복성 인사 조치로 불이익을 준 사실을 확인해 과태료를 부과했고, 안산시장이 불복해 제기한 행정소송에서도 법원은 과태료 처분 확정판결을 내려 정당성을 재확인했는데도 말이다.

그런데 법원은 다시 안산시장의 위법행위가 '사회통념상 용인할 수 없는 객관적 상당성을 결여하지 않았으므로 손해배상 할 필요가 없다'고 선언했다. 재판부는 김봉구 씨에게 내려진 좌천성 전보 조치가 사회통념상 용인된다고 판단하며 사회 통념에 기대었다. 그렇다면 정말 이 사건에서 문제된 좌천성 전보 조치가 재판부가 생각하듯이 평범한 일반 시민의 사회 통념상 용인되는 것일까? 사회 통념이라는 말을 법이나 판례가 규정하고 있지 않으므로 말의 일반적인 의미에 비추어 해석해 보자.

재판부는 무슨 근거로 사회 통념이라고 했을까?

김봉구가 인사 조치를 받은 결정적 계기는 바로 실시설계비를 지급하는 게 타당한지를 둘러싼 논쟁이었다. 따라서 좌천성 인사 조치로 인한 위자료 청구를 다루는 법원으로선 먼저 이 논점에 대한 각자의 주장을 평가해야 한다. 인사 조치가 정당했다고 주장하는 안산시장의 항변은 김봉구가 전혀 사실과 다른 근거 없는 말('설계비 38억 원을 낭비했다', '최종적으로 실시설계가 무용지물이 되었다')과 문건을 퍼뜨렸다는 데에 핵심이 있다. 법원이 사회 통념이라는 기준을 적용해 김봉구의 행위가 타당한지를 검정하려 했다면 신고 행위의 근본적 동기가 된 쟁점에 대해 법률적 검토 작업을 했어야 했다. 그런데 판결문에는 이에 대한 언급이 전혀 없다. 행위의 출발점이 된 쟁점의 옳고 그름에 대해 평가하지 않고 좌천성 인사 조치가 사회 통념상 용인될 수 있을지를 어떻게 판단할 수 있을까?

과연 실시설계를 중단해야 옳았는지에 대해서는 감사원의 감사 결과를 인용하는 것으로 충분하다. 감사원은 2002년 4월 안산시에 보낸 '주의 요구' 공문에서 "안산시장은 실시설계 용역 계약을 체결한 뒤 사업 규모 변경 등으로 지방 재정 투융자 심사 신청을 하는 경우 설계 용역비가 낭비되지 않도록 설계 용역을 중단하고 심사 결과에 따라 설계 용역의 계속 여부를 결정하는 등 지방 재정 투융자 사업 업무 처리에 철저를 기하고 관련자에게는 주의를 촉구할 것"을 요청했다. 말하자면 감사원은 김봉구의 의견대로 설계 용역을 중단해야 한다고 판단한 것이다.

정부는 민선 지방자치단체장이 무분별한 선심성 사업과 행정으로 지방 재정을 오남용하는 걸 막기 위해 100억 원이 넘는 대형 사업을 추진할 경우 반드시 행정자치부의 심사를 받도록 하고, 승인된 당초 사업비에서 50퍼센트 초과할 경우 변경 승인을 얻도록 하고 있다. 안산시는 당초 사업비 430억 원에 종합운동장 건립 사업의 승인을 받았다가 기본설계 용역 결과 공사비가 1237억 원으로 추정되자 재심사 신청을 했다. 이때 심사를 통과한다는 보장이 없으니 시공을 전제로 한 실시설계를 서둘러할 아무런 이유가 없었던 것이다. 그럼에도 안산시는 실시설계를 강행했다. 공무원들과 건축사무소가 유착하지 않았는지 충분히 의심할 만한 대목이다.

실제로 법원이 사회 통념의 판단 기준으로 제시하고 있는 것은 내부고발의 내용적 타당성이 아니다. '보복성 좌천 조치였다고 할지라도 좌천시킬 정당한 이유가 있었는지'이다. 그러면서 좌천시킬 정당한 이유가 있었다면 보복성 좌천 조치였더라도 손해배상 책임이 없다는 이해

내부 고발, 자신의 뜻을 끝까지 지켜내는 일이다

하기 어려운 논리를 따르고 있다. 그 이론이 어떤 소수 학설을 따랐는지는 모르겠지만 그럼 다시 좌천시킬 정당한 이유가 있었는지를 따져보자.

재판부가 김봉구에 대한 안산시장의 인사 조치를 받아들이는 데 결정적으로 참고한 자료는 김봉구에 대한 다면 평가 자료와 그가 다른 직원과 마찰을 빚었고 융화가 부족했다는 내용의 특별 감사 결과다. 다면 평가 자료란 직장의 동료들이 해당 공무원을 평가한 것을 말한다.

법원은 안산시장이 전보 조치를 한 것은 다면 평가 등을 반영해 본청에서 원활히 업무를 수행할 수 있는지를 고려한 결과로 볼 여지가 있다고 했다. 하지만 이 부분에 대한 판시는 재판부가 내부 고발자가 직장 안에서 겪는 고충을 이해하지 못한 것으로 보인다.

직원 간의 불화는 김봉구가 신고하게 될 종합운동장 건립 문제와 관련해 상사와 의견이 충돌한 일을 말하므로 각 의견의 정당성을 평가해

인사 조치의 타당성을 판단했어야 하지 불화가 있다는 피상적이고 형식적인 사실을 근거로 인사 조치의 정당성을 평가해서는 안 된다. 그가 원만치 못한 생활로 다면 평가에서 최하위라는 평가를 받은 것은 내부 비리 고발의 특성상 조직 내부의 따돌림에서 비롯하는 당연한 현상이다. 내부 고발자의 고충을 이해하지 못한 법원의 결론은 실망스럽다. 당시 다면 평가에서 최하위 평가를 받은 공무원이 여럿 있었는데 그중 오직 김봉구에게만 평가의 결과를 적용해 좌천 조치한 것은 형평에도 어긋난다.

오히려 김봉구에 대한 평가는 직근 상관의 것이 가장 정확하다고 볼 수 있다. 전보되기 전 상관이었던 과장은 "김봉구는 업무 처리가 명확하고 성실한 근무 자세로 일하며, 민원 사항이 많고 청탁이나 압력을 받을 수 있는 업무임에도 정확한 업무 숙지와 강직하고 깔끔하게 업무 처리를 했고 근무하는 동안에 민원을 야기한다거나 문제를 일으킨 일이 없었다"고 평가했고, 국장은 "김봉구는 성실하고 무난한 업무 수행을 하며 빈틈없는 업무 처리를 해 많이 신뢰했고 강직한 공무원으로 생각한다"고 진술했다.

수원지방법원은 2005년 7월 7일 항소심 판결을 내리기로 예고했었다. 그런데 그 이틀 전 안산시장이 고위직 법관 출신 변호사를 선임해 변론 재개를 요청하자 이를 받아들였다. 그 후 1심 법원에서는 채택이 거부된 안산시장 측 인사들이 줄줄이 나와 안산시장에게 일방적으로 유리한 증언을 했다. 게다가 재판부는 당사자가 분명하고 완강한 어조로 거부의 뜻을 밝혔음에도 사건을 일방적으로 조정 절차에 회부해 장시간 동안 조정으로 종결하라고 강권했다. 정해진 조정기일도 일방적으로 한 달 반 뒤로 다시 미뤘다. 가급적 시간을 끌어서 재판을 피고 측에 유리한 쪽으로 이끌려는 모습이었다. 형사재판 항소심에서 송진섭 시장에게 무죄 선고된 것도 고위직 법관 출신 변호사가 민사 소송의 대리인으로 선임된 뒤의 일이다.

김봉구는 현행 부패방지법이 제정되기 전 자신을 보호해줄 아무런 제도적 장치가 없는 상태에서도 상사의 업무 처리가 잘못되었다고 지적하고 끝까지 자신의 뜻을 지켜낸 참으로 용기 있는 내부 고발자다. 그의 내부 고발 내용은 감사원의 감사에 의해 진실로 확인되었는데도 이를 확인도 하지 않고 자신의 정치적 입지를 방해했다는 이유만으로 무시하고 박해한 안산시장의 조치는 엄정하고 중립적이어야 할 공직자의 이상적 모습과는 거리가 멀다. 수원지방법원 역시 내부 고발자가 조직에서 겪는 어려움을 이해하지 못했고 그의 신분을 보장해줄 필요성도 알지 못했다. 내부 고발에 대한 부정적 시각을 가지고 사건을 다루지 않았는지 의심마저 든다. 상고심 재판부가 이를 바로잡기를 기대한다.

판결에 대하여	수원지방법원 3민사부 2006. 1. 9. 2004나20224 손해배상	판사 김동하(재판장), 김중남, 정다주

안산시청 공무원이 부패방지위원회에 안산시장을 종합운동장 설계 비리에 관련해 부패 혐의자로 신고한 뒤 동사무소로 좌천된 사건에서 인사권자가 인사상 불이익 조치를 취한 것은 인정하지만 사회 통념상 용인될 수 없는 정도는 아니라며 손해배상 책임은 인정하지 않은 판결.

대법원1부(주심 김영란)는 2009년 5월 28일 원고의 상고를 기각했다.

2002년 4월 김씨는 참여연대와 함께 1996년부터 추진된 안산시 종합운동장 건립과 관련해 부당하게 지급된 예산 38억 원을 환수하고 관련자 징계를 요청하는 신고서를 부패방지위원회에 제출했다. 2003년 5월 30일 김씨는 명예훼손과 인사상 불이익 처분 등 보복 행위를 한 송진섭 안산시장을 상대로 5000만 원을 배상하라는 손해배상 청구 소송을 제기했다. 수원지방법원 안산지원은 2004년 10월 유죄를 인정해 원고에게 1500만 원을 지급하라고 판결했지만, 수원지방법원 3민사부는 1심 판결을 대부분 뒤집고 일부 명예훼손만 인정해 원고에게 200만 원을 지급하라는 판결했다.

한편 2005년 1월 수원지방법원 안산지원 1형사부는 김봉구 씨가 부패방지위원회에 신고안 사안에서 설계회사로부터 뇌물을 받은 혐의(특가법상 뇌물 수수)로 기소된 송시장에게 징역 2년 6월을 선고했다. 하지만 서울고등법원 형사1부는 같은 해 8월 원심을 깨고 무죄 판결했다. 검찰이 상고했지만 대법원은 2006년 4월 기각했다.

2005년

집회 장소는 사실 집회의 목적과 곧바로 연결됩니다. 집시법 11조는 각급 법원의 청사나 관저의 경계 지점으로부터 100미터 이내인 장소에서는 집회를 열지 못하도록 금지하고 있습니다. 이 조항에 대한 심판 청구에서 헌법재판소는 합헌이라고 결정했습니다. 도대체 무슨 법익이 있어 국민의 기본권을 중대하게 침해하는 '절대적 집회 금지 구역'을 허가할까요? 재판관 9명 중 4명이 위헌이라는 소수의견을 제시하는 등 이 조항은 논란의 여지가 많습니다.__**법원 100미터 이내 집회 금지 합헌**

법원의 기능을 앞세워 국민 기본권을 과소평가한 헌법재판소

헌법재판소는 2005년 11월 24일 집시법 11조 1호에 대한 위헌법률심판제청 사건에서 합헌 결정했다. 2003년 10월 30일에는 구 집시법(2004. 1. 29. 개정) 11조의 100미터 이내 집회·시위 금지 대상 지역에 국내 주재 외국의 대사관 등 외교기관을 포함시키는 부분에 대해서는 위헌 결정을 한 바 있다.(2000헌바67등) 현행 집시법은 이곳의 100미터 이내에서 집회와 시위를 원칙적으로 금지하면서서도 기능이나 안녕을 침해할 우려가 없다고 인정되는 특정한 경우에 한해 허용한다고 규정하고 있다.

절대적 집회 금지 구역 설정

문제가 된 집시법 11조는 개별적인 경우의 구체적 상황을 고려하지 않고 각급 법원 인근이라는 특정 장소에서 옥외 집회나 시위를 예외 없이 금지하는 '절대적 집회 금지 구역'을 설정한 것이다. 그런데 헌법재판소가 판시했듯이 집회의 목적·내용과 집회 장소는 일반적으로 밀접한 연관관계가 있기 때문에 집회 장소 선택이 집회의 성과를 결정짓는 경우가 적지 않다. "집회 장소가 바로 집회의 목적과 효과에 대해 중요한 의미를 가지기 때문에 누구나 '어떤 장소에서' 자신이 계획한 집회를 할 것인가를 원칙적으로 자유롭게 결정할 수 있어야만 집회의 자유가 비로소 효과적으로 보장"되는 것이다. 물론 헌법재판소는 '다른 법익의 보호를 위해 정당화'된다면 집회 장소를 항의 대상으로부터 분리할 수 있다고도 밝혔다(2003. 10. 30. 2000헌바67).

도대체 무슨 법익이 강력한 기본권 제한인 절대적 금지를 헌법적으로 정당화할 수 있을까. 이 사건 법률 조항은 법원의 기능과 안녕을 보호하는 것을 입법 목적으로 내세우고 있다. 이러한 보호는 일반 규정에 의한 것보다 훨씬 강력한 것이다. 헌법재판소는 법원의 특수한 기능 때문에 특별 보호가 필요하다고 본다. 그렇다면 법원의 특수한 기능이 무엇인지가 위헌 여부의 관건이 된다.

헌법재판소는 법관이 원칙적으로 법정에서 적법 절차에 따라 보고 들은 것에 의해서만 영향을 받아야 하는데 법관도 인간인 이상 재판 전이나 도중에 법정과 인근에서 개최되는 집단행동에 의식적이든 무의식적이든 영향을 받을 위험이 있다고 보았다. 그리고 법관이 그와 같은 영향으로부터 완전히 자유로운 상태에서 판단했더라도 일반 국민은 그것이 집단행동에 의해 영향을 받은 결과일지도 모른다는 의혹을 떨치지 못하리라고 충분히 예상할 수 있어서 사법에 대한 신뢰가 훼손된다고 판단했다.

'법관은 헌법과 법률에 의해 그 양심에 따라 독립하여 심판'해야 한다. 설령 법원 앞에서 집회가 이뤄지고 있다 하더라도 법관은 오로지 헌법과 법률 그리고 양심에 기초해 판단해야 한다. 그것은 헌법이 법관의 신분과 재판의 독립을 보장하는 것에 상응하는 헌법적 의무다. 그리고 국민의 신뢰는 법원 판결이 갖는 논증과 설득의 힘에 좌우된다. 따라서 법관이 집회에 영향을 받을 수 있다는 의혹만으로 절대적 집회 금지 구역을 설정해서는 안 된다. 그럼에도 헌법재판소는 집회 금지 장소의 반경 100미터 규정이 법익이 충돌하더라도 사법 기능을 효과적으로 보호하는 데 필요한 최소한의 거리라고 평가한다.

법관의 심리적 위축감

별개의견을 제출한 권성 재판관은 집회에서 볼 수 있는 다수의 결집, 위력과 기세의 과시, 의견의 전술적 과장, 군중 심리의 표동, 불특정 다수에 대한 우발적이고 연속적인 위력 행사의 가능성 등은 그 자체로 평화를 위협하는 불안 요소일 뿐만 아니라 상대방에게 방어와 대항의 심리 기전을 작동하게 한다고 보았다. 이러한 불안 요소가 집회 장소를 떨어뜨림으로써 완화되고 제거된다는 것이다.

하지만 법관에게 헌법상 독립 심판의 의무가 있는데도 단순히 집회로 인해 재판에 대한 심리적 영향을 받을 수 있다는 가능성만으로 집회 장소를 절대적으로 금지하는 것은 집회의 자유에 대한 심대한 제한이다. 그가 집회의 3원칙(집회 평화의 원칙, 집회 장소 이격의 원칙, 상대 존중의 원칙)을 언급했는데 집회 평화의 원칙에서 기준은 국외자가 느끼는 심리적 폭력성이 아니라 구체적인 물리적 폭력성이다. 즉 집회에 참여하지 않은 사람이 느끼는 심리적 위축감은 집회의 자유를 제한할 근거가 될 수 없는 것이다.

다수의견은 이 사건 법률에 의해 각급 법원 인근에서 옥외 집회와 시위가 금지되더라도 옥내 집회는 허용되고 100미터 밖의 장소에서는 옥외 집회와 시위도 허용되며, 100미터 떨어졌더라도 집회·시위의 장소와 집회·시위의 목적 사이의 연관관계가 없어지지는 않는다고 판단했

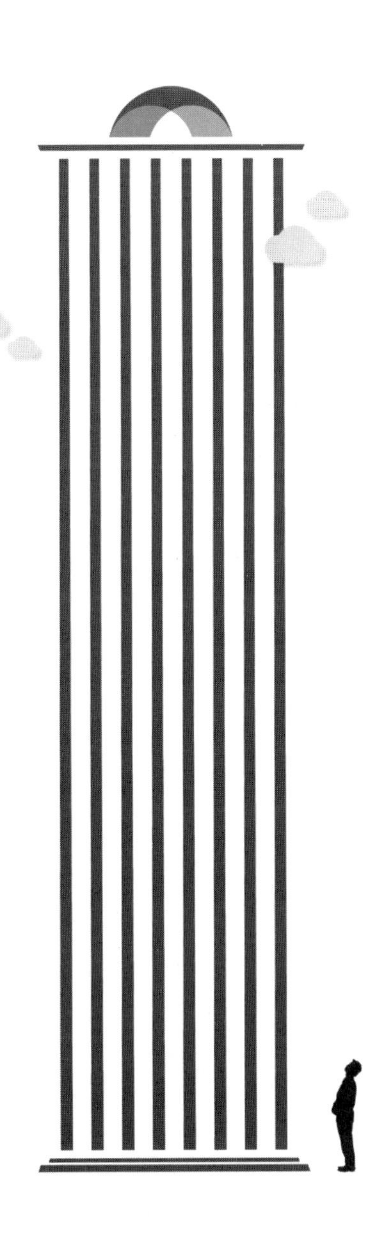

누가 봐도 그들은 절대적이다

다. 집회·시위의 자유가 제한된다고 하더라도 집회·시위로 달성하려는 효과가 줄어들 뿐 그 자유에 대한 심대한 제한이라고 보기는 어렵다는 것이다.

문제는 집회와 시위의 자유를 절대적으로 금지하면서 보호하려는 법익이 상대적이고 심리적인 것에 불과하다는 점이다. 다수의견은 거꾸로 법원의 기능은 과대평가하고 집회의 자유는 과소평가하고 있다. 사실 각급 법원은 청사의 울타리에 의해 이미 충분히 장소의 이격성을 확보하고 있어서 100미터 이내 집회 금지를 설정할 근거는 훨씬 약하다.

더욱이 집시법은 집단적인 폭행·협박·손괴·방화 등으로 공공의 안녕질서에 직접 위협을 가할 것이 명백한 집회와 시위를 금지하고(5조 1항), 일출 시간 전이나 일몰 시간 후의 옥외 집회나 시위를 원칙적으로 금지하고(10조), 소음 발생을 제한하는(12조의3) 등 집회의 자유를 상당히 위축시키고 있다. 이러한 규정만으로도 법원의 기능과 안녕을 보호한다는 이 사건 법률 조항의 입법 목적은 충분히 달성하고도 남는다. 따라서 법관의 '자유로운 출입과 원활한 업무의 보장 그리고 신체적 안전'(헌법재판소 2003. 10. 30. 2000헌바67)을 해치는 행위에 대한 규제가 아닌 이상 절대적 집회 금지 구역을 설정하는 건 집회의 자유의 본질적 내용에 대한 침해다.

반대의견

반대의견을 제출한 재판관 4명도 '절대적 집회 금지 구역 설정'이라는 한계에 갇혀 있기는 매 한가지다. 윤영철, 송인준, 전효숙, 이공현 재판관은 집시법 11조 4호에 따라 외교기관이나 외교 사절 숙소 인근에서 집회와 시위가 예외적으로 허용되는 세 가지 경우가 법원 인근에서는 인정되지 않는다는 다수의견과는 다른 의견을 냈다. 이 사건 법률 조항이 예외를 규정하지 않고 일괄적으로 각급 법원 인근에서 옥외 집회와 시위를 금지한 것은 법원의 특수성을 고려하더라도 불가피하지 않아서 과잉 제한이라고 판단했다.

반대의견에 따르면 이 사건 법률 조항이 각급 법원 인근에 집회 금지 구역을 설정한 것은 집회와 시위가 통상 보호 법익을 위태롭게 할 가능성이 있다는 추정적 판단에 기초한 것이다. 따라서 구체적인 집회와 시위에서 일반적 추정이 깨지는 경우에는 보호 법익에 대한 위험이 존재하지 않으므로 집회와 시위를 금지할 필요가 없는데 이때 금지하는 것은 입법 목적을 달성하는 데 필요한 정도를 넘은 제한이다. 각급 법원을 대상으로 하지 않는 집회와 시위, 대규모로 확산될 우려가 없는 집회와 시위, 각급 법원의 업무가 없는 휴일에 개최되는 집회와 시위 등은 구체적 사정에 따라 이 사건 법률 조항의 보호법익에 대한 일반적 위험이 인정되지 않으므로 허용될 가능성을 열어두어야 한다. 그런데 이 사건 법률 조항은 이러한 가능성마저 봉쇄하고 예외 없이 집회와 시위를 금지하고 있으므로 입법 목적을 달성하는 데 필요한 정도를 넘어 과도한 제한이다. 이 사건 법률 조항이 추구하는 공익에 비해 국민이 가지는 집회와 시위의 자유가 과도하게 제한되므로 이른바 비례 원칙 위반으로 헌법에 위배된다는 것이다.

반대의견이 다수의견에 비해 상대적으로 집회의 자유를 넓게 인정하고 있음은 부인할 수 없다. 그렇지만 절대적 집회 금지 구역을 설정할 필요가 있는지 충분히 숙고하지 않았을 뿐 아니라 입법자에게 집회의 자유를 침해한 경우라도 회피할 수 있는 빌미를 제공할 가능성도 있다. 집시법이 규정한 '국회의사당, 각급 법원, 헌법재판소, 대통령 관저, 국회의장 공관, 대법원장 공관, 헌법재판소장 공관, 국무총리 공관'은 청사나 저택의 울타리에 의해 이미 충분한 거리를 확보하고 있을 뿐 아니라 업무를 수행하는 데 영향을 받을 여지가 없어 절대적 집회 금지 구역을 설정할 정당성이 없다.

오히려 국민의 다양한 여론에 귀 기울여 할 기관과 관저임을 감안하면 현재의 경계는 너무 멀어서 문제다. 집회를 통해 일정한 의견을 표현하고 전달하려면 그 대상을 향해 목소리를 높여야 하기 때문이다. 더욱이 이는 소음으로 규제되므로 집회의 자유는 이중으로 제한받는 셈이다. 사실 기본권을 보장하려면 사소한 성가심은 감수해야 한다. 특정 국가기관과 기관장 공관 인근에 절대 집회 금지 구역을 설정해 집회의 자유를 심히 제한하는 것은 국민의 기본권을 경시하는 권력 우월주의이고 국가 편의주의적인 발상이다.

판결에 대하여	헌법재판소 2005. 11. 24. 2004헌가17 집시법 11조 1호 중 '각급 법원' 부분 위헌 제청	재판관 권성, 김효종, 김경일, 주선회, 조대현 (이하 소수의견) 윤영철, 송인준, 전효숙, 이공현(주심)

법원 인근 100미터 이내에서 집회와 시위를 금지한 집시법 규정은 합헌이라는 결정.

신청인들은 창원지방법원 진주지원 앞에서 집회를 개최했다가 집시법 위반 혐의로 재판을 받는 중 위헌법률심판 제청을 신청했고 법원이 이를 받아들여 2004년 5월 제청했다. 헌법재판소는 이 법률 조항에 대해 재판관 5대 4의 의견으로 합헌 결정했다.

2009년에도 이 법률 조항에 대한 헌법재판소의 심판이 있었다. 헌법재판소는 2009년 12월 29일 집시법 11조 1호(국회와 각급 법원)에 대한 헌법소원에서 재판관 5대 4의 의견으로 합헌 결정했다. (2006헌바20, 59) 이후에도 헌법소원과 위헌법률심판 제청 신청이 잇따르면서 '국회와 법원 앞' 싸움은 계속되고 있다.

대법원은 삼성전자 소액주주들이 제기한 주주 대표소송의 상고심에서 이건희 회장을 포함한 전·현직 임원들에게 190억 원을 배상하라고 판결한 원심을 확정했습니다. 상법상 명시된 규정은 없지만 법원이 재량으로 이사의 책임을 줄여준 판례를 최초로 적용한 사례입니다. 1심이 선고한 손해액에 비하면 이사들의 손해배상 책임은 현저히 줄었지만, 이 판결은 기업 지배 구조를 개선하고 경제 개혁을 이루는 데 디딤돌이 된다는 평가를 받고 있습니다.__**삼성전자 주주 대표소송 확정판결**

/

상법까지 뜯어고친 대법원

2005년 10월 28일 대법원은 7년가량 진행된 삼성전자 주주 대표소송 상고심에서 최종 판결을 선고했다. 양쪽의 항소를 기각함으로써 결국 이건희 회장을 비롯한 삼성전자 이사들에게 합계 190억 원을 배상하라고 명한 원심 판결을 확정했다. 대다수 언론은 오랫동안 논란이 되어온 이 사건이 비록 일부이지만 원고 승소로 결말이 난 것과 살아 있는 재벌의 경영진에게 상당한 액수의 배상이 명해진 것에 초점을 맞추어 판결의 의미를 평가했다. 물론 주주 대표소송이 쉽지 않은 척박한 환경에서 그것도 우리나라 최대 기업을 상대로 이만한 판결이 내려진 것도 의미가 크다. 하지만 이번 판결을 잘 살펴보면 역시 우리나라에서 가장 강력한 집단인 삼성의 벽을 넘어서지 못했음을 알 수 있다.

법률적 측면에서 가장 논쟁이 될 만한 부분은 상법상 이사 책임 제한 요건이 갖춰져 있지 않은데도 법원이 재량으로 이사의 손해배상 책임을 줄여줄 수 있다고 판시한 부분이다. 항소심을 맡은 서울고등법원은 피고들이 삼성전자가 보유한 삼성종합화학 주식을 헐값에 매각해 회사에 무려 626억 원이 넘는 손해를 끼친 것을 인정했음에도 피고들이 회사한 공헌한 정도를 감안해 배상액을 손실액의 20퍼센트에도 못 미치는 120억 원으로 적당히 감액했다. 대법원이 이를 최종적으로 추인한 것이다.

현행 상법은 이사가 법령이나 정관에 위반한 행위를 하거나 그 임무를 태만하면 회사에 대해 연대해 손해배상 책임을 지도록 규정하고 있다(상법 399조 1항). 이러한 이사의 책임은 모든 주주의 동의가 있어야만 면제될 수 있다(400조). 물론 이러한 요건이 너무 가혹하니 모든 주주의 동의라는 요건을 주주 총회의 특별 결의로 완화하는 식으로 상법을 개정하자는 주장도 있다. 실제로 일본은 2001년 상법을 개정해 이사의 책임을 특별 결의나 정관 규정으로 감면할 수 있도록 했다. 또 회사의 정관에 이사가 받는 총 보수의 일정 배수(예컨대 5배)를 주의의무 위반으로 인한 책임의 상한으로 규정하게 하자는 제안이 법무부에 제출된 바도 있다. 이러한 논의는 결국 이사의 책임을 제한하는 문제가 국민이 뽑은 대표자들이 모인 국회에서 상법 개정을 통해 해결될 사안이라는 점을 말해준다.

그런데 대법원은 이러한 모든 입법론적 논란에도 불구하고 과감하게 추상적인 요소들(사업의 내용과 성격, 해당 이사가 임무를 위반한 경위와 위반 행위의 태양, 회사에 공헌한 정도)을 종합적으로 감안해 이사들의 배상액을 제한할 수 있다고 판시한 것이다. 이는 결국 대법원이 현행 상법 조항을 법 개정이라는 절차를 생략한 채 사실 무력화하고, 상법상 주주에게 부여된 이사 책임 제한의 권한을 법원으로 옮겨버린 것이다.

최초의 수혜자는 삼성전자 이사들

이번 대법원 판결이 있기 얼마 전 2004년 12월 동방페레그린증권 사건 상고심에서 같은 법리가 원용되기는 했지만 그때는 실질적으로 배

[R]evolution 적자생존?
이제 좀 다르게 생각해보자

상 액수를 줄여주지는 않았다. 결국 새로운 대법원 판례에 의한 최초의 수혜자는 우리나라 최대 기업인 삼성전자의 이사들이 되었다. 우리는 사회적 약자들이 국가나 기업에 의해 권익이 침해됐다며 호소했을 때 법적 근거가 없다는 이유로 이를 거부해온 사법부의 소극적인 태도를 수없이 경험했다. 그런데 이사 책임 제한이라는 필요를 위해서는 국회가 만든 법을 바꿀 정도로 적극성을 보였다.

이러한 판결이 또다시 우리나라의 성역에 해당하는 삼성과 관련해 내려진 것도 주목하지 않을 수 없다. 삼성전자가 이건희 회장의 아들인 이재용 씨에게 이사회 결의도 없이 사모 전환사채를 발행해준 것은 위법하다며 제기된 전환사채 발행 무효 확인 소송에서도 사법부는 이사회 결의 없이 전환사채를 발행했더라도 거래의 안전을 감안해 그 효력을 인정해야 한다는 놀라운 법리를 개발해 법조인과 학자를 놀라게 한 적이 있다. 우리는 삼성이 결부된 특정 사건에서 새로운 법리가 개발되거나 판례가 바뀜으로써 법체계의 근간이 흔들리고 입법권이 침해되는 폐단은 더 이상 없어야 한다고 믿는다.

판결에 대하여	대법원 3부 2005. 10. 28. 2003다69638 손해배상	대법관 박재윤, 이규홍(주심), 양승태

삼성전자 주주 대표소송 상고심에서 삼성전자 전·현직 이사에게 190억원을 회사에 배상하라고 명한 원심을 확정한 판결.

1998년 제기된 소송은 7년가량을 끌었다. 이번 대표소송은 건실한 상장회사를 상대로 제기된 것으로 대법원의 최종 판결까지 받아 상장 회사 이사의 역할과 의무를 구체적으로 확인했다는 데 의미가 있다. 이전에 제일은행에 대한 대표소송이 있었지만 그것은 사실 부실 금융기관이 저지른 불법 대출의 책임을 물은 것이었다. 애초 원고들이 청구한 손해배상액은 3512억 원이었는데 1심은 이 중 977억 원만 인정했고, 2심에선 이것이 190억 원(지연이자 제외)으로 줄어들었다. 애초 청구액의 6퍼센트밖에 인정되지 않은 것이다.

● 2005년 판결비평 '근거 없이 이사의 책임 경영 원칙을 저버린 판결' 참조

신용카드 연체자를 사기죄로 처벌하는 게 바람직할까요? 한 시민이 신용카드로 현금 대출을 받아 '돌려막기'를 하다가 연체해 신용불량자가 되었습니다. 원심과 달리 대법원은 이미 과다한 채무로 변제할 능력이나 의사가 없는 상황인데도 신용카드를 사용한 것은 사기죄라고 인정했습니다. 제대로 신용 평가를 하지 않고 무분별하게 신용카드를 발급한 카드 회사의 도덕적 해이를 간과한 판결이라는 비판을 받고 있습니다. __**돈 갚을 능력 없는데 카드 사용하면 사기**

카드 연체에 사기죄를 적용한 대법원 판결은 올바른가

신용카드를 무분별하게 사용해 카드빚을 연체하는 이들이 늘어나자 카드 회사의 불법적 빚 독촉 행위가 난무했다. 야간에 찾아가 망신 주고, 끊임없이 전화해 심리적으로 압박하고, 책임도 없는 가족에게 떼쓰는 것이다. 그러다가 검찰에 형사 고소해 전과자를 만들겠다고 벼르는 모양이다. 형사 고소는 사실 빚 독촉 수단으로 많이 활용되었다.

검찰이 카드 회사의 채권 추심 기관이 되고 있다는 법조계의 자조 섞인 이야기도 나온다. 검찰은 신용카드 회사가 카드빚 연체자를 사기죄로 형사 고소하더라도 각하 처분을 내려 기소하지 않는 등 형사 정책으로 이 문제에 개입하지 않으려 했다. 법원도 신용카드를 신청할 당시 연체자가 잘못된 정보를 신용카드 회사에게 제공하는 등 구체적으로 신용카드 회사를 속이려는 행위가 있었음을 입증하지 못하면 사기죄를 적용하지 않았다.

2004년 12월 22일 광주지방법원 3형사부의 항소심 판결에 따르면 신용카드 회사 최초 발급 시점에서 카드 신청인의 신용을 평가한 뒤 사용 한도를 정하고 이때 신청인의 과거나 현재의 신용뿐만 아니라 장래의 신용까지 평가한 것이다. 적법하게 신용카드를 발급받은 사람이 사용할 때마다 자신의 경제적 상태를 신용카드 회사에게 알릴 의무는 없으며 자신의 재정과 신용 상태에 대한 허위 정보를 제공하는 등 구체적으로 속이려는 행위가 없는 한 사기죄를 적용할 수 없다고 판단했다.

그런데 대법원이 사기죄로 처벌할 수 없다며 무죄 판결한 하급심 판결을 잇달아 뒤집으면서 사기죄가 성립한다고 판결하고 있다. 2005년 9월 30일 대법원이 사기죄를 적용한 사건은 다음과 같다. 신용카드를 정상적으로 발급받아 성실히 연체 없이 사용하던 한 시민이 일정한 수입이 없어진 뒤 6개월가량 신용카드 현금 대출을 이용한 '돌려막기'를 하다가 결국 대출한 2000만여 원을 갚지 못하게 되었다. 대법원은 "과다한 부채의 누적 등으로 신용카드 사용으로 인한 대출금 채무를 변제할 의사나 능력이 없는 상황에 처했음에도 불구하고 신용카드를 사용했다면 사기죄에 있어서 기망 행위 내지 편취의 범의를 인정할" 수 있다며, 이 사건의 피고인도 적극적으로 신용카드 회사를 속이려는 행위를 하지 않았더라도 사기죄를 적용할 수 있다고 보았다.

한편 민변이 검찰청에 정보공개 청구를 한 자료에 의하면 1999년 신용카드 회사가 연체자를 고소한 건수가 1566건이었다. 검찰이 신용카드 회사의 빚을 대신 받아주는 기관으로 전락했다는 비판 여론이 일자 2000년 고소 건수가 425건으로 크게 줄었다가, 2001년부터 다시 늘어 2003년 2000건을 넘어 2004년에는 무려 5222건으로 급증했다. 이에 덩달아 검찰이 기소한 사건도 2000년 132건에서 2004년 무려 1360건으로 4년 사이 무려 10배나 증가했다. 신용카드 연체자를 형사 처벌할지에 대한 검찰의 태도도 크게 바뀌고 있음을 알 수 있다.

여기에는 몇 가지 문제가 있다. 우선 법원과 검찰은 카드빚 연체자 등 개인 파산자들을 형사 처벌해 전과자로 만들기 전에 사회적 회생이 가능하도록 조치해야 한다는 점을 간과하고 있다. 카드빚을 연체한 신용불량자가 400만 명에 가깝고 이 중 자신의 소득으로 빚을 갚기 어려운 개인 파산자가 100만 명이 넘는다. 이로 인한 가정 파탄과 자살 등 사회적 병리 현상을 예방하고 다시 경제활동을 할 수 있도록 이들을 회생시키는 문제는 사회적 과제가 되었다.

과중 채무자가 발생하는 원인을 따져보면 신용카드를 사용하는 이의 도덕적 해이뿐만 아니라 신용카드를 길거리에서 신용 조사도 없이 경품까지 주면서 마구 발급한 신용카드 회사의 도덕적 해이도 문제다. 개인 채무가 눈덩어리처럼 커지는 것을 알면서도 당장의 경제성장률에 매달려 빚으로 내수 소비를 진작하려 한 정부 관료의 정책 실패도 무시할 수 없다. 현재의 경기 침체를 벗어나려면 개인 파산자와 신용 불량자의 채무를 조정해주어 다시 정상적으로 소득 활동을 하도록 돕고 소비를 유도하는 게 중요한 과제다.

이를 위해 정부는 개인 워크아웃과 배드뱅크 등 각종 금융 프로그램을 추진하고, 법원도 개인 파산 제도를 도입하고 상담 활동을 강화하는 법률적 구조 활동에 나서고 있다. 1년간 소비자 도산 건수를 보면 미국은 160만 건이고 일본은 27만 건(2003년 기준)에 이른다. 신용 연체자를 형사 처벌하기보다는 채무 면책 등을 통해 다시 경제활동에 복귀하도록 하는 게 사회적 효용이 더 크다는 점은 우리와 비슷한 상황을 앞서 경험한 선진국에서 확인된 것이다. 따라서 이번에 대법원이 신용카드 회사를 속이려는 적극적 행위를 한 경우가 아닌 단순한 신용카드 채무 연체자에게 사기죄를 적용한 판결은 사회 정책적 방향에 부합하지 않는다.

‘허용된 위험’의 법리

대법원 판결은 법리적 측면에서도 올바른지 의문스럽다. 신용카드 회사와 신용카드 사용자 사이에 합의된 사용 금액 한도 내에서 카드를 사용한 행위에 대해 사기죄가 성립할 수 있는지 부정적으로 바라보는 의견이 많다.

신용카드 회사가 신용카드를 발급하고 대출 한도 등 사용 금액 한도를 정하는 과정에서 신용카드 사용자의 신용을 판단하는 데 필요한 중요한 사실, 즉 소득 수준과 과거 카드 대금을 연체한 사실 등을 사용자가 속였다면 이는 사기죄가 성립할 수 있다. 그런데 신용카드 사용자가 신용카드를 신청할 때 잘못된 정보를 고의로 신용카드 회사에 제출한 게 아니라 적법하게 카드를 발급받은 경우는 문제가 달라진다.

이른바 ‘허용된 위험(손해)’의 법리를 적용해야 한다는 견해도 있다. 신용카드를 적법한 방법으로 취득한 뒤 결제 능력이 없는 상태에서 카드를 사용했다가 생긴 채무가, 달리 말하면 카드 회사 입장에서 보면 손해되는 금액이 카드 회사가 카드 사용자의 신용을 평가한 결과 부여한 신용 한도 안에 머물러 있는 한 이 손해는 ‘허용된 위험’이라는 것이다. 신용카드 발급 당시 카드 회사가 스스로 부여한 신용 한도 이내라면 그 후 갚을 능력이 없어져 결과적으로 카드 대금을 연체하거나 갚지 못하게 되더라도 이는 ‘신용’이라는 개념과 ‘신용카드의 결제 시스템’ 자체에 내재되어 있는 요소인 것이다.

또 카드 사용자의 신용을 잘못 평가했거나 사후 신용 관리에 소홀한 카드 회사에게도 책임이 있다면 이 문제는 카드 사용자 한쪽의 사기 행위라고 가볍게 결론지을 수 없다. 만약 그렇다면 사기죄로 처벌해야 한다고 주장하는 사람들이 주장하는 것과는 다른 상황에 놓이게 된다. 카드 사용자의 도덕적 해이가 문제되는 게 아니라 정확한 신용 평가와 사후 관리를 소홀히 한 카드 회사의 도덕적 해이가 먼저 지적되어야 한다.

이번 대법원의 사기죄 적용 판결은 논리와 사회정책 측면 모두에서 아쉽다. 법원과 검찰은 개인 파산자를 형사 처벌하는 데 주력할 게 아니라 개인 파산과 면책 제도를 통해 회생할 기회를 주고 법률구조 사업을 활성화하는 게 옳다.

법원에 개인 파산을 신청한 건수는 2004년 1만 2373건, 2004년 9월 23일부터 시작된 개인 회생을 신청한 건수는 2005년 3월 말 기준으로 1만 8349건이어서 전년에 비해 두 배 정도 늘어났다. 이는 개인 파산자가 100만 명이 넘는 현실에 비추어보면 턱없이 부족한 숫자다. 개인 파산이나 개인 회생을 신청하지 않는 이유 중 하나는 신청을 지원하는 소송 구조 제도가 빈약하기 때문이다. 개인 파산 신청 건수 중 법률구조공단의 법률 구조 사업이 기여한 것은 516건으로 5퍼센트도 채 되지 않는다. 일본의 법률구조공단은 법률 구조 사업의 56퍼센트가 개인 파산을 지원하는 사업이라는 점만 봐도 개인 파산을 지원하는 법률 구조 사업은 활성화되어야 한다.

적법하게 신용카드를 발급받았고 적극적인 사기 의사가 없는 점을 고려해 카드빚을 연체한 신용불량자에게 무죄를 선고한 원심을 깨고 사기죄가 성립한다며 환송한 판결.

피고는 2000년 삼성카드를 발급받아 사용하다가 2002년부터 아무런 수입이 없게 되자 카드를 사용해 현금서비스를 받는 등 2400만 원 상당의 대출을 받고도 갚지 못했다. 1심은 피고의 행위를 사기죄로 인정해 벌금 200만 원을 선고했다.

2005년 3월 신세계 이마트가 신세계 이마트 노조를 상대로 낸 가처분 신청에서 법원은 노동 기본권을 침해할 내용을 대부분 받아들였습니다. 그러자 민주노총 등이 가처분 이의신청을 제기했는데 6개월 만에 동일한 재판부가 종전의 가처분 결정 내용을 상당 부분 취소했습니다. 얼핏 보면 공정한 재판 같지만 노조는 결국 가장 활발하게 활동할 시기에 광범위한 금지 처분을 받아 결정적 순간을 놓치고 말았습니다. 애초 가처분 결정이 좀 더 신중했었어야 합니다.__**이마트 노조 가처분 사건**

병 주고 약 주는 재판부

피케팅은 법적으로 정당한 행위다

피케팅이란 근로자 단체가 필요한 장소에 피케팅 요원을 배치해 다른 근로자와 일반 시민에게 쟁의 행위가 벌어지고 있음을 알려 협력을 구하고 방해 행위를 막는 쟁의 수단을 말한다. 노조법 2조 6호는 쟁의 행위를 "파업, 태업, 직장 폐쇄 기타 노동관계의 당사자가 그 주장을 관철할 목적으로 행하는 행위와 이에 대항하는 행위로서 업무의 정상적인 운영을 저해하는 행위"라고 정의하고 있다. 피케팅은 이에 해당한다.

대법원 판례를 보면 피케팅과 직장 점거에 대해 "'피케팅'은 파업에 가담하지 않고 조업을 계속하려는 자에 대해 평화적 설득, 구두와 문서에 의한 언어적 설득의 범위 내에서 정당성이 인정되는 것이 원칙이고, 폭행이나 협박 또는 위력에 의한 실력적 저지나 물리적 강제는 정당화될 수 없는 것"(1992. 7. 14. 선고 91다43800)이라고 설명한다. 피케팅은 폭력이나 파괴 행위가 아닌 한 법적으로 정당한 행위라는 말이다. 피케팅이 법적으로 정당한 행위라는 것은 상당히 중요한 의미를 가진다. 피케팅은 일종의 쟁의 행위이므로 노조법의 정의대로 '업무의 정상적인 운영을 저해하는 행위'일 텐데 폭력이나 파괴 행위가 아닌 한 정당한 행위라는 뜻이 된다. '쟁의 행위로 인해 업무가 방해받는 것은 정당하다.' 너무나도 당연한 이야기이지만 우리는 종종 이 점을 간과한다. 폭력이나 파괴 행위가 개입되었는지 쟁의 행위의 정당성을 살피기만 하면 되는 것이다. 간단한 예를 들어보자. 어떤 직원이 사용자의 비리나 약점을 폭로했다면 그것은 명예훼손이나 업무방해에 해당한다. 하지만 같은 행위가 근로조건과 관련해 쟁의 행위의 일환으로 이뤄졌다면 법적으로 정당하다고 평가되는 것이다.

사전 금지된 표현

피케팅은 본래 사용자의 업무의 정상적 운영을 저해하는 행위이므로 사용자의 업무가 저해되었다고 사용자의 영업권이 방해되었다고 주장하는 것은 어불성설이다. 폭력을 사용하거나 허위사실을 유포하는 등 정당성을 인정할 수 없는 사유가 없는 한 피케팅은 허용되어야 한다.

특히 이 사건과 같이 회사가 노조의 표현 행위에 대한 사전 금지를 청구하는 경우엔 더욱 신중해야 한다. 이 사건 판결에서도 재판부는 "중대하고도 현저하게 회복하기 어려운 손해를 입힐 우려가 있는 때에 한하여 예외적으로 사전 금지가 허용된다고 할 것이고, 특히 사용자의 근로자들에 대한 사전금지 청구를 판단함에 있어서는 헌법상 근로자에게 단결권, 단체교섭권 및 단체행동권이 보장된 취지가 몰각되지 않도록 유의해야 할 것이다"고 잘 설시하고 있다. 쟁의 행위의 일환으로 행하여진 표현 행위를 사전 금지하려면 일반적인 표현의 자유와 관련된 사건에 비해 더욱 신중해야 한다는 판단이다. 달리 말하면 상대방에게 '중대하고도 현저하게 회복하기 어려운 손해를 입힐 우려'가 있다고 하더라도 함부로 사전 금지를 해서는 안 된다는 것이다. 그렇다고 사용자에게 아무런 구제 수단도 없는 게 아니다. 사용자는 나중에 형사 고소나 민사상 손해배상 청구, 반박 보도, 정정 보도 등을 통해 해결해야 한다는 취지다.

가처분 결정에서 금지된 내용 중 가처분 이의 제기가 인정되어 취소된 표현은 다음과 같다.

'이마트가 무자비한(또는 파렴치하게) 노조 탄압(또는 말살)을 하고 있다.'

'이마트가 비인간적인 최저 대우를 하고 있다(또는 노동자를 착취한다).'

'이마트는 악덕 기업이다.'

'이마트는 무노조 경영 이념을 가지고 있다.'

그런데 이번 가처분 이의 판결에서 인가된 다음 내용은 과연 요건을 갖추고 있을까?

'이마트 수지점이 노동자를 감금하고 미행하고 있다.'

'이마트가 살인적인 인권 유린을 하고 있다.'

피케팅을 할 때 이 표현을 사용한 것을 두고 '중대하고도 현저하게 회복하기 어려운 손해를 입힐 우려가 있는 경우보다 더 신중해야 하는 요건'을 갖췄다고 할 수 있을까? 그렇지 않을 것이다. 설사 표현에 과장이나 허위라 있더라도 이 때문에 이마트가 입을 손해가 중대하다고 할 수 있는지 의문이다. 한 발 양보해서 중대한 손해라 하더라도 '현저하게 회복하기 어려운 손해'라고까지는 할 수 없다. 이는 쟁의 과정에서 생기는 통상적 손해일 뿐이고 나중에 금전적으로 또는 다른 민형사상 구제 수단을 통해 '회복할 수 있는' 성격의 손해다. 재판부는 "이와 같은 표현은 허위이거나 사실관계를 지나치게 과장·왜곡한 것으로서 그것이 외부에 표현될 경우에는 다수의 소비자를 상대로 할인 판매점을 영위하고 있는 채권자 회사에게 중대하고 현저하게 회복하기 어려운 손해를 입게 할 우려가 있다"는 이유로 이를 인가한 것인데 필자로서는 동의하기 어렵다.

'살인적인 인권 유린' 부분은 더욱 그렇다. 재판부는 "회사에 근무하는 계산원들의 근로조건이 열악하고, 채권자 회사가 노조에 가입한 계산원들에 대하여 노조를 탈퇴하도록 집요하게 종용, 회유하고 이로 인하여 다수의 조합원이 노조를 탈퇴해 노조가 무력화되었지만, 이와 같은 사정만으로는 도저히 채권자 회사가 '살인적'으로 근로자들의 인권을 유린하고 있다고 볼 수 없다"고 밝혔다. '살인적' 인권 유린이라는 표현을 사용한다고 해서 중대하고도 현저하게 회복하기 어려운 손해를 입힐 우려가 생길까? '살인적인'이라는 표현이 실제로 사람을 살해한다는 의미가 아니라는 것은 너무나도 상식적이다. 만일 한 언론이 '현 정부는 살인적인 부동산 조세 정책을 실시하고 있다'라는 기사를 쓰려한다면 정부가 언론사를 상대로 가처분을 신청해 사전 금지할 수 있을까? 또 '지하철이 냉방 시설이 고장 나서 많은 시민들이 살인적 더위에 시달렸다'라는 시민의 글에 대해 지하철공사는 기고자를 상대로 사전 금지를 청구할 수 있을까? 판단하는 사람의 가치관과 우리말 이해 수준에 따라 다른 결론이 나올지 모른다. 적어도 필자가 지적하려는 바는 쟁의 행위를 사전 금지할 때는 예로 든 경우보다 더 엄격해야 한다는, 재판부 스스로도 인정하고 있는 원칙이다.

가처분과 가처분 이의 절차에 대하여

이번에 언급해야 할 것은 원심인 가처분 사건과 가처분 이의 사건의 재판부가 동일하다는 점이다. 법을 잘 알지 못하는 일반인은 어떻게 같은 재판부가 불복 사건을 재판할 수 있는지, 또 같은 재판부가 행한 재판의 결과가 어떻게 다를 수 있는지 의문을 가질 수 있다. 이는 현행법상 절차적으로 비정상은 아니다. 가처분 신청이 제기되면 법원은 보통 변론 절차를 거치지 않는다(민사소송법 280조). 신청인 측에서 제기한 주장과 소명 자료만을 가지고 상대방에게 답변할 기회도 주지 않은 채 결정을 내리거나, 답변할 기회를 주더라도 보통 정식 변론 절차가 아니라 심문 절차를 거칠 뿐이다. 이 사건은 임시 지위를 정하는 가처분 재판(300조 2항)이므로 정식 변론 기일이 아니라 심문 기일을 여는 게 원칙이다(304조).

가처분 재판 과정 중 변론 절차를 거치지 않는 이유는 가처분이 본질적으로 긴급성과 밀행성을 필요로 하기 때문이다. 문제가 있으면 이의신청 제도로 해결하는데 이때 정식 변론 절차를 거치게 된다(민사소송법 286조). 따라서 긴급성과 밀행성에 따라 변론 절차 없이 가처분 결정이 이루어졌다 하더라도 채무자 측이 이의신청을 제기한 경우 정식 변론 절차를 거쳐 처음의 결정이 취소되는 것은 결코 모순되거나 이례적이지 않다. 또 이의 사건은 가처분 결정을 한 법원의 전속 관할에 속한다고 보기 때문에 같은 재판부가 이를 심리하는 것도 법적으로 아무 문제 없다. 이 사건은 당초 가처분 결정을 내릴 때는 회사 측의 가처분 신청을 폭넓게 받아주었다가 그 후 노조 측이 이의신청을 제기하자 변론 절차를 거쳐 충분히 심리한 후 많은 부분에서 가처분을 취소하고 제한된 일부만 가처분을 인가한 것이다

낡은 세계관을 넘어 이제는 사람이다

당초 법원은 가처분 요건을 갖추지 못했음을 몰랐을까?

그럼에도 이 사건 재판부는 피케팅 행위에 대한 사전 금지를 내릴 때 신중하지 못했다는 비판을 면할 수 없다. 이 사건에서 어떤 표현을 금지할지의 문제는 반드시 변론을 통해야만 파악할 수 있는 건 아니다. 가처분 신청에 대해 심문하는 과정에서도 충분히 판단할 수 있었다. 이 사건의 취소·인가 사유는 가처분 결정 시점과 가처분 이의 판결 시점을 비교할 때 그 성격이 특별히 달라지지 않았다.

예컨대 당초 가처분에서 사전 금지 결정이 난 표현 중 '이마트는 무노조 경영 이념을 가지고 있다'에 대해 생각해보자. 재판부는 가처분을 명할 당시에는 이 부분이 필요하다고 생각해 사전 금지를 명했다. 그런데 가처분 이의 절차에서 비로소 "객관적 사실에 부합하거나 사실관계를 다소 과장한 것에 불과하고 (…) 위와 같은 내용이 외부에 표현된다 하여 채권자 회사에 중대하고 현저하게 회복하기 어려운 손해를 입힐 우려가 있다고 보기 어렵다"는 이유로 금지를 취소했다. 이마트가 속한 그룹이 대표적으로, 또는 거의 유일하게 무노조 이념을 가지고 있음은 웬만한 대한민국 국민에게는 상식에 속한다. 재판부는 이러한 노조의 주장이 객관적 사실에 부합한다는 것을 변론 절차를 거친 후에야 비로소 알게 됐을까? 한 표현이 무슨 결과를 가져올지는 통상적으로 그 표현 자체와 대략적인 상황을 보면 어느 정도 쉽게 판단할 수 있다. '이마트는 무노조 경영 이념을 가지고 있다'라는 표현을 사용한다고 중대하고 현저하게 회복하기 어려운 손해를 입힐 우려가 생기기 어렵다는 점을 재판부는 변론 절차를 거친 후에야 비로소 판단할 수 있었을까?

쟁의 행위의 일종인 피케팅에서 어떤 표현을 사전 금지하려면 '중대하고 현저하게 회복하기 어려운 손해를 입힐 우려' 이상의 요건을 갖추어야 하는데 가처분 결정 시점에는 그만한 사유가 있었다가 가처분 이의 판결 시점에선 그 사유가 해소되었을까.

경위야 어쨌든 재판부가 가처분 결정에서 다소 경솔하게 가처분 신청을 광범위하게 인용해주었다가 나중에 이의신청 재판에서 이를 상당 부분 바로잡았으므로 결과적으로 공정한 재판이라고 볼 수도 있다. 그런데 이 판단에는 아주 큰 착오가 있다. 가처분의 법적 효력과 노동사건 가처분의 특수성을 생각할 때 이번 판결은 실질적으로 사용자인 이마트에 결정적 도움을 주었고 노조원들이 정당한 쟁의행위로서 피케팅을 할 기회를 박탈했다는 비판을 면하기 어렵다.

가처분 결정과 집행력

가처분 결정은 변론 절차 없이 발령되고 이의신청 절차에서 본격적인 변론이 이뤄진다. 그런데 가처분 결정이 난 뒤 이의신청 판결이 나기 전까지의 기간 동안 가처분의 효력은 어떻게 될까. 여기에 유의할 필요가 있다.

예컨대 민사 본안 소송의 1심에서 원고의 청구가 받아들여지고 피고가 패소한 경우 만일 피고가 불복해 항소하면 원고는 1심 판결을 가지고 강제집행을 할 수 없는 게 원칙이다. 그런데 가처분의 경우는 다르다. 가처분 결정에 대해 이의신청을 제기하더라도 그 집행은 정지되지 않는다. 아주 예외적인 경우에 한해 채무자 측은 가처분에 대한 집행정지를 신청할 수 있다(민사소송법 309조). 이 사건의 경우 집행정지가 이뤄지지 않았다. 따라서 가처분 결정이 난 뒤 이의신청 판결이 나기 전까지의 기간 동안 광범위한 사전 금지를 명한 당초의 가처분의 효력이 인정된 것이다. 그뿐만 아니라 가처분 결정은 노조원이 가처분 결정 내용을 위반하면 간접강제금 50만 원을 지급하도록 명했다.

결국 이 사건 재판부의 재판에 따라 2005년 3월 24일 가처분 결정일부터 2005년 9월 1일 가처분 이의 판결일까지 6개월에 가까운 긴 기간 동안 결과적으로 노조원은 정당한 사유 없이 피케팅 행사를 제한받은 셈이 된다. 이제 막 설립된 뒤 와해 공작에 맞서 힘겨운 싸움을 하고 있던 이마트 노조는 그 기간을 거치며 사실 심각한 제약을 받았을 것임은 누구나 쉽게 생각할 수 있다.

노동사건의 특수성

노동관계, 특히 쟁의 당시의 노사관계는 마치 생물과 같아서 시시각각 변하는 변수에 따라 전혀 다른 양상을 띤다고 한다. 여러 상황이 변하면서 중요 당사자조차 한 치 앞을 내다볼 수 없는 경우도 많다. 그와 같은 특성을 고려할 때 노동사건 가처분은 그 결론이 물론 중요하지만 결론 못지않게 시의성 또는 적시성이 중요하다.

이번 판결을 서류상으로 살펴볼 때는 변론 없이 이루어진 가처분에 대해 변론 과정을 거치면서 상당 부분 노조원의 주장이 받아들여졌으므로 노조원은 별다른 불이익을 입지 않은 것으로 보인다. 이 재판에서 오히려 노조원이 '최후의 승리'를 한 것처럼 보이기도 한다. 하지만 이 사건에서 노조원은 실질적으로 완전 패소한 것이나 다름없다. 진정으로 피케팅이 필요한 시점에 광범위하게 금지되었고, 그 금지의 효력은 6개월 가까이 지속되었으며, 피케팅이 무의미해진 시점에 이르러서야 피케팅 사전 금지 결정이 취소되었기 때문이다. 좀 더 과격하게 말하면 이 사건 재판부는 노조원에게 '병 주고 약 준' 셈이고, 노조 활동이 가장 필요했던 시기가 지난 뒤 노조원이 받아 든 '승소 판결문', 가처분 이의 판결문은 그야말로 사후약방문이다.

이 사건 판결 후 이마트 노조와 노조원들이 어떻게 되었는지 필자는 개인적으로 확인해보지 못했다. 그래도 사전 금지를 명한 가처분 결정은 이마트 노조의 활동을 심각하게 제한했고 그 후 가처분 이의 판결에서 잘못되었던 사전 금지 결정이 대부분 취소되었다고 한들 이미 타격을 입은 이마트 노조는 쉽게 회복할 수 없었을 것이다. 이 사건 가처분 절차를 통해 정작 '중대하고 현저하게 회복하기 어려운 손해'를 입은 당사자는 가처분 채권자인 회사 측이 아니라 노조원들이었다. 노동사건에 대한 가처분이 본래의 취지를 벗어나 헌법과 법률상 인정된 노동자 기본권의 행사를 무력화하는 제도적 족쇄로 남용되지 않도록 법원은 가처분 결정 단계에서부터 신중히 판단해야 한다.

판결에 대하여	수원지방법원 30부 2005. 9. 1. 2005카합564 가처분 이의	판사 길기봉(재판장), 최기영, 김강대

신세계 이마트가 이마트 노조를 상대로 낸 가처분 신청이 받아들여져 노조 활동이 광범위하게 금지되었는데 이후 노조가 낸 가처분 이의신청 재판에서 가처분 결정 내용을 대부분 취소한 판결.

수원지방법원은 2005년 3월 신세계 이마트가 노조 활동이 부당하다며 낸 용어 사용 금지 및 접근 금지 가처분 신청을 받아들였다. 이로써 피케팅의 내용이 광범위하게 사전 금지되었고, 그 내용을 언론 매체를 통해 알리는 행위, 매장 100미터 이내에서 소란 행위를 동반해 집회를 여는 것 등도 금지되었다.

지난 2000년 9월 검찰은 한 미술교사가 자신의 홈페이지에 올린 작품들이 음란물에 해당한다며 기소했습니다. 1심, 2심 재판부는 무죄를 선고했지만 대법원은 2년 7개월 동안 심리한 끝에 작품 중 일부를 음란물로 인정해 일부 유죄 취지로 사건을 파기환송했습니다. 음란물에 대한 대법원의 판단이 우리 사회가 가져야 할 판단 기준으로 얼마나 타당한지, 그리고 미술 작품을 형사 처벌하는 게 정말 필요한지 토론해보려 합니다.__**미술 교사의 누드 작품 음란물 인정**

표현의 '자유'를 좀 더 '자유롭게'

중학교 미술 교사인 김인규 씨는 재직 중 틈틈이 제작한 미술 작품과 사진, 동영상을 자신의 홈페이지에 올렸다. 그중 여섯 가지가 전기통신 역무를 이용해 음란한 영상을 공연히 전시한 혐의로 검찰에 의해 기소되었다.

여성의 벌어진 다리 사이로 노출된 성기를 정면에서 세밀히 묘사한 그림 〈그대 행복한가〉(공소사실 1항), 환자용 변기에 놓인 남성 성기를 그린 〈무제〉(공소사실 2항), 자신과 자신의 부인이 알몸으로 함께 나란히 서서 성기를 노출한 모습을 찍은 사진 〈우리 부부〉(공소사실 3항), 청소년이 성기가 발기된 채 양 주먹을 불끈 쥐고 있는 그림 〈남자라면〉(공소사실 4항), 발기되어 있는 남성 성기와 그 성기에서 분출되는 정액을 화면 중앙에 세밀하게 그린 그림 〈남근주의〉(공소사실 5항), 여성 음모와 팬티, 엉덩이 등 노출된 하드코어 포르노물의 일부 장면을 편집하고 '헉헉'이라는 글자가 화면 오른쪽에서 왼쪽으로 지나가도록 자막을 구성한 동영상 〈포르노나 볼까〉(공소사실 6항)가 그것이다.

하급심인 대전지방법원 홍성지원과 대전고등법원 합의부는 무죄를 선고했지만, 대법원 3부는 공소사실 2항, 4항, 6항은 원심 판결을 인용해 음란성이 없다며 무죄로 보고 공소사실 1항, 3항, 5항은 음란물로 보아 유죄를 선고하며 파기환송했다.

대법원은 여성 성기를 정밀히 묘사한 공소사실 1항은 묘사가 아주 자세하고 색채가 사실적이어서 여성 성기의 이미지가 그림 전체를 압도한다며, 김씨 부부의 전라 사진인 공소사실 3항은 있는 그대로의 신체의 아름다움을 보여주려는 제작 의도가 있었더라도 얼굴과 성기를 가리지 않은 채 적나라하게 나신을 드러낼 논리적 필연성이 없어 보이므로, 발기된 채 정액을 분출하는 남성 성기 그림인 공소사실 5항은 그림을 본 보통 사람으로 하여금 성적 상상과 수치심 말고는 다른 생각을 할 여지가 없게 만든다며 '성적 흥분이나 수치심을 불러일으키는' 음란물로 판정했다.

미국 연방대법원 3단계 음란성 판단 기준

어떤 표현물이 음란물인지에 대한 판단 기준은 시대와 사회를 가리지 않고 예외 없이 무척 추상적이었다. 음란성을 판단하는 구체적 기준도 시대와 사회에 따라 달랐다. 음란에 대한 보편타당한 개념과 정의를 찾기는 사실 불가능에 가깝다. 미국 연방대법원의 스튜어트Porter Stewart 대법관은 어떤 표현물이 음란물인지 도저히 명쾌히 정의할 수는 없지만 "그것을 보면 알 수 있다I know it when I see it"고 고백했을 정도다.

그중에서 미국 연방대법원의 3단계 음란성 판단 기준이 가장 구체적이고 상세한 판단 체계로 인정받으며 세계 여러 나라 사법부의 음란성 판단에 영향을 끼치고 있다. 1973년 밀러 대 캘리포니아주 판결Miller v. California에서 제시된 이 기준은 1) 표현물이 지역공동체의 평균인에게 '호색적 흥미에 호소'하는 것으로 받아들여지는가, 2) 표현물이 적용 가능한 법에 구체적으로 규정된 대로 성적 행위를 '명백히 공격적인 방법으로 묘사'했는가, 3) 전국적 기준에서 판단했을 때 표현물이 '중대한 문학적, 예술적, 정치적, 과학적 가치를 결하는가'이다. 미국에서는 이 세 기준을 모두 만족시켜야 음란물이 판정되고 표현의 자유가 보호되는 범위 밖으로 내몰리게 된다.

우리나라에서도 성을 소재로 한 소설이 음란물인지 아닌지를 두고 사회적 이목을 집중시킨 적이 몇 번 있었다. 1970년대의 소설《반노》와 1995년 마광수 교수의 소설《즐거운 사라》, 2000년 장정일의 소설《내게 거짓말을 해봐》가 그랬다. 이들은 음란물의 제조 등을 금한 형법 244조, 음란물의 판매 등을 금한 형법 243조가 적용되어 음란물로 처벌받았다.

대법원은 음란을 "일반 보통인의 성욕을 자극하여 성적 흥분을 유발하고 정상적인 성적 수치심을 해하여 성적 도의 관념에 반하는 것"이라고 정의하고 있다. 이러한 정의는 미국 연방대법원 3단계 음란성 판단 기준과 비교해볼 때 너무 추상적이고 간단하다. 오히려 음란물은 "인간 존엄 내지 인간성을 왜곡하는 노골적이고 적나라한 성 표현으로서 오로지 성적 흥미에만 호소할 뿐 전체적으로 하등의 문학적, 예술적, 과학적 또는 정치적 가치를 지니지 않은 것"(1998. 4. 30. 95헌가16)이라는 헌법재판소의 정의가 훨씬 구체적이고 미국 연방대법원 3단계 기준에 더 가깝다. 대법원의 음란 판단 기준은 구체화 노력을 아예 포기한 것처럼 보인다. 그럴 때 법관의 주관이 과도하게 개입할 여지가 생기고 자의적 판단이 나온다.

대법원은 이번 판결에서도 1995년 마광수 교수의 소설《즐거운 사라》을 음란물로 판정하면서 확립한 판례를 따르면서 이전의 추상적이고 간단한 음란성 판단 기준을 잣대로 들이댔다. 이제는 외국의 음란성 판단 기준을 면밀히 검토하고 우리 사회의 특수성을 깊이 고려해 좀 더 구체적이고 현실성 기준을 전향적으로 검토할 때다.

미성년자 특별 보호

미국 연방대법원은 밀러 판결에 의한 3단계 음란성 판단 기준을 성인을 대상으로 한 성적 표현물에 한정해 적용하고, 미성년자를 대상으로 한 성적 표현물의 음란성 여부를 판단할 때는 기준을 달리한다. 성적 표현물로부터 '미성년자 특별 보호'를 꾀하는 것이다.

두 가지 측면에서 기준을 달리한다. 첫 번째, 독자나 관객으로서 미성년자를 특별히 보호한다. 성인을 대상으로 한 표현물이 밀러 판결의 3단계 기준을 충족시키지 못해 음란하지 않은 표현물로 판정되었더라도 '성에 대한 노골적 내용을 담고 있는 표현물sexually explicit materials'이기만 하면 미성년자를 대상으로 해서는 음란물이 된다. 두 번째, '성적 표현물에 등장한 자'로서 미성년자를 특별 보호한다. 즉 어떤 성적 표현물이 밀러 판결의 3단계 기준으로 보아 음란물이 아니더라도 '성행위에 가담하는 미성년자'가 나오는 표현물이면 음란물로 판정해 그 배포를 금한다. 이 법리는 1982년 뉴욕 대 퍼버 판결New York v. Ferber에서 상세히 다뤄졌다. 물론 이때의 표현은 '시각 매체를 통한 표현'에 국한되어 성행위에 가담하는 미성년자에 대한 글을 통한 묘사는 음란물로 규제되지 않는다.

헌법재판소도 "청소년 보호라는 명목으로 성인이 볼 수 있는 것까지 전면 금지한다면 이는 성인의 알 권리 수준을 청소년의 수준으로 맞출 것을 국가가 강요하는 것이어서 성인의 알 권리를 침해하게 된다"(95헌가16)고 판시한 바 있다.

성적 표현물의 음란성 판단 기준은 그 대상이 성인이냐 미성년자이냐에 따라 달리해야 한다. 그러면 표현의 자유도 최대한 보장하고 미성년자도 특별히 보호할 수 있는 일거양득 효과를 거둘 수 있다. 성인 대상의 성적 표현물은 음란성 판단 기준을 높고 까다롭게 두어 범위를 좁힘으로써 성적 표현의 자유를 최대한 보장하고, 청소년 대상의 성적 표현물은 '성에 대한 노골적 내용을 담고 있는 표현물'이기만 하면 음란물로 판정해 기준을 낮춤으로써 청소년을 특별히 보호할 수 있는 것이다. 이것이 헌법적 차원에서도 바람직하다.

대법관은 '일반 보통인'이 아니다

사법부는 성적 표현이나 음란물을 판정할 때 예술적 상상력이라는 관점에서는 예술가들에 비해 뒤떨어질 수밖에 없다. 문화적 표현물을 바라보는 사회적 시각이 급속히 진보하고 일반인의 관점이 변하는데도 이를 제대로 파악해 판결에 반영하지 못하고 있다. 대법관은 예술 분야 전문가도, 일반인도 아닌 어정쩡한 입장이라 음란성을 판단하는 데 그다지 적합하지 않은 존재다.

대법원은 그동안 '일반 보통인'의 입장에서 성적 흥분을 유발하는지 등을 보고 음란물로 판단해왔다. 그런데 사실 '일반 보통인'이 아니라 대법관 자신이 그 표현물을 검토해보고 성적 흥분이 유발되거나 성적 수치심이 들면 이를 음란물로 보는 주관적 판단을 해온 것이다. 대법관은 자신을 일반 보통인이라 믿고 이러한 판단을 했거나, 아니면 적어도 일반 보통인이라면 어떤 느낌이 들었을까를 상상하면서 판단했겠지만, 대법관의 정서는 애초에 일반 보통인의 그것과는 거리가 멀고 일반 보통인의 입장에서 해본 상상도 사실 일반 보통인의 그것과는 동떨어진 것이다.

이 대목에서 우리는 좀 솔직해질 필요가 있다. 50대나 60대 엘리트 도덕주의자인 법관의 판단이 어떻게 일반 보통인의 그것과 병치될 수 있겠는가. 일반 보통인이라면 적어도 엘리트 대법관보다는 성적 표현물을 바라보는 관점이 더 관용적이고 다양하며 젊을 수밖에 없다. 이번 사건 판결에서 대법원은 일반 보통인에게는 별로 납득되지 않는 가치 기준을 제시함으로써 우리 사회를 약간 혼란스럽게 했다. 또 스스로 권위를 깎아내려 일반 보통인의 비웃음거리가 되고 말았다.

대법원이 음란물로 판정한 사진 〈우리 부부〉는 대전고등법원이 판결문에서 지적한 것처럼 "제4회 광주비엔날레에 전시되고 5·18자유공원 안에 상설 전시될 만큼 예술성이 인정"된 것이었다. 광주비엔날레 작품 심사위원들과 5·18자유공원 전시품 심사위원들, 그리고 이곳의 미술 작품을 둘러보며 김인규 교사의 사진 〈우리 부부〉에서 별 성적 흥분이나 수치심을 느끼기는커녕 오히려 예술적 혼이나 실험정신을 감지한 우리 사회의 일반 보통인은 그럼 다 음란한 마음을 품은 음란의 동조자란 말인가.

이러한 점 때문에 음란물 판정은 일반 보통인의 허용 기준을 반영하기 위해 배심재판에 맡겨야 할 필요가 생긴다. 미국 연방대법원은 밀러 판결에서 배심원의 권한을 강화하려고 지역공동체 기준을 채택하기로 결정했다. 세 가지 음란성 판단 기준 중 앞의 두 기준인 '호색적 흥미에의 호소'나 '명백한 공격성'의 충족 여부는 그 표현물에 대한 기소권이 행사된 지역의 기준에 따른다는 것이다. 그런데 두 기준이 지역공동체의 기준을 따른다는 건 바로 두 기준에 대한 판단을 '배심원들에 의한 사실판단'에 맡긴다는 것을 의미한다.

배심재판을 통해서 일반 보통인의 관점이 가장 정확하게 반영될 수 있다. 일반 보통인의 관점을 계속해서 음란 판단 기준으로 삼으려면 '음란 판단' 문제는 필요적 배심재판 사항으로 두는 게 타당하다. 다시 한 번 강조하는데 우리 사회에서 엘리트 법관은 태생적으로 일반 보통인의 정서를 대변하기 어려운 사람이다.

예술성이나 사상성은 음란성을 면해주는 것

대법원은 음란 판단에 대한 사건에서 "예술성과 음란성은 차원을 달리하는 관념이고 어느 예술작품에 예술성이 있다고 하여 그 작품의 음란성이 당연히 부정되는 것은 아니라 할 것이며, 다만 그 작품의 예술적 가치, 주제와 성적 표현의 곤란성 정도 등에 따라서는 그 음란성이 완화되어 결국은 처벌 대상으로 삼을 수 없게 되는 경우가 있을 뿐"임을 줄기차게 강조해오고 있다. 예술성은 음란성을 완화할 수는 있지만 음란성에 전적인 면죄부를 주지는 않는다는 입장이다.

외국 판례의 입장을 살펴보면 중대한 예술성이나 메시지가 있는 사상성은 음란성을 완화하는 정도가 아니라 아예 없애준다고 판단하고 있다. 미국 연방대법원의 3단계 음란성 판단 기준도 세 번째 기준으로 '중대한 문학적, 예술적, 정치적, 과학적 가치를 결하는가'를 두고 있다. '중대한 문학적, 예술적 정치적, 과학적 가치'만 있으면 앞의 두 기준을 충족시킨 '호색적 흥미에 호소하는 명백히 공격적인 하드코어 포르노그래피'라도 음란물이 아니라고 보는 것이다.

이번 사건의 하급심은 쉽게 파악해냈고 무죄의 이유로 삼은 '성의 상품화를 반대한다'라든가 '있는 그대로의 신체의 아름다움을 직시하자'

라는 작품의 메시지가 이상하게도 대법원 판결에서는 별로 크게 고려되지 않고 음란성을 조금 '완화해주는' 장식물로 치부되었다. 김인규 교사의 표현물에 전체적으로 교육적이고 계몽적인 문맥이 있음에도 대법원은 이에 대해서는 눈을 가린 채 오로지 성적 노출의 크기나 정도에만 집요하게 매달리고 문제 삼았다. 사건 당사자인 김인규 교사는 한 언론과의 인터뷰에서 "대법원은 성기를 드러낸 것만 가지고는 더 이상 음란물로 판정하기 힘드니까 얼마나 크게 그렸느냐를 걸고 넘어졌다"라면서 "크게 그리면 음란물이고 작게 그리면 예술인가"라고 반문했다.

장정일의 소설 《내게 거짓말을 해봐》에 대한 음란물 판정에서도 대법원은 판결문에 "피고인이 주장하고 있는 바와 같은 표현 의도와 오늘날 우리 사회의 개방된 성 관념을 아울러 고려해보더라도 음란하다고 보지 않을 수 없다"고 적었다. 피고인이 주장하는 표현 의도 즉, 예술성과 사상성이 상업적 목적의 표현물을 포장하는 핑곗거리가 아니고 일반 보통인이 감지할 수 있는 정도의 것이라면 당연히 음란물의 낙인을 거둬들여야 한다.

미국 연방대법원은 일찍이 음란과 '주제가 있는 음란'을 구별했다. 후자를 성행위 표현이라도 보호해야 일종의 사상의 표현물로 취급해 표현의 자유를 규정한 수정헌법 1조에 의해 보호되는 것으로 보았다. 예컨대 1959년 킹즐리 영화사 대 리젠츠 판결Kingsley International Pictures Corp. v. Regents은 간통이나 사통을 용납할 수 있는 행동으로 묘사한 영화에 대해 상영 금지한 뉴욕주의 영화검열법을 위헌으로 무효화했다. 영화검열법이 사상의 주장을 검열하는 법인 이상 수정헌법 1조에 위배된다는 이유였다.

비록 노골적이고 대담한 묘사가 담긴 성적 표현물이라 할지라도 중

대한 예술성이나 사상성을 지닌 것이라면 음란성을 완화하는 정도가 아니라 아예 면해주어야 한다. 대법원이 표현의 자유의 본질에 대한 고민 없이 음란의 문제를 다루고 있지 않은지 의구심이 드는 대목이다.

우리 사회는 현재 온갖 노골적이고 병적인 상업적 음란물이 인터넷에 범람하고 있다. 이른바 포르노 사이트는 국경의 장벽마저 없는 인터넷 공간의 자유성을 십분 악용해 성인뿐만 아니라 미성년자에게도 낯 뜨거운 음란물을 보여준다. 규제를 하려면 비정상적이고 병적인 성행위를 내용으로 한 상업적 음란물을 대상으로 해야 한다. 이것들이 해악성의 정도가 심하고 헌법재판소가 말한 대로 "사회의 건전한 성도덕을 크게 해칠 뿐만 아니라 사상의 경쟁 메커니즘에 의해서도 그 해악이 해소되기 어려워 언론·출판의 자유에 대한 보장을 받지 못하"는 음란물이다.

김인규 교사의 작품은 성에 대한 치욕적이고 병적인 흥미에 호소하는 음란물이 아니라 건강하고 평범한 인간 군상에 대한 표현물이다. 있는 그대로의 인간 신체의 아름다움을 표현하고 오히려 인체의 성 상품화를 반대하는 반反음란적 주제가 작품 속에 흐르고 있다. 여기 어디에 정상적인 건강한 성에 대한 표현 이외에 비정상적이고 병적인 성에 대한 탐닉이 묘사되어 있는가. 또 상업적 이익을 취하기 위한 의도도 전혀 없다. 표현물의 성 도발적 성격을 강조하는 홍보나 선전 행위도 없다. 비정상적이고 병적인 성행위를 묘사한 음란물, 오로지 상업적 이익을 챙기려는 말 그대로의 음란물이 창궐하는 것은 그대로 두고, 건강한 성을 보여주려는 교육적 의도로 개인 홈페이지에 올린 내용을 음란물로 처벌하는 것은 형평성 측면에서도 상식적으로 납득이 되지 않는 판단이다.

이익 형량의 문제

대법원은 '일반 보통인의 건전한 통념'이라고 치장한 자신들의 보수적 도덕의 잣대로 표현물의 음란성 여부를 재단하고 있다. 보수적 도덕주의는 위선으로 흐를 수 있기에 위험하다. 인간 행위와 도덕, 성, 종교에 관한 증명되지 않은 가정에 기초한 음란 규제는 헌법 21조의 가치를 중대하게 훼손하는 것이다. 음란물과 성범죄는 아무런 상관관계가 없다는 보고도 많다. 자유주의적 이론을 따르는 심리학자와 사회학자들은 공격적인 포르노그래피가 성범죄를 유발하는 게 아니라 오히려 사회를 더욱 건강하게 만들어서 사회적으로 유용하다고 반박한다.

한 발 양보해서 음란물을 규제할 필요성이 있다 하더라도 사실 음란성을 판단하려면 표현의 자유와 음란물 규제의 필요성 간의 이익을 형량할 수밖에 없다. 미국 연방대법원의 3단계 음란 판단 기준 중 '호색적 흥미에의 호소'와 '명백한 공격성을 띤 하드코어 성행위 묘사'는 성이 고도로 상품화된 미국 사회에서는 웬만한 성적 표현물은 다 충족하고 있다. 미국의 판례상 음란성 판단은 세 번째 기준(예술성, 사상성)을 통해 이익 형량이 이뤄지는 점을 눈여겨볼 필요가 있다. 음란성에 관한 사건은 '점잖은 사회를 유지할 정부의 권리'를 침해하지 않고 '미국 수정헌법 1조의 표현의 자유'가 어느 정도까지 보호될 수 있느냐를 보는 이익 형량의 문제라는 것이다.

온갖 음란물이 범람하고 성인이든 청소년이든 이를 쉽게 접할 수 있는 현재 한국 사회에서 표현물을 억압함으로써 생기는 정부의 '점잖은 사회를 유지할 이익'은 아주 왜소해 보인다. 그보다는 미성년자를 대상으로 한 성적 표현물과 성인을 대상으로 한 성적 표현물을 구분해 전자는 엄격한 기준을 적용해 철저히 규제하고 후자는 기준을 완화해 음란물의 범위를 좁힘으로써 표현의 자유를 넓게 보장해야 한다. 표현의 자유를 좀 더 '표현의 자유답게' 지키는 데 주안점을 두는 게 현재로서는 바람직하다.

판결에 대하여	대법원 3부 2005. 7. 22. 2003도2911 구 전기통신기본법 위반	대법관 이용우, 이규홍, 양승태, 박재윤(주심)

미술 교사가 자신의 홈페이지에 알몸과 성기 노출 사진 등을 올렸다가 전기통신기본법을 위반한 혐의로 기소된 사건에서 음란물이 아니라는 원심을 깨고 일부는 음란물이라며 사건을 돌려보낸 대법원 판결.

전기통신기본법의 음란 조항은 2001년 1월 개정되어 정보통신망법 41조 등으로 대체되었다.

1990년대 내내 국가보안법 위반 사건 재판에서 증거물에 대한 감정서를 발급해오던 기관이 있었습니다. 한 대학생이 경찰청 산하의 공안문제연구소에 이적표현물 감정 목록 등에 대한 정보를 공개하라고 청구했습니다. 법원은 비공개 대상인 정보라고 판단했습니다. 그런데 과연 재판부는 정보의 내용이 '국가 안전 보장에 유해로운 결과를 초래할 우려가 있는 국가 기밀'인지 검토했을까요? 행정기관이 처분한 '분류 기준'이라는 형식만 보고 판단하지 않았는지 의구심을 갖게 합니다.__**공안문제연구소의 공안 감정**

원칙을 집어삼킨 예외

판결문에 따르면 공안문제연구소는 경찰대 산하에 있는 행정기관으로 "공산주의를 비롯한 좌익 사상에 대한 연구 및 대응 이론의 개발, 국가보안법 위반 사건에 관한 증거물의 감정 등을 담당하고 있는데, 경찰청, 국정원, 국군기무사령부 등 공안 관련 기관으로부터 공식 문서로 문건의 감정을 의뢰받으면 감정서를 작성한 다음 (…) 이를 의뢰한 기관에 송부하"는 일을 한다.

서울행정법원 13부는 5월 31일 건국대 학생 모임 시놉티콘의 회원인 한 대학생이 공안문제연구소에 정보공개를 청구한 사건에서 비공개 처분은 정당하고 판단했다. 학생이 공개하라고 청구한 정보는 '공안문제연구소가 설립된 뒤부터 지금까지 감정한 사건, 감정 도서는 무엇인지 그리고 감정자는 누구인지'였다.

1996년 제정된 정보공개법은 기본적으로 국민 주권 원칙에 따라 국가가 관리하고 보유하는 모든 정보는 국민의 것이며 예외적으로만 비밀로 유지될 수 있다고 규정하고 있다. 그 예외를 규정한 조항 중 하나가 이번 사건 재판부가 적용한 구 정보공개법 7조 1항 1호다. '다른 법률 또는 법률에 의한 명령에 의해 비밀로 유지되거나 비공개 사항으로 규정된 정보'를 말한다. 국정원법 3조 2항과 그 위임에 의한 대통령령인 보안업무규정 2조 1호, 4호, 23조는 '국가 안전 보장에 유해로운 결과를 초래할 우려가 있는 국가 기밀'은 그 중요성과 가치의 정도에 따라 1~3급 비밀로 분류되고 취급 인가를 받은 자만 열람할 수 있도록 규정하고 있다. 이번 사건에서 청구된 정보가 이렇게 '다른 법률 또는 다른 법률에 의한 명령'에 의해 '비밀로 유지되거나 비공개 사항으로 규정된' 정보에 해당하므로 재판부는 비공개 결정은 합당하다는 입장이다.

재판부는 어떻게 해서 이번 사건 정보가 위 조항에 의거해 '비밀로 유지되거나 비공개 사항으로 규정되었는지'를 다음과 같이 친절히 설명한다. 공안문제연구소가 작성한 감정 문서 등의 구체적 목록은 1992~1997년 감정 목록과 1998~2004년 감정 목록 2권으로 나뉘어 보관되고 있다. 1992~1997년 목록은 도서와 유인물(간행물, 노래, 비디오 등) 항목으로 나뉘어 별도 편철된 다음, 각 감정물에 제목, 쪽수, 감정 결과(용공, 좌익, 반정부, 문제없음), 발행처가 기재되어 있다. 1998~2000년 목록은 각 감정물에 접수 일자, 감정 분류(유인물, 도서, 노래, 간행물) 제목, 쪽수, 감정 연구원(실명 기재), 감정 일자, 감정 결과(용공, 좌익, 반정부, 문제없음), 발행처가 기재되어 있다. 2001~2003년 목록은 각 감정물에 접수 일자, 감정 번호, 제목, 발행처, 감정 결과(찬양, 동조, 선전 선동, 기타), 감정 일자, 감정 유무, 쪽수, 의뢰 기관(관련 사건 유무는 나오지 않는다)이 기재되어 있다.

공안문제연구소장은 1998년 4월 27일 경찰대의 부설 기관인 공안문제연구소에 보안심의위원회를 열어 1992년부터 1997년까지 접수하고 감정한 도서와 유인물의 목록을 3급 비밀로 지정해달라고 요청했다. 경

국가 안전 보장에 유해로운 결과를 초래할 우려?

찰대 보안심사위원회는 5월 1일 이 감정 목록이 외부로 누설되면 이적성 시비와 창작과 표현의 자유를 제한한다는 논란을 불러일으켜 사회문제가 될 수 있고, 대공 기관이 내사 중인 공작 사항이 노출될 우려도 있으며, 목록에 수록된 자료 입수 방법에 대한 적법 시비가 일어나 보안수사기관의 공신력이 떨어질 수 있다며 이를 3급 비밀로 지정한다고 의결했다.

구 정보공개법 7조 1항 1호 해석

이 사건 재판부가 의지하는 정보공개법 7조 1항 1호의 '다른 법률 또는 법률에 의한 명령에 의해'라는 문구의 취지는 간단하다. 입법부는 특정 정보를 비밀로 유지하도록 미리 정할 수 있다. 정보 공개 여부가 사법부와 행정부가 운영하는 정보공개법의 절차에 따라 결정되도록 내버려두지 않고, 입법부가 미리 이를 결정짓는 것이다. 이와 같은 입법부의 결정이 정보공개법에 의해 무산되지 않게 하려고 7조 1항 1호 같은 조항이 존재하며, 다른 나라의 정보공개법에도 이와 비슷한 취지의 조항이 존재한다.

문제는 이 조항의 해석이다. 법률이나 법률에 의한 명령이 명시적으로 비밀 유지를 정한 정보에만 한정해 정보공개법이 적용되지 않는 것으로 해석해야 한다. 그렇지 않고 관련 법률이나 명령으로 위임받은 기관이 행정 결정을 통해 비밀 유지를 결정한 정보에까지 확대 해석할 경우 이 조항은 정보공개법 전체를 유명무실하게 만들 수 있다. '법률과 명령에 따라 행정기관이 비밀로 지정한 정보에는 정보공개법이 적용되지 않는다'라고 해석하게 되면, 국가는 어떤 정보이든 공개하고 싶지 않은 정보가 있으면 행정기관에 요청해 비밀로 지정하는 식으로 간단히 정보공개법의 적용을 피할 수 있게 된다. 즉 7조 1항 1호이라는 예외가 정보공개법 전체를 무력하게 만들 수 있다. 그러므로 이 조항은 '법률이나 명령이 비공개를 명시한 정보에는 정보공개법이 적용되지 않는다'라고 해석되어야 마땅하다.

예외가 원칙을 무력하게 만드는 결과를 피하려고 미국의 경우는 관련 조문에 예외 사항을 명시적으로 규정해두고 있다. 다른 법률에 의해 비공개로 규정된 정보이되 '그 법은 비공개 여부에 대한 재량을 허용하지 않거나, 비공개되는 정보의 기준과 종류를 특정한 경우'에만 정보공개법이 적용되지 않는다.

물론 이번 사건과 관련된 정보공개법 조문은 이처럼 친절히, 명시적으로 규정되어 있지 않다. 하지만 적어도 이 사건 재판부는 예외가 원칙을 집어삼킬 수 있는 해석은 피했어야 한다. 국정원법은 비공개하는 정보의 기준을 '국가 안전 보장에 유해로운 결과를 초래할 우려가 있는 국가 기밀'이라고 밝히고 있다. 그렇다면 이 기준을 누가 운용하느냐가 문제다. 이 기준을 운용하는 주체는 법원이어야지 행정기관이어서는 안 된다. 재판부는 "이 사건 정보가 적법한 절차에 따라 3급 비밀로 지정되어 열람, 및 공개가 제한되어 있는 사실은 앞서 본 바와 같으므로 이 사건 정보는 구 정보공개법 7조 1항 1호 소정의 비공개 대상 정보에 해당한다고 할 것이다"라고 설명했다. 스스로는 이 사건 정보가 '국가 안전 보장에 유해로운 결과를 초래할 우려가 있는 국가 기밀'인지 전혀 판단하고 있지 않다.

법원이 법률의 위임을 받은 행정기관의 판단을 그대로 받아들여 정보를 비공개로 분류하면, 정보공개법 7조 1항 1호는 국가는 공개하고 싶지 않은 정보가 있을 경우 언제라도 행정기관에게 비밀 지정을 요청함으로써 모든 정보공개 청구를 회피하는 근거가 된다.

판결에 대하여	서울행정법원 13부 2005. 5. 31. 2004구합17358 정보 비공개 및 부분공개 결정 처분 취소	판사 이태종(재판장), 기우종, 신상렬

한 대학생이 공안문제연구소의 활동 내역 등에 대한 정보공개를 청구했다가 비공개 처분을 받은 사건에서 그 정보가 실제로 '국가 안전 보장에 유해로운 결과를 초래할 우려가 있는 국가 기밀'이라는 비공개 정보 취지에 부합하는지를 판단하지 않고 행정기관의 판단을 그대로 받아들여 비공개 처분을 합당하고 본 판결.

'국가보안법 철폐를 위한 건국대 학생 모임 시놉티콘'의 회원인 이호영 씨는 2004년 6월 공안문제연구소의 활동 내역에 대한 정보공개를 청구한 뒤 비공개 처분을 받자 행정소송을 제기했다. 참여연대가 공개한 이 판결비평의 영향을 받았는지 구 정보공개법 7조 1항 1호의 내용은 현행 정보공개법 9조 1항 1호로 개정되었다. "다른 법률 또는 법률에서 위임한 명령에 따라 비밀이나 비공개 사항으로 규정된 정보." 즉 '법률에 의한 명령'이 아니라 '법률에서 위임한 명령'으로 바뀌면서 행정기관의 재량을 좀 더 좁힌 것이다.

주민등록법은 주민등록증에 개인의 정보인 '지문'을 넣도록 규정하고 있습니다. 그동안 이 개인 정보는 범죄 수사와 간첩 식별을 위한 신원 확인에 쓰였습니다. 헌법재판소는 지문 날인 제도가 합헌이라고 결정했습니다. 오창익 인권실천시민연대 사무국장 등이 열 손가락 지문을 날인하는 현 주민등록법은 인권을 침해한다며 헌법소원을 제기한 지 6년 만입니다. 손가락 지문 정보를 수집해야 효율적인 범죄 수사를 할 수 있다는 국가 측 주장을 받아들였습니다.__**지문 날인 제도 합헌**

되살아나는 경찰국가의 망령

개인 정보 보호는 개인의 사생활과 인격을 보장하는 인권이자 국가권력을 민주적으로 통제할 수 있도록 마련한 하나의 통치 원리다. 그런데 정보 수집을 통해 국민적 자원을 관리·통제하려는 국가 차원의 요청이 있을 때 둘 사이에는 상당한 갈등이 일어난다. 헌법재판소는 이를 헌법적 타당성 측면에서 다루지 못하고 연목구어 격으로 자구에만 얽매여 반인권적 결정을 드물지 않게 내놓고 있다. 경찰국가적 안보관에 매몰된 모습이다. 지문 날인 제도와 관련한 합헌 결정도 그렇다. 헌법에 관한 가장 기초적인 지식과 신뢰까지도 왜곡할 정도로 만연해 있는 법률만능주의를 보여준다. 그 기막힌 논리 앞에서 인권 요청은 끼어들 틈이 없다.

이번 결정은 두 개의 헌법소원 심판 사건을 병합한 것이다. 하나는 이미 지문 채취에 응해 주민등록증을 발부받은 청구인들이 자신들의 열 손가락 지문이 날인된 주민등록증 발급신청서가 경찰청장에 의해 보관되면서 전산화 형태로 항시적으로 범죄 수사에 제공되는 바람에 자신들의 인간적 존엄과 가치, 행복추구권, 인격권, 신체의 자유, 사생활의 비밀과 자유, 개인정보 자기결정권 등이 침해되었다고 주장한 사건이다. 또 하나는 만 17세가 되어 주민등록증 발급 대상자가 된 청구인들이 신청서에 열 손가락 지문을 날인해야 한다는 동사무소 직원들의 요구에 반발해 그러한 지문 채취 행위는 자신들의 인간적 존엄과 가치 등을 침해한다고 주장한 사건이다.

헌법재판소는 주민등록법이 주민등록증에 수록될 항목 중 하나로 '지문'을 규정하고 있고 그 시행령은 신청서의 서식을 정하고 열 손가락 지문을 날인하는 난을 마련하고 있는 이상 지문 날인 제도, 즉 열 손가락 지문을 날인하는 현행 제도는 법률에 근거하므로 법률 유보 원칙을 위반하지 않았다고 판단했다. 또 경찰청장이 신청서 원부를 보관해 범죄 수사에 이용하는 것은 '공공기관의 개인정보보호에 관한 법률'에 의해 허용되므로 합헌이라고 판단했다. 과잉 금지 원칙에 어긋난다는 주장에 대해서는 모든 국민의 손가락 지문 정보를 수집·관리해야 효율적인 범죄 수사가 가능하고, 지문 채취가 당사자에게 별다른 어려움이나 해악을 주는 것도 아니며 오히려 국가 안보 차원에서 국민의 신원을 정확히 확인하는 데 크게 필요하다는 점 등을 감안하면 위헌이라고 할 정도로 기본권을 제한하지는 않는다고 보았다.

헌법재판소는 개인정보 자기결정권이 헌법적 기본권임을 인정하고 지문 날인 제도가 이를 제한하고 있음을 받아들이면서도 다음과 같이 취약한 논리를 펴고 있다.

1. 주민등록법의 취지. 헌법재판소는 법률의 기본 취지와 동떨어진 입법 의도까지 제시하면서 지문 날인 제도를 정당화한다. 지문 날인의

근거로 언급된 주민등록법은 그 본래의 목적이 '주민의 거주 관계 등 인구의 동태를 상시로 명확히 파악해 주민 생활의 편익을 증진시키고 행정 사무의 적정한 처리를 도모함'에 있다. 해당 지역에 거주하는 주민의 현황을 파악하기 위한 일종의 주민 관리 제도로 제정된 것이 주민등록법이다. 그럼에도 헌법재판소는 그 법에 의해 만들어진 주민등록증에 대해서는 전혀 다른 목적을 설정한다. 주민등록증 제도를 주민 관리보다는 치안 유지와 국가 안보를 위해 탄생한 제도로 변질시킨다. '범죄 수사와 간첩 식별 등을 위한 신원 확인'이 직접적인 목적이 되는 것이다. 그리고 지문 날인 제도는 "국민의 자기 식별성을 강화함으로써 보다 확실한 신원 확인이 가능하도록 하기 위한 것"이 되어버린다.

기본권을 제한하는 법률의 헌법적 정당성을 입증할 책임은 국가에게 있고 국가는 어떤 정당한 목적으로 법률을 제정했는지 증명해야 한다. 헌법재판소가 국가가 생각해내지도 못한 입법 의도를 제시해 법률을 정당화하는 행위는 단순히 당사자주의 위반이라는 소송 절차적인 문제 이상의 것을 야기한다. 예컨대 주민등록법의 입법 의도가 '주민의 거주 관계 등 인구의 동태를 상시로 명확히 파악해 주민 생활의 편익을 증진시키고 행정 사무의 적정한 처리를 도모함'이라면 지문 날인 제도는 필요 이상으로 기본권을 침해한 것이 된다. 그와 같은 입법 의도는 지문 날인할 필요 없이 미국식의 '사회보장번호'만 부여해도 충분히 달성된다. 하지만 입법 의도가 '범죄 수사와 간첩 식별 등을 위한 신원 확인'이라면 지문 날인 제도는 훨씬 수월하게 정당화된다. 이렇게 법률의 입법 취지까지 유추 해석하는 헌법재판소의 태도는 입법자의 재량을 필요 이상으로 강조하고 기본권을 침해한 것이다.

2. 지문 날인 제도. 지문 날인 제도가 치안 유지와 국가 안보를 위한 것이라는 판단 자체가 타당한지는 일단 별개 문제로 내버려두자. 문제는 그와 같은 목적을 위해 국민 모두에게 하나의 일련번호를 부여하고 지문 같은 신체 정보를 통합해 신분증을 만듦으로써 개인 정보를 통제하는 것이다. 이는 권위주의적 통치 과정에서 지속적으로 강화·확대된 것으로 전체주의를 제외하고는 세계적으로 유례가 없다.

추상적으로 생각해보면 국가는 주민등록제도와 지문 날인 제도를 결합하면서 전 국민을 범죄 혐의자로 전락시켰다. 헌법재판소는 이 제도들이 지난 권위주의적 통치의 시대에 어떤 목적을 가지고 어떤 방식으로 사용되어왔으며, 그 결과 국민의 인권을 어떻게 침해했는지, 그리고 그런 과거에 비추어 지문 날인 제도를 어떻게 평가해야 하는지 전혀 고려하지 않고 있다.

3. 생체 정보와 손의 궤적. 헌법재판소의 헌법 의식 또는 인권 의식의 현주소가 드러나는 또 하나의 지점은 지문 같은 생체 정보가 하찮은(?) 정보에 지나지 않는다고 강변하는 부분이다. “(지문 날인 제도)로 인하여 정보 주체가 현실적으로 입게 되는 불이익은 그다지 심대한 것으로 보기 어렵다”고 한다. ‘열 손가락 지문 찍는 게 뭐 그리 대수냐’라는 식의 판단이다. 지문 날인 제도가 침해하는 게 개인 정보의 자유가 아니라 단순히 손도장 찍듯 자신의 지문을 찍는 행위, 즉 신체의 자유 정도쯤으로 이해하고 있는 것이다. 결국 지문 날인 제도는 국민의 자기 식별성을 확보하는, 가장 저렴한 비용으로 최대의 효율을 거둘 수 있는 수사방법인 만큼 이에 대한 어떠한 위헌성 주장도 의미 없다는 판단이나 다름없다(물론 이 과정에서 지문 날인 제도가 범인을 검거하는 데 얼마나 기여하는지에

대한 현실적 분석은 과감히 생략된다. 이 부분의 판단이 이번 결정이 내세우는 비용-편익 분석에서 핵심적일 텐데도 말이다).

실제로 지문은 일반인이 생활 속에서 손을 사용하는 어디에나 그 흔적이 남게 되는 생체 정보로서 국가가 '사후적으로' 국민의 행위를 감시할 수 있는 통제 수단이 된다. 얼굴을 '사용하면' 흔적이 남지 않지만 손을 사용하는 한 항상 흔적이 남는다. 국가가 국민의 사진을 주민등록제도의 정보 중 하나로 보관하더라도 국민이 생활하며 특정 행위를 할 때 사진에 찍히지만 않는다면 사진은 감시 도구로선 무용하다. 하지만 지문은 국민이 손을 써 한 행위를 대부분 '사후적으로' 확인할 수 있게 해준다. 열 손가락 지문을 국가에 제출하는 것은 지문의 모양뿐 아니라 평생 동안 자신의 손의 궤적을 갖다 바치는 것이다.

4. 주민등록증 발급신청서. 열 손가락 지문이 찍힌 주민등록증 발급신청서 원본을 경찰청이 보관하면서 이를 치안 목적으로 관리하는 현재의 관행에 대한 헌법재판소의 판단도 문제다. 국가는 모든 국민의 생체 정보를 주민등록이라는 명목으로 수집해 범죄 수사와 치안 유지라는 별개 목적에 사용하고 있다. 모든 국민을 잠재적 범죄자로 설정해놓는 것이다. 헌법재판소는 공공기관의 개인정보보호에 관한 법률이 범죄 수사에 필요한 경우 처리 정보를 다른 기관에 제공할 수 있도록 규정하고 있는 조항을 "컴퓨터에 의해 이미 처리된 개인 정보뿐만 아니라 컴퓨터에 의해 처리되기 전의 원 정보 자료 자체도 경찰청장이 범죄 수사 목적을 위해 다른 기관에서 제공받는 것을 허용하는 것"으로 해석하고 있다.

그런데 이 법률 조항은 구체적이고 개별적인 범죄를 수사할 때 공공

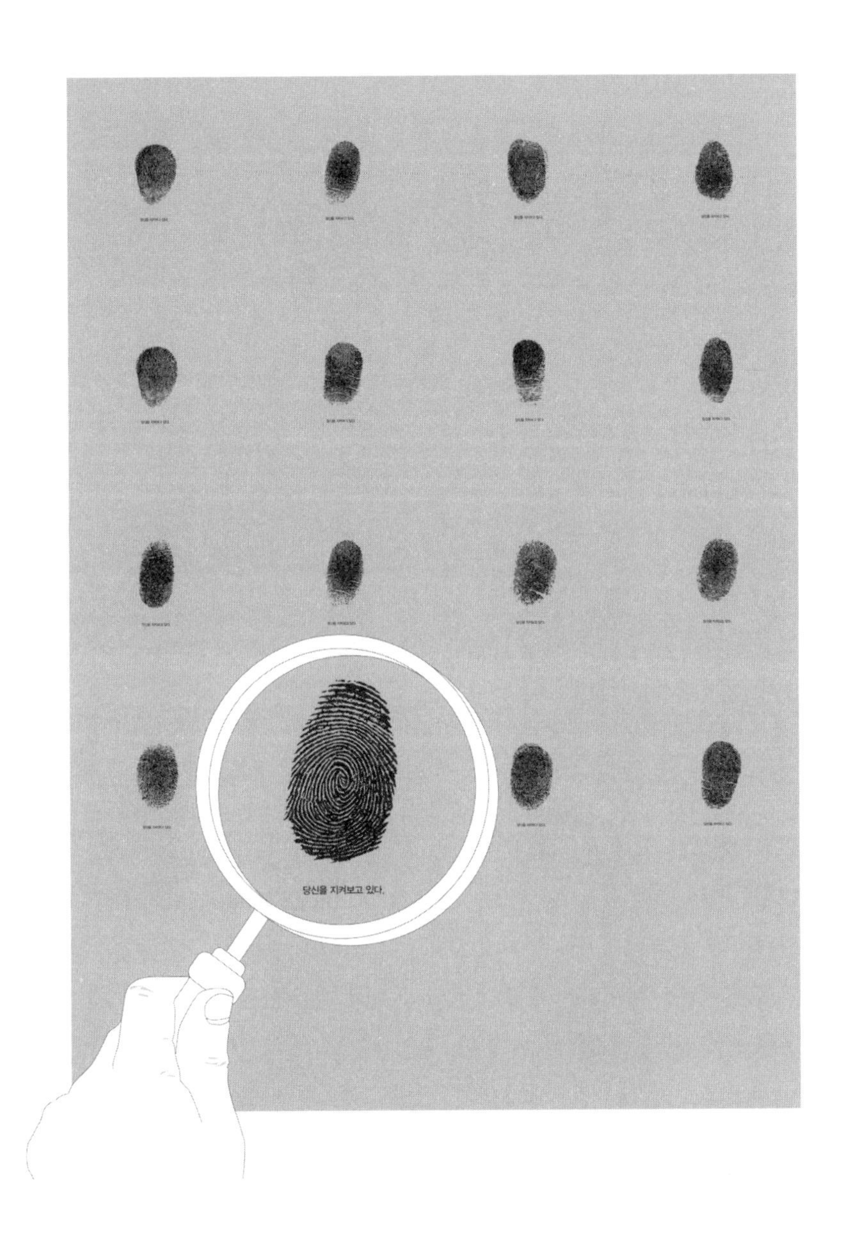

국민의 개인정보를 수집하는 국가

기관이 가지고 있는 국민의 개인 정보를 제공할 수 있다고 규정한 것에 지나지 않는다. 현재와 같이 모든 범죄를 대비해 정보 주체인 국민에 관한 정보를 무더기로 경찰청에 제공할 수 있음을 의미하는 게 아니다. 이 법의 취지는 공공기관들이 보유하고 있는 개인 정보를 자신들 마음대로 서로 제공하고 교환할 수 있게 하려는 게 아니고 개인 정보를 보호하는 차원에서 공공기관의 정보 교환, 정보 제공 가능성을 되도록 축소하려는 것이다. 이러한 점에서 그 법조문은 공공기관의 업무와 관련해서는 가능한 한 좁게 해석하는 게 원칙이다.

바꿔 말하면 경찰청은 범죄 수사를 위해 개인 정보를 제공받을 수 있다고 되어 있더라도 그것은 특정한 범죄 사건에서 혐의자나 피의자 등 사건 관련자에 관한 개별적이고 구체적인 개인 정보만을 제공받을 수 있음을 규정한 것이다. 만일 범죄 사실이 개별적이고 구체적으로 특정되어 있지 못하면 개인 정보를 제공하거나 요청해서도 안 된다는 점을 규정한 것이 이 법조항이다.

헌법재판소는 이 규정을 지나치게 확대 해석해 모든 국민을 잠재적 범죄자로 만드는 현재의 관행에 손을 들어주었다. 여기서 국민의 기본권을 제한하려면 법률에 근거해야 한다는 헌법 37조 2항의 법률 유보 원칙은 그 존재 의의가 흔들리게 된다. 국가권력을 제한하는 법률이 국가에게 권력을 부여하는 법률로 해석되고 이 과정에서 국민의 기본권을 침해할 때는 최소화하라는 헌법 이념은 유명무실해진다.

헌법재판소도 이 부분에 대해서는 뭔가 마음에 걸리는지 그 말미에 "그 법률적 근거를 보다 명확히 하는 것이 바람직하다"고 지적하고 있다. 스스로 결정의 논거가 취약함을 자인한 것이다. 이 법조항에 대한 해석은 헌법재판소가 법리를 떠나 '우리의 말이 곧 헌법'임을 선언한 것으로도 읽힐 수 있다.

실제 이번 결정은 개개인이 자신의 사적 생활에 관한 정보는 자신이 결정하고 통제할 권리를 가진다는 점을 명시적으로 선언한 판결로서 그 나름대로 의미가 있다. 학설이나 법률의 수준에서 보장되어온 개인정보 자기결정권을 헌법재판소가 공식 인정하고 헌법적 차원으로 고양시킨 것이다. 그런 의미에서 이번 결정은 그동안 적지 않은 발전을 이룬 우리 인권 보장 역사의 주요 국면이다.

하지만 개인정보 자기결정권을 기본권으로 인정하면서도 보장하는 데 필요한 제반의 권력 억제 장치를 고려하지 않음으로써 상당히 취약한 기반을 갖게 만들었다. 헌법재판소는 헌법에 규정된 인권 보장 이념을 도출해 그 제도적 장치로서 권력 분립과 제한 정부의 원칙을 어떻게 구현해야 하는지, 법률 유보 원칙은 어떻게 작동해야 하는지 전혀 고려하지 않고 있다. 가장 큰 문제는 법률 해석보다는 사실 인식이다. "법은 현실 여건의 바탕 위에서 그 시대의 역사 인식이나 가치 이념을 반영하고 있는 것"이므로 "어느 특정한 법이 뿌리박고 있는 정치, 경제, 사회적인 현실과 역사적 특성을 무시"하고 "헌법의 순수한 일반 이론에만 의존해서는 그 법에 관련된 헌법 문제에 대해 완전한 이해와 적절한 판단을 할 수 없다"며 견강부회하고 있다. '어느 특정한 법이 뿌리박고 있는 정치, 경제, 사회적인 현실과 역사적 특성'이 무엇인지는 전혀 알려고도 하지 않은 채 말이다.

판결에 대하여	헌법재판소 2005. 5. 26. 99헌마513, 2004헌마190 주민등록법 17조의8, 주민등록법 시행령 등 위헌 확인	재판관 윤영철, 권성, 김효종, 김경일, 이상경, 이공현, (이하 소수 의견) 송인준, 주선회, 전효숙

개인정보 자기결정권을 기본권으로 인정한 한편으로, 지문 날인 제도는 주민등록법에, 경찰청이 주민등록증 발급신청서에 날인된 지문 정보를 보관, 전산화해 이를 범죄 수사에 이용하는 것은 공공기관의 개인정보보호에 관한 법률에 근거하고 있으므로 과잉 금지 원칙에 위배되지 않는다며 합헌이라고 본 결정.

인권실천시민연대와 사회진보연대 소속인 두 청구인은 지문 날인 제도 반대 운동을 펼쳐오다가 경찰이 지문 정보를 보관하면서 범죄 수사에 이용하는 건 개인정보 자기결정권 등을 침해한다며 1999년 9월 헌법소원을 냈다. 또 다른 청구인 세 사람은 주민등록증을 신청하는 과정에서 발급신청서에 열 손가락 지문을 날인하기를 거부하면서 2004년 3월 주민등록법시행령 33조 2항 별지 30호 서식 중 열 손가락의 회전 지문과 평면 지문을 날인하도록 한 부분 등에 대한 헌법소원 심판을 청구했다. 헌법재판소는 이날 두 청구를 병합해 심판하면서 재판관 6대 3의 의견으로 합헌 결정을 내렸다.

정신지체 2급 여성 장애인에 대한 성폭행 사건에서 가해자에게 무죄를 선고한 원심을 인정한 항소심 판결이 나왔습니다. 성폭력특별법 8조의 '항거 불능' 여부를 엄격히 판단한다는 취지입니다. 피해자가 정신연령이 6, 7세인 점이 이미 '항거 불능 상태'임을 의미하는 게 아닐까요? 이러한 판결이 반복되지 않기 위해서 성폭력특별법 8조를 아예 개정해야 한다는 비판이 나오고 있습니다.__**성폭력 범죄에서 '항거 불능 상태'의 의미**

정신지체 여성 장애인을 '보호 불능' 상태로 만든 판결

성폭력특별법(성폭력범죄의 처벌 및 피해자보호 등에 관한 법률) 8조는 장애인이 성폭력을 당한 경우 정신적, 육체적 능력이 없거나 부족해 이에 대항하지 못하므로 가해자가 '폭행 또는 협박'을 사용하지 않고 간음했더라도 그 사람을 강간죄로 형사 처벌할 수 있도록 규정하고 있다.

성폭력특별법 8조(장애인에 대한 간음 등)

신체장애 또는 정신상의 장애로 항거 불능인 상태에 있음을 이용하여 여자를 간음하거나 사람에 대하여 추행한 자는 형법 297조(강간) 또는 298조(강제추행)에 정한 형으로 처벌한다.

물론 형법 299조(준강간, 준강제추행)가 이미 "사람의 심신상실 또는 항거 불능의 상태를 이용하여 간음 또는 추행하는 행위는 강간이나 강제추행과 같이 처벌한다"고 규정하고 있다. 언뜻 보기엔 성폭력특별법 8조가 형법 299조에 비해 더 나은 면이 없어 보인다. 하지만 후자는 피해자가 직접 고소해야 성립하는 친고죄인 반면, 전자는 비친고죄로서 정신지체 장애인이 실제로 고소권을 행사하기는 어렵다는 것을 반영한 점에서 진일보한 법조항이다. 또 '장애'도 항거 불능 상태가 될 수 있음을 명시했다는 의의가 있다.

성폭력특별법은 애초 '신체장애'만을 항거 불능 상태로 인정하던 것을 1차 개정할 때(1997. 8. 22.) 정신상의 장애인까지 보호하는 측면에서 장애의 범위를 정신장애에까지 확대했다. 이러한 입법 조치는 "형법상의 유추 해석 금지의 원칙에 비추어볼 때 제정법(개정되기 전의 성폭력특별법) 8조에서 말하는 신체장애에 정신박약 등으로 인한 정신장애도 포함된다고 해석하기는 어렵기 때문에 정신박약자인 피해자를 간음한 행위는 법 8조에 해당하지 않는다"고 선고한 대법원의 판례(97도3392)에 따라 정신장애자에 대한 성폭력이 성폭력특별법에 의해 제재되지 못하는 문제점을 해소하기 위한 것이었다.

그런데 입법, 개정 취지가 온전히 판결에 반영되지 않으면 오히려 성폭력특별법은 정신지체 장애인이 성폭력을 당한 경우 차별 수단이 될 여지가 있다. 이번 사건은 그와 같은 위험성을 잘 보여준다.

이번 사건의 피해자는 정신지체 장애 2급 장애 여성이다. 피고인은 피고인의 집 1층에 세 들어 살던 내연녀의 딸인 피해자가 사물 변별 능력이 미약한 사실을 알고 이를 이용해 피해자를 간음하기로 마음먹고, 1999년 10월 밤 10시경 인근 야산으로 피해자를 데려가 강간했다. 이후에도 피고인은 2003년 8월까지 여덟 차례에 걸쳐 피해자를 강간했다. 1심 재판부인 울산지방법원은 2004년 4월 무죄 선고했다.

항소심 재판부는 당시 피해자가 성폭력특별법 8조의 '정신상의 장애로 인하여 항거 불능의 상태'에 있었음을 인정할 증거가 없다며 검사의 항소를 기각했다. 재판부는 8조의 '항거 불능'은 "심리적 또는 물리적으로 반항이 절대적으로 불가능하거나 현저히 곤란한 경우"를 의미하는데 8조의 구성요건에 해당하려면 피해자가 신체장애나 정신상의 장애로 성적인 자기방어를 할 수 없는 항거 불능의 상태에 있었어야 하며 이러한 요건은 형법 302조가 미성년자와 심신미약자를 위계 또는 위력으로 간음 또는 추행을 한 자의 처벌에 대해 따로 규정하고 있는 이상 더욱 엄격하게 해석해야 한다고 보았다. 그리고 비록 피해자가 정상인보다 지능이 떨어지는 정신상의 장애가 있음은 충분히 인정할 수 있지만, 이는 정신지체 장애인인 피해자가 반항하기 어렵고 약간의 위협이나 폭행만 있어도 쉽게 강간당할 수 있다는 취지에 불과할 뿐이지 피해자가 성적인 자기방어를 할 수 없는 상태에 있었다는 의미로 보이지는 않는다고 판시했다. 즉 항거 불능 상태임을 인정하지 않은 것이다.

피해자의 정신장애와 '항거 불능' 여부의 관계

이 판결의 가장 큰 문제점은 재판부가 "피해자가 6, 7세 가량의 지적 수준"이라는 것을 이미 인정하고도 "성교육을 받았고 성관계 후 '생리를 하지 않아 임신한 것 같다' 등의 의사를 전달한 것으로 보아 성적 자기방어 능력이 있다"고 판단한 것이다.

형법 305조(미성년자에 대한 간음, 추행)는 "13세 미만의 사람에 대해 간음 또는 추행한 자는 297조(강간) 등의 예에 의한다"라고 규정해 피해자가 13세 미만인 경우 다른 증명 없이 곧바로 297조와 똑같이 처벌하도록 하고 있다. 13세 미만인 자는 '자발적인' 또는 '동의에 의한' 성행위 자체가 불가능함을 법적으로 선언한 것이다. 그리고 이 규정이 피해자의 고소가 있어야만 성립하는 친고죄라는 문제를 극복하려고 성폭력특별법 8조의2는 13세 미만의 미성년자에 대한 강간이나 강제추행의 경우를 처벌할 수 있게 하면서 비친고죄로 규정했다.

그렇다면 자발적 성행위가 애초에 법적으로 불가능한 6, 7세 가량의 지적 수준을 가졌다는 점이 이미 '항거 불능' 상태임을 의미한다. 6, 7세인 피해자가 사실적으로 항거를 할 수 있었는지 없었는지를 다시 평가하는 건 불합리하다. 일테면 피해자가 법적 연령이 13세 미만인데 '힘도 세고 성적으로는 아는 바가 많다'는 이유로 형법 305조를 적용하지 않는 것은 우스운 일일 것이다. 성폭력특별법 8조를 적용할 때도 우선 피해자의 정신연령이 사실적으로 가려지면 '항거 불능' 여부를 판단하는 데 이를 적극 고려해야 한다.

실제 법원의 다른 판결에서는 피해자의 정신연령에 대한 법원의 사실판단은 '항거 불능 상태'를 판단하는 데 지대한 영향을 미치고 있다(장애인복지법 시행규칙에 의하면 정신지체의 장애 등급은 1~3급으로 되어 있고, 1급은 지능지수 34 이하, 2급은 지능지수가 35~49, 3급은 지능지수가 50~70 이하인 사람이 해당된다). 서울중앙지방법원은 정신지체 2급으로 사회 연령 9세로 판단되는 피해자를 '항거 불능'으로 판단했고(2004고단8192), 부산지방법원도 정신지체인 14세 피해자를 중학교를 다니고 있음에도 지적 능력이 떨어진다며 '항거 불능'으로 판단했으며(2004고합352, 709), 수원지방법원 사건에서도 정신지체 2급인 22세 여성을 사회 연령이 5~8세 정도이고 성적 행위의 사회적 의미를 판단할 능력이 떨어진다고 보아 '항거 불능'으로 판시했다(2004고합112). 단 부산지방법원은 '항거 불능'으로 판단하지 않았는데 이 사건의 피해자는 정신지체 3급이고 실제 연령도 44세였다(2003고합634). 이번 판결은 이러한 판례의 흐름을 거스르고 있다.

재판부가 피해자가 '정신연령은 6, 7세인데 성적으로는 자기방어 능력이 있다'라는 무리한 결론을 도출하려고 근거로 제시한 부분도 애매하다. 피해자가 '성교육을 받았다'는 게 성윤리에 대한 교육을 받았다는 건지 성행위와 임신 등에 대한 중학교 생물시간 식의 교육을 받았다는 건지 불분명하다. 또 '임신과 생리 사이의 관계를 안다'라는 것은 자신에게 가해지는 성행위를 윤리적으로 판단할 수 있는 능력과는 하등 관계가 없다. 정신연령이 6, 7세인 피해자를 성폭력특별법 8조의 보호막 밖으로 끌어내려면 좀 더 강력한 반대 논거가 있었어야 한다.

오히려 피해자를 '항거 불능'으로 판단할 사실적 근거가 더욱 눈에 띈다. 피고인이 평소 잘 알고 있는 어른이라는 점, 평소 피고인이 술을 먹고 내연관계에 있던 피해자의 어머니와 오빠를 때린 것이 기억나서 무서워 반항하지 못한 점 등은 피해자의 지적 수준을 감안할 때 피고인을 복종해야 할 대상으로 생각한 것으로 보인다. 그렇다면 피해자가 강하게 저항하지 못했음을 따질 게 아니라 저항이 없었다는 점이 오히려 정신장애에서 비롯되지 않았는지를 따져봤어야 한다.

이 사건에 비해 서울남부지방법원 형사합의11부(재판장 이경민)는 2005년 3월 25일 "피해자가 한글 자모음을 완전히 이해하지 못하고 숫자 20까지도 개념이 없는 사실과 피고인이 '오징어 먹자'는 등으로 꾀어 단시간에 두 차례 간음, 열 차례 추행하는 동안에도 그 의미조차 제대로 이해하지 못한 채 대부분 순순히 응한 것으로 보아 '성적 자기결정 능력'이 없어 자기방어가 불가능한 '항거 불능 상태'에 있었다고 봐야 한다"고 판시함으로써 '정신장애로 인한 항거 불능 상태'를 인정했다. '순순히 응한 것'을 단순히 '항거 없음'으로 보지 않고 성적 자기결정 능력이 없다는 근거로 해석한 것이다. 사안의 복잡성을 잘 감안한 판결이다.

대법원은 형법 302조가 미성년자와 심신미약자를 위계 또는 위력으로써 간음 또는 추행을 한 자의 처벌에 대해 따로 규정하고 있으므로 성폭력특별법 8조를 엄격히 해석해야 한다고 설명한다(형법 297조가 폭행 또는 협박으로 사람을 강간한 행위를 3년 이상의 유기징역으로 처벌하는 반면, 형법 302조는 위계 또는 위력으로써 미성년자와 심신미약자를 간음 또는 추행하는 행위를 5년 이하의 징역으로 처벌하고 있다. 즉 미성년자와 심신미약자에 대해서는 '폭행 또는 협박'을 사용하지 않고 '위계 또는 위력' 정도의 상대적으로 심하지 않은 행위를 가했어도 처벌할 수 있다). 형법 체계가 조문상 '심신미약자'에 대한 성폭력은 302조로 다루고 '항거 불능'인 자에 대한 성폭력은 299조나 성폭력특별법 8조로 다루기로 한 이상 성폭력특별법 8조의 더욱 높은 형량(3년 이상의 유기징역. 형법 302조는 5년 이하의 징역)이 적용되려면 '심신 미약'을 뛰어넘는 고도의 '항거 불능' 상태여야 한다는 취지다.

이러한 선언 자체는 죄형법정주의에 충실한 판단이다. 이 사건의 판결에서도 피고인이 성폭력특별법 8조가 아니라 형법 302조로 기소되었다면 법원이 달리 판단하지 않았을까 하는 생각이 들기도 한다. 그렇지만 '항거 불능'을 어느 정도 엄격히 해석해야 하는지에 대한 이번 재판부의 판단은 아쉬움으로 남는다. 정신지체 여성 장애인이 인권을 지키고 특히 성폭력으로부터 자유로울 수 있도록 사법부에게 성폭력특별법의 입법 취지에 대한 깊은 고민을 당부한다.

판결에 대하여	부산고등법원 2형사부 2005. 4. 20. 2004노315 성폭력특별법 위반(장애인에 대한 준강간 등)	판사 지대운(재판장), 김동윤, 전상훈

정신지체 2급 여성 장애인에 대한 성폭력 사건에서 저항하지 못한 피해자에게 성폭력특별법 8조의 '항거 불능'을 엄격히 적용해 피해자를 처벌하지 않은 판결.

2007년 7월 27일 대법원 2부(주심 김능환)는 성폭력특별법 8조의 항거 불능 상태를 폭넓게 해석해야 한다며 무죄를 선고한 원심을 깨고 유죄 취지로 사건을 돌려보냈다. 재판부는 정신장애로 항거 불능인 상태에 있었는지를 판단할 때는 '피해자의 정신장애 정도뿐 아니라 피해자와 가해자의 신분을 비롯한 관계, 주변 상황, 피해자의 인식과 반응 등을 종합적으로 검토해야 한다'고 밝혔다. 항거 불능 상태의 원인이 오로지 장애일 필요는 없고 장애가 주된 원인이 돼 심리적·물리적 반항이 불가능하거나 현저히 곤란해진 경우도 항거불능 상태로 볼 수 있다는 판단이다.

한편 2012년 12월 형법이 개정되면서 297조와 305조 등은 '부녀'가 '사람'으로 바뀌었다.

박정희 전 대통령의 아들 박지만 씨는 10·26 사건을 소재로 한 영화 〈그때 그 사람들〉이 박 전 대통령과 가족의 명예를 훼손했다며 영화 상영 금지 가처분 신청을 냈습니다. 법원은 명예훼손 소지가 있다 하더라도 상영 금지 가처분 결정을 내릴 정도는 아니라고 판단했습니다. 그런데 영화에 삽입된 다큐멘터리는 사실과 허구를 혼동하게 만든다며 이를 삭제한 뒤 상영하라고 결정했습니다. 재판부가 영화의 구체적 창작 기법에까지 개입한 겁니다.__**영화 〈그때 그 사람들〉 다큐멘터리 부분 삭제 판결**

법원의 검열, 영화 〈그때 그 사람들〉 가처분 결정

이번 결정은 박정희 전 대통령의 장남인 박지만 씨가 영화 〈그때 그 사람들〉이 고인의 성적 사생활 같은 생활상과 10·26사건 당시 고인의 행적을 허위로 기술하거나 악의적으로 왜곡함으로써 고인과 가족의 인격권과 명예, 추모 감정을 침해한다고 주장하며 상영 금지 가처분을 구한 것이다.

예술 표현의 자유와 인격권의 충돌

재판부는 먼저 이 사건이 실존 인물을 모델로 한 영화를 상영하는 와중에 예술 표현의 자유와 인격권이 충돌해 생긴 문제라고 보았다. 또 헌법재판소 결정(1996. 10. 4. 93헌가13, 91헌바10)을 인용해 영화 제작과 상영이 언론·출판의 자유는 물론 학문·예술의 자유의 보호 대상임을 인정했다. 다만 개인의 명예와 사생활의 자유, 비밀 등 사적 법익도 보호되어야 하고 언론·출판의 자유가 타인의 인격권을 침해해서는 안 되는 것처럼(헌법 21조 4항) 예술 표현의 자유도 타인의 인격과 충돌할 경우 제한될 수 있다고 보았다. 그에 따라 법익 형량 기준을 제시했다.

재판부는 영화의 모델인 실제 인물이 이미 사망했더라도 "사후에 망인의 인격권을 중대하게 침해하는 왜곡 등으로부터 인간으로서의 존엄과 가치를 보호하기 위해 필요한 경우" 유족이 명예훼손이나 인격권 침해를 이유로 영화 상영 금지를 구할 수 있다고 판단했다. 그 기준은 명예가 침해된 정도가 중대한가이다. "그 침해의 태양이나 정도, 악의성 여부 등을 고려해 명예가 중대하게 훼손될 경우에만 상영 금지를 인용" 해야 한다는 것이다.

이 사건이 예술 표현의 자유와 인격권이 충돌한 문제이고 양쪽 법익의 추상적 형량이 아니라 구체적 형량으로 해결해야 한다는 점은 재판부의 판단에 동의한다. 또 인격권에 대한 '중대한 침해'가 있을 때 '인간으로서의 존엄과 가치를 보호하기 위해 필요한 경우에만' 예술 표현의 자유를 제한하는 상영 금지 조치를 취할 수 있다는 데에도 이의가 없다.

하지만 필자가 보기에 구체적 판단 기준에 대한 재판부의 논리는 문제가 있다. 영화가 사실 보도와 달리 사생활을 왜곡할 가능성이 높다고 판단한 점이다. 재판부는 실존 인물을 다룬 영화에 나오는 예술 표현이나 허구와 사생활 왜곡을 혼동하고 있다. 사생활의 진실을 정확하게 인식하는 것이 불가능한 상태에서 실존 인물에 대한 예술 표현은 필연적으로 허구다. 그 허구가 모두 사생활 왜곡인 것은 아니다.

문제는 재판부가 제시하듯 '예술가가 인격권의 중대한 침해를 악의적으로 의도했는가'이다. 그런 의미에서 '모델 영화'는 사생활을 왜곡해 묘사할 가능성이 높다는 것은 재판부의 편견이다. 오히려 왜곡인지 아닌지는 수용자의 태도에 달려 있다. 수용자는 영화를 허구로 선이해先理解한다. 사생활 왜곡할 가능성은 진실을 전제하고 있는 사실 보도가 더 높을 수 있다.

이 점은 영화의 다큐멘터리 사진 부분을 영화 전체 속에서 이해하지 못한 재판부의 판단으로 이어진다. 재판부는 영화와 사실 보도, 허구와 진실을 물과 기름의 관계로 단정한다. 영화에 삽입된 다큐멘터리 사진이 실제 사건을 재구성해 사생활을 왜곡한 것이 아니라 감독의 의도를 부각함으로써 오히려 영화의 허구성을 증폭시키는 예술적 장치임을 간과하고 있다.

예술 표현의 자유가 인격권을 침해할 수는 없다. 하지만 재판부의 판단처럼 '모델 영화'가 완전한 허구로 승화할 때 인격권을 침해할 여지가 줄어드는 게 아니다. 실존 인물이나 사건을 소재로 해 고유명사 그대로가 아닌 보통명사화함으로써 예술로 승화할 때 인격권 침해는 없다. 박정희는 대한민국 현대사에서 장기 집권한 무소불위의 권력자로 그 권력의 위세를 실감케 하는 소재일 뿐이다. 영화 속에서 그는 박정희 자체가 아니라 권력자를 표상하는 것이다. 막연하지 않은 구체적 권력자의 위세가 박정희라는 실존 인물을 통해 관객에게 전달될 뿐이다. 재판부도 인정하듯 영화는 박정희를 주변 인물로 묘사하고 오히려 당시 엄청한 권력자 주변의 평범한 이들에게 주된 시선을 보내고 있다. 드라마를 현실과 혼동하는 이가 없지 않더라도 그들을 한국 사회의 평균인으로 상정하는 것은 관객 모독이다.

문제 장면에 대한 판단

재판부는 이 사건에서 구체적으로 다음 같은 기준을 제시했다. 첫째, 영화는 사실을 전달하는 기사와 달리 공익을 위한 사실 적시와 거리가 멀어 공적 인물을 모델로 하는 경우에도 사생활을 왜곡해 묘사할 가능

5·16을 바라보는 두 시선. 5·16 혁명과 5·16 군사정변

성이 높다. 둘째, 완전한 허구로 승화한 경우에는 인격권을 침해할 여지가 적다. 셋째, 그렇더라도 인격권 침해는 허용할 수 없다. 신청인이 문제 삼은 구체적 장면은 다음과 같다(앞 번호는 장면 번호).

"신청인이 이 사건 영화에서 고인의 인격권을 침해하고 있다고 주장하는 구체적 장면은 별지 대본 기재 중 S#2 비밀 요정에서 반라의 여인들이 등장하는 장면 및 철없는 엄마의 대사, S#3 헬기 안에서 각하 등의 음담패설 및 일본어 사용 장면, S#10, 28, 32, 34, 36 청와대 각하 집무실과 궁정동 별관 만찬장에서 각하가 일본어를 쓰고, 집무실에서 양실장에게 엔카演歌를 잘 부르는 가수인 '수봉'을 만찬장으로 부르라고 지시하는 장면, 만찬장에서 만주군관학교 시절을 상상하는 장면, 젊은 여자의 품에 기대어 수봉이 부르는 엔카에 심취해 있는 장면, S#40 양실장이 각하 앞에서 드러누워 유흥을 즐기는 장면, S#62 각하의 피살 장면, 구체적으로는 각하가 '김부장, 또 쏠라꼬?, 한 방 묵었다 아이가?'라는 표현을 사용하거나, 김부장이 이미 총을 맞고 쓰러진 각하의 머리채를 잡아 일으켜 다시 세운 다음 '다까키 마사오(각하의 일본 이름)'라는 이름을 부르면서 누구나 죽으면 쓰레기라고 표현하는 장면, S#109 국군 서울지구 병원 수술실에서 참석자 중 한 명이 각하 나체 시신의 음부를 모자로 덮는 장면 등이라 할 수 있겠다."

재판부는 먼저 '각하'가 이 사건 영화의 주인공이나 갈등의 중심인물이 아니라면 피신청인들은 고인의 행적이나 성격 등을 지금 영화의 표현보다 완화해 다르게 표현하는 등 충분한 '회피 가능성'이 있다고 보았다. 또 살해 장면(S#62)과 병원 장면(S#109)은 악의성도 엿보인다고 했다. 그래서 문제 장면이 '신청인의 고인에 대한 명예 및 추모 감정을 상당히 자극'하고 있고, 관객들에게는 "공적 인물인 고인에 관한 왜곡된 인상을 갖게 하여(설사 부분적으로 실제 사실과 합치된다 하더라도 마찬가지다) 고인 및 신청인의 인격권을 침해할 우려"가 있다는 점은 충분히 소명된다고 보았다.

다만 두 가지 점을 다시 감안했다. 첫째, 피신청인들은 본안 소송에서 다투어볼 기회조차 없이 창작물을 관객에게 공개할 기회 자체가 봉쇄될 위험이 크기 때문에 가처분 발령의 결정에서는 높은 정도의 소명이 요구된다. 둘째, "명예훼손이란 단순히 주관적인 명예 감정을 침해하는 것만으로는 부족하고, 객관적으로 대상자에 대한 사회적 평가가 저하되어야" 하므로 "객관적으로 보아 사회적 평가가 저하될 것이라고 보기 어려운 경우 그 내용에 다소 과장되고 부적절한 표현, 신랄하고 가혹한 비유가 있다고 하더라도 이는 표현의 자유로서 보호되어야 범위 내에 있으므로 명예훼손으로 인한 불법행위가 되지 않는다." 결국 재판부는 가처분을 발령해 보호할 정도의 다툼은 아니라고 판단했다.

영화와 모델에 대한 판단

재판부는 판단의 기준을 함께 제시했다. 다음을 '종합적으로 고려해 영화가 관객에게 주는 전체적인 인상을 기준으로 판단'했다는 것이다: 이 영화는 다큐멘터리가 아니라 허구에 기초한 블랙코미디로서 상업 영화이니 과장과 왜곡, 희화가 본질적인 것이다. 그러므로 풍자와 흉내, 비꼼, 농담의 일부로 하는 대사에 대해 법적 책임을 묻는 일은 되도록 자제해야 한다. 피살 장면에서 나온 대사는 영화 〈친구〉에서 주인공이 한 행동과 대사를 패러디한 것으로 합리적인 관객이라면 실제로 고인이 그러한 행동을 했으리라고 인식하지는 않을 것으로 보인다. 영화에서 각하는 주인공이나 갈등을 주도하는 배역이 아니라 일부 장면에 출연하다가 끝내 살해되고 마는 비극적 객체일 뿐이다. 제작진은 영화 제작에 이르기까지 나름대로 10·26사건에 관한 각종 자료를 참고한 것으로 보인다.

재판부는 영화의 모델과 소재에 대해서도 다음과 같이 검토했다: 고인이 전직 대통령인 공적 인물인 이상 유족은 프라이버시 등에 대한 침해를 어느 정도 수인受忍해야 한다. 고인에 대해서는 지극히 긍정적인 평가부터 장기 집권으로 민주주의 발전을 저해한 독재자일 뿐이라는 극단적으로 부정적인 평가에 이르기까지 다양한 평가나 평론이 존재한다. 10·26건은 단순한 역사적 사실이 아니라 역사적 의미가 중대한 공적 사실이다. 망인의 명예를 훼손했다는 이유로 표현의 자유를 제한한다면 10·26사건처럼 중대한 역사적 사실에 대한 재조명은 사실 불가능해질 우려가 있다. 이를 재조명할 때는 추측이 다소 더해지더라도 여기에 대한 제재는 상당히 완화되어야 한다.

결국 재판부는 사회 통념상 고인에 대한 사회적 평가가 저하될 우려가 있다고 선뜻 단정하기 어렵다고 판단했다. 따라서 상영 금지 신청을 받아들일 정도의 문제는 아니고, 문제 장면 등 작가가 직접 제작한 영화 내용에 대해 직접적 수정이나 삭제를 구하는 신청을 인용할 정도도 아니어서 피보전 권리에 관한 구체적 소명이 없다고 보았다.

결론적으로 재판부는 문제 장면에 대해 인격권 침해가 아니라고 판단했다. 하지만 재판부가 악의성이 엿보인다고 한 부분도 스스로 인정하듯 블랙코미디에서 흔히 볼 수 있는 희화일 뿐이다. 필자는 그 장면에서 박정희의 사생활 자체가 아니라 그의 친일이나 독재 전력, 더 나아가서는 역사적 경험 속의 한국 사회 권력층을 보았다. 병원 장면은 권력의 무상함을 그리는 것으로, 피살 장면은 오히려 영화에 대한 몰입을 방해하는, 그래서 이것이 역사 다큐멘터리가 아니라 블랙코미디임을 상기시키는 감독의 의식적 장치로 이해했다. 문외한이지만 이러한 장치가 연극이나 영화에서 사용되는 기법 중 하나라고 알고 있다. 그럼에도 불구하고 신청인의 감정과 고인의 인격권에 대한 침해를 분리한 점, 영화 자체에 대해 종합적으로 고려해 판단한 점, 공적 인물이나 사건에 대해 '상당히 완화된 기준'을 적용한 것, 끝으로 삭제나 수정을 요할 정도의 소명이 없다고 판단한 점은 다행스럽게 생각한다.

다큐멘터리 사진 부분에 대한 판단

재판부가 문제 삼은 것은 영화에 삽입된 다큐멘터리 장면들이다. "이 사건 영화 중 실제 인물의 이름을 거론한 장면이나, 영화 시작 부분에 부마 민주 항쟁(이른바 부마 사태)에 관한 다큐멘터리 화면을 배치하고, 10·26사건에 관해 극적 전개를 한 다음, 다시 고인의 장례식 다큐멘터리 화면을 영화의 마지막 부분에 배치"한 것을 말한다.

재판부는 "영화가 허구라고 하지만 관객들은 영화 속 인물이 실제 인물을 모델로 한 것임을 알게 된 경우 양자를 동일시하게 되고 영화가 허구라는 사실을 망각하게 되는 경우가 많으므로, 영화의 한 부분이라고 하더라도 영화는 허구라는 일반적인 인식이나 제작자의 주장과는 달리 영화가 실제 상황을 그대로 재현하고 있다는 인상을 심어줄 여지가 충분하고, 위와 같은 경우에는 실제 인물 자체의 인격상을 왜곡하고 명예를 침해하게 된다"고 판단했다.

그런데 재판부는 '실제 인물을 소재로 채용했지만 창작자의 창작력에 의해 충분히 연소되어 허구로서 승화되었다는 전제'하에 이 사건 문제 장면을 삭제하기 어렵다고 봤는데 다큐멘터리 부분으로 판단 유지가 곤란하게 되므로 결국 "이 사건 삽입 장면을 삭제하지 아니한 채로 이 사건 영화를 상영하는 것은 고인의 인격권을 침해"한다고 판단한 것이다. 다음 같은 구체적 근거를 내세웠다.

"이 사건 삽입 장면의 내용, 분량, 삽입 위치와 방법 등 제반 사정을 종합하면, 이 사건 삽입 장면이 이 사건 영화의 예술적 가치를 승화시키는 데 큰 기여를 한다거나, 작품의 완성도 유지나 흐름상 필수 불가결한 장면이라고 단정하기는 어렵다고 판단되고,

오히려 이 사건 삽입 장면을 제외하더라도 내레이션이나 영화 본문에 '수봉, 김재규' 등의 실명이 거론됨으로써 실제 사건을 소재로 삼은 점을 나타내는 데에는 부족함이 없을 것으로 보이며,

한편 이 사건 영화의 시작 부분에 '이 영화는 실제 있었던 사건을 모티브로 하고 있습니다. 그러나 이야기의 세부 사항과 등장인물의 심리 묘사는 모두 픽션입니다'라는 자막이 삽입되어 있더라도, '실제 있었던 사건'과 '픽션'이라는 두 명제에 유사한 지위와 분량을 부여해 자막에 배치함으로써 위 자막만으로는 관객들에게 이 사건 영화가 허구라는 인상을 심어주기에 부족하다고 보일 뿐만 아니라,

오히려 위 자막이 이 사건 삽입 장면들과 결합할 경우 관객들로 하여금 '실제 사건'을 묘사한 것이라는 오해를 불러일으킬 소지도 없지 않으며,

더욱이 타인의 인격권을 침해하는 내용을 담은 영화의 첫머리나 말

미에 실제 인물과는 상관없는 내용이라고 밝히더라도 관객은 그러한 자막에도 불구하고 영화 속의 인물과 소재가 된 인물을 일치시키려 할 것이어서 인격권이 침해될 소지가 줄어들지는 않는다고 할 것이므로 앞서 본 자막만으로 이 사건 삽입 장면의 상영까지 허용된다고 볼 수는 없다."

재판부는 이 영화에서 인격권을 침해하는 부분을 특정할 수 있으므로 영화 전체에 대한 상영 금지가 아니라 문제가 된 부분만을 삭제하는 가처분 결정을 내렸음을 밝히고 있다.

아울러 이 사건 신청의 보전 필요성에 대해 두 가지 근거를 제시했다. 첫째, 명예권의 성질상 일단 침해된 뒤에는 금전 배상이나 명예 회복에 필요한 처분 등 구제 수단이 있더라도 피해를 완전히 회복하기 어렵다. 손해 전보의 실효성을 기대하기도 어려우므로 사전 예방적 구제 수단으로 침해 행위 금지 청구권을 행사하는 게 긴요하다. 둘째, 헌법 21조 2항에서 정한 검열 금지 원칙은 의사 표현의 발표 여부가 오로지 행정권의 허가에 달려 있는 사전 심사만을 금지하는 것을 뜻하므로 민사집행법 300조 2항에 의한 상영 금지 가처분은 행정권에 의한 사전 심사나 금지 처분이 아니라 개별 당사자 간의 분쟁에 관해 사법부가 사법 절차에 의해 심리·결정하는 것이고, 헌법에서 금지하는 사전 검열에도 해당하지 않는다. 일정한 표현 행위에 대한 가처분에 의한 사전 금지 청구는 개인이나 단체의 명예나 사생활 등 인격권을 보호하는 조치이므로 그 정당성이 인정되고 표현의 자유의 본질적 내용을 침해하지 않는다는 게 헌법재판소의 결정이다. (헌법재판소 2001. 8. 30. 2000헌바36)

결정의 결정적 오류

이번 결정의 결정적 오류는 다큐멘터리 장면을 삭제하라고 결정한 것이다. 이 장면을 본 관객이 영화와 실제를 동일시하게 되므로 영화가 실제 인물 자체의 인격상을 왜곡하고 명예를 침해했다는 것은 다시 말하건대 관객 모독이다.

독일 연방헌법재판소의 레바흐Lebach 결정(1973. 6. 5.)은 방송사가 과거의 범죄 사건을 다큐멘터리 드라마로 제작·방영하려 한 사건을 대상으로 한다. 재판소는 1단계에서 방송의 자유와 인격권 중 어느 한쪽이 헌법적 가치라는 추상적 차원에서 우월한 위치에 있지 않다고 전제하고, 구체적 형량을 정하는 2단계에서는 범죄행위의 시사 보도가 원칙적으로 우위에 있음을 인정했다. 마지막 3단계에서 텔레비전 방송의 반복적 성격과 시사 정보의 이득이 적음에도 불구하고 중대한 범죄행위라도 수형자가 사회에 복귀하는 데 방해되지 않는 선에서 방송해도 된다고 결정했다.

〈그때 그 사람들〉의 경우 영화가 텔레비전 방송보다 유포 범위가 협소하고, 수용자의 자발성과 적극성 요청 정도가 강하며, 시사 보도와 달리 영화 장르상 실제 상황으로 오해할 우려가 적고, 재판부도 인정하듯 고인에 대한 평가는 다양하므로 영화가 미치는 파급 효과가 작다고 볼 수 있다. 다큐멘터리 부분을 삭제하라는 결정은 재판부의 검열이고 헌법적으로 정당화될 수 없다.

삽입 장면을 제외해도 실제 사건을 소재로 삼은 점을 나타내는 데 부족함이 없다고 판단한 것은 필자가 보기에는 법관이 법적 판단을 한 게 아니라 예술가가 해야 할 예술적 판단을 한 것이다. 삽입 장면이 소재를 표시하려는 목적만 있는 게 아니라 역사적 사건 속에서 주목받지 못한 평범한 사람들이 우연히 휩쓸리고 사라져갔음을 극대화하기 위한 중요한 영화적 장치임을 인식하지 못한 것이다.

사전 검열이 행정권의 문제일 뿐 사법부에서는 문제되지 않는다는 판단 역시 동의할 수 없다. 치밀한 논리 구성을 통한 엄격한 사법적 판단만이 사전 검열의 혐의에서 자유로울 수 있다. 법익 형량이라는 미명하에 적절히 타협하는 것은 표현의 자유를 위축시키는 사법적 검열의 틈입 관문으로 작동할 수 있다. 따라서 재판부는 다큐멘터리 장면을 필수 불가결한 장면이라고 '단정'하기 어렵다고 삭제 결정을 내릴 게 아니라, 영화감독이 '악의적으로' '사실로 오인하게 할 필수 불가결한 장면'을 사용해 '고인의 인격권을 중대하게 훼손시켰다'고 '단정'하기 어렵다면 영화에 손을 대서는 안 되었다. 설령 나중에 재판부의 판결에 따라 고인에 대한 명예훼손이 인정되더라도 그것은 금전 배상이나 명예 회복에 필요한 처분 등 구제 수단으로 충분한 정도다.

결론적으로 영화 〈그때 그 사람들〉의 다큐멘터리 사진 부분을 삭제하도록 명한 가처분 결정은 예술 표현의 자유를 본질적으로 침해한 것이다. 예술 표현의 자유와 인격권의 구체적 형량을 정하는 과정에서 이 부분을 본 관객은 실제 사건을 묘사한 것으로 인식하게 된다고 판단한 것은 논리적 비약이다. 물론 영화에 대한 필자의 이해도 주관적이지만 재판부는 더 주관적이고 관객과 영화를 단순화했다. 애초 내세운 종합적 판단을 결정문 끝까지 관철하지 못했고 그것은 분명 법원의 존재 이유인 인권 보장에 걸맞지 않은 처사였다.

영화 〈그때 그 사람들〉은 명예훼손이 상영 금지 가처분을 내릴 정도는 아니지만 일부 장면을 삭제한 뒤 상영하라는 결정.

개봉을 나흘 앞둔 1월 31일 법원은 다큐멘터리 부분을 삭제하면 상영할 수 있다고 판결했다. 임상수 감독의 이 영화는 대통령을 암살한 중앙정보부장과 그의 오른팔인 중앙정보부 요원 주과장을 둘러싸고 1979년 10월 26일 하루 동안 벌어진 일을 그렸다. 재판부는 명예훼손에 대해 단순히 주관적인 명예 감정만을 침해하는 정도로는 부족하고 객관적으로 보아 사회적 평가가 저하될 경우에만 성립한다고 보았다. 문제가 된 다큐멘터리 장면은 부마 항쟁 사진 자료와 박정희 전 대통령 장례식의 영상 자료였다. 2005년 2월 MK픽처스는 가처분 이의신청 소송을 냈고, 박지만 씨는 본안 소송인 영화 상영 금지 및 손해배상 청구 소송을 제기했다.

2006년 8월 10일 서울중앙지방법원 민사합의63부는 '고인에 대한 경애와 추모의 정'을 손상했다며 영화사는 박씨에게 1억 원을 지급하라고 원고 일부 승소 판결했다. 영화 상영 금지 청구는 인격적 침해 장면에 대해서도 기각했다.

한 시민이 공식 선거운동 기간에 앞서 2004년 4월 국회의원 선거에서 후보자로 등록할 것이 확실하던 박근혜 한나라당 의원의 개인 홈페이지에 비판 글을 올렸다가 유죄판결을 받았습니다. 하지만 1심, 2심 재판부는 헌법에서 정한 국민의 의사 표현의 자유를 지나치게 제한하는 위헌적 법률 적용이라며 무죄 판단을 했습니다. 국민의 기본적 인권을 최대한 보장하려는 고민의 결과로 보입니다. 그러나 대법원은 이를 송두리째 뒤엎었습니다.__**박근혜 당시 국회의원의 홈페이지에 올린 비판 글**

선거, 그들만의 잔치?

현행 공직선거법(구 공직선거 및 선거부정방지법) 93조 1항은 '선거일 전 180일부터 선거일까지 후보자나 후보자가 되려고 하는 사람을 지지 추천하거나 반대하는 내용의 문서 또는 기타 자료를 어떤 형태로든 유포하지 못하게' 규정하고 있다. 법이 따로 정해놓은 절차가 있지만 이는 너무 복잡하고 세세해 모두 따르려면 기본적으로 특정 캠프의 선거운동원이 되어서 MS 워드 파일로 물경 430킬로바이트 상당의 공직선거법과 시행령의 내용을 숙지해야 한다.

물론 예외적으로 선거운동원이 아니더라도 후보자로 등록해 법이 정한 선거운동 기간에(59조) 인터넷 홈페이지를 통해 후보자들에 대한 지지나 반대를 표명할 수 있다(82조의4). 하지만 후보자 등록은 빨라야 선거일 16일 또는 22일 전에 이뤄지므로(49조) 2~3주라는 짧은 기간 동안 특정 후보에 대해 지지나 반대를 표명한다는 것은 별로 보람 있는 일이 아닐 것이다. 또 선거 6개월(180일) 전에는 사실 누가 후보가 되려 하는지도 불분명한 시기라 지지나 반대를 말하는 것 자체가 불가능하다. 그렇다면 선거 6개월 전과 후보 등록 사이의 5개월 반가량 되는 기간이야말로 어떻게 보면 일반 국민의 입장에서는 후보들에 대한 지지나 반대를 표명하기에 가장 보람된 때일 것이다.

선거운동원이 아닌 일반 국민은 선거일 180일 전 시점에서부터 후보 등록이 이루어지는 선거일 16일 또는 22일 전 시점까지의 중차대한 기간에 어떻게 선거에 참여할 수 있을까? 공직선거법을 문언 그대로 해석하면 결국 주변 사람과 사석에서 떠드는 것 말고는 할 수 있는 게 거의 없다. 그리고 '그 법이 옳다'는 게 올해 초 조용히 내려진 대법원 판결의 요지다.

대법원이 문언 그대로 해석한 것은 잘못이 아닐 수도 있다. 사법부를 문언의 격자로 가두어놓고 법률을 해석하려면 상위법인 헌법에 맞게 해석하라고 요구할 수는 없다. **단지 안타까운 건 대법원 판결에 스러져간 같은 사건의 항고심 판례와 1심 판례다.** 이 두 판례는 법률을 문자 그대로 읽는 것과 헌법의 시대적 요청에 맞게 해석하는 것 중 어느 쪽이 중요한지를 다투는 아주 오래된 논쟁에 다시 화두를 던지고 있다.

이번 사건에서 피고인 김 모 씨는 2004년 3월 선거일 180일 전과 16일 전 사이에 해당하는 기간에 정치인 박근혜 씨의 홈페이지 게시판에 그녀를 조롱하고 비방하는 내용을 남겼다가 공직선거법 93조 1항을 위반한 혐의로 기소되었다. 이 법조항에 따르면 당연히 유죄였다.

1심 판사들(재판장 박철, 고제성, 김양훈)이 문언의 제한을 뛰어넘어 진정한 의미의 법률 해석을 하게 된 동기는 바로 공직선거법 59조 때문인 것으로 보인다. 59조에 따르면 후보자는 어느 때든 자신이 개설한 홈페이지를 통해 선거운동을 하는 게 허용된다. 서울북부지방법원 재판부는 다음과 같이 논리를 전개한다.(2004고합239)

"무릇 법 앞에 만인은 평등하다. 차등을 정당화할 만한 합리적 이유가 없는 인종, 성별, 나이, 사상에 불구하고 모든 국민은 동등하게 법의 보호를 받아야 한다는 평등의 원칙은 이 나라의 자유 민주적 기본 질서의 근간을 이루는 것이고, 이 법원을 포함한 사법 시스템이 추구해야 할 이상이다. (…) 공직선거법 93조 1항을 해석 적용함에 있어서, 후보자와 정치인의 홈페이지 게시판에 당해 후보자를 지지하는 글을 표현하는 행위와 반대하는 글을 표현하는 행위에 대하여 양자 모두 위 규정이 금지하고 있다고 해석하거나 허용하고 있다고 해석하는 것만이 허용되고, 양자 중 하나는 허용되고 하나는 금지된다는 해석은 (…) 타당하지 않을 것이다.

(…)

따라서 후보자의 홈페이지 게시판에 국민이 그 후보자를 지지 또는 반대하는 내용의 문서를 게시했다는 것만으로는 (…) **공직선거법 93조 1항에 금지하고 있는 탈법 방법에 의한 문서 게시 등의 선거운동이라고 할 수 없으며**, 위 규정 또한 이러한 후보자의 홈페이지를 통한 공개 토론 자체를 금지하기 위한 의도로 입법한 것이라고 보이지 않는다. 만에 하나 이를 금지한 것이라고 본다면 이는 국민의 자유로운 정치적 의견 개진의 권리를 정당한 이유 없이 과도하게 제한한 위헌성을 피하기 어려울 것이다."

사실 공직선거법 93조 1항은 '선거운동'만을 금지하는 정도가 아니다. '정당 또는 후보자를 지지 추천하거나 반대하는 내용이 포함되어 있거나 정당의 명칭 또는 후보자의 성명을 나타내는' 문서를 게시하면 이에 저촉된다. 그러므로 문언 그대로 해석하면 피고인의 행위는 어쩔 수

MERRY CRISIS
AND
A HAPPY NEW FEAR

안녕들하십니까? 또 한 해가 시작된다

없는 법률 위반이다.

1심 판사들은 그 입법 의도를 적극적으로 분석해 93조 1항은 일련의 '선거운동'만을 금지하려 한 것이라고 해석했다. 이를 따르면 피고인 김 씨의 행위는 '공개 토론'이라는 이름으로 정당화된다. 이렇게 입법 의도를 적극적으로 분석해 법의 외연을 문언의 경계 너머로 밀어내는 것이야말로 입법 의도를 역사적·사회학·경제학적인 관점에서 가공해내 문언 개정에 버금가는 법률의 내용적 변화를 이끌어내려는 사법 적극주의의 백미라고 할 수 있다.

항소심 판사들(재판장 손기식, 이윤식, 김현석)은 공직선거법 59조가 후보자에게 인터넷을 통한 자기 지지 발언을 자유롭게 허용하는 한 93조는 인터넷을 통한 반대 발언을 허용하는 식으로 해석되어야 한다는 1심의 취지를 정확히 파악했다. 그리고 애초에 59조가 후보자에게 인터넷을 통한 자기 지지 발언을 자유로이 허용한 이유에 대해 공들여 논증한다.(서울고등법원 2004노1871)

"1) 우리 사회에서 인터넷의 사용이 급속하게 확산되고 특히 개인 홈페이지를 통해 자신을 홍보하는 행위가 보편화되어가면서 정치 활동이나 선거운동에서도 인터넷 통신과 홈페이지의 이용 빈도가 급증하고 있는 점, 2) 이러한 현상은 후보자와 선거인 모두에게 효과적인 정보의 전달 및 획득 내지는 선전을 위하여 매우 유력한 수단이므로 그 자유로운 이용의 필요성이 크고, 입후보자가 자신의 정치적 의견을 쉽게 유권자에게 알릴 수 있는 위와 같은 방법을 적극적으로 활용할 수 있도록 허용하는 것은 국민의 투표의 자유를 실질적으로 보장하고 자유선거의 원칙을 실현하는 적절한 수단이 될 수 있는 점, 3) **통상의 선거 관련 인쇄물이나 광고 등은 그 제작과 배포, 게시 등에 상당한 비용이 소요되지만, 인터넷 홈페이지를 이용해 후보자의 정치적 견해를 피력하고 후보자의 자질을 홍보하는 내용을 게시하는 것은 누구든지 많은 비용을 지출하지 않고 용이하게 할 수 있으므로 이로 인하여 후보자 간의 경제력의 차이에 따른 불균형을 두드러지게 할 염려가 거의 없고 오히려 돈이 안 드는 선거 관행을 정착시키는 데 기여할 수 있다는 점**, 4) 일반 인터넷 홈페이지 게시판과는 달리 후보자 개인 홈페이지는 그 존재를 알고 있는 사람들만이 접속하게 열람하게 되므로 일반 인터넷 사이트보다 접근성이 상대적으로 제한되어 있고, 문서의 배포나 게시 등을 통하여 적극적으로 다른 사람에게 홍보하는 행위와는 달리 (…)."

항소심 판사들은 A4 2장 분량의 분석을 통해 인터넷을 통해 후보자를 지지하고 반대하는 행위는 그 외 선거운동과 달리 자유롭게 허용되어야 하는 논리를 편 뒤, "법 93조의 입법 목적은 (…) 후보자들 간의 경제력 차이에 따른 불균형이라는 폐해를 막고, 비용이 적게 드는 선거운동과 이를 통하여 후보자의 기회 균등을 보장하려는 데 있다"고 밝히고 법 93조하에서도 경제력 불균형이 생기지 않는 인터넷을 통한 '공개 토론'은 허용된다고 보았다. 사실에 대한 끈기 있는 천착을 통해 일견 같아 보이는 두 개의 사물(인터넷과 재래식 문서)의 차이점을 찾아내는 모습이 돋보인다. 그러나 1심과 항소심이 59조로부터 받은 영감을 대법원은 받지 못했다. 대법원은 다음과 같이 판단했다.

"공직선거법 59조 단서 3호에서 후보자나 후보자가 되려는 자는 선거운동 기간의 제한 없이 자신이 개설한 인터넷 홈페이지를 이용하여 선거운동을 할 수 있도록 규정하고 있다고 하더라도, 그 법률의 개정 경과 등에 비추어보면, 공직선거법 59조 단서 3호의 규정은 후보자나 후보자가 되려는 자에 한하여 선거운동 기간 전에는 할 수 없었던, 자신의 인터넷 홈페이지를 이용한 자신의 선거운동 행위를 법률 개정을 통해 새롭게 허용하는 취지일 뿐이고, 더 나아가 후보자나 후보자가 되려는 자가 아닌 일반 국민이 후보자 등이 개설한 인터넷 홈페이지를 이용해 선거에 영향을 미치는 행위를 허용하기 위한 규정이라고 볼 수는 없다."

우리는 공직선거법이 악법이라고 생각하지는 않지만 보완할 점이 있다고 생각한다. 광범위하게 선거운동을 제한하지만 상대적으로 자원의 평등성이 보장되는 인터넷상에서는 후보자에게 선거운동을 무제한 허용하는 조항을 둔 것(59조)은 칭찬받을 만하다. 흙 속의 옥(59조)을 더욱 빛내어 다른 조항(93조)까지 아름답게 해석해내는 것은 사법부에게 주어진 몫이다.

판결에 대하여	대법원 1부 2005. 1. 27. 2004도7488 공직선거법 위반	대법관 이용우, 윤재식, 이규홍, 김영란(주심)

2004년 총선을 앞두고 당시 박근혜 의원의 홈페이지에 비판 글을 올린 한 시민이 공직선거법 93조 1항을 위반한 혐의로 기소된 사건에서 동법 59조가 후보자에게 인터넷을 통한 자기 지지 발언을 허용하고 있다 하더라도 일반인이 인터넷을 통해 후보자를 비판·지지하는 행위는 허

용할 수 없다며 무죄를 선고한 원심을 깨고 유죄 취지로 환송한 대법원 판결.

하지만 7년이 지나 이 사건의 1심과 항소심의 무죄 논리가 부활하면서 공직선거법 93조 1항은 2011년 12월 29일 한정위헌 결정이 났다. 헌법재판소는 이 법조항의 '그 밖에 이와 유사한 것'에 '정보통신망을 이용해 인터넷 홈페이지나 그 게시판, 대화방 등에 글이나 동영상 등 정보를 게시하거나 전자우편을 전송하는 방법'이 포함된다고 해석되는 한 위헌이라고 판단했다. 바로 그 이유도 항소심의 다음과 같은 판시였다.

"통상의 선거 관련 인쇄물이나 광고 등은 그 제작과 배포, 게시 등에 상당한 비용이 소요되지만, 인터넷 홈페이지를 이용해 후보자의 정치적 견해를 피력하고 후보자의 자질을 홍보하는 내용을 게시하는 것은 누구든지 많은 비용을 지출하지 않고 용이하게 할 수 있으므로 이로 인하여 후보자 간의 경제력의 차이에 따른 불균형을 두드러지게 할 염려가 거의 없고 오히려 돈이 안 드는 선거 관행을 정착시키는 데 기여할 수 있다는 점."

참여연대 공익법센터는 2011년 한정위헌 결정을 이끌어내려고 60여 쪽에 달하는 헌법소원 청구서를 제출한 바 있다.

* 2011년 판결비평 '헌법재판소를 무용지물 취급하는 대법원, 대체 언제까지…' 참조

파산한 동방페레그린증권의 이사들에게 손해배상을 청구한 소송의 상고심에서 대법원은 법률 규정은 없지만 재량으로 이들의 책임을 줄여주는 판결을 내렸습니다. 물론 이번에는 이사 책임 제한 법리만 인정하고 실제 이사의 손해배상액을 감액하지는 않았습니다. 삼성전자 주주 대표소송 2심도 비슷한 취지였습니다. 2심은 손해 공평 분담 원칙에 따라 1심이 인정한 손해배상액 중 80퍼센트나 줄여주었습니다.__**동방페레그린증권 사건과 삼성전자 주주 대표소송에서 이사의 손해배상 책임 제한**

근거 없이 이사의 책임 경영 원칙을 저버린 판결

1997년 말 경제위기 이후 기업 경영의 투명성과 책임성을 강화하는 정부 정책에 따라 상법과 증권거래법이 개정되었다. 주주와 채권자들이 부실하고 위법한 경영으로 회사의 손실을 끼친 경영진에게 적극 책임을 추궁할 수 있는 환경이 마련된 것이다. 부실 경영을 이끈 이사에게 거액의 손해배상 판결이 내려지자 이제는 재계를 중심으로 이사의 책임을 면제하거나 제한하자는 논의가 본격적으로 제기되기 시작했다.

동방페레그린증권 사건

이 판례는 예금보험 기관인 예금보험공사가 증권사에 손실을 입힌 이사들을 상대로 손해배상을 청구한 소송의 대법원 확정판결이다. 대법원은 이사의 손해배상 책임을 제한할 수 있는 법리만 인정하고 실제 손해배상액을 줄여달라는 피고의 주장을 받아들이는지는 않았다. 이사가 위법행위로 회사에 손실을 끼친 경우 이사의 손해배상 책임을 제한할 필요성을 인정한 최초의 대법원 판례다.

동방페레그린증권은 대표이사의 단독 결정에 따라 나산종합건설이 발행한 무보증 기업어음CP을 매입했다가 120억 원 손해를 보았고, 지배주주의 지시로 미도파의 주식을 홍승, 일진 파이낸스에 매도했다가 재매입하는 과정에서 153억여 원 손해를 입었으며, 코스닥에 등록되지 않은 주식을 매입했다가 82억여 원 손해를 입었다. 파산관재인인 예금보험공사는 이에 대한 책임을 물어 당시 대표이사와 자금 담당 상무이사를 상대로 10억 원의 손해를 배상하라는 소를 제기했다. 원고는 증권사가 입은 전체 손해액 중 일부만 청구한 것이다. 대법원은 원고가 청구한 금액 전액을 인용한 원심은 정당하다며 배상액을 줄여달라는 피고의 주장은 받아들이지 않았다.

삼성전자 주주 대표소송

이 판례는 삼성전자의 소액주주들이 전·현직 이사가 위법행위로 회사에 손실을 끼쳤다며 이들을 상대로 손해배상을 청구한 주주 대표소송의 2심 판결이다. 1심을 맡은 수원지방법원은 2001년 12월 27일 977억 원의 손해액을 인정했지만, 2심 법원은 190억 원으로 대폭 줄여주었다.

삼성전자 전·현직 이사들은 비자금을 조성해 전직 대통령에게 뇌물을 줬고(75억 원), 삼성전자 계열사에게 자금을 부당히 지원했으며, 부실 계열사의 주식을 인수하거나 지급보증을 결정했고, 계열사의 주식을 실거래 가격보다 현저히 낮은 가격으로 처분했다.

이 판결은 계열사의 주식을 실거래 가격보다 낮은 가격으로 처분한 사안에서 이사들의 손해배상 책임을 줄여주었다. 삼성전자는 계열사인 삼성종합화학의 주식을 과거 취득한 가격(주당 1만 원)이나 실거래 가격(주당 6600원)보다 낮은 주당 2600원에 지배권이 포함된 92퍼센트에 이르는 주식 지분을 처분했다.

이사의 책임 제한에 대한 법리

상법 399조에 따르면 이사는 정관이나 법률을 위반하거나 임무를 게을리 해 회사에 손해를 입히면 그 손해를 배상할 책임을 진다. 등기 이사가 아니더라도 이사에게 업무 집행 지시를 내린 자는 이사와 함께 손해배상 책임을 지게 된다(상법 401조의2). 이사는 회사와 위임 관계에 있고 이에 근거한 채무불이행이나 불법행위에 대해 손해배상 책임을 지게 된다. 상법은 이사의 불법행위로 인한 손해배상 책임을 별도로 규정하고 있다.

주주들이 동의해 이사의 손해배상 책임을 면제하거나 해제하는 제도(상법 400조, 405조)는 있지만 주주의 동의 없이 위법행위를 한 이사의 손해배상 책임을 사후에 줄여주는 명문 규정은 없다. 현재 우리나라는 미국이나 일본처럼 사후에 이사의 손해배상 책임을 줄여주는 이사 책임 제한 제도가 법제화되어 있지 않다. 그렇다면 과연 법 해석이나 일반적 법 원칙으로 이사의 손해배상 책임을 경감하는 게 가능한지가 문제된다.

1. 손해 공평 분담 원칙과 신의칙. 이는 손해배상에서 통용되는 일반적 법 원칙이다. 회사로부터 경영을 위임받은 이사의 행위에 대해 회사도 손해를 분담해야 한다는 것이다.

2. 과실상계. 회사의 손실은 이사의 행위뿐 아니라 회사의 조직상 결함이라는 과실에서도 비롯하므로 회사의 과실 정도에 따라 이사의 손해배상 책임이 경감되어야 한다는 것이다. 회사의 과실은 이사를 보좌하는 직원의 직무 태만, 다른 이사의 감시 의무 위반 등이 해당한다.

3. 손익상계. 이사가 부담할 손해배상액을 산정할 때 이사의 행위와 상당한 인과관계가 있는 회사의 손해와 회사가 얻은 이익을 상쇄하는

법리다. 이 논리에 따르면 이사의 행위로 회사가 입은 손해는 당연히 회사가 얻은 이득을 뺀 뒤의 것이어야 한다. 또 그래야 회사가 부당이득을 취하는 일이 없어진다. 만일 이사가 뇌물을 줌으로써 회사가 용역이나 사업 기회를 얻을 수 있었다면 이 점에서 책임이 줄어들게 된다.

이사 책임 제한 법리의 문제점

이사의 손해배상 책임을 제한하는 문제는 아주 엄격히 다뤄야 한다. 책임 제한을 인정하면 이사의 도덕적 해이와 대리인 문제로 바로 이어지기 때문이다. 우리나라의 경우 이사회 제도가 형식적이고 경영을 감시하고 견제하는 역할을 못 하는 상황이라 여기에 이사의 손해배상 책임까지 제한하면 현재의 불투명하고 무책임한 경영을 방치하는 꼴이 된다.

손해 공평 분담 원칙과 신의칙을 이사의 손해배상 책임을 제한하는 근거로 삼을 경우 무척 추상적이고 포괄적이라는 점에서 이사의 책임을 합리적으로 산정하지 못할 위험이 있다. 실질적으로는 회사는 경영 판단 원칙(이사의 경영 판단은 추후 실패하더라도 책임을 면하게 한다는 원칙)에 따라 이사의 주의의무를 합리적으로 줄여주고 처음부터 결과책임을 묻지 않는다. 회사와 이사의 지위가 공평하지 않다는 것도 문제다. 회사는 법인격을 가지고 있지만 회사의 모든 결과는 이사와 경영진, 지배주주에 의해 이뤄진다. 회사의 주주는 소유와 경영의 분리라는 주식회사 구조상 경영에서 소외되어 경영 감시를 위한 권한 행사도 사후적이거나 실효성이 없다. 따라서 회사의 의사 결정을 지배하는 이사와 경영진, 지배주주의 역할과 권한, 실제 관계가 검토되어야 한다. 신의칙과 손해 공평 분담 원칙은 당사자들의 지위가 대등한 계약이나 사실관계에 적용되는 만큼 당연히 이사의 책임을 제한하는 데 적용되는 건 문제가 있다.

손익 상계를 근거를 삼는다는 생각은 사실 이사의 위법행위와 손해 사이의 인과관계 문제와 손해의 범위 문제를 혼동한 데서 온 것이다. 이사의 행위와 인과관계가 인정되지 않은 손해는 회사의 손해라고 볼 수 없다. 또 이사의 위법행위로 회사가 얻은 이익이 과연 확정적인 것인지도 따져볼 필요가 있다. 이익을 얻었지만 위법행위로 처벌되어 나중에 회사에 손실을 가져올 수 있는 것이다. 이를테면 한 건설 회사의 이사가 뇌물 공여한 대가로 사업권을 따냈다면 당장은 회사에 이익이 된 것처럼 보이지만 나중에 뇌물 공여 사실이 밝혀지면서 회사는 사업에 참여할 기회를 박탈당할 수 있다.

회사의 과실도 고려해야 한다는 과실상계 이론은 회사의 의사 결정 구조를 간과한 것으로 볼 수 있다. 회사의 의사는 결국 주주총회에서 선임된 이사에 의해 결정된다. 경영진이나 이사회의 의사 결정을 제어할 수 있는 회사의 다른 기관과 감사, 사외이사 등은 결국 경영진이나 지배주주에 의해 구성되고 회사의 다른 주주들은 여기에서 소외된다.

동방페레그린증권 사건의 대법원 판결

대법원은 이사 책임 제한 법리가 현행 회사법상 명시적 근거가 없음에도 이를 전면 인정했다. 재판부가 이사 책임 제한의 근거로 삼은 것은 손해배상의 공평 분담 원칙이다. 구체적으로 참작할 사유로는 해당 사업의 내용과 성격, 이사가 임무를 위반한 경위와 위반 행위의 태양, 회사의 손해에 관여한 객관적 사정이나 정도, 평소 이사가 회사에 얼마나 공헌했는지, 임무 위반 행위로 이사가 이득을 얻는지, 회사의 조직 체계상 흠결이 있는지, 위험 관리 체제가 세워져 있는지 등이다.

이사는 주의의무를 어겨 회사 내규와 법령을 위반했고 이사회의 결의 없이 독단적인 결정을 내렸으며 의사 결정에 신중하지 못했다. 특히 지배주주의 이해관계에 따라 적대적 M&A에 동원되어 불법적으로 M&A 대상 주식을 매입하는 자의 손실을 보전해주었다. 이는 이사의 직접적 이해관계는 아니지만 지배주주의 이해관계를 위해 회사에 손해를 입힌 것이므로 회사에 충실할 의무를 저버린 사항이고 배임적 행위다. 그러므로 이사의 주장대로 손해배상액을 줄여줄 수는 없다.

삼성전자 주주 대표소송 2심 판결

재판부는 삼성전자 전·현직 이사들이 보유한 주식을 저가로 계열사에 매각해 회사에 입힌 손해를 배상하라는 사건에서 손해 공평 분담 원칙과 신의칙상 상당하다고 인정되는 한도에서 이사의 손해배상 책임을 제한할 수 있다고 판시했다. 손해배상액을 무려 80퍼센트나 줄여주었다.

1. 법원은 저가 매각으로 회사가 손실을 입었지만 우선 주식을 매각할 필요성이 인정되어 이사들의 손해배상 책임을 제한할 수 있다고 밝혔다. 삼성전자는 1995년 경영 전략을 세울 때 호황을 이어가던 반도체 사업에 2조 3496억 원에 달하는 신규 투자금을 확보해야 했고, 공정거래법 개정으로 타 법인 출자 한도액이 자기자본의 40퍼센트에서 25퍼센트로 줄어들면서 신규 투자할 여지를 만들어야 했으며, 실제로 1995년 삼성중공업 등 관계 회사의 주식을 취득하는 데 3246억 원, 해외 법인에 3280억 원, 타 법인의 주식을 취득하고 출자하는 데 2390억 원을 썼다. 따라서 법원은 이 사건 삼성종합화학의 주식을 처분할 당시 삼성

전자는 보유한 주식을 처분할 필요가 일부 있었다고 보았다.

그런데 삼성전자가 삼성종합화학 주식이 회사에 반드시 필요해서 취득했으면 모르되 삼성그룹의 계열사라는 이유로 주식을 취득했다면 이는 이사의 책임을 줄여줄 사유로 적합하지 못하다. 반도체 사업을 위해 자금을 조달할 필요가 있었더라도 삼성종합화학주식을 고가에 매입하지 않고 유동성 있는 자산(현금이나 등가물)으로 가지고 있었다면 충분히 반도체 사업의 자금으로 손해 보지 않고 투자할 수 있었을 것이다.

공정거래법의 출자 총액 제한 제도는 순환 출자 등 재벌 계열사의 잘못된 소유 구조를 개선하려는 취지로 마련된 것인데 이 문제는 삼성전자 이사회가 자초한 것이다. 우량 회사가 다른 계열사를 지배할 수단으로 아무 관련 없는 계열사의 주식을 사는 것은 회사로서는 매우 불합리하거나 위험한 투자다. 또 이는 회사의 이해관계가 아니라 지배주주의 이해관계이므로 회사에는 아무런 이익도 주지 못한다.

2. 한편 법원은 비상장 법인의 주식을 상속세법 시행령에 따른 비상장 주식 평가 방법으로 저가로 평가해 매각한 점도 이사의 책임을 제한한 사유로 들고 있다. 비상장 법인의 주식이라 매수처를 찾기 쉽지 않은 상황에서 매매 가격을 협상해야 했고, 상속세법 시행령에 규정돼 있는 비상장 주식 평가 방법에 따라 가액을 매매 가격으로 결정했다는 것이다. 구체적인 주식 가액 산정을 외부 회계법인에 맡겼으며 그 자료를 이사회에 상정했다.

외부 회계법인에 가액 산정을 맡겼고 상속세법 시행령에 따라 비상장 주식의 주가를 산정했다는 것은 주식의 실질 가치를 받지 못한 걸 방어할 논리가 못 된다. 이렇게 당연한 절차 밟으면서 오히려 손실을 더 키울 수 있는 방향으로 가격을 산정한 것을 책임 제한 사유로 든 것은 옳지 않다. 기본적이고, 오히려 불리할 수 있는 의사 결정을 따랐다고 제시할 게 아니라 어느 정도 최선을 다했음을 보여주는 추가 정황 필요해 보인다.

3. 법원은 주식을 매각하는 과정에 이사들의 개인적 이해관계가 개입되지 않은 점을 책임 제한 사유로 고려했다. 하지만 이 사유도 미약하다. 이사가 본인이 아니라 제삼자의 이익을 위해 회사에 손실을 입혔을 수도 있는 것이다. 그와 같은 행위는 충실 의무 위반이다. 회사의 지배주주나 계열사의 이익을 위한 행위였다면 더욱이 충실 의무를 위반한 것이다. 개별 계열사와 계열 기업 집단, 지배주주의 이익은 동일하지 않고 상충될 수 있다. 이를 고려하지 않고 이사가 자신의 이익을 취하지 않았다며 손해배상액을 줄여준 것은 이사의 충실 의무를 놓친 판단이다.

4. 또 법원은 이사 책임 제한 사유로 주식을 매각한 뒤 반도체 부문에서 많은 수익을 얻은 점을 들었다. 이사가 잘못된 경영 판단을 했지만 그로 인해 다른 사업에서 이익이 창출되었다는 말이다. 그런데 둘 사이에 인과관계가 있는지를 명확히 입증할 필요가 있다. 이에 대한 검토나 검증도 없이 다른 사업에서 이익을 창출했다는 이유로 이사의 부실 경영 행위에 대한 책임을 줄여주는 것은 말이 되지 않는다.

5. 마지막으로 법원은 당시 이사회의 구성원들인 피고들은 회사의 핵심 경영진으로서 이후 회사의 이윤 창출에 많이 기여한 점을 들었다. 그런데 회사가 이윤을 창출한 이들에게 정당한 보상을 했을 텐데 이들의 손해배상액을 줄이는 데 이를 또 고려한 것은 정당하지 않다. 회사의 손실에 책임이 있는 이사가 스톡옵션과 연봉으로 이미 충분한 보상을 받았다면 이사의 손해배상 책임을 제한할 때 한계를 두어야 한다. 특히 회사의 이윤 창출에 필요한 자금을 유상 증자 형식으로 주주들한테서

조달했다면 회사 가치를 키운 자금 조달에 주주들도 기여한 것인데 이사들만의 기여도를 고려해 손해배상 책임을 줄여준 것은 다시 생각해 봐야 할 문제다.

두 판결 모두 이사 책임 제한 법리를 인정했지만 근거가 추상적이고 미약하다. 명문 규정이 없어도 이른바 신의칙과 손해배상 공평 분담 원칙에 근거해 이사 책임 제한을 인정한 것은 손해배상액에 대한 법원의 재량이 너무 넓다. 대법원이 이사 책임 제한을 인정한 것은 아주 적극적인 법 해석일 뿐 아니라 법률 창조 행위일 수 있다. 이중 대표소송을 인정하지 않는 등 회사법을 해석할 때는 무척 소극적이다가 이사 책임 제한에 대해서는 이례적으로 적극적 해석을 하는 모습은 법원이 구체적 타당성을 따져 소수자의 권리를 보호하기보다는 기득권과 거래의 안전을 우선하고 있음을 단적으로 보여준다.

판결에 대하여	대법원 3부 2004. 12. 10. 2002다60467 손해배상	대법관 강신욱, 박재윤, 고현철(주심)
	서울고등법원 2003. 11. 27. 2002나6595 손해배상	판사 김진권(재판장), 이인형, 이성구

파산한 동방페레그린증권의 파산관재인인 예금보험공사가 기업어음과 주식을 매각 매입하는 과정에서 독단적 결정을 내려 회사에 손해를 입힌 이사들에게 손해배상을 청구한 사건에서 현행 상법상 명시적 근거는 없지만 손해 공평 분담 원칙에 따라 이사의 손해배상 책임을 줄이는 법리는 전면 인정하되 이사의 손해배상액까지는 줄여주지 않은 판결.

대법원이 법률 규정에 근거는 없지만 법 해석에 의해 회사에 손해를 입힌 이사의 손해배상 책임을 줄여줄 수 있음을 인정했다는 점에서 의미가 크다.

삼성전자의 소액 주주들이 비자금을 조성해 전직 대통령에게 뇌물을 주고 계열사의 주식을 실거래가보다 현저히 낮은 가액으로 처분함으로써 회사에 손해를 입힌 전·현직 이사들을 상대로 제기한 주주 대표소송에서 손해 공평 분담 원칙에 따라 1심에서 인정한 이사의 손해배상액을 80퍼센트나 경감해준 판결.

동방페레그린증권 사건의 대법원 판례 내용을 근거로 삼성전자 주주 대표소송 상고심을 맡은 재판부는 2심 판결을 그대로 받아들일 명분이 생겼다. 1심 재판부는 2001년 12월 27일 노태우 전 대통령에게 뇌물을 주고 삼성종합화학 주식을 저가 매각한 이사들에게 977억 원의 손해배상액을 인정했다.

● 2005년 판결비평 '상법까지 뜯어고친 대법원' 참조.

"매주 월요일 아침마다 상임집행위원회가 열린다. 참여연대 3층 회의실에서 9시 30분부터 12시 즈음까지 두어 시간가량이다. 명절이나 휴가 때를 제외하고 거의 빠짐없이 열리니 1년에 대략 45회 정도 모이는 것 같다. 물론 9시 30분 정각에 전원이 일사불란하게 모이는 것은 아니다. 회의 시작은 늘 10~20분씩 늦다. 대체로 나이 든 이들이 시간에 맞춰 나오는 편이고, 주말을 일 속에서 보낸 사람들은 좀 늦게 모습을 드러낸다."_김균 참여연대 공동대표의 글 '상집 풍경' 중에서

일러스트, 사진 출처

atopy

참여연대

공평한가?

: 그리고 법리는 무엇인가 판결비평 2005~2014

발행일 초판 1쇄 2015년 2월 13일

지은이 참여연대 사법감시센터

펴낸이 임후성 펴낸곳 북콤마

편집 · 디자인 atopy · 조진일

등록 제406-2012-000090호
주소 (413-756) 경기도 파주시 문발동 파주출판단지 534-2 201호

전화 031-955-1650 팩스 0505-300-2750

이메일 bookcomma@naver.com 트위터 @bookcomma

블로그 bookcomma.tistory.com
ISBN 979-11-950383-6-7 (03360)

BOOKcomma